BLOCKCHAIN

区块链

数字经济新势能

苏拓 ◎ 著

中国财经出版传媒集团
中国财政经济出版社

图书在版编目（CIP）数据

区块链：数字经济新势能/苏拓著．—北京：中国财政经济出版社，2018.7
ISBN 978－7－5095－8265－7

Ⅰ.①区… Ⅱ.①苏… Ⅲ.①电子商务－支付方式－研究 Ⅳ.①F713.36

中国版本图书馆 CIP 数据核字（2018）第 108367 号

责任编辑：王佳欣　　　　责任校对：黄亚青
封面设计：陈宇琰

中国财政经济出版社出版
URL：http：//www.cfeph.cn
E－mail：cfeph＠cfeph.cn

社址：北京市海淀区阜成路甲 28 号　邮政编码：100142
营销中心电话：010－88191537　北京财经书店电话：64033436　84041336
中煤（北京）印务有限公司印刷　各地新华书店经销
787×1092 毫米　16 开　19.5 印张　363 000 字
2018 年 7 月第 1 版　2018 年 7 月北京第 1 次印刷
定价：56.00 元
ISBN 978－7－5095－8265－7
（图书出现印装问题，本社负责调换）
本社质量投诉电话：010－88190744
打击盗版举报热线：010－88191661　QQ：2242791300

序

近年来，以ABCD（人工智能、区块链、云计算、大数据）为代表的金融科技（Fintech）浪潮汹涌。金融科技更加重视精准、高效、智慧的管理，强调“服务渠道”和“运营管理”的内外兼修，因而能有效提高金融业务的运行效率和服务水平，引导金融回归服务实体经济的本源。金融科技已经在不少领域取得突破，发展前景被广泛看好。

区块链的概念最初来自于比特币，一款在2008年金融危机的阴影中诞生的加密货币，其设计者中本聪最初只是将区块链定义为点对点交易的基础组件——总账系统。区块链从本质上来说是一种分布式账本技术，其最大的魔力在于能够在“弱关系”中构建具备“强连接”特征的信用网络。价值交换双方可以通过区块链直接建立信任关系，这种构建在数学公理上的信任关系是值得信赖的，人们可以基于此实现任何价值交换。因此，区块链被视为价值互联网的基石，是比肩TCP/IP协议的一项伟大技术。

国内外诸多概念验证和创新实践证明，区块链（或分布式账本技术）作为“业务协作中间件”，能有效链接金融业务相关参与方，解决传统金融机构业务协作中存在因信用缺失、手工操作等导致的反复确认或对账等问题，显著降低各单位金融业务处理的复杂性，提高金融业务运行的效率；此外，这种方式具有极强业务持续性服务能力，能够支持各参与单位灵活开展系统建设运维，有利于建立跨多个机构的横向数据流动机制，打通数据孤岛，提高数据标准化程度。

银行间市场是我国面向合格机构投资者的重要金融市场，包括债券、同业拆借、票据、外汇、黄金、衍生品等六个子市场。银行间市场建立之初信息系统建设就与业务创新紧密结合，银行间市场20年业务的发展历程就是按照“凭证无纸化、发行远程化、交易线上化、支付电子化”的思路建设信息系统的过程。银行间市场已经形成了一套成熟的、相对完整的信息系统，有效地支撑了银行间市场业务的快速、创新发展，在信息安全、灾备恢复、防范系统性灾难等方面均有保障措施。

银行间市场具有多机构、多环节、低频次等特点，是非常适合于区块链技术应用的场景。作为银行间市场的自律组织，交易商协会非常重视和关注包括区块链技术在内的金融科技的研究应用，2017 年组织推动了非金融企业债务融资工具全环链、信用链接票据全环链等概念验证工作，概念验证的情况证明了区块链解决方案的确具有独特的优势。尽管区块链还存在性能瓶颈、安全隐私等问题，但是，区块链技术有潜力作为银行间业务运转的“加速器”，促进业务协作，降低沟通成本和业务风险，提高运行透明度和监管效能。

区块链的应用不限于支付、结算、托管等金融领域，也不限于公证、溯源防伪、知识产权、共享经济、身份认证等领域，实际上区块链有潜力应用于各行各业。然而，必须清楚认识到，区块链技术尚处于高速的迭代发展的过程中，区块链的定义还在不断地完善，还有许多需要进一步解决的问题……

本书作者作为交易商协会区块链工作组的重要参与者，致力于推广区块链的知识，推动区块链的应用。衷心希望有更多专业人才潜心深入研究区块链底层技术，勇于创新，争做金融科技前沿领域的弄潮儿，共同推动区块链技术和商业世界的深度融合，推动我国金融科技的发展繁荣。

包香明

2018 年 6 月

前 言

作为一名供职于金融行业十余年的信息技术人员，笔者深刻感受到以人工智能、区块链（Blockchain）、云计算和大数据为代表的金融科技对于金融行业理念的冲击，尤其是区块链的概念非常火热。而编写此书最大的动力则来自于个人对区块链的责任感和使命感。区块链是一个具有划时代意义的技术创新，这是一项具有改变（颠覆）诸多行业运行体制的潜力技术。然而，区块链的概念相对复杂、抽象，难以理解和领会，人们对区块链的认识普遍过于概念化，并且经常出现过于哲学化甚至神化的解读，仿佛革命的磅礴之势已跃然，颠覆之势已无法逆转，这给了心机叵测者可乘之机，这既说明了区块链的商业模式和技术还需要进一步的探索，又说明了区块链从业者还有大量宣传、教育工作要做。

很多人将现阶段的区块链看作世纪之交的互联网，那段时间互联网概念的火爆一点儿不亚于今天的区块链，人们坚信互联网商业模式的想象空间，投资者对新技术充满信心。然而，当时绝大多数商业概念并不具备可实施的计划，普遍缺乏可行的盈利模式，以概念炒作代替商业经营。2000 年 3 月 10 日，互联网经济泡沫开始破裂，超过 5 万亿美元的市值蒸发，许多互联网公司损失重大，超过一半的公司或直接退市或通过并购谋求出路，甚至破产而销声匿迹。然而，泡沫的破裂并不等于发展的停滞，互联网技术还在不断地创新，商业模式还在被探索。互联网的冬天确实没有持续太久，经过短暂的休养生息之后，互联网经济开始了新一轮商业模式的探索，很快就在第三产业生活服务领域取得了商业上的成功和技术上的突破，并逐步开始向第一和第二产业渗透，云计算、大数据、人工智能、物联网等互联网新技术又推动了工业互联网和智慧农业等产业互联网的发展，互联网早期坎坷和发展历史值得区块链从业者温故。

如今关于区块链有太多的误解或者偏见，典型如“区块链就是加密货币”“区块链无法满足高吞吐量业务需求”“挖矿是一种资源浪费”“区块链是去中心的，无须监管”“比特币没有价值，但是它背后的区块链很有价值”“区块链还没有可行的盈利模式”。本书努力从一个相对全面的角度对区块链进行分析，帮助读者更好地理解区块链技术。本书第一章主要从发展历程、概念定义、内在特征、技术架构等多个维度对区块链技术进行全面解读，简要介绍了区块链新经济蓝图和区块链生态图谱；第二章详细剖析了比特币、以太坊、瑞波币、莱特币、暗黑系列币等加密货币的运行机制，简单介绍了法定数字货币的研究情况，本书没有涉及加密货币交易的内容，侧重于从账户、钱包、挖矿、共识等各种运行机制的维度进行阐述，区块链技术源于加密货币，加密货币又促进了区块链技术的发展完善，理解区块链技术加密货币不可不察；第三章讲述了 P2P、智能合约、共识机制、加解密算法、签名算法等区块链各种关键技术，力图通过基本技术的解读理清区块链技术的概念框架，把握区块链发展的趋势；第四章详细分析了区块链在金融市场、银行业、保险业务、证券业、互联网金融等金融领域的创新案例，这些案例有来自于区块链初创公司的，也有传统金融机构推动的；第五章介绍并分析了区块链在知识产权、溯源认证、身份、传媒、物联网、电子商务、基础设施等 10 多个行业的创新实践；第六章从多个维度畅想了未来的数字经济，区块链将在未来的数字经济中扮演重要角色。第七章介绍了我国北京、上海、深圳、杭州等数字经济重镇区块链行业发展情况，分析了中国企业在区块链技术知识产权、技术标准、监管思路、治理实践的探索情况。笔者衷心希望能让读者感受到区块链的潜力，更希望有读者可以受此启发推动区块链技术的落地、发展和创新，数字经济的未来将更加强大，而且未来不会太遥远。

欢迎读者就区块链相关热点问题与本书作者探讨，作者邮箱 E－mail：sutuo. bupt@gmail. com。

（本书为作者个人观点，不代表供职单位意见）

苏　拓

2018 年 6 月

目　录

Chapter 1
揭开区块链的神秘面纱

2018年2月26日，《人民日报》经济版整版刊发了《三问区块链》《抓住区块链这个机遇》《做数字经济领跑者》三篇评论文章，在加密货币行情腰斩，币圈哀鸿遍野的背景下，这三篇文章有拨乱反正之效，充分说明了国家对区块链技术的态度，稳住了区块链研究从业者的心，彰显了中国政府高瞻远瞩的眼光和领跑数字经济时代的决心。

区块链（Blockchain）这个略显偏冷的词汇已经成为全球热词，这项技术蕴藏的巨大潜力被广泛看好。国际权威咨询机构麦肯锡将区块链定义为继蒸汽机、电力、信息和互联网技术之后目前最有潜力触发第五轮颠覆式革命浪潮的核心技术，认为就如同蒸汽机释放了人们的生产力、电力解决了人们最基本的生活需求、信息技术和互联网彻底改变了传统产业（如音乐和出版业）的商业模式一样，区块链技术将有可能实现去中心化的数字资产安全转移。知名杂志《经济学人》将区块链定义为信任制造的机器，认为区块链本质上是一个共享、可信的公共总账。公共总账的概念听起来可能没那么革命性，但复式簿记和股份制公司也同样如此，而区块链就像它们一样有潜力改变人们和企业如何合作的方式。计算机科学领域的定义则略显学术性，他们将区块链视为继 20 世纪 70 年代大型机、20 世纪 80 年代个人电脑、20 世纪 90 年代互联网以及 21 世纪初移动互联网之后第五次计算范式的革命。

01 区块链的前世今生

区块链脱胎于比特币，其最初是比特币等加密货币记录总账的底层技术，本质上是各个节点维护的可靠的分布式数据库。最初区块链的价值并没有引起太多的关注，幸运的是这项革命性的技术并没有淹没在加密货币的汹涌浪潮里。人们最终还是发现了区块链这项技术独特的价值。区块链具有在弱信任或者无信任的节点之间建立信任关系的能力，能够支撑价值在各个节点之间安全、自由的流通，是一种“可信的协议（Trust Protocol）”。区块链被认为是比肩 TCP/IP 协议的一项伟大技术，被视为价值互联网的基础。区块链的价值很快被商业机构所接受，商业机构希望利用区块链不可篡改、不可伪造、公开透明等优点重塑现有商业模式，区块链这项新兴技术开始在全球火爆起来。

从幕后走向台前

2008 年 11 月，中本聪在比特币白皮书《比特币：一种点到点的电子现金系统》中首次提到了区块链的概念。区块链最初只是中本聪为比特币设计的一种特殊的数据存储结构（见图 1.1），所有交易数据存储在区块（Block）中，区块顺序连接起来就是“区块链”，这是一个并不难于理解和实现的存储方案。在比特币的体系中区块链是一个所有人都可以访问的共享账本，各个节点基于共识机制共同维护着这个唯一的账本。

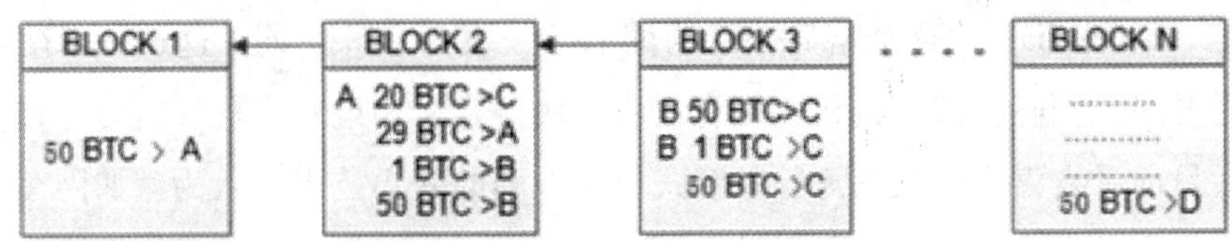

图 1.1　区块链的数据存储结构

中本聪最初没有将区块链定义为一项独立的技术，也没有意料到这项技术会带来革命性的变化和无限的想象空间。在相当长的一段时间里，比特币、以太坊、瑞波币等各种加密货币活跃在舞台中央，然而作为数字货币总账系统的区块链却没有引起人们足够的重视，人们后来逐渐认识到区块链这个支撑数字货币运行的底层技术实际上是一种极其巧妙的分布式共享账本及点对点价值传输技术。

比特币的扩展性相对有限，不能定制其他类型的数字资产，也不支持复杂的代码控制。开发者们认识到区块链的进一步应用需要新的平台支撑。2013 年年底，俄罗斯裔天才少年维塔莱克发布了以太坊白皮书，目标是打造一个全球性的区块链平台，将区块链应用到加密货币以外的其他领域。以太坊将智能合约[①]（Smart Contract）的概念引入区块链，开发者可以基于智能合约开发各类分布式应用，区块链的应用场景被显著拓宽。以太坊的所有节点运行同样的逻辑程序，以太坊也被称为“世界计算机”。图 1.2 所示为区块链数据和智能合约。

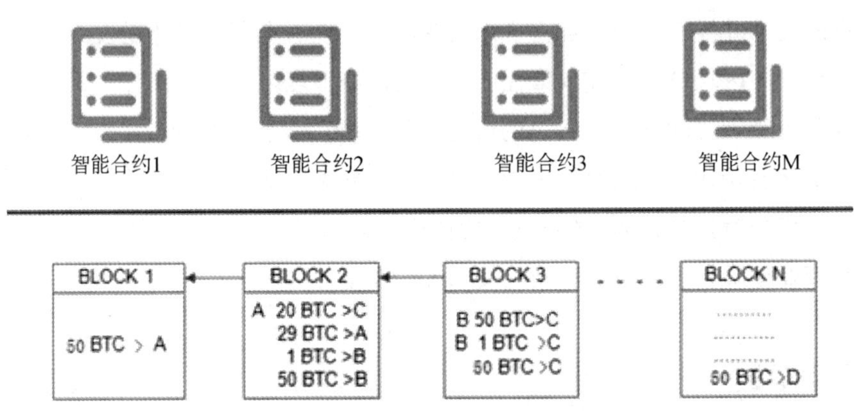

图 1.2　区块链数据和智能合约

比特币和以太坊的区块链平台都是非常具有里程碑意义的，通常认为比特币是区块链 1.0 的代表，链上的所有数据都是经过节点共识的。以太坊丰富了区块链的内涵，其倡导

① 可以简单将智能合约理解为计算机程序中的 if – then 语句，当一个预先确定的条件被触发时，智能合约便执行相应的合约条款，用户可以根据业务需求在智能合约中封装业务逻辑、规则、处理步骤等。

的智能合约已成为区块链的标配，DAO（Distributed Autonomous Organization：分布式自治组织）的概念更加立体且更具可行性。以太坊是区块链 2.0 的代表，链上记录的所有数据和链上运行的程序都是经过节点共识的。

区块链源于加密货币，浪潮汹涌的加密货币实践进一步推动了区块链技术全方位的发展。实际上，不只是比特币和以太坊对于区块链技术有贡献，其他种类的加密货币也在各个维度做了很多积极的探索，如瑞波币实践了区块链在商业领域的应用，比特股提供了远高于比特币和以太坊的处理性能，暗黑系加密货币则加强了链上业务数据的隐私性和安全性。所有的这些探索推动了区块链技术的发展，推动了人们对于区块链的理解。

区块链脱离了加密货币，作为一项独立技术的价值开始受到认可，开始从幕后走向台前。为了避免比特币对于区块链应用的影响，聪明的区块链推广者会说“比特币不好，但是区块链很好”，将用户的聚焦点集中在区块链技术上。尽管区块链已经完全脱离了加密货币，但是作为区块链的研究者则有必要了解支撑各种加密货币的区块链底层技术，以便更好地理解和把握这项技术的真谛。

从极客圈子走向商业领域

以太坊的成功点燃了人们对于区块链技术研究和创新应用的热情，区块链的价值得到了广泛的认可。商业机构希望通过区块链技术优化现有的业务。2015 年是区块链从极客圈子走向商业领域的第一年，区块链的理念开始被商业领域广泛接受。人们开始谋划通过区块链技术重新定义商业模式和组织形态，优化社会生活的各个方面。这一年，IBM、埃森哲、德勤、微软等知名机构纷纷宣布将区块链作为未来重要的战略方向，全球 70 多家重要的金融机构加入了 R3 区块链联盟，国内外成立了很多区块链初创公司，大型公司也开始推动区块链概念验证和创新探索，区块链在金融、供应链、文化娱乐、征信、医疗健康、社会公益、教育就业、共享经济等诸多领域的解决方案开始出现。

鉴于比特币、以太坊等公有链存在的性能瓶颈、数据安全、技术生熟度、用户识别等问题，不适用于现有的商业场景。业内研究推出了更加适合现有商业模式的联盟链。主要联盟链平台有 IBM 主要开发并贡献给 Linux 基金会 Hyperledger 项目的 Fabric 平台、基于以太坊改造的企业以太坊平台、杭州趣链科技有限公司开发的 Hyperchain 平台、矩阵元技术（深圳）有限公司联合微众银行和上海万向两家单位推出的 BCOS 区块链底层平台等。

从区块链走向分布式账本

随着对区块链技术研究的不断深化，不少机构认为区块链的实质是一种特殊的分布式账本技术（Distributed Ledger Technology，DLT）。英国政府首席科学顾问发布的《分布式账本技术：超越区块链》就非常具有代表意义，报告认为区块链技术是分布式账本的底层技术，分布式账本技术由于可以穿透应用层、业务层及底层技术层，体现为一个更广泛意义的概念，区块链仅仅是分布式账本的一种表现形式。分布式账本技术除了具有区块链的共识可信任、密码技术、时间戳、智能合约、现代密码技术等特点外，还可以根据需要实现多账本或多中心化，更强调数据权限、数据精确性、数据访问等概念，这正是该项技术可以大范围应用于企业领域的基本出发点。美国联邦储备委员会、国际清算银行、香港金管局等机构先后发布了分布式账本技术白皮书。分布式账本被定义为一种跨多个站点、多个国家或多个机构的共享数据库，每一个参与者都可以获得一个真实数据库（账本）的副本。R3CEV 就声称其推出的 Corda 并非区块链，而是一种灵感来源于区块链的分布式账本技术。区块链是分布式账本目前最为成功一种解决方案，以至于区块链在概念上经常被等同于分布式账本，事实上加密货币、区块链、分布式账本之间的关系如图 1.3 所示。

图 1.3　加密货币、区块链、分布式账本之间的关系

区块链的发展历程

根据区块链科学研究所创始人梅兰妮·斯万（Melanie Swan）的观点，区块链技术发展分三个阶段或领域：区块链 1.0、区块链 2.0 和区块链 3.0。区块链 1.0 阶段：是以比特币为代表的数字货币应用，主要包括货币的支付、兑付、流通等场景；区块链 2.0 阶段：通过智能合约将区块链广泛应用于各类金融场景；区块链 3.0 阶段：这个阶段则超出金融领域，可用于实现全球范围内日趋自动化的物理资源和人力资产的分配，促进科学、健

康、教育等领域的大规模协作，为各种行业提供分布式解决方案。

 02 区块链的科普解读

区块链目前还没有一个权威或者公认的定义，这项技术的概念内涵还在不断地丰富和完善中。目前，区块链研究者和从业者们对于区块链的定义可以简单归纳为“分布式账本说”“分布式网络说”“价值互联网说”“信用系统说”“多重功能说”等等。

分布式账本说

中国工业和信息化部信息化和软件服务业司组织编写的区块链白皮书将区块链定义为“分布式数据存储、点对点传输、共识机制、加密算法等计算机技术在互联网时代的创新应用模式。”这种定义强调的是实现区块链的各种技术，白皮书进一步阐述道：“狭义来讲，区块链是一种按照时间顺序将数据区块以顺序相连的方式组合成的一种链式数据结构，并以密码学方式保证的不可篡改和不可伪造的分布式账本。广义来讲，区块链技术是利用块链式数据结构来验证与存储数据；利用分布式节点共识算法来生成和更新数据；利用密码学的方式保证数据传输和访问的安全；利用由自动化脚本代码组成的智能合约来编程和操作数据的一种全新的分布式基础架构与计算范式。”

长铗、韩峰在《区块链——从数字货币到信用社会》中将区块链定义为“区块链技术不是一种单一的技术，而是多种技术整合的结果，包括密码学、数学、经济学、网络学等。这些技术以特定的方式组合在一起，形成了一种新的去中心化数据记录与存储体系，并给存储数据的区块打上时间戳使其形成一个连续的、前后关联的程式数据记录存储结构，最终目的是建立一个保证诚实的数据系统，可将其称为能够保证系统诚实的分布式数据库”。

中国银行前行长李礼辉认为“经过不断的迭代演进，区块链形成了分布式（Decentralized）、免信任（Trustless）、时间戳（Time Stamp）、非对称加密（Asymmetric Cryptography）和智能合约（Smart Contract）五大技术特征。”李行长认为区块链的智能合约功能可以用于契约关系和契约原则的维护和执行；区块链的分布式、时间戳和非对称加密功能，可以用于信息的查询、验证和保护；区块链的分布式功能，通过构建分布式数据库系统和参与者共识协议，有利于保护数据的完整性。

国内区块链行业著名大V“暴走恭亲王”龚鸣认为“区块链本质上是一个去中心化的

数据库，是一连串使用密码学方法产生相关链的数据块，每一个数据块中包含了一段时间内全网交易的信息，用于验证其信息的有效性（防伪）和生成下一个区块。所以说区块链是以去中心化和去信任化的方式，来维护一个可靠数据库的技术方案。通俗地说区块链可以称为一种全民记账的技术，或者可以理解为一种分布式总账技术。”

数字经济之父唐·塔普斯科特认为“区块链就是一个分布式账本，它代表着一个网络上的共识——每一笔历史交易的来龙去脉都记录得清清楚楚。相对于全世界范围的信息互联网来说，区块链就是世界范围的价值账本。它是一个分布式账本，任何人都能下载这个账本，并在自己电脑上运行。”

分布式网络说

国家开发银行原高坚副行长说：“区块链是一个公开、透明、可追溯、不可篡改的分布式总账系统，允许参与者以匿名、安全、点对点、实时的方式完成金融交易。区块链能做到这一点，是基于与计算技术以及信息处理技术的结合，通过大规模协作、计算机编码内容、密码学技术，使发生在网络的公共总账上的每一笔交易都不可能被篡改，努力实现从强大的中心化机构信任转变成为一个大型的去中心化的分布式全球网络。”

以太坊的发明者维塔莱克在中国台湾演讲的时候指出：区块链是一个全球范围内大规模的去中心化计算机网络，用户通过发送交易（密码签名的信息）去实现和系统的互动，共识算法确保所有参与者同意交易是根据一定程序执行的。维塔莱克认为区块链具有以下优点：一是具备快速共识的统一数据库，结算速度更快；二是具备大规模的容错机制，可以接受33%～50%的节点失效；三是不依赖信任，不由单一的管理员或者组织控制；四是可审计；五是无须人类参与也能处理运行，节省耗费或者延时。

价值互联网说

很多人将区块链定义为价值互联网，或者定义为互联网的“信用层”。如维基百科将区块链定义为“用分布式数据库识别、传播和记载信息的智能化对等网络，也称为价值互联网。区块链技术基于去中心化的对等网络，用开源软件把密码学原理、时序数据和共识机制相结合，来保障分布式数据库中各节点的连贯和持续，使信息能即时验证、可追溯、但难以篡改和无法屏蔽，从而创造了一套隐私、高效、安全的共享价值体系。”

威廉·穆贾雅（Willam Mougayar）在《商业区块链——开启加密经济新时代》一书中写道：“本质上，区块链是一种永久保存交易记录的科技，而且交易记录无法被删除，只能序贯更新，从而创建了一条永无止境的历史踪迹。这个看上去简单的功能性描述，却有着意义深远的含义”。他认为“如果将区块链理解为分布式账本，未免有些片面，因为那只是区块链的一个侧面。就像仅仅把互联网形容为一个网络，或者仅仅是一个出版平台”。威廉·穆贾雅认为“区块链不能仅仅被形容为一种变革。它是一种演变进行中的现象，就像海啸一样，慢慢积累发展，然后通过行进过程积累起来的巨大力量，吞食沿途的一切事物。简单来说，区块链是置于互联网之上的第二个重要层级，就像1990年万维网是其第一个层级一样。这个新的层级，主要是关于信用的，因此我们可以称为信用层。”

哈佛商业评论认为①“区块链是一个基于互联网的点对点网络，最早是作为比特币的一部分出现的。比特币是一个没有中央权威机构负责发行货币、转移所有权和确认交易的虚拟货币系统。比特币是区块链技术的第一个应用。区块链和TCP/IP非常相似，正如通过电子邮件可以实现双方之间的通信，通过比特币可以实现双方金融交易。区块链的开发和维护的安排和TCP/IP一样都是开放、分布和共享的，分布在世界各处的志愿者将组成一个小组维护区块链核心代码。比特币和电子邮件最初都只是点燃了一个小众群体的热情。TCP/IP通过显著降低连接价值解锁了新的经济价值，与之相似区块链显著降低了交易的成本。区块链有潜力成为记录所有交易的账本，如果这种情况发生了，经济将再次发生巨大的变化，这种新的、以区块链为基础的经济的影响力和控制力将会显现。”

信用系统说

谭磊、陈刚则认为“区块链究竟是什么？说的笼统一点，区块链实现的是一种全新的信用系统。另外一个同义的说法是区块链系统是一个‘Trustless’（无须信用）的系统，无须信用的系统本身就实现了自己的信用。这个信用系统是不基于任何法律法规，使用机器语言来实现的。在系统运行时，这种信用不受使用者的影响，也无法被破坏。借助互联网的传播，这个区块链系统能够覆盖全球任何一个角落，并且是简单易用的。”

多重功能说

徐明星、刘勇、段新星、郭大治②认为“如果从不同的基础角度来剖析，我们可以这样看待区块链：它是一种数据库、一种分布式系统，也是一种网络底层协议。(1）数据库：区块链是一种公共数据库，它记录了网际间所有的交易信息，随时更新，让每个用户可以通过合法的手段从中读取信息、写入信息。它又有一套特殊的机制，防

---

① https：//hbr.org/2017/01/the－truth－about－blockchain.

② 徐明星、刘勇、段新星、郭大治：《区块链：重塑经济与世界》，中信出版社，2016年。

止以往的信息被篡改。（2）分布式系统：区块链是一种分布式系统，它不存储放置在某一两个特定服务器或安全节点上，而是分布式存在于网络上的所有网站节点上，在每一个节点保留信息备份。（3）网络底层协议：区块链是一种共识协议，基于这种协议，可在其上开发出数目繁多的应用。这些应用在每一时刻都保存一条最长的、最具权威的、共同认可的数据记录，并遵循共同认可的机制进行无须中间权威仲裁的、直接的、点对点的交互信息”。

横看成岭侧成峰，从不同的视角看区块链就会有不同的定义。如分布式账本说强调分布部署的“区块+链”的数据存储结构；分布式网络说更加强调分布式应用和世界计算机的概念；价值互联网说是区块链最吸引眼球的标签，支持价值互联网观点的研究者认为区块链是一个信用协议，基于区块链实现了点对点的价值传输；信用系统说则主要阐述区块链如何构建了一个信用网络；多重功能说实际上是“分布式账本说+分布式网络说+信用系统说”的结合。分布式账本的概念很容易理解，但是理解价值传输、信用系统则相对困难。很多时候人们对于这两个概念的认识都是始于字面、终于字面的，所以有必要对此进行具体详细的阐述。

03 互联网：从财富集中走向财富分享

什么是价值

价值互联网是区块链众多定义中最吸引眼球的一个。理解价值互联网，首先需要理解价值（Value）的概念。马克思主义政治经济学认为价值是来源于凝结在商品中的无差别的人类劳动。效用价值论者认为商品价值取决于商品效用，即来源于人的欲望和对商品的估价，而不是商品内在性质决定的。边际效用论者认为价值来源于商品的边际效用，新增商品带来的满足程度越来越小，即效用越来越低，所以愿意付出的价格越来越低。经济学上的概念比较难于理解，简单起见我们可以将“价值”理解为一个个体或者机构拥有的可以带来某种效用的各类权益，如货币、证券、汽车、数据、房屋、土地的所有权或者使用权等，这些权益带来的效用可以通过加密货币（实质上最终也是通过法定货币来衡量）或者法定货币来衡量，恰如安德烈亚斯·安东诺普洛斯在《The Internet of Money》中写道“人类通过金钱交流价值，向彼此表示我们如何衡量一个产品、服务、动作的价值（We use money to communicate value to each other，to express to each other how much we value a product，a service，a gesture）”。

价值完全不同于信息，小张将一份电子文件发给小李，那么小李和小张都拥有同样的电子文件，这就是信息互联网，信息是共享的，信息的发送者不会失去信息，信息的发送方和接收方都可以对信息进行处理，信息在流转的过程中越来越多；价值则是独享的，小张将一定数量的加密货币发送给小李用于租用李四的自行车，那么小张就失去了这些加密货币，李四则让渡了一段时间自行车的使用权，价值交换的实质就是实现这种权益的流转、授予和撤销。

信息互联网：财富集中

信息互联网连接了各个实体，让信息在实体之间快速有效地流动起来，然而信息互联网无法让“价值”点对点的流动起来。信息互联网机制下的“价值”流动需要通过中介机构，因此价值是递减的。简单起见以同一家银行的两个用户之间的转账为例，小张向小李转账 2 000 元，那么这笔交易的实质就是在小张账户上减去 2 000 元，在小李账户上增加 2 000 元，“价值”的流动最终体现在这家银行数据库的变化上，小张、小李都相信银行这个可信的第三方会正确执行转账操作，所有关于该笔转账的争执以该银行的交易记录为准。

价值传输不复杂也不神秘，价值传输的基础是集中统一的“可信”账本，价值传输的本质就是可信账本数据的变动。中介平台的主要功能就是维护一个集中统一的“可信”账本，商业银行的中心系统记录了客户的存、取款信息，支付宝拥有几亿“剁手族”的网上消费和在线支付信息，交易所记录股民的股票买卖信息。这些中介机构之所以能支撑“价值”流动，是因为在人们眼中它们具有高信用度，这些中介机构会收取一笔费用，涉及多个机构配合时还需要用户耐心等待，甚至还可能出现对账的错误，整个过程存在多处摩擦，而且用户的交易数据成为中介机构的私产。中介机构让社会资源的分配有失公平，互联网平台正在把惊人的权利和财富转移到少数人手中，多数人则要面对进一步加剧的不公平，互联网经济成为大公司主导的排他性经济，与民主、分享等互联网经济的宗旨是背离的，甚至扎克伯格等互联网寡头也深刻地认识到这一点，并且明确表态将致力于更加公平的互联网经济生态的构建。讽刺的是用户已经习惯这些大公司提供的服务，非常信任这些机构，并且认为这些机构不会出错，甚至也不会倒闭，或者说即使倒闭也有存款保险制度或者其他保障制度，仔细想想我们便会发现这些想法大多是惰性和习惯所致。

价值互联网：财富分享

价值互联网的基础是区块链，即一个全网维护的可信账本。区块链各个节点在彼此弱信任或者零信任的情况下构成了一个可信的信用网络或者信用系统，共同维护一个所有节点认可的集中统一账本。区块链通过共识机制、链式存储、时间戳、密码学等方法产生信用，这种信用来自于程序（算法），而不是来自第三方。区块链上所有记录都是需要全网络节点确认的，一旦生成将永久记录、无法篡改。除非能拥有全网总算力的51%才有可能修改最新生成的区块记录，而这种情况在大型的区块链网络（如比特币、以太坊等）中是不可能出现的。

区块链这个信任网络对于用户是透明的、可信的，交易双方不再需要一个特定的中介机构，就可以点对点的进行价值转移。区块链技术重新定义了互联网络环境下信用的生成方式。用户无须了解其他人的背景资料，也不需要借助第三方机构的担保或保证。区块链通过技术保障了价值转移的结果是可信的，通过这种方式最终实现了各种权益点对点自由、便捷、无摩擦的流动。用户节省了交易成本，交易的数据归交易方所有，这个业务环节中不再有攫取大部分利益的寡头，参与正常交易的用户的价值分摊了成本，分享了利益。区块链是人类追逐价值互联网的一个伟大发明，无论区块链是否能捧得“价值互联网”的桂冠，人类追逐价值互联网的梦想不会停止。

一个信用网络想要良好运转依赖于两点：一是节点之间的互相制约关系；二是外部介入协调解决，这其中最重要、最基础的是节点之间的互相制约关系。区块链通过共识机制、链式存储、时间戳、密码学等方法实现节点间的互相制衡，这其中最重要的是共识机制。密码朋克们希望通过共识机制建立一个信用网络，希望基于共识机制解决一切纠纷，在他们眼中共识就是一切。然而，区块链不是一个孤立的存在，区块链的信用网络反映了区块链用户或者社会公众的利益关系，所以出现共识机制解决不了的问题一点儿都不奇怪，不要妄想会出现一个完全依赖共识机制运行的区块链，或者通过区块链达到去监管的目的。

出现共识机制无法解决的纠纷就必须依赖外部介入协调解决，外部协调解决的程度需要视纠纷程度、共识机制等事项确定。通过共识机制能解决的事项越多需要外部介入协调解决的事项越少。反之，若外部介入沟通协调明确了某些事项，据此也可以降低对区块链共识算法的要求。外部协调解决的方式有圆桌会议、自律组织、政府监管等多种形式，这实质上就是区块链的治理和监管问题。对此不要有任何惊奇，比特币的运行过程中就出现过多次需要外部协调解决的事项，如矿工和核心开发团队纠缠不已的比特币扩容方案，比特币0.7版至0.8版升级的紧急回退等。

传统模式与区块链模式下数据交互方案的比较

传统模式下，互相协作的各个机构通常各自维护一套独立的应用程序，机构间的数据交互主要通过数据接口、FTP、传真、邮件，甚至手工方式进行，数据真实性、准确性、及时性都很难得到保证，涉及系统改造则更为复杂，双方需要反复确认业务需求和数据格式，系统建设的复杂度相对较高（见图 1.4）。

区块链模式下，互相协作的各个机构可以共同维护一套区块链作为底层数据平台，各方只需要研究确定数据格式，无须担心数据准确性、及时性、真实性等问题，操作风险相对较低，参与各方可以将目光集中聚焦在业务领域。各单位自行建立业务系统，业务系统升级改造也不需要和其他方进行沟通确认，系统建设的独立性更强，各单位可以根据自身业务情况建设系统，沟通协调成本低。尤其涉及产品创新时，采用这种方式的效果尤其明显，各单位不再受制于其他单位，自行组织系统建设的各单位，最终通力协作实现了服务能力的整体提升（见图 1.4）。

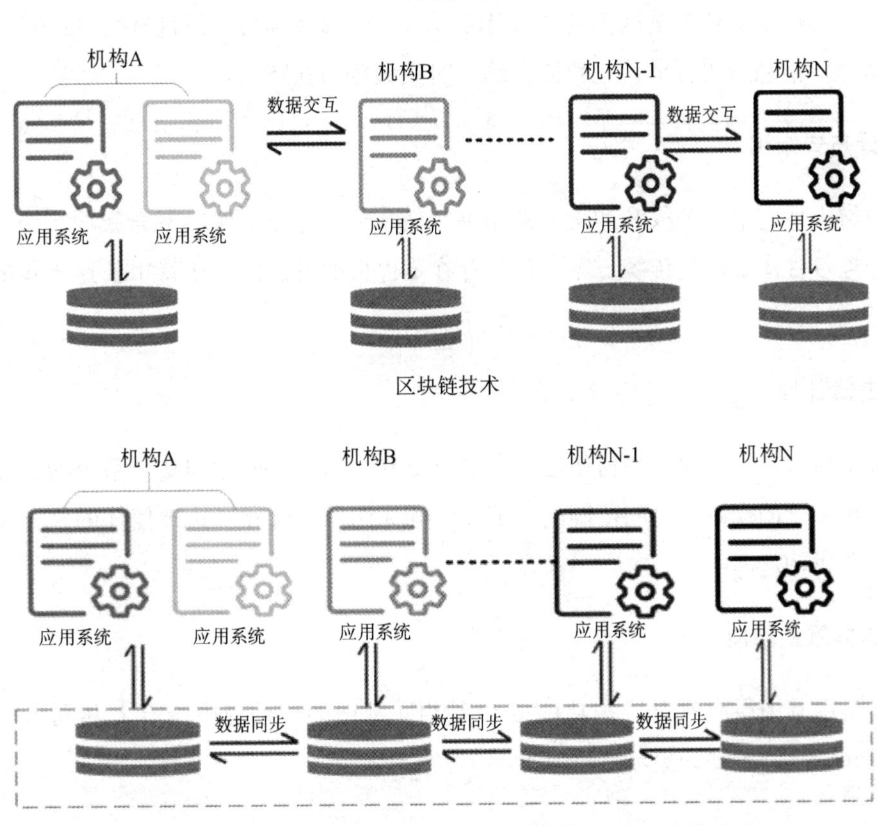

图 1.4 传统模式和区块链模式数据交互方案比较

04 多视角解读区块链

区块链是点对点、共识算法、加解密算法、时间戳、智能合约等计算机技术组合形成的一种全新的分布式基础架构与计算范式，是一个具有复杂性、系统性、立体性的综合体。鉴于实践中很可能因为业务需要对区块链进行剪裁，导致很容易出现“见一斑度全貌”的情况，加之区块链技术还在持续的发展完善中，所以很难全面的理解区块链技术，所以非常有必要从多个维度对区块链进行剖析，以便更好、更全面地把握区块链技术。

区块链强大的内在特征

区块链的最大魔力是具有在弱信任或者无信任的节点之间建立信任关系的能力，进而提高经济活动的透明度，降低经济活动的各类摩擦，提高经济运行的效率。区块链之所以具有构建信用体系的功能是因为这项技术具有的分布式结构、去信任性、集体维护功能、可信数据库、信息透明可审计、智能合约、时间戳等内在特征。

1. 分布式结构

区块链上所有节点的权利和义务都相等，任一节点停止工作都不会影响系统整体的运作，业务连续性潜能超过传统方案，甚至存在零停机的可能性，比特币长达十年的稳健运行见证了这一特性。

2. 去信任性

系统中所有节点之间无须信任也可以进行交易，因为数据库和整个系统的运作是公开透明的，在系统的规则和时间范围内，节点之间无法欺骗彼此，这种信任的建立无须依赖第三方中介机构。

3. 集体维护功能

系统是由其中所有具有维护功能的节点共同维护的，系统中所有人共同参与维护工作，通过共识机制存储和更新信息。

4. 可信数据库

系统中每一个节点都拥有最新的完整数据库拷贝，修改单个节点的数据库是无效的，所有业务数据不可篡改、不可伪造。

5. 信息透明可审计

多个参与方都能够访问相同的记录，可以接近实时的验证交易，每笔交易都有时间戳作为标记可以支持必要的审计。

6. 智能合约

可将事先约定好的业务逻辑或者合同条款通过智能合约部署到区块链网络中各个节点上，基于此能够不断提高业务运行的成熟度、规范度和自动化水平。

7. 时间戳

时间戳证明了区块链上什么时候发生了什么事，且任何人无法篡改。时间戳在区块链中扮演公证人的角色，用于存在性证明（Proof of Existence，POE）等场景，因为区块链上记录的信息无法被任何人以任何方式修改。

纵向视角下的区块链

从纵向视角来看区块链，可将区块链分为数据、代码和应用三个层次（见图 1.5），那么整个结构就非常清晰了，以比特币为代表的区块链 1.0 时代属于“可信数据”，此阶段区块链主要用于存储可信的数据，所以区块链被看作分布式账本或者可以具有插入、查询功能而不支持删除和更新功能的一种特殊的数据库，腾讯就将区块链定义为“TrustSQL”，实际上“可信数据”的内涵还可以进一步扩展，如用于存储可信文件、可信图片、可信视频，当然从技术实现上来看，链上只是存储了文件、图片和视频的哈希值，即数字指纹，但是对应文件、图片和视频的指纹无法被篡改、被删除，用户可以非常容易地判断这份文件是否是“原件”，典型的应用场景如知识产权、公证等。

智能合约属于“可信代码”阶段，人们可以通过智能合约定义交易、合同等各种业务逻辑，智能合约经过全网共识，一个全网认同的外部事件或者某种状态满足时，智能合约会自动执行，用户认同智能合约执行的结果，如到期日（该事件很容易被全网认可）自动还银行贷款等，所以智能合约是一种可信的代码。此时，区块链分为上下两层，下层是存储“可信数据”的分布式账本，上层是智能合约和运行智能合约的“可信虚拟机”（或者

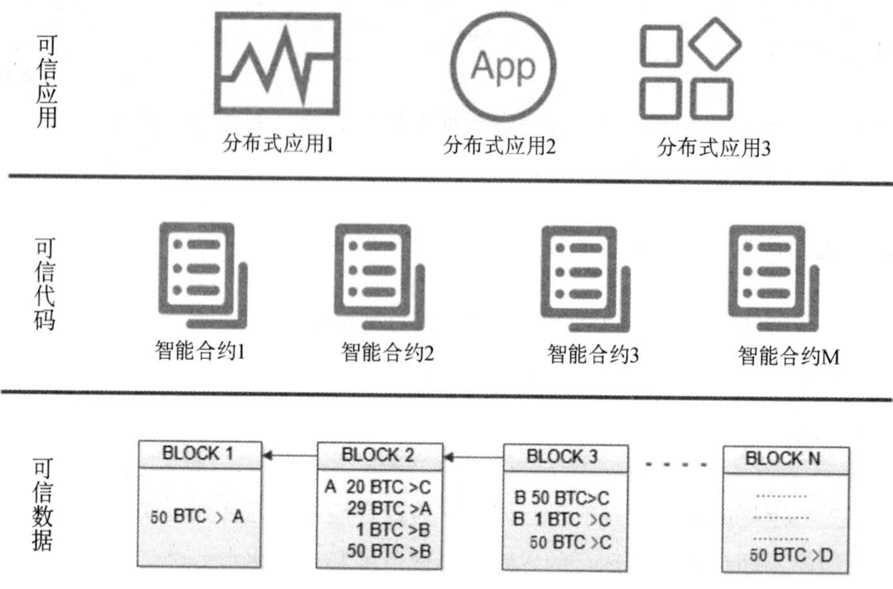

图 1.5　纵向视角下的区块链

被称为“世界计算机”)。典型的场景如智能证券、智能保险等。金融行业被认为是区块链的主战场和重要突破口，区块链有望显著提高金融运行的效率，降低金融交易的成本，这个过程中“智能合约”将会发挥重要作用，此外还有人认为“智能合约”将促进“自金融”的繁荣发展。

分布式应用属于“可信应用”阶段，此时经过一段时间的发展，积累了众多行业各种各样的可信数据及可信代码，可信虚拟机的可靠性和稳定性经过了检验，分布式自治组织配套设施也更加完善。基于前期“可信数据”和“可信代码”的基础上发展出了数量众多的分布式应用，分布式自治组织和分布式自治公司逐渐成熟，区块链技术深入应用扩展到各个行业。典型应用场景如物联网、分享经济、医疗健康等。

横向视角下的区块链

从横向角度看，即从组成区块链的节点角度出发，区块链分为公有链、联盟链和私有链（见图 1.6）。这三类区块链最重要的区别就是组成区块链的各个节点之间的关系，公有链各个节点没有或者很少有信任关系，私有链的各节点之间则具有很强的信任，联盟链介于两者之间，所以上述三种类型的区块链对于共识机制的要求也不同。联盟链节点的数量很可能少于私有链节点的数量，如一个行业机构四五家企业组成的联盟链只有四五个节点，但是一家全球性公司很可能由各地分公司组成一个私有链很可能达到几十甚至上百个节点。

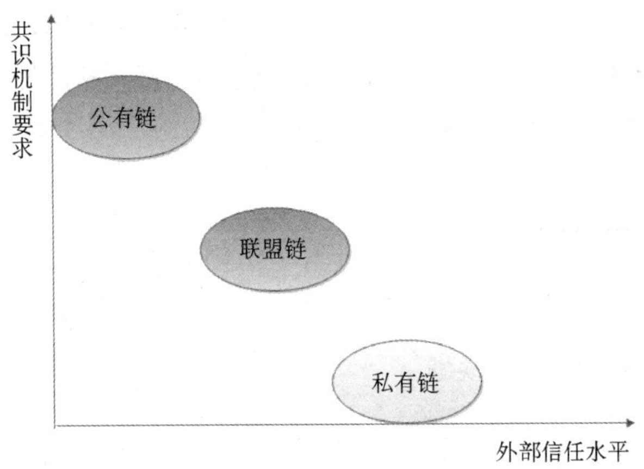

图 1.6　横向视角下的区块链

1. 公有链

公有链的每个节点都可以自由地加入或者退出网络，网络各个节点是平等的，共同参与链上数据的读写、执行交易和共识达成的过程，不存在任何中心化的服务端节点。比特币、以太坊就是典型的公有链。

公有链的场景下，网络参与者有为数众多的网民和机构参与，他们彼此之间没有任何信任关系，所以信用网络的建立主要依靠共识算法，“共识就是一切”，公有链的信用建立在数学基础上而不是依赖于某个机构的信用背书，所以鉴于传统的公有链发展过程中存在交易效率偏低、资源损耗严重、安全隐私考虑不足、不利于“穿透性”监管等。

2. 联盟链

联盟链是一种多中心化或者说部分去中心化的区块链，各个节点通常有与之对应的实体机构组织，通过授权后才能加入与退出网络，各机构组织组成利益相关的联盟，共同维护区块链的健康运转。联盟链的参与节点之间有一定的信用关系，所以联盟链信用网络的构建无须完全依靠共识算法，减少了对共识的要求，所以可以使用比公有链更为高效灵活低成本的共识机制。联盟链对交易的时间、状态、每秒交易数、安全和性能要求优于公有链，在应用时更受企业和政府的欢迎。

3. 私有链

私有链的各个节点的写入权限完全受内部控制，而读取权限可视需求选择性地对外开放。私有链实际上仍然具备区块链多节点运行的通用结构，应用场景一般是应用于单一的企业内部总公司对分公司的管理方面，如数据库管理和审计方面等，价值主要体现在它可以提供一个安全、可追溯、不可篡改的平台，防止来自内部和外部的安全攻击。私有链的实质就是利用区块链技术搭建了一个可信数据库。

技术维度视角下的区块链

1. 总体技术框架视角下的区块链

关于区块链的总体技术框架，北京大学陈东敏教授在《区块链技术原理及底层架构》一书将区块链分为底层数据层、网络通信层、共识验证层和业务应用层。底层数据主要实现“相关数据的存储”和“账户交易的实现和安全”两个功能；网络通信层主要实现“网络节点的连接和通信”；共识验证层主要实现“全网所有节点对交易和数据达成一致，防范拜占庭攻击、女巫攻击①、51%攻击等共识攻击”；业务应用层可以构建“种类极其丰富的业务应用”。区块链·铅笔②的创始人龚鸣在《区块链社会》一书中将区块链分为网络层、数据层、共识层、激励层、智能合约层和应用层，龚鸣认为网络层包括分布式组网机制、数据传播机制、数据验证机制，数据层则作为最底层封装了数据区块以及相关的数据加密和数据戳技术；共识层主要封装网络节点的各类共识算法；激励层将经济因素集成到区块链技术中来，主要包括经济激励的发行机制和分配机制，合约层主要封装了各类脚本、算法和智能合约，是区块链可编程性的基础。上述两个观点主要区别是陈东敏教授的观点中没有激励层，尽管联盟链等平台确实并非一定需要激励层，笔者还是认为就区块链治理或者运行而言，激励层是非常值得关注的。所以总体还是将区块链分为数据层、网络层、共识层、激励层、合约层和应用层（见图1.7）。

（1）数据层。数据层是区块链的基础，所有运行在区块链上的交易数据都存储在数据层，数据存储按照区块链特有的“区块+链式”的数据结构，所有数据按照特定梅克尔树等形式存储在区块体中，区块头中封装了时间戳、梅克尔根、难度值等用于检索、验证交易以及连接区块的数据，具体情况根据区块设计各不相同，可参阅比特币、以太坊相关内容。

（2）网络层。网络层包括分布式组网机制、数据传播机制和数据验证机制等，区块链基于P2P技术构建网络，P2P具有自动组建网络的能力。P2P技术非常成熟，比特币和以太坊的白皮书中都没有解释点对点技术，可能中本聪和维塔莱克都觉得这个太过于基

---

① 女巫攻击是指网络中的少数节点利用多个虚假身份控制或影响网络的大量正常节点的攻击方式。

② 区块链·铅笔是一个介绍和讨论区块链技术的社区，并且探讨加密货币和数字金融对于未来经济的重要影响。

图 1.7 区块链技术总体架构图

础了。BT、迅雷、电驴就是常见的 P2P 软件，需要注意的是比特币、以太坊等公有链采用的是分布式的 P2P 技术，完全不需要任何中心化服务器；而迅雷实际上是通过中心化的服务器帮助点对点建立连接，相对于中心化的 P2P 技术，区块链组网技术健壮性更强。

（3）共识层。区块链各个节点通过共识算法竞争记账权，通过竞争记账实现全网节点的一致性，共识层是区块链构成一个完整信用网络的基础。共识层为用户提供了一个可供信任的网络，用户可以基于这个内含信任的网络实现点对点交易。目前，主流共识算法有工作量证明（POW）、股份权益证明（POS）、股份授权证明机制（DPOS）、实用拜占庭容错算法（PBFT）等。

（4）激励层。激励层将经济因素集成到区块链技术体系中来，主要包括经济激励的发行机制和分配机制等，将激励机制和挖矿结合起来是中本聪的一个创举。各种有内生加密货币的公有链普遍采用这种激励机制，如竞争到记账权的比特币矿工可以得到一定数量的比特币，以太坊则通过更加复杂的方式向参与计算的矿工提供以太币奖励。区块链通过这种方式奖励遵守规则的节点，惩罚不遵守规则的节点，驱动整个系统向良性循环的方向发展。

在区块链的技术架构中激励层是个可选项，私有链不需要激励层，联盟链的参与机构可以通过“链下”协商的方式约定激励方式。不可否认的是激励层在区块链运行体系中，经济考虑是不可或缺的。如果没有经济激励就很难调动参与机构或者个人的积极性，那么区块链就会处于没有机构和个人意愿维护的情况。实际上通过链上激励可能是一个很好的思路，各机构对区块链的贡献以及使用区块链的情况会更准确，或许也更容易达成一致。

（5）合约层。合约层主要封装各类脚本、算法和智能合约，是区块链可编程特性的基础。以太坊提供了非常强大的智能合约功能，智能合约的概念由此开始风靡。区块链是一种非常适合智能合约的运行环境，智能合约已经成为区块链的基本组成元素，用户可以根据需求编写各类智能合约实现各种功能。

（6）应用层。应用层是基于区块链搭建的各种软件及分布式应用，如各种钱包软件以及以太坊中比较著名的 Augur 等各种分布式应用。用户通过应用层访问区块链，应用层是用户和区块链链交互的界面。去中心化应用是区块链未来发展的一个重点，去中心化应用既可以访问区块链也应该可以访问传统架构的数据。

2. 技术组件视角下的区块链

从技术组件的角度看，区块链会具有哪些经典技术组件的特点？可能会适用于哪些技术场景呢？

（1）网络协议。计算机网络就是通信线路和通信设备将分布在不同地点的具有独立功能的多个计算机系统互相连接起来，在网络软件的支持下实现彼此之间的数据通信和资源共享的系统。很明显区块链属于计算机网络的范畴，实际上区块链运行在 TCP/IP 网络或者互联网的上层，可以认为区块链是互联网的信用层，其性质类似于 TCP/IP。

（2）数据库。数据库的概念是按照数据结构来组织、存储和管理数据的仓库。区块链存储的交易有明确的数据结构要求，通过区块链可以对这些数据进行组织、存储和管理，智能合约可以承担和存储过程一样的功能。区块链和传统数据库的主要区别有两个：一是区块链只能进行实现增（Insert）、删（Delete）、改（Update）、查（Select）中的增和查两项功能；二是其他节点可以验证是否存储了某个信息，但是只有数据的拥有者才可以查看信息，信息的隐私性更好。区块链不是为了取代大型数据库，但是毋庸置疑的是区块链是一种非常具有竞争力的特殊的数据库，注定会挑战传统数据库的功能和垄断地位。

（3）计算平台。区块链可以提供一个可靠的计算平台。区块链所有节点上都可以运行一个虚拟机，每个节点运行同样的程序，所以程序运行具有极强的稳定性和健壮性，这个平台经常被称为“世界计算机”，一旦开动计算，这个执行过程和结果将永久恒定的保存。这种计算平台是以太坊等区块链强大的关键。

（4）中间件平台。智能合约为区块链的发展提供了无限的可能，用户可以通过智能合约实现各种功能的 API（应用程序编程接口），这些 API 并非一定要基于存储该智能合约的区块链平台，实际上智能合约也可以调用其他区块链、传统数据库的内容。用户编写的分布式应用和传统应用都可以调用区块链提供的各种 API，实际上其承担了中间件平台的作用。

（5）业务协作中间件。区块链可以作为单位中间数据交互的平台，基于区块链技术可以将业务和数据交互下沉到区块链层。一方面跨机构业务协作更容易，操作自动化、数据标准化的程度更高，数据的可用性也更强。另一方面也降低了上层业务处理的复杂性，系统建设更灵活，各单位可以根据自身业务情况建设系统，系统独立性更强，沟通协调成本更低。尤其涉及产品创新时，采用这种方式的效果更明显，各单位不再受制于其他单位，自行组织系统建设的各单位，最终通力协作实现了服务能力的整体提升。

05 区块链勾勒新经济蓝图

过去三十年，新经济（也被称为互联网经济、数字经济或网络经济）依托信息网络，以信息、知识、技术等为主导要素，通过经济组织方式创新，优化重组生产、流通、消费全过程，提升经济运行效率与质量的新型经济形态，创造了人类社会发展历史上最大的奇迹。互联网改变了人与人、人与物、物与物的连接方式，突破了传统连接方式在时间、空间上的限制，改善了信息交换的效率，然而在互联网上，若没有银行等第三方机构提供的校验信息，人们依然无法在彼此之间建立经济往来所需要的信任关系，导致出现了一系列的问题，中介机构所产生的成本让全球超过 25 亿人群享受不到现代金融服务，“富者越富，穷者越穷”的马太效应更加明显，中介机构已成为难以破解的社会协作的瓶颈，人们的数据和隐私被中介机构收集或者侵犯。区块链的出现有望改变上述情况，区块链所拥有的内在特征使区块链具备建立庞大而全面的信任网络的潜力，从而从根本上提升业务透明度、改变协作的方式、降低交易摩擦、缩短交易时间、降低业务风险。区块链将会在社会生活和经济多个领域发挥积极作用，提高公共服务的效率，提升各行各业协作的效能，帮助金融行业回归服务实体经济的本源，帮助互联网回归“平等、开放、协作、分享”的初衷，促进不同行业更加繁荣，综合国内外研究观点区块链在以下领域的表现被广泛看好。

助力健康的金融生态

区块链可以从多个方面有效改善现有的金融生态。一是区块链可以作为基础平台承载数字货币、数字证券、数字债券等各类数字资产，显著降低交易的成本，提升交易的透明度，实施穿透性监管证券；二是区块链可以改善金融机构间合作的效率，提升资产托管、供应链金融等各类业务的处理效率，减少对账成本和操作性风险；三是区块链作为金融内在引擎有利于加强信用体系建设，提升金融风险管理的能力，引导金融向服务实体经济的本源回归；四是区块链金融将改变互联网金融“重视渠道优化的升级，忽视风险管控的建设”的情况，助力解决互联网金融因为缺乏信用出现的非法集资、兑付难等难题；五是推动普惠金融的发展。中介机构因为成本高、风险大、利润低等原因无法为全球超过 25 亿低收入人群提供现代金融服务。一方面基于区块链技术可以推动建立普及面更广的声誉或征信系统，进而推动能够覆盖更多低收入人群的新型金融服务，帮助他们通过借贷等方式得到资金支持，促进他们可以进行更好的学习和生活；另一方面基于区块链的支付体系可以提供几乎无摩擦的交易支付，所有这些都会推动普惠金融的深入发展。

提高公证工作的效率

利用区块链时间戳的内在特征提供公证工作的效率和便捷程度，用户可以通过区块链提供的功能实现证书（学历、房产）、证据等公证工作，简化现有方案手续复杂、确证难等痛点。基于区块链的解决方案也能化解现有互联网络恶意行为取证难（恶意用户可采取删帖等措施）的问题，有效缓解拷屏等传统解决方案公信力不足，证据不好保存等问题。

精准知识产权的确权

区块链不可篡改等特点可以用于知识产权（即 IP）保护领域。区块链能够完整地记录作者从最初的灵感到最终作品的所有变化过程，并通过“时间戳”链条以及基于密码技术的“作品指纹”提供作品内容和作品完成时间的证明，帮助创作者规避无法举证风险，更符合数字经济时代知识产权确权的要求。利用区块链技术记录知识产权产生及其变更的全流程，解决知识产权纠纷举证难的问题。进一步解决内容分发和流通环节的低效率，推动建立新型的作品产销关系。加强知识产权的保护，保护原创作者的利益，进而促进基于知识产权的 IP 开发，引导创作者创作优秀的作品，推动科技、影视、文娱行业的发展。

构建真正的分享经济

分享经济（Sharing Economy）是指将社会海量、分散、闲置资源平台化、协同化地集聚、复用与供需匹配，从而实现经济与社会价值创新的新形态。人们可以以不同的方式付出和受益，更充分的享有社会资源，共同获得经济红利。尽管优步、滴滴都打着“分享经济”旗号，但是事实上他们和分享经济的关系并不大，这两家公司能够暂时成功的最大原因是“聚合经济”的效果，优步和滴滴降低了出租车的从业门槛，做大了出行市场，乘客和出租司机并没有成为赢家，但是优步和滴滴攫取了丰富的商业利益，最终成为全球最大的两家出租车公司。资源供给方和资源需求方的利益并没有得到最大限度的保证，通过区块链技术有望改变这种情况，区块链平台向资源的供给方和使用方提供信息匹配和信用支持，供需双方可以基于区块链技术建立直接的联系，不再需要第三方，基于这种方式人们更充分地享受到了分享经济的红利 。

重构分工合作的方式

基于区块链智能合约的 DAO（分布式自治组织）有望重构资源配置的方式，成为继公司之后人类分工合作的一种全新的方式。智能合约明确了组织所有人的权利和义务，用自组织的架构取代了传统体系中的定义即工业时代组织分配工作的垂直化层级结构。人力及资源配置将更加灵活，更加市场化，也更有活力。比特币的运行体系实际上就可以视为 DAO，比特币的持有者是股东，矿工是工作人员，矿工只要依据比特币协议挖矿就能得到应得的收入，所有比特币相关的运行都是基于协议的。这就是经济学人的观点“公共总账的概念听起来可能没那么革命性，但复式簿记和股份制公司也同样如此，而区块链就像它们一样有潜力改变人们和企业如何合作的方式。”当然 DAO 还是一种全新的理念，需要在实践中解决配套法律机制等问题。

发挥溯源防伪的效能

通过区块链不可篡改的内在特征，解决产品溯源防伪的问题，通过对产品每一次流转的登记，实现追溯产地、防伪鉴证，重建产品品质体系，还可以根据溯源信息优化供应链，并且据此提供更具针对性的供应链金融服务。溯源防伪的功能还可以用于公益、精准扶贫等各种业务场景，通过公开透明的方式保证款项精准到位可追查，让善心更有着落，还可以进一步通过智能合约约束善款的用途。

建立专属的数字身份

数字身份同个人经济利益、隐私安全是紧密相关的，但是数字身份非常容易被低估、被忽视。由于数字身份是由用户在现实和网络活动中的各种身份碎片信息构成的，所以这些信息通常被互联网公司等第三方机构掌握，用户无法进行管理，而且还容易遭遇身份泄露、盗用、欺诈等问题。基于区块链的数字身份解决方案，用户只需根据特定的目的，在某个特定时间段将某些数据授权给特定机构，就可以很便捷地访问各种服务。任何机构或个人除非经用户本人同意否则无法获取用户的各种身份、医疗情况、网络轨迹等各种信息，有效化解现阶段经常出现的信息泄露、网络诈骗等难题。尽管在大数据时代很多人已经对捍卫个人隐私不抱希望，笔者认为正是因为如此，我们更应该认识到这个问题的严重性和紧迫性，区块链解决方案值得花时间探讨和尝试。

释放物联网的内在潜力

鉴于现有的物联网解决方案存在管理瓶颈和数据交换等难题，越来越多的人认识到区块链对于释放物联网的潜力至关重要。《区块链革命》一书的作者唐塔普斯科特认为万物账本（Ledger of Things）驱动万物互联——得益于区块链技术，在互联网中将会实现分布式、可靠的、安全的信息分享，传感和自动执行动作及交易。区块链技术让人们可以将相关的核心信息与智能设备关联在一起进行识别，并对其进行编程，使它能够在预先定义的规则下执行动作，而无须担心错误，物联网的愿景越来越接近现实。“区块链 + 物联网”领域的领先者 IBM 在其发布的《设备民主：拯救物联网的未来》中写道：“在去中心化的物联网愿景中，区块链是在发生互动的设备间促进交易处理和协作的一个框架。每一个设备管理着自己的角色和行为，这就带来了‘去中心化、自主运行的物件的联网’——因此走向了数字世界的民主化。设备可以自主地执行数字合约，如通过搜索自己的软件更新、验证节点的可信性、支付和交换资源及服务，从而与各个设备建立协议、支付和贸易关系。这让它们能够以自我维护的、自我服务的设备形式运行。”基于区块链可以更好地推动边缘计算，具备基本的业务功能判断，那么边缘侧就能解决，就可以实时处理数据，物联网就会更趋向智能化而且更高效。

匹配大数据相得益彰

区块链数据是小数据，但是小数据和大数据之间有着非常值得期待的化学反应。这些经过全网共识的数据是不可篡改的、具有全历史记录的，数据的质量获得前所未有的强信任背书，《区块链：新经济蓝图》一书将“大数据 + 区块链”定义为互联网数据发展的全新阶段。该书认为互联网数据发展分为如下三个阶段：一是关系型数据库阶段。数据是无序的，并没有经过充分检验；二是大数据（NOSQL）阶段。伴随着大数据和大规模社交网络的兴起，通过大数据的交叉检验和推荐，所有的数据将会根据质量进行甄别，这些数据将不再是杂乱无章的，而是能够应用一定人工智能算法进行质量排序的；三是“大数据 + 区块链”阶段。即有些数据将通过采用全球共识的区块链机制，这些数据可以获得基于互联网全局可信的质量，这几乎可以说是人类目前获得最坚固信用基础的数据，这些数据的精度和质量都获得了前所未有的提升。

大数据和区块链相得益彰，区块链将从多个维度促进大数据的应用：一是不同业务场景的区块链数据进一步扩大了大数据的规模、丰富了数据的类型；二是基于区块链所具有的可信任、不可篡改等内在特征可以进一步梳理明晰“数权”的概念，进一步规范数据的使用，精细授权范围，缓解大数据面临的数据壁垒问题，突破信息孤岛，建立数据横向流通机制，推动生态内数据共享，让大数据放心的流动起来，对于推动基因测序等科学工程具有非常明显的意义；三是区块链的可追溯特性使数据从采集、交易、流通，以及计算分析的每一步记录都可以留存在区块链上，使数据的质量获得前所未有的强信任背书，提高了数据分析正确性和数据挖掘的效果；四是基于区块链的解决方案，具有在不访问原始数据情况下对数据进行分析的能力，这种方法还有助于个人隐私或者核心数据泄露。当然，大数据的海量数据存储技术和灵活高效的分析技术，可以弥补区块链在统计分析等方面的不足，极大地提升了区块链数据的价值。

激活分布式计算功能

鉴于现有的云计算、万维网等技术架构的计算集中在云端或服务器侧，用户端计算资源没有得到很好地利用，大部分情况下实际上都处于空闲状态，这种中心化的计算方式存在容易被攻击，过度依赖骨干网、用户侧计算资源浪费严重等问题。基于区块链的解决方案可以在安全可靠的基础上通过激励机制调动用户的积极性，切实利用闲置在用户手里空闲的计算资源。分布式云盘存储方案 Storj 的尝试就非常具有借鉴意义，这将是计算资源供给层面的一个变革。

总之，区块链是一个具有颠覆潜力的技术，有潜力在各个行业得到广泛的应用，全面改善、优化甚至颠覆社会经济生活的方方面面，正因如此区块链才得到了全世界各个国家、各个大型金融机构的高度重视。中国是世界上最为重视区块链技术研究和发展的国家，早在 2016 年国务院印发的《“十三五”国家信息化规划的通知》（国发〔2016〕73

号）就明确将区块链定义为战略性前沿技术。我们有理由相信“区块链 +”将带给我们一个更好的世界，绝对不要低估这项技术的潜力。

06 区块链生态图谱初具雏形

区块链这项技术正在飞速发展中，总体而言这项技术还处于早期发展阶段，生态还远远不够完善，还需要在不断发展的基础上解决上述存在的问题，不要因为暂时的困难就看低了这项技术的潜力。比尔·盖茨说：“我们经常高估了今后一两年内将发生的变革，但又常常低估了今后 10 年内将要发生的变化。”让我们总结互联网发展过程中值得总结的经验，大胆憧憬区块链技术未来的 10 年，20 年……

区块链面临的生态问题

1. 如何突破性能瓶颈

现有区块链技术普遍存在性能问题，公有链性能普遍较低，比特币甚至只能提供每秒不到 7 笔的吞吐量。联盟链在区块链平台外提供一定的信任前提和利益约束优化设计，可以提供相对更高的性能，但是总体而言现有性能仍不能满足现有商业场景的需求，性能仍然是决定区块链技术能否大规模应用于不同行业的重要因素。

2. 如何畅通链间交互

区块链技术平台的数量在不断增加，而且每个平台都有自己独特的共识算法、数据类型、权限设计等，相互割裂的区块链导致出现了新的信息孤岛，没有成熟的跨链解决方案已经成为制约区块链发展的重要障碍。

3. 如何使技术生态更加成熟

一是区块链技术架构的成熟性、完善性、可扩展性受限于底层技术，有待实践考验；二是缺乏成熟数据查询工具和适合的客户端工具；三是区块链应用开发者数量相对非常有限；四是区块链开发、运行、数据格式、传输协议等方面都缺乏标准可依，尤其是事实标准需要实践的积累和检验。

4. 如何解决安全隐私问题

大部分公有链平台的所有的节点都参与验证，所有用户都可以访问到这些数据，业务数据是完全公开的，这就给非法分子可乘之机，通过数据分析仍然有可能发现蛛丝马迹。联盟链平台则试图通过参与方验证，或者对业务数据进行同态加密等方法化解这个问题，但是总体而言还缺乏相对系统成熟的解决方案。

5. 如何提升法律合规水平

一是链上资产缺乏司法支持无法与现实资产锚定；二是基于区块链技术的解决方案有可能会面临复杂的法律问题和合规问题，配套法律规章制度有待完善。

6. 如何加强治理和监管

目前国内外的区块链项目大多处于 POC 阶段或者只是选取了非核心系统的某个业务环节进行验证，跨机构的区块链业务平台相对缺乏，平台治理、监管的模式仍然不够成熟，有待进一步探索和完善。

互联网生态完善前史可鉴

互联网能够取得今天这样的成功得益于互联网生态的不断丰富和日渐成熟——政府制定了恰当的监管政策并给予了足够的支持，推动了互联网基础设施持续完善和商业化，针对互联网的风险投资持续增加，初创公司不断提出新的产品、新的创意，技术以指数级的速度迅猛增长，标准规范持续完善，各种产品、理念互相竞争迭代发展，所有的这些赋予了互联网更强的能力，各种联盟、社区开始发挥出自治、协调、教育、宣传等作用，经过几十年的发展逐渐完善的互联网生态会迸发出强大的力量，推动整个世界发生翻天覆地地改变。

1. 性能从未成为瓶颈

20 世纪 70 年代，英特尔（Intel）联合创始人戈登 · 摩尔提出了著名的摩尔定律，即当价格不变时，集成电路上可容纳的元器件的数目，约每隔 18 ~ 24 个月便会增加一倍，性能也将提升一倍。实际上摩尔定律的意义已经超出了集成电路范畴，算法复杂度、数据量、网络速度、网络节点数等都在以指数级的速度迅猛发展，并且发展速度超过了摩尔定律。人们通常只会注意到硬件性能的进步，却看不到软件性能的提升，实际上软件性能提升的幅度更大。华盛顿大学教授爱德华 · 洛索斯卡认为“计算机专家给算法注入的智慧令软件性能得到显著提高，这种提升速度甚至使摩尔定律的指数级增长都看上去微不足道。”白宫科学顾问德国科学马丁·格罗斯对一项历时 15 年之久的重要生产任务进行了全面细致分析，结果表明在这 15 年里，运算速度提高了 4 300 万倍，其中 1 000 倍来自于处理器速度的提高，43 000 倍则是来自软件算法效率的贡献。互联网的历史上出现过很多次瓶颈论，但事实证明性能从来没有成为瓶颈。

2. 标准是互联互通的基础

互联网互联互通的基础是妄图打造一个“一致”的互联网，从而构建了一个以 TCP/IP 为基础的多层次、多维度的标准体系，各类标准各尽其责、协同工作。互联网标准建设的过程体现了以下几个特点：一是标准是在实践中产生发展的，标准也更偏爱实践而非理论，国际标准组织 ISO 制定的开放式系统互联（OSI）协议理论考虑全面，然而经过实践检验的 TCP/IP 成为最终的标准；二是标准需要业务发展不断完善，网页超文本标记语言 HTML 标准在 1993—1999 年就先后发布了 1.0、2.0、3.2、4.0、4.01 等正式版本；三是标准的编制是某个联盟、单位、工作组或者个人提出并承担，最终被相关的国际组织或者市场接受成为推荐标准或事实标准，USB、WML 等标准都是这么形成的。

3. 竞争促进了技术的发展

互联网的历史就是各种产品、技术、方法、理念竞争的历史，这些产品、技术、方法、理念都有其设计的合理性，都凝结了设计者的心血，有不少真知灼见，蕴含着优良、巧妙甚或天才的设计，这些设计可以被定义成产品或者技术的基因。产品、技术可能会更迭、凋零或者消亡，但是基因会被其他产品所传承。成功的产品或者技术都是在吸纳其他产品的优点的基础上推陈出新而成长完善起来的，正是生态的多样性铸就了互联网的不断发展和壮大。

4. 治理和监管促进健康生态

早期网络理论家普遍认为互联网是不应该被控制或者不能被控制的。约翰·佩里巴洛认为：互联网是独立自由的空间，它不需要治理也不应该被治理，任何对互联网的监管都是对自由的干涉。随着互联网全面融入社会生产生活，人们对于互联网治理的认识是在实践中逐渐清晰起来的。斯坦福大学法学院教授劳伦斯·莱斯格的观点代表着目前国内外最主流的看法，劳伦斯认为在现实空间中存在着四种约束规范人们的行为，即法律、市场、规范和架构，在网络空间中它们依然应该被遵守。在世界互联网大会第二届会议上习近平总书记明确提出了中国参与全球互联网治理的主张，即“共同构建和平、安全、开放、合作的网络空间和建立多边、民主、透明的国际互联网治理体系”，并且围绕着这一主张提出了推进全球互联网治理体系变革的四项原则和共建网络空间命运共同体五点主张。

5. 创新是发展的源动力

互联网时代用户可以非常方便地找到其他同类产品，用户迁移的成本很低，所以数字经济比传统经济更加强调创新的重要性和紧迫性。创新可以在已有的大企业中实现，也可以通过初创企业实现，但是大量创新不是发生在技术力量和资金都很雄厚的大公司，而是产自在那些看上去既无技术力量也无资金的初创企业。清华大学经济管理学院院长钱颖一教授认为有两方面的原因可以解释：一是大公司无法给创业者足够的报酬，因为风险太大所以报酬也得足够大，缺乏激励导致很多新想法无法在大公司生长；二是约束，大公司内部创新往往受到软预算约束的困扰，在大公司内部，停止一个项目或者关闭一个部门是很困难的决定，而市场淘汰一家小公司则轻而易举。被称为“创业教父”的乔希·勒纳（josh lerner）发现初创公司每1美元所带来的创新相当于3美元的传统企业研发投入。大型公司因为体制等原因推动创新的困难更大，适合“大象”快跑的可行方法有建立内部创业机制、选择初创公司作为合作伙伴、投资或者直接收购有潜力的初创公司等。

有质量的初创企业是生态日趋完善的重要指标，互联网发展到今天出现了两拨初创企业的高潮，互联网诞生之初的1995—2000年出现了雅虎、eBay、亚马逊、谷歌、新浪、搜狐、网易、腾讯、百度、阿里巴巴等传统互联网时代的初创企业，当前最重要的互联网公司大多是在这个阶段诞生的。移动互联网诞生之初的2009—2014年出现了Airbnb、WhatsApp、LINE、滴滴、优步、蚂蚁金服、小米、美团、今日头条等具有移动互联网特色的独角兽企业。颠覆性、革命性的技术发展初期必然会涌现出大量初创企业，这些初创企业会推动技术发展，完善技术内在逻辑，探索具备商业价值的各类应用，经历千难万苦后一定会出现新的极具价值的独角兽企业，物联网、人工智能、区块链等技术都具有这样的潜力和想象空间。

尽管区块链还存在这样那样的问题，但是我们有理由相信作为正在高速发展的区块链会逐渐建立相对完善的生态体系，届时区块链将拥有可以媲美互联网的魔力，作为互联网基础设施的区块链将成为引领数字经济发展的新势能。

区块链生态图谱解读

从2014年开始，区块链行业进入快速发展期，国内外落地了大量区块链相关的项目。这些项目覆盖了基础平台、挖矿产业以及各种垂直领域的解决方案，主要如下：

1. 基础平台品种众多

基础平台决定了区块链能够支撑的功能，在区块链生态中处于最核心的位置。因为目标、定位、应用场景不同，基础平台会选择不同的共识机制、激励机制、安全隐私设置、智能合约能力等。主要的基础平台包括比特币、以太坊、小蚁、量子链、EOS、IOTA（物联币）、门罗币（暗黑系加密货币）等公有链平台，Hyperledger、Hyperchain（趣链）、BCOS（上海矩阵）、Corda（R3）等联盟链平台以及Polkadot、Blockstream、闪电网络等专注于支撑跨链的平台。

2. 挖矿产业竞争激烈

挖矿可以简单地理解为区块链的运行维护工作。由于挖矿产业可以得到较为丰厚的回报，技术含量又不够高，所以挖矿已经成为一个资本密集型的行业，竞争已经非常激烈。挖矿产业链的知名初创企业有比特大陆、嘉楠耘智、Bitfury等矿机生产商，GHash. IO、Slush、BTC Guild等矿池运营机构，以及遍布世界各地的矿场，我国在矿机制造产业处于领先位置。

3. 垂直领域应用层出不穷

传统行业高度重视积极参与，纳斯达克、深交所、上交所、银联等金融市场设施机构，花旗、巴克莱、工行、招行等银行，高盛等证券公司，航运巨头马士基，零售巨头沃尔玛，四大审计公司德勤、安永、普华永道、毕马威，以及IBM、微软、BAT等科技巨头都纷纷主动出击，在开展理论研究、投资有潜力的初创公司、组建金融科技实验室、推动概念验证等多个方面积极布局。

区块链初创企业遍地开花，在P2P、证券、保险、众筹、征信、大数据、供应链金融、物联网、能源、医疗、版权保护、公证、娱乐、社交、公益等众多场景生根发芽，并且已经涌现出Circle、瑞波等一批商业模式相对成熟的初创企业，推动了区块链的发展以及同各个行业的融合。

本章小结

本章第一节主要讲述了区块链诞生的历程，区块链最初只是加密货币的总账系统，所幸的是人们透过加密货币发现了区块链的价值，区块链的发展经历了区块链1.0、2.0和3.0三个阶段。第二节主要阐述了区块链的定义，从本质上讲区块链是分布式账本技术，但是从功能上说区块链最神奇的魔力就是具有在弱信任节点之间构建信用网络的能力，区块链是信用网络，是价值互联网；第三节阐述了现有价值交换的渠道以及价值互联网的运行机制；第四节详细分析了区块链强大的内在特征，并且从纵向、横向和技术架构、技术组件等视角分析了区块链技术，区块链是一个集成多种技术，具有多个层次特点的综合体，所以区块链技术体现出了“多彩”的特点，能够实现多种功能，但是所有这些功能中最重要的是实现人们追求“价值自由流动”的诉求，区块链技术可能被认为不合适、被淘汰，但是人类追求价值互联的初衷不改、目标不变；第五节主要讲述了区块链有望取得重要突破的各种领域，如分享经济、金融生态、公证工作、知识产权、物联网、DAO、大数据等，从而构建新经济蓝图；第六节主要分析了区块链现存的问题，区块链的现有生态还不够完善，还需要在实践中进一步发展，不要因为暂时困难就低估了这项技术的潜力，互联网生态逐步成熟的过程值得区块链从业者借鉴，在快速发展和技术进步中解决问题，推动区块链标准的建设，促进区块链的治理和监管，切实发挥初创公司创新主力军的作用，通过不断创新推动区块链向前发展。

Chapter 2
加密货币浪潮波澜壮阔

加密货币市值已经超过了几万亿元人民币，成为一种无法被忽视的经济存在。加密货币得到不少权威人士的认可，中央党校世界经济室副主任陈建奇教授认为比特币正从计算机代码变为准国际货币[①]。国际货币基金组织总裁克里斯蒂娜·拉加德则认为不能轻易把与数字货币相关的所有事情归类为投机或庞氏骗局，数字货币还包括很多其他内容。2018 年年初，国内开始流行将代币（Token）翻译为通证并热炒通证经济的概念。从代币到通证是偷换概念的把戏，还是认知上有了新的突破？无论如何，区块链诞生自加密货币，加密货币又推动了区块链的发展，研究区块链需要认真审视加密货币。

① 资料来源：http：//www.8btc.com/chenjianqi.

01 初识虚拟货币

虚拟货币是互联网发展过程中出现的概念，最开始社区上涌现各类社区游戏、社交软件，可根据完成任务的情况赠送一定的“金币”，用户可以利用这些金币兑换一些虚拟物品或者实物小礼品，这些“金币”在特定的网络虚拟社区发挥了类似一般等价物的作用，在发展的过程中逐渐出现了虚拟货币的概念。

被颠覆的权威定义

人们实际上关于虚拟货币的认知是逐渐加深的，尤其是近几年比特币、莱特币等虚拟货币的出现，彻底颠覆了虚拟货币的概念。首先感受下西方国家监管机构关于虚拟货币的定义：2012 年，欧洲中央银行（European Central Bank）关于虚拟货币的定义是“一种不受监管的数字货币，这种货币通常由其开发者发行和控制，被特定虚拟社区的人使用和接受”；2013 年，美国财政部下属金融犯罪执法系统（Financial Crimes Enforcement Network）则认为虚拟货币是在某些环境像货币一样运转的交换媒介，但并不具备实际货币的全部属性，尤其是在司法上不具备法定货币的地位；2014 年，欧洲银行管理局（European Banking Authority）将虚拟货币定义为“一种代表价值的数字，这个数字并非政府或者中央银行发行的，也不需要依附于法定货币，但是作为支付工具被法人和自然人所接受，同时支持电子化的转移、贮藏和交易。”

比较欧洲中央银行 2012 年的定义和欧洲银行监管局 2014 年的定义，不难发现 2012 年的定义被颠覆，一是不再强调“由其开发者发行和控制”；二是不再强调“特定虚拟社区的人使用和接受”；三是不再强调“不受监管”等概念；新的定义承认这个数字“代表价值”，明确发行方“并非政府发行和中央银行”，这恰如金融犯罪执法系统“在司法上不具备法定货币的地位”的定义，和人民银行“不具有法偿性与强制性等货币属性，不具有与货币等同的法律地位”的表态一致。短短两年时间虚拟货币的概念出现这种颠覆性的变化，原因是比特币、莱特币等新型虚拟货币完全不同于传统的虚拟货币：

（1）新型虚拟货币没有特定的发行主体，比特币、莱特币等虚拟货币系统都是去中心化运行的，交易确认依托于网络参与节点的“共识机制”，参与节点通过“挖矿”争取记账权，成功者即刻得到一笔新发行的货币，网络通过挖矿发行新的加密货币机制并激励参与节点；

（2）这些虚拟货币发展非常迅速，或许早期还局限在某些极客之间，但现在已经被广泛接受甚至被追捧，在北美、欧洲、日本、新加坡等地区已有不少实物店支持加密货币；

（3）正是因为这些虚拟货币用户数量不断增多，所涉经济规模不断扩大，尤其是市场上过于火爆的 ICO 融资乱象，网络上已经有呼声建议将虚拟货币纳入监管范畴，而且实际上已经有很多国家在研究或者推进加密货币的监管。尤其是 2018 年年初加密货币过于火爆的情况导致可能出现跨区域的金融风险，普遍预期加密货币或将迎来全球化的严监管时代。

虚拟货币完全不同于电子货币，虽然都是基于信息网络进行支付、转移和贮存的，但是两者在货币性质、法律地位等方面有着很大不同。电子货币是依托于现有货币体系，是纸币的电子化形式，属于中央银行发行的法币，具有法偿性和强制性。虚拟货币则可以简单理解为：在网络虚拟环境中能充当一般等价物购买其他虚拟商品或服务的近似货币，发行的主体可以是某些非金融私人公司甚至没有发行主体，虚拟货币不具有法偿性。

虚拟货币的分类

虚拟货币可以在总体上被分为有发行主体的传统虚拟货币和去中心化的新型虚拟货币两大类，传统虚拟货币可以进一步分为“纯社区”型和“可充值”型，新型虚拟货币因为多数构建在加密技术之上，所以常被称为“加密货币”。

1. 有发行主体的传统虚拟货币

（1）纯社区币。纯社区币是虚拟货币最初的形态，具有如下显著特征：①只能在本社区使用或流通，用于购买社区提供的各种虚拟物品或者实物小礼品；②社区成员之间很少有虚拟货币交易的需求；③虚拟货币无法通过货币购买，也无法兑换成法币，虚拟货币和法币之间没有任何关联，不会对外部经济产生任何影响。早期的网游、各种论坛和应用的积分大多属于这种类型，这些金币更类似于平台的内部账本，主要用于激励活跃用户提高用户黏性。例如豆瓣小豆和蚂蚁积分，前者是豆瓣社区为了促进用户互动，由豆瓣社区设立的虚拟货币，用户可以通过在豆瓣社区创作优秀的作品来获得小豆，然后通过小豆换取折价券或代金券，去豆瓣合作的网站购买实体商品；后者是蚂蚁金服为了提高用户黏性采取的激励措施，线下支付、花呗分期、打车出行、手机充值等行为均可以获得蚂蚁积分，积分可以用于支付代金券、优惠券、优酷会员等。另外，拥有大笔金币、积分的用户也会被社区成员羡慕，得到一定程度的心理满足，当然在这些用户游戏组队或者发表意见时会得到更多的信任。

（2）可充值币。想象一下某“爆款”网游（或社区）用户人数突破了一定量级，可能会出现这种情况：有一些用户不愿意耗费时间和精力赚取金币，当然也有一些乐此不彼的玩家（甚至有职业玩家）手里积攒大量金币。前者愿意付费购置虚拟装备或者阅读等权限，后者乐于供给，于是就出现了私下交易的情况。例如魔兽世界，其运营方暴雪娱乐禁止在现实世界中买卖 Wow 金币，但私下交易的情况屡禁不止，甚至有公开网站专门提供交易的机会。注意到这一点，有的平台开始思考是否可以通过出售金币获得收入，于是出现了互联网直接出售金币的情况，进一步出现了以《征途》为代表的免费游戏模式。平台允许用户通过“充值”的方式用法币购买虚拟货币，然后用虚拟货币购置虚拟装备，这就是所谓的“可充值币”。

无论是平台有意还是民间自发，虚拟货币突破了原有限制，实现了法币和虚拟货币的单向流动，直接用法币可以购买虚拟货币。囿于法律规范，平台并不支持将虚拟货币兑换回法币，然而这个在技术上是很难被禁止的，当有用户愿意以比平台稍低的价格向其他用户出售虚拟货币，并且交易量具备一定规模时，法币和虚拟货币之间就建立了曲折的双向兑换关系，典型的可充值币例子如表 2. 1 所示：

表 2. 1　　可充值币实例

币名	用途	兑换比例	发展情况
腾讯 Q 币	用于购买腾讯公司提供的 QQ 号码服务、QQ 秀、QQ 游戏、QQ 宠物等各种网络虚拟商品或者增值服务	腾讯规定人民币和 Q 币兑换比例： 1. 用户直接从腾讯公司购得 Q 币 2. 通过淘宝等第三方平台从其他用户购得	腾讯推出的 Q 币最初只是用于购买腾讯公司提供的虚拟商品或服务，随着 QQ 用户群的不断增大，借助 QQ 强大的连接能力和腾讯公司的信用背书，Q 币逐渐成为中国互联网上最受认可的虚拟货币，成为网络用户买卖游戏装备、各类点卡的硬通货。用户可以通过 Q 币购买瑞星的大部分在线产品（如杀毒软件、防火墙和在线杀毒等），有一些中小论坛甚至用 Q 币给版主发工资
林登币	购置第二人生游戏中的虚拟土地、虚拟房屋、虚拟物品，甚至用于经营虚拟银行	林登实验室推出林登币与美元兑换的交易平台 Lindex，林登币和美元兑换的比率按照市场供求浮动，林登实验室会根据交易平台运行情况增加和减少林登币的供给，维持虚拟空间经济的平衡	林登币和美元的双向兑换意味着“第二人生”中的虚拟财产被赋予了现实的经济价值
Facebook Credits	用户可用它来支付 Facebook 上的软件或服务	Facebook 规定了兑换比例，用户可以通过信用卡、Paypal 账号等多种方式购买信用券	Facebook 信用券初推之时市场普遍认为其前景不可估量，然而游戏开发商和用户并不买账。2012 年 7 月，所有用 Facebook 信用券表示的价格和余额都被转化为当地货币金额，Facebook Credits 被彻底淘汰了
百度币	给百度游戏充值，购买百度阅读的电子书	百度规定兑换比例：1 百度币价值 1 元人民币，支持多种充值方式	发展情况不温不火，没有引起市场太多的波澜

林登币和腾讯Q币是由特定主体发行的两款最为成功的虚拟货币，但是这两款虚拟货币的运行实践充分说明了对于虚拟货币的监管不能缺位。

先说林登币。有玩家在“第二人生”游戏中开设了虚拟银行，承诺给予投资者高额回报，但因经营不善或非法操作，导致不能按照承诺支付利息和归还本金，存款客户到虚拟银行挤兑，出现多起虚拟银行倒闭的情况，甚至有虚拟银行创办者吸收大量林登币后关门大吉，把虚拟货币换成美元后自此再也没有在“第二人生”中露面。连续的金融风波，使林登公司不得不开始对“第二人生”中的虚拟银行和其他金融机构实施管制，凡是进入“第二人生”经营相关金融业务的金融机构，必须有现实政府的批准。林登币的实践证明了对虚拟机构的经营机构和经营业务实施管控是非常有必要的。

再说腾讯Q币。2006年，学者杨涛注意到Q币流通明显已经超过了腾讯公司可以掌控的范围，因此在《法制与新闻》上发表“虚拟世界四大怪象的法律拷问”。文中称，虚拟货币代替人民币成为网上交易的一般等价物，涉嫌违反《人民币管理条例》，Q币等网络虚拟货币由商家发行，与人民币可以“兑换”，如果泛滥后果不堪设想，必会冲击我国金融体系。杨涛建议，国家应加强对于类似Q币等“虚拟货币”的调查研究，适时出台监管措施。2006年12月，央行反洗钱局也表示，利用网络游戏中虚拟货币进行洗钱的行为确实存在，并且具有一定的社会危害性，将对经营虚拟货币业务的机构实施反洗钱监管。2007年2月，中国公安部等四部委联合要求网游服务商禁收虚拟货币。2007年3月，文化部、公安部、信息产业部、中国人民银行等14部委联合下发《关于进一步加强网吧及网络游戏管理工作的通知》，规定网络游戏经营单位发行的虚拟货币不能用于购买实物产品；严禁倒卖虚拟货币等。自2006年、2007年起，监管各方已经采取积极行动，努力构建了针对Q币等传统虚拟货币的监管框架。

2. 去中心化的新型虚拟货币——加密货币

加密货币是指以比特币为代表的运行在去中心化网络系统上的一种虚拟货币，这种虚拟货币的典型特征是无须依赖第三方即可实现点对点（Peer - to - Peer）支付，在实现上基于以密码算法为核心的区块链技术，所以也被称为“密码货币”“加密货币”或“加密数字货币”。

（1）密码朋克的由来。谈到加密货币就不得不说起一个略显神秘的团体“密码朋克”。朋克（Punk）是20世纪70年代中期诞生于英美的一种类似于摇滚的独立音乐，朋克不太讲究音乐技巧，更加倾向于表达思想解放和反主流的尖锐立场。在西方高通胀、高失业率的特定历史背景下得到年轻人的积极效仿，最终形成了朋克运动。

现代密码学的兴起恰好也是那个时候，1976年，美国国家标准局（NBS）公布了数据加密标准（Data Encryption Standard）。同年，惠特菲尔德·迪菲和马丁·赫尔曼出版的《密码学的新方向》[①] 首次提出了非对称加密算法，这是现代密码学开始在商业领域广泛应用的两个标志性事件。

朋克思潮不仅仅是影响了音乐，当那些充满叛逆和抗争精神的年轻人尝试利用密码学保护个人隐私不受他人或者政府侵犯，甚至进一步迫使政治和文化的激进改革的时候，密码朋克就诞生了。密码朋克是一个非常私密的圈子，这是一个由富有创意的数学黑客、公民自由主义者、自由市场的鼓吹者、天才程序员、改旗易帜的密码学家等各种前卫人士组成的联盟，成员通过共享一个通用的电子邮件列表即“密码朋克邮件名单”进行交流。埃里克·休斯是密码朋克发起人之一，他在《密码朋克宣言》中阐述了密码朋克的使命“密码朋克致力于建立匿名系统……电子时代，隐私是开放的社会不可或缺的……我们不能期望政府，企业或其他大型的匿名组织来保障我们的隐私……如果期望拥有隐私，那么我们必须亲自捍卫之。我们使用密码学，匿名邮件转发系统，数字签名，以及电子货币来保障我们的隐私。”

（2）加密货币的早期探索。任何一种伟大的创新，从发明到最终落地，都需要经历相当长一段时间的酝酿，不断改进、升级、迭代，在逐步地积累和演变中实现最终的突破。基于加密技术的比特币绝不是密码朋克们对于密码货币的首次尝试。虽然密码朋克们的早期探索并不为人所知，但不可否认的是这些探索为比特币的诞生提供了大量可借鉴的经验，加速了比特币的面世。

大卫·乔姆（David Chaum）是一位非常顶尖的密码学专家。在密码朋克成立之前，他就已经拥有 17 项专利，也是几十篇突破性论文的作者，在密码朋克中非常具有影响力。1982 年，他提出不可追踪的密码学网络支付系统的理论。1990 年，乔姆创建了数据现金公司（Digicash），并于 1993 年推出了数字支付系统 Ecash。Ecash 以盲签名（Chaumian Blinding）技术为基础，具有不可追踪特性，支持用户在互联网上匿名支付，具有高度的隐私性。当时，业内认为 Ecash 在互联网小额消费等领域相当有前景，风险投资公司也非常青睐于数字现金公司，微软、VISA 等大型机构都曾有意和数字现金公司达成合作。Ecash 需要依赖于一个中心化的中介机构，且理念过于超前，直到数字现金公司于 1998 年宣布破产，也没有很好的落地，但其提倡的注重隐私安全的思想被后来绝大部分的加密货币所继承。

1997 年，亚当·贝克发明了哈希现金（Hashcash），贝克创造性的应用了非对称加密算法解决了电子文档不被复制的问题。在哈希现金的场景下电脑需要大量的运算才能制造

---

① 对于非对称加密算法的贡献让惠特菲尔德·迪菲和马丁·赫尔曼成为计算机科学领域最高奖项图灵奖 2015 年度获得者。

哈希现金，这个运算过程被称为工作量证明（Proof of Work）。工作量证明后来成为比特币的一个核心创新部分。这种机制最初用于对付互联网垃圾的第一波传播者，要求计算机在获得发送信息权限之前按照要求完成一定的计算量，这对于正常发送电子邮件的计算机基本不会造成任何影响，但是对于面向全网发布垃圾邮件的计算机来说，工作量是无法承受的。

1998 年，戴维提出 B - Money，一种匿名的、分布式的电子加密货币系统，强调点对点的交易和不可更改的交易记录，网络中每个交易者都保持对交易的追踪。B - Money 每个节点分别记录自己的账本，所以导致经常出现数据不一致的情况，戴维为此设计了非常复杂的奖惩机制，由于缺乏中心机构，惩罚的度量和裁决很难真正的落地，所以没办法从根本上解决这个问题。中本聪①发明比特币的时候和戴维有很多邮件交流，也借鉴了不少戴维的设计，在比特币的官网上 B - Money 被认为是比特币的精神先导。

2005 年，计算机科学家、法学学者尼克·萨博（Nick Szabo）提出比特金（Bitgold）的设想，即用户通过竞争解决数学难题，再将解答的结果用加密算法串联在一起公开发布，构建出一个产权认证系统，这非常类似于比特币的理念。尼克·萨博在数字合约和数字货币领域的研究非常出名，他 1994 年发表的论文《智能合约》（Smart Contracts）是智能合约的开山之作，是区块链智能合约的起源。然而，萨博擅长理论研究但是不善于编程，萨博曾经尝试寻找合作者开发比特金系统，但是无人响应，这个概念并没有付诸于实践。

（3）加密货币的市场概览。中本聪真是一个不世出的天才，在借鉴前人经验的基础上，2008 年 11 月，中本聪提出了极具创造性、革命性的“点对点的电子现金系统”②的概念。2009 年，中本聪发布了比特币的程序。在其精心哺育和小心呵护下，比特币最终获得了前所未有的成功。比特币的代码是开源的，不存在版权和专利问题，很容易被“山寨”模仿。比特币在成名后不久，模仿比特币的各种加密货币不断出现，这些货币也被称为“竞争币”（Altcoins）。绝大部分竞争币都是直接复制比特币，所以很多时候会被比特币的信徒斥之为“山寨币”，这些竞争币都试图在密码货币领域获得一席之地。加密货币互动平台（Cryptocompares）是一个知名的加密货币网站，这个网站提供了各种加密货币最准确、最实时的价格数据，这些价格数据来源于全球最大的 65 家加密货币交易所。截至 2017 年 9 月，在 Cryptocompares 平台已经收录了 1 090 种加密货币，这还不包括那些根本没有交易所的加密货币（并非所有加密货币都能进入交易所），这足以证明竞争币数量

---

① 中本聪是比特币的发明者（团队）的化名，相当长一段时间公众、媒体甚至美俄两国政府对中本聪的真实身份充满了好奇。事实上，比特币的算法是公开的、代码是公开的，中本聪是谁也许根本没那么重要。

② 中本聪 2008 年 11 月发布的《比特币：一种点对点的电子现金系统》，后被称为比特币白皮书。

之多，也能从侧面感受到加密货币虚火过旺。

①市值具备一定规模。根据加密货币知名网站 coinmarketcap 提供加密货币市值估值情况，2017 年 9 月 18 日，加密货币总市值约为人民币 8 505 亿元①，其中市值排名前十名的依次为比特币（Bitcoin）约 4 003 亿元，以太坊（Ethereum）约 1 693 亿元，比特钞（Bitcoin Cash）市值约 471 亿元、瑞波币（Ripple）约 456 亿元，比特币占了总市值的 47.7%，以太坊占据了 19.0%，比特币和以太坊仍然占据了加密货币领域的统治地位。

2018 年 2 月，加密货币总体市场规模在经过“腰斩”之后还有超过 3 万亿元的体量，对于一个具有如此规模新的、独立的经济现象，加密货币值得学者和从业者更多的关注和研究，也应该引起监管层的注意。

②价格增长速度过快。2016 年 12 月市场规模排名前十的加密货币分别为比特币、以太坊、瑞波币、莱特币、门罗币、以太经典、达世币、Augur、Steem 和新经币，在 9 个月时间 2016 年年底市值排名前十的加密货币有 7 个增长倍数超过 10 倍，增幅最高的新经币增长倍数居然高达 55.8，以太坊、瑞波币和达世币也分别有 34.7、27.7 和 39.3 的增长倍数（见表 2.2），这个过快的速度值得警惕。

表 2.2　　2016 年 12 月市值排名前十的加密货币与 2017 年 9 月的比较

币名	市值估值（2016.12）	市场估值（2017.09）	排名（2017.09）	增长倍数
比特币	77 097 495 444	400 318 898 145	1	5.192372279
以太坊	4 877 707 331	169 283 189 446	2	34.70548
瑞波币	1 646 666 667	45 623 401 325	4	27.70652
莱特币	1 239 666 875	17 443 290 663	5	14.07095
门罗币	691 763 176	9 486 166 064	9	13.71303
以太经典	427 914 129	6 827 337 699	12	15.95492
达世币	400 891 196	15 760 703 393	6	39.31417
Augur	274 784 182	133 758 042	31	0.486775
Steem	239 733 915	1 933 226 524	21	8.064051
新经币	221 916 326	12 387 776 549	7	55.82184

注：* 按照 1 美元 =6.54 元人民币计算

③法律许可各国不同。根据加密货币领域知名网站 coindesk 提供的数据，世界各国对加密货币的态度是不一样的，所以加密货币在各国的法律地位也不同，诸如北美的美国、加拿大，欧洲的德国、法国、瑞士、英格兰、意大利，南美的巴西等国家认为加密货

① 2018 年 2 月 1 日，加密货币市值达到了 32 543 亿元人民币，比特币市值超过 1 万亿元，以太坊超过 7 000 万元，瑞波币接近 3 000 万元。

币是合法的；亚洲的印度（印度国内对于比特币是否合法的争论比较激烈）、哈萨克斯坦以及南美的阿根廷和智利等国家则持中性的态度；而中国、墨西哥则采取相对严厉的管控措施；俄罗斯是唯一宣布加密货币非法的大国，当然俄罗斯没有独行，非洲北部的安哥拉同样宣布加密货币是非法的。

④多数品种波动跌宕。2017 年 9 月排名第 10 的 OMiseGo 市场规模占比不到总量的 1%；2018 年 2 月，OmiseGo 市值仅名列加密货币市值第 24 名，在加密货币市值高歌猛进的时代，OmiseGo 的市值基本没有发生太大的变化。曾经风靡一时的 Augur 币更是体现了这一特点，市值甚至发生了大规模缩水。这主要体现在投资者对于加密货币的了解还不够，投资人很难理解加密货币涉及的技术，相关团队的信息披露等方面很难做到及时充分，市场缺乏客观中立的机构，所以很难判断其前景。

⑤二级市场青睐主要品种。从交易流通情况看，二级市场投资者通常会优先选择比特币、以太坊、莱特币、瑞波币、比特钞、门罗币、达世币等具有一定影响力、公信力的加密货币主要币种。二级市场交易体现出一定的地域性，比如日本投资者青睐艾达币、新经币，韩国投资者偏好以太坊、门罗币、达世币，德国投资者则对以太坊情有独钟，中美两国的投资者对于主要币种则没有过于明显的偏好。比特币、以太坊 24 小时交易量很容易达到或者超过百亿级，但是绝大部分加密货币 24 小时成交量并不高，加密货币的流动性尚待进一步观察研究。

⑥“中国币”力争一席之地。分布科技团队最早打造的小蚁币是中国币种的翘楚，2018 年 2 月，小蚁币（Neo）市场规模超过了 600 亿元，排名加密货币第六名。量子币和唯链币是另外两种经常步入加密货币市值排名前 20 的中国币，其市值也都达到了百亿级。事实上比特钞也可认为是一款中国币，它是由中国矿工推动建立的。

比特币是最经典、最成熟的虚拟货币，是加密货币的风向标、领头羊，各类加密货币都会自觉不自觉的模仿、学习。绝大多数竞争币其本质上就是对比特币的简单模仿甚至粗暴克隆。当然也有一些竞争币的发明者在认真总结比特币经验的基础上进行系统的思考，并且提出了针对性的优化改良方案，如 2017 年 9 月市场规模排行第 2 的以太坊，相对比特币具有更强的扩展性和智能合约的支撑能力，其目标是成为一个通用的分布式应用计算平台；排名第 4 的瑞波币其目标更多的是打造一个企业级的应用，基于区块链技术建立一个新的支付清算基础设施，已有很多银行采用 XRP 的网络进行跨境汇款；排名第 5 的莱特币则是比特币的坚定跟随者，只是其在机制设计上更偏重运行效率，坚持紧盯比特币；排名第 6 的达世币和排名第 9 的门罗币则更强调安全、私密和难以追踪，达世币、门罗币和 ZCASH 被归类为加密货币的“暗黑”系列，这些加密货币经常用于毒品交易等各种非法交易场景，更加彰显对加密货币监管的重要性。门罗币 2016 年增长率达到了 2 760%，成为当年增长最快的加密货币。

02 揭秘加密货币

比特币——加密货币的领跑者

知乎历史上最值得感慨的应该是2011年有一位手头只有6 000元的大三学生寻求的理财建议（见图2.1）。如果当时那位学生采纳了这个建议，那么他现在可能已经是亿万富翁。可惜很多人当时根本不知道比特币是什么，所以也看不懂比特币这种新生的事物为什么会升值。比特币是什么？官网是这么定义的："比特币基于P2P技术运作，无须中央管理机构或银行；交易管理和比特币发行由比特币网络统一进行。比特币是开源的；其设计是公开的，任何人都无法拥有或控制比特币网络，人人都可参与其中。基于其种种独有的特性，比特币使之前任何支付系统都无法实现的激动人心的用途成为可能"。现在你肯定会好奇比特币价格为什么涨得这么厉害，甚至还会好奇它的"种种独有特性"，那么让我们开始全方位揭秘比特币的运行机制。

图2.1 长铗为大三学生提供理财建议截图

1. 比特币诞生记

2008 年 11 月，一个普通的密码学邮件列表中，几百个成员都收到了中本聪的电子邮件，中本聪在邮件中写道“我一直在研究一个新的电子现金系统，这完全是点对点的，无须任何可信的第三方”，邮件提供了白皮书《比特币：一种 P2P 的电子现金系统》的下载地址（www. bitcoin. org①），并在邮件正文中点出了这种电子现金系统的主要特点：

（1）可以用点对点的网络解决双重支付问题；

（2）没有铸币厂以及其他第三方的信任机构；

（3）使用者可以完全匿名；

（4）可以用哈希现金形式的“工作量证明”来制造新的货币；

（5）用于制造新货币的“工作量证明”机制同样可以用来预防双重支付。

中本聪在 9 页的白皮书中全面、概括地阐述了区块链、时间戳、工作量证明、重复支付等概念。然而，这篇论文当时并没有掀起多少波澜，一方面并非邮件列表中的所有人都对数字现金有兴趣，另一方面中本聪又是这个密码学邮件组的新人。鉴于大卫·乔姆、亚当·贝克等密码学专家的尝试都失败了，很少有人认为“无名之辈”中本聪能提出更好的解决方案。密码学专家约翰·列文认为这个系统容易受到黑客的攻击，其理由是坏人拥有的计算能力比好人更强。加密朋克的元老级人物詹姆斯·唐纳德则评论说这个系统不能扩容，永远无法达到支持百万级用户的健壮程度。53 岁的哈尔·芬利是中本聪早期唯一的支持者，芬利是早期密码朋克运动的重要成员，一个非常具有传奇色彩的顶级程序员，有过不少加密创新，还曾在 2004 年推出过自己的电子货币，这种电子货币采用“可重复使用的工作量证明机制”概念。哈尔被这篇论文的某些观点吸引住了，他认为中本聪的想法非常鼓舞士气，敦促中本聪按照自己的设想编写程序。

中本聪也意识到编码工作的必要性和紧迫性，不到 2 个月时间，他就完成了比特币最初版本的编码工作。2009 年 1 月 3 日，中本聪挖出了比特币的第一个区块——创世区块（Genesis Block），一个非常具有宗教色彩的命名。中本聪在创世区块中引用了《泰晤士报》头版的标题“The Times 03/Jan/2009 Chancellor on brink of second bailout for banks（财政大臣站在第二次银行救援的边缘）”。当此之时英国财政大臣阿利斯泰尔·达林正在奋力挽救处于 2008 年金融危机阴影下的英国银行体系，英国政府被迫抽出 500 亿英镑收购苏格兰皇家银行、莱斯银行集团和苏格兰哈里法克斯银行②的大部分股权；半个月后，英国政府又宣布了另外 500 亿英镑的救助计划。对于这些中本聪非常熟稔，他通过引用这个新

---

① 比特币的“官方”网站，中本聪在发布的白皮书的同时建立了这个网站。

② 2009 年，莱斯银行集团收购了 HBOS 哈里法克斯银行。

闻巧妙地点出了创世区块的创建时间，讽刺了金融危机阴影下疲惫不堪的财政大臣。

中本聪在密码学邮件组中共享了比特币的代码，哈尔和中本聪对软件代码进行了测试和完善。中本聪和哈尔的电脑是比特币网络最早的两个节点，两个怪咖之间的交流完全局限于技术的实现，而没有夹杂任何个人信息，只是两名编程经验丰富并且碰巧了解货币体系的程序员思想的碰撞。为了测试系统运行是否顺畅，中本聪发给哈尔 10 个比特币，这是比特币的第 1 笔交易。因为诊断出“身患重病”的原因，哈尔很快退出了比特币圈子，幸运的是哈尔的退出并没有对比特币的发展造成瓶颈，已经引起不少人关注，中本聪竭力推广的理念开始得到认可。中本聪的比特币构建了一个互联网需要却一直没有实现的分布式可信网络，马克·安德森对此给予了高度评价，他认为“不管这个人是谁，他应该获得诺贝尔奖——他就是个天才”。

2. 比特币初印象

（1）跌宕不定的价格。大多数人对比特币的认识都始于其价格的疯狂增长，马克·布莱赛特在《比特币：加密货币知识必读》一书中介绍了 2009—2016 年比特币的价格变化情况（见图 2.2）。比特币的价格经历过多次过山车般暴涨暴跌，实际上价格行情走势也远比年度均价波澜壮阔。在多次危机时刻[①]，很多人预言比特币的体系将要崩溃，比特币将一文不值，但是稍经调整比特币的价格就会重新攀上新的高位，2017 年 9 月，比特币已经高达 3 791 美元；2017 年 11 月比特币价格已经突破 8 700 美元，2018 年年初一度超过 2 万美元。

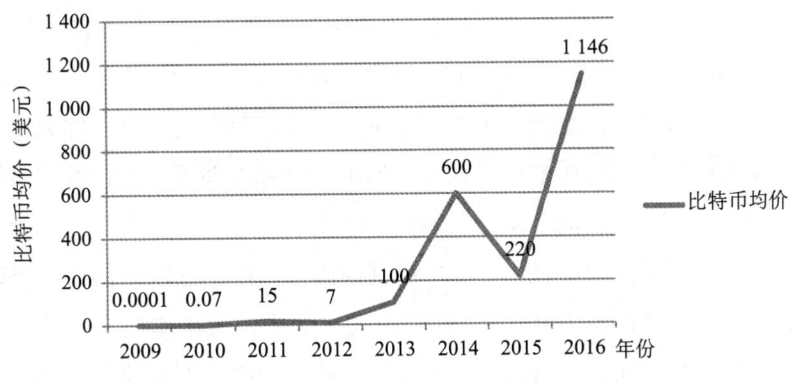

图 2.2　2009—2016 年比特币均价走势图

① 如 2011 年 11 月，比特币最大的交易市场 MT. GOX 遭遇黑客事件比特币一路下跌，最终跌幅接近 90%；2013 年 4 月，比特币价格从最高的 266 美元一周跌至 50 美元；2014 年 11 月，人民银行等五部委发文《关于防范比特币的风险》，比特币跌幅超 8 成；2018 年年初比特币价格迎来第四次暴跌。此外，丝绸之路、比特币分叉等事件比特币均发生过价格暴跌的情况，但是持续时间不长。

一个比特币到底能值多少钱？有人认为一文不值，有人认为虽有价值但是现在泡沫太大，也有人认为价格还会上涨，其价值要远远超过现在的价格，这其中也不乏华尔街专业人士，前 Fortress 对冲基金经理迈克尔·诺沃格拉茨预计比特币将在 2018 年年底“轻松”突破 4 万美元大关；Wedbush Securities 分析师吉尔·卢利亚（Gil Luria）曾经做出一个判断，他认为比特币的价值有可能达到 10 万美元。在华尔街知名分析师前摩根大通美股策略师，现 Fundstrat 联合创始人汤姆·李看来，未来十年，千禧一代比特币会成为黄金的替代品。就本质而言，比特币就是另一代人的数字黄金。如果比特币能占到黄金市场的 5%，其价格就将达到 2.5 万美元，但汤姆·李认为 5% 的比例还太低，应该在 10% 或者 15%，这样比特币的价格就会达到 10 万美元。对于比特币价格的波动，汤姆·李（Tom Lee）认为比特币的发展类似于社交网络。基于梅特卡夫定律，一个网络的用户数量越多，该网络的价值就越高。如果将比特币的用户数量的平方乘以平均交易价格，过去四年中 94% 的价格波动都能用该公式来解释。

（2）神秘的中本聪。比特币爆棚之后，有人试图揭晓中本聪的身份，并且从编程能力、经济学水平、语言习惯、作息时间等多个维度寻找蛛丝马迹。怀疑者的名单先后出现了都柏林三一学院的密码学天才 23 岁的麦克尔·克莱尔、瑞波币以及电驴的创始人杰德、自称证明了 ABC 猜想的日本学者望月新一、提出智能合约理念和比特金概念的尼克·萨博、特斯拉的创始人埃隆·马斯克，他们都拒绝承认自己是中本聪。

2014 年，《新闻周刊》的记者莉亚·古德曼驱车穿越整个洛杉矶追踪了一个名叫中本聪的美籍日本中年男子，这一度引起轰动，然而实践证明这就是一场闹剧。这种行为引起了比特币社区的反感，比特币基金会的杰夫·加查克因此在 2014 年 3 月 6 日发表了《我们都是比特币》的声明，杰夫承认即使和比特币项目最为密切的核心开发者也都不知道中本聪的身份，他希望大家将注意力集中在技术本身，在声明中他写道“你无须知道中本聪是谁，也不需要信任他。比特币的设计就摆在那里，所有人都可以去检验。最终，中本聪用比特币协议创造了一种全新的‘语言’。像比特币这样的网络协议，无非就是一种允许多方进行自由沟通的通用语言。就像世界上的其他语言一样，比特币协议也会随着用户的变化而改变和成长，最终没有人能控制它。”杰夫认为人们对中本聪身份的好奇是可以理解的，但是请那些消息发布者为自己的言行负责，同时考虑一下这种行为的危险性。

2016 年，BBC、The Economics 等媒体报道比特币的发明者中本聪是澳大利亚企业家克雷格·莱特（Craig Wright），比特币基金会的首席科学家安德烈森甚至出面表态称他确信克雷格就是中本聪。然而，质疑声并没有因为安德烈森的表态而平息，不少专业人士认为“克雷格只是一位很熟悉这个加密系统的系统管理员水平，根本无法说明他就是中本聪”。克雷格最终拒绝提供拥有最早的密钥的证据，放弃证明自己是中本聪。中本聪是谁终究还是一个谜，但这真的不重要，比特币就在那里。鸡蛋味道很好，何必纠结于要认识下蛋的母鸡呢?

（3）激烈交锋的观点。

①郁金香泡沫。围绕比特币有两种针锋相对的观点：比特币怀疑论者认为比特币只是一些没有背书支持的数字，注定了“昙花一现”的结局。怀疑论者将比特币的价格疯狂增长视为投机泡沫的直接证据，《华尔街日报》曾经将比特币狂潮比作17世纪的郁金香泡沫，《金融市场》更是一针见血地说“比特币就是现代版的郁金香泡沫”，比特币也被贴上“郁金香泡沫”“庞氏骗局”的标签，甚至还有“阴谋论”的猜度。

比特币的拥护者们将比特币视为“数字黄金”，对“郁金香论”嗤之以鼻，他们认为比特币和郁金香泡沫毫无关系。北大哲学博士胡翌霖的观点非常具有代表性，他认为传统的泡沫或者庞氏骗局在两种情况下可能崩溃或者覆灭：一是他的信念中心被剿灭，从金字塔的顶端开始崩溃，那么整个骗局将失去动力，人们的信心会崩塌，从而无可挽回地破灭；二是全民参与，当找不到下一波接盘侠的时候，那么整个链条也将无可转圜地崩塌了。他认为比特币恰恰能杜绝这两种情况：一方面比特币是去中心化的网络，而非金字塔结构，没有任何一个中心的破坏可能引起信心的全面崩塌；另一方面全民参与非但不是泡沫最终破灭的时刻，而是比特币最终成功的时刻。对于比特币大起大落的价格变化，他认为这是正常的，比特币的价格只能“在自由市场中通过所有参与者自发的博弈，逐渐确立起来”，“角逐的资本和势力越多，价值才会日趋稳定。”他坚信“无论比特币最终命运如何，在互联网历史和货币历史上，它的历史地位绝对不可置疑，作为缅怀纪念货币革命或欣赏把玩技术杰作的收藏品，它的价值也不会归零”。

②通货紧缩论。另一个关于比特币的争议是怀疑者认为比特币是通货紧缩的货币，会伤害到经济运行，而轻微的通胀是有益的。比特币信仰者更加认可英国经济事务研究所研究员弗兰克·霍伦贝克（Frank Hollenbeck）的观点，坚信通货紧缩和经济萧条没有任何关系。霍伦贝克在《通货紧缩何足为惧》一文中提及艾克森和凯赫针对17个国家历时180年的经济情况进行的研究，发现通货紧缩和经济萧条之间没有直接联系，实际上经济萧条更多的是伴随通货膨胀而不是通货紧缩的出现，这个研究范围内出现了73次通货紧缩，只有8次发生了经济危机，另外21次经济危机都没有发生通货紧缩。所以通货紧缩并非有害，既然如此比特币是不是通货紧缩论就不那么重要了，所以现在通货紧缩论已经鲜被提及。

③无价值支撑论。怀疑者认为货币最重要的本质要求就是必须有价值或者有价值支撑，没有价值支撑是比特币被诟病最多的地方。比特币的拥护者们当然有不同的解释：第一种观点认为稀缺性就是比特币的价值支撑，《比特币革命：互联网的货币》一书的作

者数字货币研究员 Travis Patron 认为比特币是具有内在价值的货币，比特币的价值受惠于每 10 分钟发行一次的安排；第二种观点认为比特币至少具有作为支付系统的价值，路透财经专栏作者菲利克斯·沙尔蒙认为“比特币是世界上最好、最干净的支付体制”；第三种观点认为比特币的价值不止于此，比特币是数字黄金，具有价值尺度的功能。比特币拥护者们会借用三体中的名言反击比特币没有价值支撑的观点，“无知和弱小不是生存的障碍，傲慢才是”，他们认为质疑者无视比特币背后的价值支撑，而一味的将之视为炒作的工具，那就会落后于这个时代。他们中的极端者甚至指出美元其实也并不存在什么内在价值，黄金同样也是如此。

④能源浪费论。比特币矿机在挖矿过程中需要耗费大量的电力，不少人认为持续的哈希计算没有任何科学价值和经济意义①，但是能耗却非常大。事实上比特币挖矿的能耗并非是无限的，挖矿的收入决定了矿工的投入，能耗在以“激励机制”为主市场平衡机制中得到限制。比特币的能耗看似巨大，但维持了整个比特币网络的运行，货币的发行和交易都由这个网络支持，不需要造币厂、银行、支付系统等中介机构，其运行维护费用远远低于传统货币系统，所以比特币的拥护者们认为比特币挖矿的能耗非但不是其致命伤，如果通过比特币体系代替传统经济体系将会发现更大程度的效能节约。

（4）前景客观的支付机制。即使对比特币持批评态度的人士，也开始看到一些优点，最初路透社财经专栏作家菲利克斯·沙尔蒙批评道“比特币的价格如此不稳定，使它不可能实现其基本目的——货币，如果消费者不知道比特币能值 10 美元，还是 100 美元，他们就不太愿意使用比特币，商家也同样不愿意接受比特币”。后来，沙尔蒙对比特币的口径发生了些许变化，他说“到目前为止，从许多方面来说，比特币是世界上最好、最干净的支付机制。所以，如果我们要发明更好的机制，我们必须学习比特币做得对的方面；同时，还要从它做错的方面吸取教训”。

2013 年 11 月 18 日，在美国参议院国土安全及政府事务委员会召开有关比特币的听证会上，出席会议的美国官员对外传递了一个信息，即比特币不是非法的，而且能给金融系统带来好处。美联邦主席伯南克没有参加这次会议，但是他在致参议院的信里援引了美联储前副主席艾伦·布林德在 1995 年的表态，美联储一直认为在数字货币带来洗钱和其他风险之时，也可能带来长期效益，特别是如果这种创新能催生出一个更快、更安全、更高效的支付系统。伯南克的话让比特币的狂热粉丝们看到了比特币的价值，即作为全球资金转移体系的廉价替代品。

（5）极具想象的价值协议。当然，比特币还有一些更坚定的信徒，日本学者野口

---

① 正因为哈希计算没有任何价值，所以也有人探索通过有科学价值的计算替代毫无意义的哈希计算。

悠纪雄[1]就是其中一位，他认为“比特币的发展是无法抑制的存在。之所以这样断定，是因为这种虚拟货币是由计算机技术的进步所带来的，与之前一直存在的货币体系相比，具有一定的优越性，而事物发展的规律便是优胜劣汰”。野口悠纪雄的著作《虚拟货币革命——比特币只是开始》的副标题就说明了这点。野口悠纪雄坚信比特币是“智能货币和社会网络”，是一种用来传输购买力的开放的、分布式的点对点网络协议，是比肩 TCP/IP 的“全新的网络协议”。浏览器的发明者、网景公司的创始人、知名硅谷投资人马克·安德森更是宣称“最终，主流的产品、公司和行业会将它商业化。它的影响极其深远。很多人会产生这样的疑惑：它的重大意义为什么在开始时没有表现得那么明显？我在谈论什么？1975 年的个人电脑和 1993 年的互联网，而且我相信，2014 年的比特币也将如此。”数字货币领域教父级人物安德烈亚斯·安东诺普洛斯在《The Internet of Money》中写道“比特币是计算机科学近 20 年来最让人激动、最有趣、或许也是最主要的发明。比特币的意义远远超过了数字货币，说比特币是数字货币就跟说互联网是一个新巧的电话一样的肤浅”。他在书中写道比特币是一个实时的、跨越国界和疆域的货币系统，世界上的任何人只要有一部可以发送短信的手机就可以加入这个货币网络[2]……在一个中心化的系统中，一个人距离系统越远越缺乏对业务的控制力，社会阶层越高越接近系统，那么越具有控制力，但是基于类似于比特币的系统，每个网络上的节点都可以同等地享受金融服务……比特币是一个中立的系统，系统并不会特别关注发起交易的源头和目的地，……他认为比特币不是数字货币，而是加密货币，是一种以网络为中心的货币，是货币互联网，他坚信比特币的发明是人类历史上从没有过的，是真的具有革命性的，未来回首这项发明的时候我们会发现这不仅是计算机科学发展历程中的一个历史性时刻，也是关乎社会和政治的一个历史性时刻。比特币的信徒们相信比特币是一场真正意义上的革命，将拉开一场波澜壮阔的货币革命或者金融革命的帷幕，而且他们一点也不在意这个过程的曲折，因为他们中的多数都认同《黑天鹅》一书的作者纳西姆·尼古拉斯·塔勒布的观点，塔勒布说“比特币必须经历被若干政府禁止、被政客攻击的过程，否则就不配成功”。比特币遭遇波折的时候他们坚信困难只是暂时的，比特币价格一路上涨的时候他们也会用圣雄甘地的话回应怀疑论者“一开始他们忽略你，然后他们嘲笑你，接着他们攻击你，最后你就赢了”。

（6）日益壮大的社区。比特币的拥护者们形成了一个圈子，早期这个圈子非常封闭，参与者多是计算机极客或者自由主义者，社区成员以集体之力开采比特币，保持区块链账簿，比特币的交易局限于极客们之间。2010 年 5 月 22 日，美国程序员拉斯勒用

---

① 野口悠纪雄，耶鲁大学经济学博士，先后任职于一桥大学、东京大学教授，斯坦福大学客座教授，现任职于早稻田大学研究生院财经研究所，主要著作有《信息经济理论》《虚构的安倍经济学》《财政危机的构造》《泡沫经济学》《虚拟货币革命——比特币只是开始》。

② 想想现在全世界大概有 22 亿人因为经济原因被排斥在银行体系之外，享受不到现代金融服务。

10 000个比特币购买了两个比萨（25美元），这个代价相当昂贵，拉斯勒最后只能苦笑着说“比萨的味道还不错”，这标志着比特币正式走入现实交易。比特币早期的支持者自发推动了比特币的推广，如美国新婚夫妇奥斯丁·克雷格和贝希·克雷格做了一个实验，他们仅用比特币生活了101天，所有的花费都通过比特币支付，这次“成功”的行动证明了比特币开始被大众接受，接受比特币的个人和商户的数量逐渐增多。当美国著名在线零售商OverStock、萨克门托国王队（美职篮球队）、戴尔、微软、WordPress等公司宣布接受比特币的时候，比特币在某种程度上开始承担起了交易媒介的角色。全球各地的程序员、支持者、矿工、创业者、普通用户、爱好者持续不断地加入这个圈子，社区已不是传统的极客圈子而是一个具有影响力的全球性社区，据称2017年年底比特币用户可能已经突破2亿人，但是关注、关心比特币的则远远超过了这个人数。这对比特币是一个好消息，比特币的价值和社区的人数是有关的，实际上所有货币都表现出类似的特征，除非它被接受，否则毫无价值。为推广比特币，比特币社区设计了比特币的LOGO、符号B（已被Unicode收录），制成了类似于银币的比特币模型（见图2.3），所有这些初衷都是希望比特币更容易被社会大众理解和接受。

图2.3　比特币

（7）领先的技术架构。支撑比特币运行的主要技术有P2P、区块链、时间戳、加密算法、共识算法等，技术架构非常复杂乍看颇有“不明觉厉”的感觉，不是很好理解，而且很容易陷入细节。从“化繁就简”的视角对比比特币的技术架构，就会发现区块链、私钥和挖矿是比特币的三个核心支柱（见图2.4）。区块链是所有交易的记录，私钥（非对称加密）是安全系统，挖矿（哈希计算）是校验交易的过程。更详细的解释是“比特币的三个核心支柱是以非对称加密为标志的账户体系，以哈希计算为标志的工作量证明，以及块链式的数据存储结构”，非对称加密负责解决谁是比特币的所有者；工作量证明通过竞争记账权解决账本一致性问题，即通过争夺记账权解决“拜占庭将军问题”；块链式的数据存储主要解决了交易存储和“双花”问题。

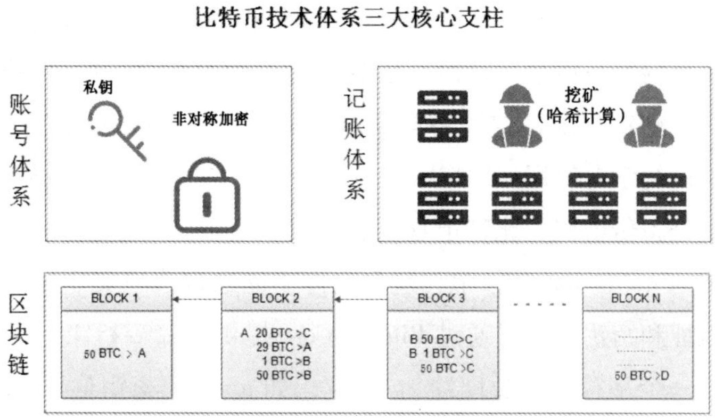

比特币技术体系三大核心支柱

账号体系　私钥　非对称加密

记账体系　挖矿（哈希计算）

区块链

BLOCK 1：50 BTC > A

BLOCK 2：A 20 BTC >C　29 BTC >A　1 BTC >B　50 BTC >B

BLOCK 3：B 50 BTC>C　B 1 BTC >C　50 BTC >C

BLOCK N：50 BTC >D

图 2.4　比特币技术体系三大核心支柱

3. 比特币账户生成机制

比特币“账户”体系中有三个重要的概念：钱包地址、密钥和比特币钱包。比特币钱包是比特币生态圈中最基础、最重要的工具软件，用户最先接触的就是比特币钱包，通过比特币钱包发送或者接收比特币，简单易用的比特币钱包对于比特币的推广是极为重要的。比特币钱包是比特币账户体系的载体，可以用来生成和保存钱包地址和密钥。钱包地址是比特币账户体系的外在表现形式，可以向其他用户公开，类似于银行账号。密钥是比特币账户体系的根本，密钥是拥有比特币持有者的唯一凭证或者说是身份证明。

（1）钱包地址。钱包地址主要用于收款，不同于传统银行或者互联网支付公司，建立比特币钱包地址不需要提供身份认证，用户只需要简单点击“新建”按钮就可以得到一个全新的比特币钱包地址。鉴于安全隐私考虑，比特币社区建议用户创建多个钱包地址，甚至每次收款更换一个钱包地址，这样就相对难于通过钱包地址追踪到比特币持有者。钱包地址通常是数字 1 开头的 34 位字符串，如图 2.5 所示。

图 2.5　钱包地址

（2）密钥。比特币的密钥和钱包地址是相辅相成的，钱包地址是表，密钥是里，两者共同构成了比特币的账户体系。密钥是比特币持有者的唯一凭证，只有持有密钥才能使用账户中的比特币。密钥是由钱包程序自动调用的，通常情况下用户察觉不到密钥的存在，所以密钥常常被初学者忽视。比特币钱包的一个核心功能就是存储账户密钥，备份钱包最重要的工作就是备份密钥。比特币官方提供的 Bitcoin Core 通常将账户密钥保存在钱包软件安装目录下的 wallet. dat 文件中，这个文件不能通过普通文本软件查看。若通过这种方式保存钱包地址和密钥，则可通过 Bitcoin Core 提供的命令行工具导出钱包地址对应的密钥。密钥也是一个字符串，长度约为 52 位，如 alice 的密钥是“L3FFFCNVKJVaMXSvMVdk8PbNEgiw8N42ZhU6wF8Vtt2E5aH6MyXw（见图 2. 6）”。

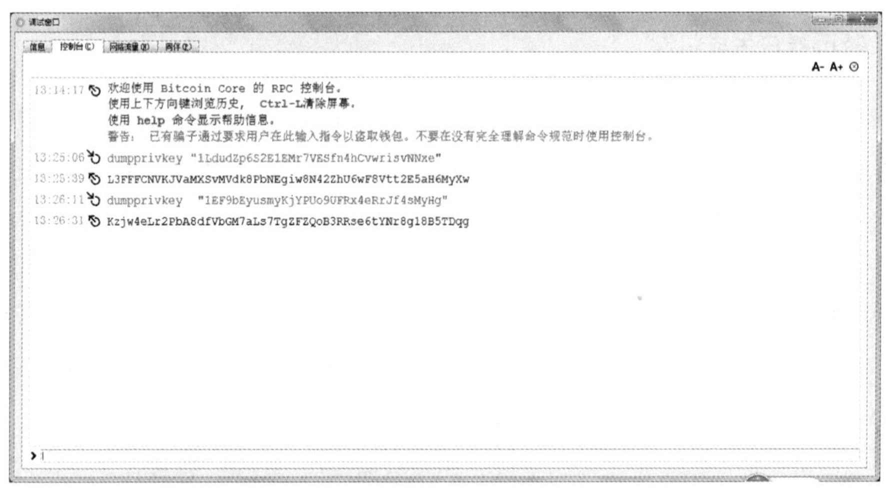

图 2. 6　比特币账户密钥

肯定有人会好奇密钥和钱包地址之间的关系，或者已经做出了初步的判断，钱包地址和密钥应该是分别对应非对称加密算法的公、私钥，这个猜测非常接近，然而并不准确。揭晓答案之前让我们首先了解一下非对称加密算法，非对称加密算法简单归纳如下：一是非对称加密算法需要公钥（Publickey）和私钥（Privatekey）两个完全不同的密钥；二是通过私钥可以推导出公钥，但通过公钥无法推导出私钥；三是若用公钥对数据进行加密只能通过私钥解密，若用私钥对数据加密只能通过公钥解密。RSA 加密算法和椭圆加密算法是两个应用最为广泛的非对称加密算法。非对称加密算法进行加密解密的基本过程如下：甲方生成一对密钥，公钥是公开的，任何人都可以获得；乙方得到甲方的公钥并利用公钥对信息进行加密后发给甲方；甲方用自己保存的私钥进行解密。

密钥确实是非对称加密算法中的私钥，然而钱包地址并非公钥，由于公钥字符串长度过长不利于使用等原因，中本聪设计了钱包地址这个概念，钱包地址是在公钥的基础上通过一系列运算计算出来的，运算过程（见图 2.7）可以简单理解如下：①私钥通过“不可逆”的非对称加密算法生成公钥；②公钥通过一系列“不可逆”的安全散列算法生成公钥哈希；③公钥哈希通过一定编码规则生成钱包地址。这个运算过程只有最后一步是可逆的，即通过密钥可以计算出钱包地址，可通过钱包地址只能生成公钥哈希，根本无法计算出公钥和密钥。

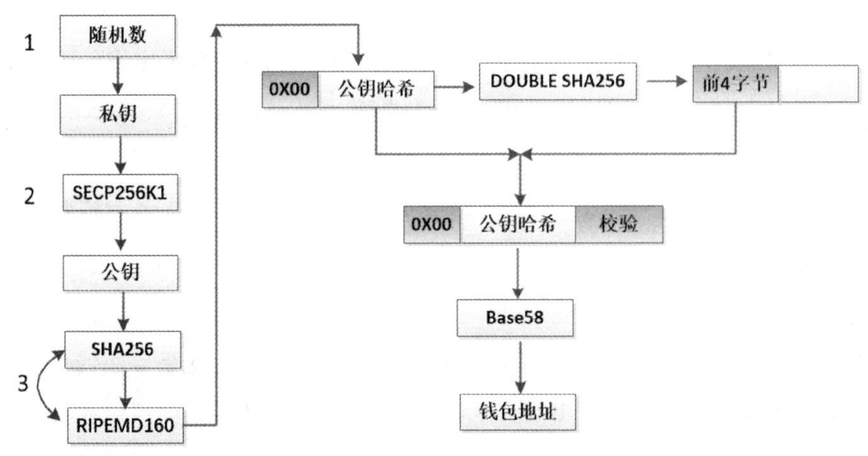

图 2.7　钱包地址生成过程

注：

1. 首先使用随机数发生器生成一个私钥，拥有了这串数字就可以对相应收款地址中的比特币进行操作，所以必须被安全地保存起来。

2. 通过椭圆曲线算法 SECP256K1 生成了公钥，这是保障比特币安全的加密算法基础。

3. 同 SHA256 一样，RIPEMD160 也是一种 Hash 算法，公钥可以计算得到公钥哈希，这个过程同样不可逆。

4. 将一个字节的地址版本号连接到公钥哈希头部，然后对其进行两次 SHA256 运算，将结果的前 4 个节作为公钥哈希的校验值，连接在其尾部。

5. 将上一步结果使用 BASE58 进行编码，就得到了钱包地址。

比特币的运行机制中没有任何中心化机构，保存比特币密钥的任务完全落在用户手里，密钥就是一切，拥有密钥就拥有这个账户的所有比特币，没有任何机构和个人有权力冻结你的比特币。用户不用担心比特币账户体系的安全性，比特币账户（密钥）总数超过 2^{160}，这个数字远远超过地球上所有沙子的总数 2^{63}（接近 10 的 19 次方），依靠现有超级计算机暴力破解根本不具备可行性，比特币账户系统的安全性是毋庸置疑的。需要提醒的是如果密钥被盗或者不慎丢失，那么没有任何机构能够提供密钥找回服务或者账号申诉渠道，也没有任何办法可以计算出私钥，从此这个账户的比特币将永远沉睡。英国小伙詹姆斯·豪厄尔斯（James Howells）在 2012 年的时候拥有 7 500 个比特币。当时因为不小心将饮料洒在了笔记本电脑上，詹姆斯把电脑拆开并将硬盘放入抽屉中，然而在某次打扫卫生的时候他随手扔掉了硬盘。2013 年 11 月，比特币价格开始疯狂上涨的时候他才意识到硬盘中的密钥意味着 500 万英镑，追悔莫及的詹姆斯来到了垃圾填埋场寻找这块“天价”硬盘，除非找到那块硬盘，否则这些比特币再也找不回来了。万一密钥丢了到底怎么办呢?对此中本聪说过的一句话可能会帮到你，他说“丢失比特币只是让别人的比特币更有价值罢了，就将此视作对其他用户的捐赠吧”。中本聪是对的，如果丢了密钥那就只能洒脱点吧。

（3）比特币钱包。出于妥善保管密钥和方便用户使用等维度出发，人们设计出了各种各样概念的比特币钱包，按照运行环境分为桌面钱包、网页钱包、移动端钱包和硬件钱包等四种；根据是否联网将比特币钱包分为“热钱包”和“冷钱包”；为了更好的保存密钥提出了“脑钱包”和“纸钱包”的方法；多重签名钱包则支持多人按照事前约定的规则共同管理钱包。

①桌面钱包。桌面钱包是安装在个人电脑或者工作站上，是最初、最基础的比特币钱包。比特币官方最初提供的 bitcoin – qt（后改名 Bitcoin Core）就是桌面钱包，桌面钱包可分为全功能钱包和轻量级钱包。Bitcoin Core、Armory 等全功能桌面钱包在安装后需要同步比特币所有数据，截至 2017 年 9 月数据量已超过了 140GB，需要同步数据的时间较长，下载全量数据成为一个问题。全功能桌面钱包可以校验和传输比特币交易信息，构成了比特币骨干网络；Electrum、Multibit 等轻量级钱包则基于 SPV（简单支付原理），无须下载所有数据很快就能完成同步。

②网页钱包。通过浏览器进行比特币交易，用户操作便利，网页钱包操作需依赖于第三方机构，这种形式钱包安全性普遍较差。第三方机构出现经营不慎、安全事故等问题，用户就可能遭受损失。blockchian. info 是前些年应用最为广泛的网页钱包，因安全问题已不再出现在比特币官方网站推荐名单中，目前知名度较高的网页钱包有 Coinbase、Xapo 等。

③移动钱包。安装在手机 APP 上，可以随身携带比特币，适合小额比特币账户，支持二维码和 NFC 也是移动钱包的一个优势，应用广泛的移动钱包有 Bitcoin wallet、ArcBit、Bither 等。

④硬件钱包。密钥存放在类似于网银 UKey 的硬件中，用户通过按钮进行控制，如 Trezor、Ledger Nano S 硬件钱包（见图 2. 8）上面有控制按钮和显示屏，易用性和安全性都非常好，硬件钱包的安全性安全系数非常高，即使黑客侵入了电脑也无法窃走密钥。

⑤冷钱包和热钱包。根据钱包是否在线将比特币钱包分为冷钱包（又称：离线钱包）和热钱包（又称：在线钱包）。热钱包就是保持联网上线的钱包，大部分钱包都属于热钱包。冷钱包是一个相对于热钱包的概念，安装冷钱包的电脑不联网，甚至私钥也是离

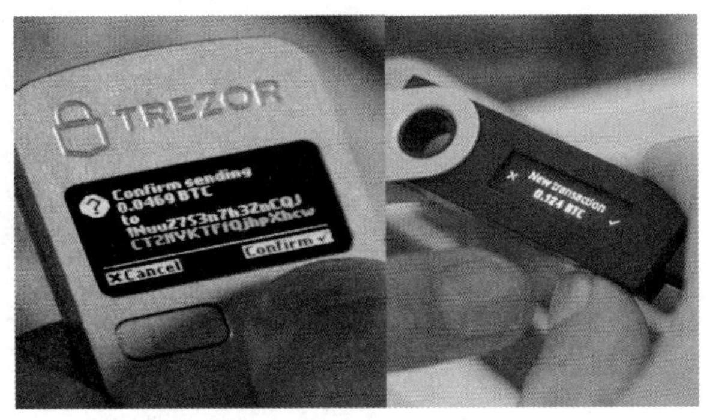

图 2.8 Trezor 和 Ledger Nano S 品牌的硬件钱包

线生成的。Armory 离线端是使用最为广泛的冷钱包客户端，冷钱包交易过程如下：用户在热钱包上的非签名交易，需要导出用 U 盘拷贝到冷钱包所在的离线电脑，用冷钱包的私钥签名交易后，再拷回热钱包交易，整个交易过程烦琐。冷钱包比热钱包要安全，病毒木马很难攻进来，就算攻进来也很难将密钥传出去，然而 U 盘拷贝的过程是冷钱包的一个风险点，在使用冷钱包的过程中需要特别注意。

⑥脑钱包和纸钱包。

a. 脑钱包的概念来源于 Brainwallet. org 网站，该网站按照用户的单词输入习惯生成比特币密钥，用户只需记住自己输入的单词语句就可以生成对应的比特币密钥。这些单词语句又被称为“脑口令”，脑口令受限于语言习惯等因素有迹可循而且样本量也明显远远小于比特币密钥的数量，这就让无法破解比特币密钥的黑客们看到了机会，他们开始暴力穷举用户输入的内容，比特币密钥被猜出来的概率大大增加了。2013 年，有人用“bitcoin is awesome”生成了一个脑钱包地址，并转入了 500 枚比特币，不到 1 分钟的时间，这个账户的比特币就全部被转走。2015 年，信息安全专家 Ryan Castellucci 编写了一个脑钱包猜测的程序，这个程序每秒能够猜测 10 多万个密码。Ryan 用这个程序找到了超过 730 个比特币，其中有一个脑钱包的脑口令是“how much wood could a woodchuck chuck if a woodchuck could chuck wood（英文顺口溜：如果土拨鼠会扔木头那它会扔多少木头?)”，这个账户有 250 个比特币。Ryan 的研究结果宣判了 Brainwallet. org 的死刑，脑钱包也经常被讥讽为“脑残包”。然而，脑钱包的理念并没有就此落幕，不少人认为脑钱包在技术上没有问题，Brainwallet. org 存在的主要问题是没有做好字符串长度及类型限制、缺乏两次输入确认[①]等事宜；也有人提出了多因子的改进意见，即多个脑口令生成一个钱包密钥地址，这种方法确实可以提高计算机程序猜测的难度。

---

① 脑钱包前期设计并不太科学，用户只需要输入一次脑口令就生成了密钥，然而出现用户输入错误的情况，用户很难重现当时的错误，所以很难找回密钥。

脑钱包生成密钥的机制如图 2.9 所示，输入任意文字语句，点击生成比特币钱包密钥，生成的密钥即可作为比特币密钥。图 2.9 中将密钥“5J77WjFwBj688F8xjeHWaw5bAUx86UYxi1x8fhrzKqGjC5n3ghu”导入 Bitcoin Core 比特币钱包，就可以发送接收比特币了，不用担心离线生成的密钥和线上生成密钥出现一致的情况，如果真出现了，那么恭喜你，这笔比特币就是你的了。

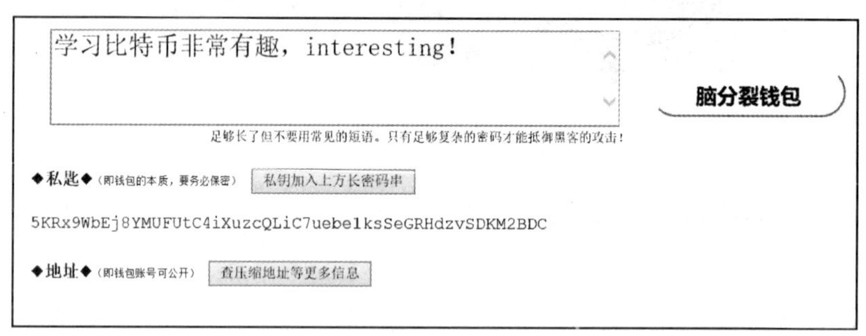

图 2.9　通过脑钱包生成密钥

b. 纸钱包的概念非常简单了，就是将比特币的私钥打印或者写在纸上，然后在银行、保险柜等安全的地方保存起来。纸钱包通常被用于大额比特币账户密钥的管理，这些比特币如果短时间不准备用于交易，可以采用这种方式。当然，纸钱包也可以用于备份其他比特币钱包的密钥。在这个信息时代，这种简单的方法反而非常有效，只需做好防火防盗防潮，那么纸钱包的安全性经得起检验，这么说起来或许石刻、甲骨文、钢印或者 3D 打印会是更好的密钥保存的方法。

纸钱包和脑钱包只能用来保存私钥，本身无法发送和查看比特币，交易时还需借助其他钱包导入私钥，只能算作功能不完备的钱包。

⑦多重签名钱包。多重签名钱包则是完全不同的概念，用 N 个用户公钥组合出一个钱包地址，这个地址必须使用至少 M（M≤N）把上述公钥对应的私钥来签名，才能支出其中的比特币，就像一个保险箱有 N 把钥匙，必须有其中至少 M 把才能打开箱子。这种技术可以应用到各种领域，如担保、托管等，将多重签名技术应用于个人钱包可以保护用户免受单一密钥带来的损失和妥协。个人钱包地址是数字 1 开头的字符串，而多重签名钱包地址是数字 3 开头的字符串。国内厂商开发的快钱包就是一种多重签名钱包，钱包生成两把私钥，一把由用户持有，使用本地浏览器加密；另一把由快钱包持有，存储在服务器上。每一笔付款交易，都需要用户和快钱包共同签名才能发出，这就使快钱包的安全性远高于本地钱包或普通的在线钱包。Green Address 是一个非常经典的多重签名钱包机制，向用户提供了用户端私钥丢失的解决方案，这看起来是更安全了，但易用性受到很大的影响，用户需要理解一些技术细节。

4. 比特币交易过程

比特币的体系中只有账簿，没有任何实体形式的比特币。比特币交易[①]指的是一个用户向另一个用户支付一定数量比特币的过程，其操作类似于电子银行转账，然而在运行机制上有实质性的区别。银行转账的前提是银行被赋予了特殊的角色，具有超过普通商业单位的高信用度。银行在核验付款方身份，检查付款方可用余额等流程后执行转账指令，若指令成功执行，银行账簿中付款方余额减少，收款方余额增加。银行作为第三方可信机构参与整个交易过程，保证了这笔交易的真实性和有效性。比特币体系是分布式的，不存在第三方可信机构。比特币交易是点对点的。参与者账户是匿名的，交易双方的身份也并不可信。比特币的天才发明者中本聪设计了“交易链”“区块链”和“挖矿机制”等一整套机制，这些机制共同作用保证了比特币交易的真实性和有效性。

（1）交易链。比特币的世界只有账本，账本记录了比特币从诞生到现在的所有交易记录。比特币的所有交易都是公开的，每一项交易必须得到整个比特币网络的验证，任何人都可以看到公认的历史交易序列。比特币所有的客户端都可以保存这个账本，但是账本不记录每个账户的余额。

中本聪在比特币白皮书中直接将比特币这种电子货币定义为一种数字签名串（a chain of digital signatures）：“每一位所有者通过对前一次交易和下一位拥有者的公钥（Public Key）签署一个随机散列的数字签名，并将这个签名附加在这枚电子货币的末尾，电子货币就发送给了下一位所有者。收款人方通过对签名进行检验，就能够验证该链条的所有者”。比特币交易链记录了比特币的流转历史，为了便于理解，中本聪在白皮书中提供了如图 2. 10 所示的比特币交易链示意图。

理解比特币交易链，首先要了解一下数字签名的概念，数字签名主要用于确认消息的发送方和消息内容。非对称加密算法的一个重要用途就是数字签名，其基本过程如下：发送方拟发送的消息经过 Hash 计算后得到消息摘要，消息摘要通过私钥加密形成“数字签名”，将数据签名附在信息后发送给接收方；接收方收到信息后通过发送方的公钥解密数字签名即可得到消息摘要，用同样的 Hash 函数处理消息即可得到消息摘要，若消息摘要相同，则发送方发送的消息没有被篡改。

比特币的每个交易都包括前一次交易的信息、后一次交易的公钥以及本次交易的数字签名，如此循环反复就形成了比特币的交易链，记录了比特币所有的流转历史。比特币的流转信息通过交易双方的公、私钥连接起来，所有的比特币都可以回溯到它创建的时候。

---

① 需要说明的是本书关注的是比特币运行机制，不讨论门头沟、火币、OKcoin 等各类加密货币交易所承载的加密货币交易业务。

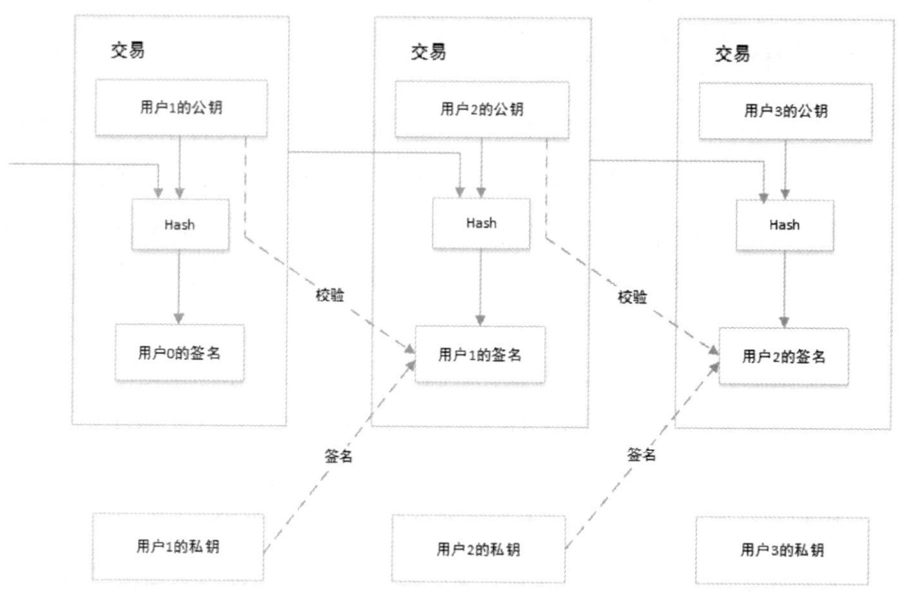

图 2.10　比特币交易链

若有恶意用户希望伪造一笔交易或者篡改一个记录，那么它可能需要重构这个非法交易之后的所有比特币交易。篡改记录的运算量要求非常之高，正常情况下“篡改”或者“虚构”一笔交易是不可能发生的。

比特币交易链的一个问题是收款人难以检验之前的某位所有者是否对这枚电子货币进行了双重支付，即所谓的“双花”问题。“双花”问题通常的解决方案是引入信得过的第三方权威机构（如银行等），对每一笔交易进行检验，以防止双重支付。中本村提出了新的解决方案，即所有交易信息被公开宣布，比特币体系有一个唯一公认的历史交易序列，收款人只要确保在交易期间绝大多数节点都认同该交易是首次交易，那么这笔交易就是合法的交易，其他尝试将不再被系统所接受，也不需要关注这笔交易之后是否会有双重支付的尝试。

（2）交易的数据结构。比特币有产量交易、脚本交易和通用地址交易三种类型。产量交易实际上就是比特币新币的发行，用于奖励第一个打包区块的矿工，矿工挖出的新币是所有币的源头。脚本交易的接收地址不是通常意义的地址，而是一个合成地址，以 3 开头，需要几对公钥一起生成合成地址，这就是我们前面讲过的多重钱包的概念。通用地址交易是最常见的交易类型，若不强调本书中的交易通常指的是通用地址交易。

为了使价值易于组合与分割，比特币的交易被设计为可以纳入多个输入和输出，即一笔交易可以转账给多人。所有合法的比特币交易都可以追溯到前向一个或多个交易的输出。比特币交易链的源头都是挖矿奖励，终端则是当前未花费的交易输出 UTXO（Unspent Transaction Outputs），所有的未花费的输出即整个比特币网络的 UTXO。

UTXO 是一个核心概念，比特币规定每一笔新的交易的输入必须是某笔交易未花费的输出，每一笔输入同时也需要上一笔输出所对应的私钥进行签名，每个比特币的节点都会存储当前整个区块链上的 UTXO，可以通过比特币钱包软件查询 UTXO。比特币网络并非通过回溯所有历史交易而是通过 UTXO 及签名算法来验证新交易是否足额以及发送者身份，毫无疑问如果采用回溯所有交易历史的方式是极其笨重低效的。

比特币交易本质上看是一种数据结构，包括版本、输入交易数量、输入交易、输出交易数量、输出交易、锁定时间等字段，见表 2.3。输入标识着交易的发送方，输出标识着交易的接收方及对于自己的找零，可以有多个交易输入，也可以有多个交易输出，所有的交易输入必然是前面某笔交易的输出，输入的总和与输出交易的总和之差用于支付交易的手续费①。输入和输出是比特币交易数据结构中最核心的字段。

表 2.3　　比特币交易的数据结构表

字段	数据类型	字段大小	字段描述
version	uint32_ t	4	交易数据结构的版本号
tx_ in count	var_ int	1 +	输入交易的数量
tx_ in	tx_ in [ ]	41 +	输入交易的数组，每个输入≥41 字节
tx_ out count	var_ int	1 +	输出地址的数量
tx_ out	tx_ out [ ]	9 +	输出地址的数组，每个输出≥9 字节
lock_ time	uint32_ t	4	lock_ time 是一个多意字段，表示在某个高度的 Block 之前或某个时间点之前该交易处于锁定状态，无法收录进区块，用于控制交易达成时间

输入交易的主要字段：Previous tx：上一笔交易的散列值，交易单中可以有多个输入交易；index：指明是上一笔交易的哪项输出；ScriptSig：对该交易的椭圆曲线 ECDSA 签名认可。输出交易的主要字段：Value：发送的币值，通常以 BTC 为单位，最小单位是 Satoshi，1BTC（比特币）= 10^9 Satoshi（中本聪）；ScriptPubKey：接收方的公钥脚本，用于交易验证，接收方只有提供对应的私钥才可以使用这笔比特币。借助比特币软件直观的感受下比特币交易的数据结构，让我们以高度 116219 的区块中“3a06b6615756dc3363a8567fbfa8fe978ee0ba06eb33fd844886a0f01149ad62”的交易为例，这笔交易有一个输入交易和两个输出交易。

① 比特币通过挖矿奖励和交易手续费激励矿工挖矿。

```
{
    " txid": " 3a06b6615756dc3363a8567fbfa8fe978ee0ba06eb33fd844886a0f01149ad62",
    //交易哈希
    " hash": " 3a06b6615756dc3363a8567fbfa8fe978ee0ba06eb33fd844886a0f01149ad62",
    " size": 258,
    " vsize": 258,
    " version": 1,                                          //版本
    " locktime": 0,                                         //锁定时间
    " vin": [                                               //输入交易字段
    {
    " txid": " 281cb4a2e7e284f602fc717b8c0ac7bb31506bdd8b48ab715ff11b6dd89e5c60",
                                                            //上个交易的哈希
    " vout": 0,                                             //上个交易的第0个输出
    " scriptSig": {//上个交易的签名
    " asm":                                                 //签名的ASM编码
    " 3045022100826df40e46b6cb1bd31dbe4585778997f1255718300cba7a25e24c4fd3d312
    c802206a30c52d6a2f5f4a0bd0fad8e8191d552bf0b5342b33dfdb04ec2073526cd9da [ALL]
    047b44f083cc0ff98a3e9762e46085136c0709dc1f579b4d99c70fa59e80862ba
    888f6cd2bd533d0f21261987469ca8cd0aca0afec5abb1ae810d1eadfc63c9252",
    " hex":                                                 //签名的十六机制编码
    " 483045022100826df40e46b6cb1bd31dbe4585778997f1255718300cba7a25e24c
    4fd3d312c802206a30c52d6a2f5f4a0bd0fad8e8191d552bf0b5342b33dfdb04ec2073526
    cd9da0141047b44f083cc0ff98a3e9762e46085136c0709dc1f579b4d99c70fa59e80862
    ba888f6cd2bd533d0f21261987469ca8cd0aca0afec5abb1ae810d1eadfc63c9252"
    },
    " sequence": 4294967295                                 //允许重写的锁定时间
    }
    ],
    " vout": [                                              //输出交易
    {
    " value": 0.08000000,                                   //价值
    " n": 0,                                                //本交易第0个输出
```

```
" scriptPubKey": {                                        //公钥脚本
" asm": " OP_ DUP OP_ HASH160 76a6bfc1d5af8b471ac81d1bfd501dd1264a889e
OP_ EQUALVERIFY OP_ CHECKSIG",                            //输出脚本用于交易验证
" hex": " 76a91476a6bfc1d5af8b471ac81d1bfd501dd1264a889e88ac",
" reqSigs": 1,
" type": " pubkeyhash",
" addresses": [
" 1BpNVZfbhDLyNz773RuGkDpg5AEv946co7"                     //输出的钱包地址
]
}
},
{
" value": 0.05000000,                                     //价值
" n": 1,                                                  //第一个输出
" scriptPubKey": {                                        //公钥脚本,
" asm": " OP_ DUP OP_ HASH160 bbcc190205b06980a0a85d5420b75fa22ed5c0bd
OP_ EQUALVERIFY OP_ CHECKSIG",                            //输出脚本用于交易验证
" hex": " 76a914bbcc190205b06980a0a85d5420b75fa22ed5c0bd88ac",
" reqSigs": 1,
" type": " pubkeyhash",
" addresses": [
" 1J7yrq34GhtLakTjwhQh5Zcjy8sYe6h6K5"                     //输出的钱包地址
]
}
}
]
}
```

（3）交易的过程。比特币是一个分布式系统，由于缺乏第三方权威机构，比特币交易的有效性和合法性需要确认，比特币交易需要通过如下环节成交：

①创建环节：如甲方向乙方采购某商品，双方约定通过比特币进行支付，乙方向甲方提供钱包地址，甲方根据乙方钱包地址创建一个比特币交易，需要注意甲方拥有这笔拟

转出比特币的私钥，一般情况下钱包存储着甲方用于交易的所有地址的私钥。

②签名环节：用私钥对这笔比特币交易进行签名，通常在发送比特币时，钱包软件自动以该地址对应的私钥对交易进行签名。若为冷钱包，则可先创建一笔没有签名的交易，再利用冷钱包进行签名；多重钱包则需按照事先约定由多人用多个私钥进行签名。

③传输环节：交易信息传播到比特币网络上，每个比特币钱包客户端都有多个比特币同伴节点，交易信息通过同伴节点传输到比特币网络上，向全网公布本次交易，约10~60秒广播至全球节点。上述三个环节都是在客户端执行，用户也可通过比特币钱包软件提供的Create Transcation，Signraw Transaction，SendsignrawTransaction等命令完成上述所说交易验收、交易签名和交易传输工作。

④验证环节：每个全功能节点都可以对该交易进行验证，并将验证结果通过全网广播。在交易传递到临近的节点前，每一个收到交易的比特币节点将会首先验证该交易，这将确保只有有效的交易才会在网络中传播，而无效的交易将会在第一个节点处被废弃。每一个节点在校验每一笔交易时，需要检查交易语法和数据结构是否正确、输入是否存在并且没有被花掉（即这个钱还可用）、输入额度情况、输出是否小于输入、发送方身份等，验证通过的交易存储在内存中。

验证交易发送方身份是验证环节的一个重点，验证过程需要输入交易的scriptSig（签名脚本）和输出交易的scriptPubkey（公钥脚本）等参数。比特币在交易中使用脚本系统（script语言），与FORTH（一种编译语言）一样，script是简单的、基于堆栈的、并且从左向右处理，它特意设计成非图灵完整，状态不必受其他条件限制。交易验证经常被形象地描述为“解谜过程”或者“解题过程”，实际上是做了一个“验签”的工作，采用这种机制，比特币交易验证工作非常高效、稳定。交易验证的“解题”过程如下所示：

执行“输入脚本”（见图2.11）。因为脚本是从左向右执行的，那么先入栈的是“签名”，随后是“公钥”。

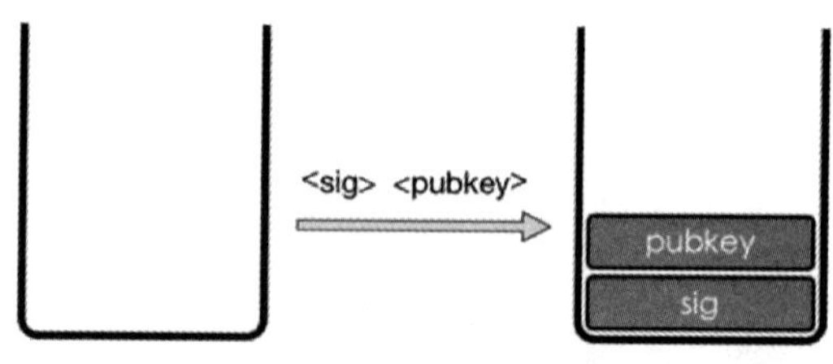

图2.11　执行输入脚本

执行“输出脚本”（见图2.12）。从左向右执行，第一个指令是OP_ DUP——复制栈顶元素。

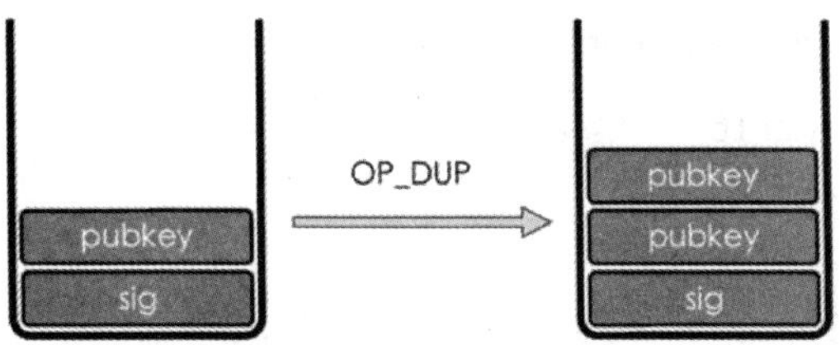

图 2.12　执行输出脚本

OP_ HASH160——计算栈顶元素 Hash，得到 pubkeyhash（见图 2.13）。

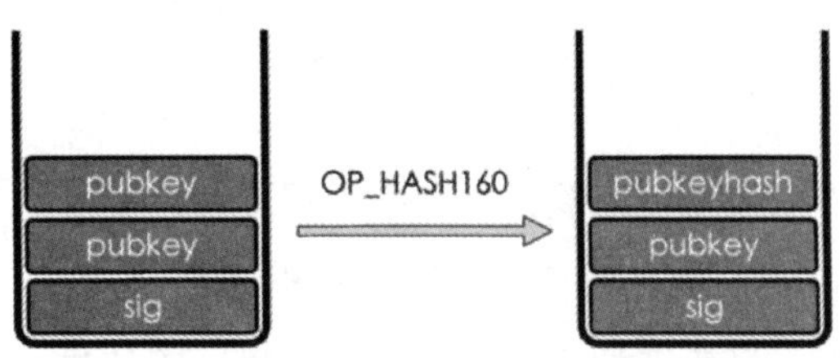

图 2.13　计算栈顶元素 Hash

将“输出脚本”中的“公钥哈希”入栈，为了和前面计算得到的哈希区别，称它为 pubkeyhash’（见图 2.14）。

图 2.14　输出脚本公钥哈希入栈

OP_ EQUALVERIFY——检查栈顶前两个元素是否相等，如果相等继续执行，否则中断执行，返回失败（见图 2.15）。

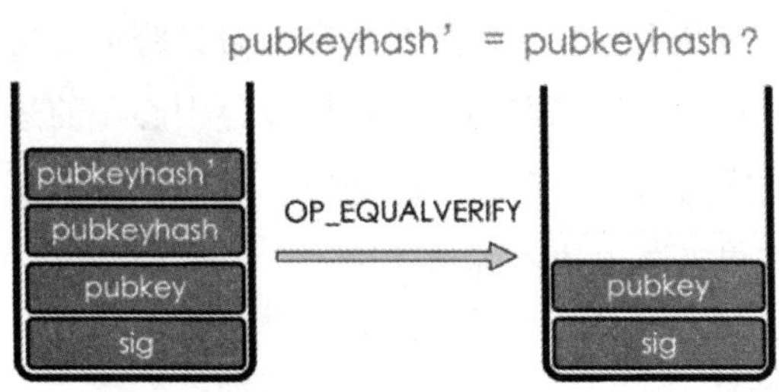

图 2.15　检查栈顶前两个元素是否相等

OP_ CHECKSIG——使用栈顶对前两个元素执行签名校验操作，如果相等，返回成功，否则返回失败（见图 2. 16）。

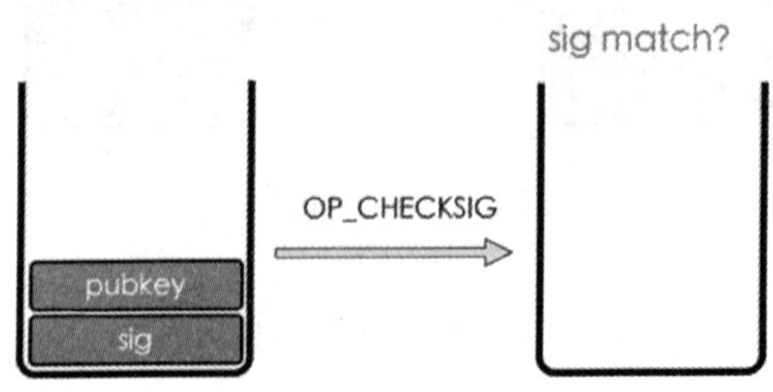

图 2. 16　执行签名验签操作

这样一串指令执行下来，就可以验证这道数学题是否做对了，也就是说验明了想要花费“钱包地址”中比特币的人是否拥有对应的“私钥”。

⑤打包环节：经过交易验证的交易存储在内存里，等待进入区块，某个挖矿节点成功获得记账权后，内存中的所有交易被打包写入该区块，系统全部产生一个新的合格数据区块，并向全网公布这个消息，其他节点收到之后基于该区块开始新的挖矿工作。

⑥确认环节：该环节主要用于破解“双花”问题，交易被足够多的后续区块确认后，此时即使甲方利用该笔比特币进行了新的支付尝试，记录这次交易尝试的区块所在的链也很难取代最初区块所在的链成为比特币的主链，通常认为连续得到 6 个区块就能确认这笔交易是不可逆转的了。根据比特币的设计机制，平均 10 分钟左右生成一个区块，也就是说一笔交易的确认需要 60 分钟，此时这笔交易被所有用户所认可，成为比特币账本的一部分。对于投资者相较于支付宝几秒的交易过程，比特币交易所需的 60 分钟逊色不少。这是直观上的感觉，实际上支付宝是基于银行系统进行交易的，银行系统完成一笔交易的时间可能很短，但是确认一笔交易的时间却很长，收款方、发卡行、收款行以及银联、清算总中心等中介机构还需要在当天工作日结束之后进行对账，只是这些对账工作对于正常交易而言就如同透明的一样，所以用户以为已经完成的交易实际上并没有确认，有些交易确认的时间可能超过几天，甚至多达几星期。若是跨境交易，那么涉及的机构会更多，交易确认时间也会更长。不过现有的银行机构通过中心化的运作，采用各种风控防控机制，使基于银行系统的支付看起来可以实时完成。比特币的表现要远远优秀于现有银行系统，但是必须意识到客户需要更快的确认速度。

5. 比特币账本记账过程

中本聪设计了“区块链”作为比特币交易信息存储的载体，一段交易时间内得到记账权的矿工被打包到一个区块中。区块是比特币存储的基本单元，比特币每一个数据区块记录了神奇数、区块大小、区块头（Block Head）、交易计数、交易详情等五项内容，其中比特币的神奇数“0xD9B4BEF”是区块之间的分隔符；区块大小反映了区块的实际占用空间；区块头负责连接到前一个区块（父区块）并为区块链提供完整性；交易计数记录了区块记录的所有交易的数量；交易详情则记录一段时间内发生的所有交易。为便于理解，通常将区块分为区块头和区块体，区块体用于记录一段时间内发生的交易和状态结果。图2.17所示为区块结构（块头+交易详情）。

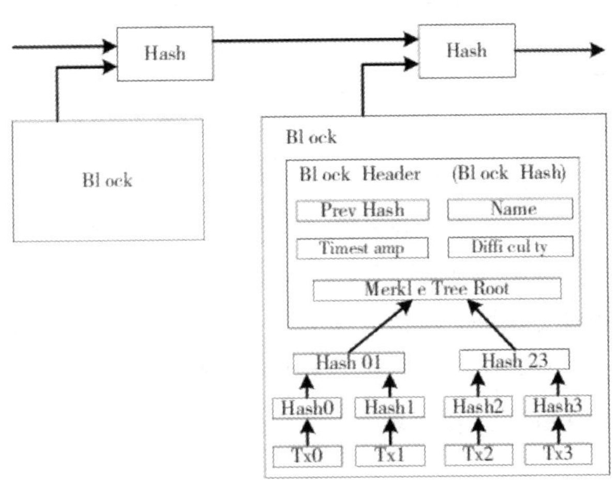

图2.17 区块结构示意图（块头+交易详情）

（1）区块头。比特币区块头的主要字段（见表2.4）包括版本号、父区块的哈希值、Merkle树的根值（以下简称“Merkle”根）、时间戳、难度目标、随机数等字段，其中难度目标和随机数的主要作用在于控制区块生成的频率，保证无论算力多么强大，比特币都要维持大致10分钟产生一个区块，以下重点介绍父区块哈希、Merkle根、时间戳的工作机制。

表2.4　　比特币区块头主要字段

字节	字段	说明
4	版本号	区块版本号，表示本区块遵守的规则
32	父区块的哈希值	前一区块的哈希值，使用SHA256［SHA256（父区块头）］计算
32	Merkle根	当前区块中所有交易的Merkle根的哈希值，是区块头唯一的交易数据，代表了所有交易的概要信息，同样采用SHA256［SHA256（）］计算
4	时间戳	该区块产生的近似时间，精确到秒的UNIX时间戳，时间从1970年1月1日开始计算。时间戳大于前11个区块时间的中值，同时全节点也会拒绝那些超出自己2个小时时间戳的区块

续表

字 节	字 段	说 明
4	难度目标	该区块工作量证明算法的难度目标，用于降低或者提高挖矿的难度，使下一个散列更容易或者更难找到，这是为了不管有多少计算能力，比特币都要维持大致每 10 分钟产生一个区块，其所需要的难度数值就是难度目标
4	随机数（Nonce）	为了找到满足难度目标所设定的随机数，为了解决 32 位随机数在算力飞升的情况下不够用的问题，规定时间戳和 Coinbase 交易（指赢得记账权的矿工获得奖励的交易）信息均可更改，以此扩展 Nonce 的位数

①基于父区块哈希构建链式关系。区块哈希是根据区块头的版本、父区块哈希、Merkle 根哈希、时间戳、难度目标、随机数等字段连接起来通过双重哈希计算出来的。区块之间通过父区块哈希建立了非常稳定的链式结构，从一个区块到前一个区块，直到创世区块。区块哈希可以被视为区块的“精准快照”，增加、修改、删减任何交易数据都会导致区块的哈希值发生变化。若区块链中某个区块哈希值发生变化，区块链将在此位置发生断裂，下一个区块将无法链接到本区块，见图 2. 18。

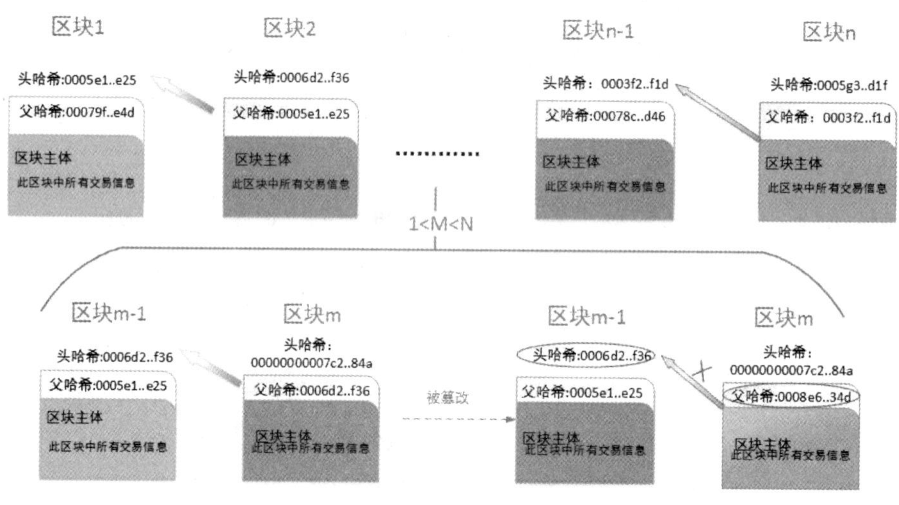

图 2. 18 内容修改导致区块链断裂

②所有交易的数字指纹“Merkle 根”。哈希二叉树又被称为 Merkle（梅克尔）树，不同于普通的二叉树，哈希二叉树采用哈希指针连接左右子树/节点。普通指针指向数据存储的位置，哈希指针不但可以指向数据存储的位置，还可以验证数据是否被篡改过。梅克尔树的构建过程如下：

若最初需要由交易 A、B、C、D 构成一颗 Merkle 树，首先根据交易数据得到交易哈

希 H_A、H_B、H_C 和 H_D，交易哈希通过双层 SHA256 哈希算法实现，即 H_A = SHA256［SHA256（交易 A）］，串联相邻叶子节点的哈希值然后哈希之，即 H_A和 H_B、H_C和 H_D分别链接后再做两次哈希得到 H_{AB}（H_{AB} = SHA256［SHA256（H_A + H_B）］和 H_{CD}，重复上述动作得到 H_{ABCD}作为 Merkle 根，H_{ABCD}代表了 A、B、C、D 等 4 个交易。区块中用于激励矿工的新币发行交易将被作为构建 Merkle 树的第一个交易，这个交易又被称为币基（Coinbase）交易。如果该区块中只有一个发行交易（如创世区块），那么那笔交易的哈希就是该区块的 Merkle 根（见图 2.19）。

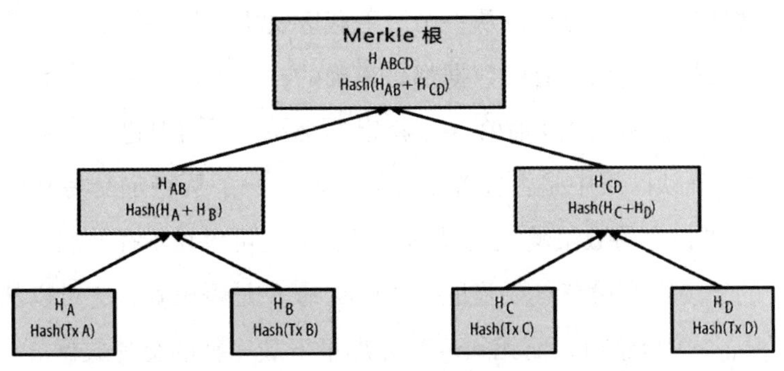

图 2.19　梅克尔树组建步骤①

Merkle 树要求有偶数个叶子节点，若为奇数个叶子节点，那最后的叶子节点会被复制一份以构成偶数个叶子节点（见图 2.20）。

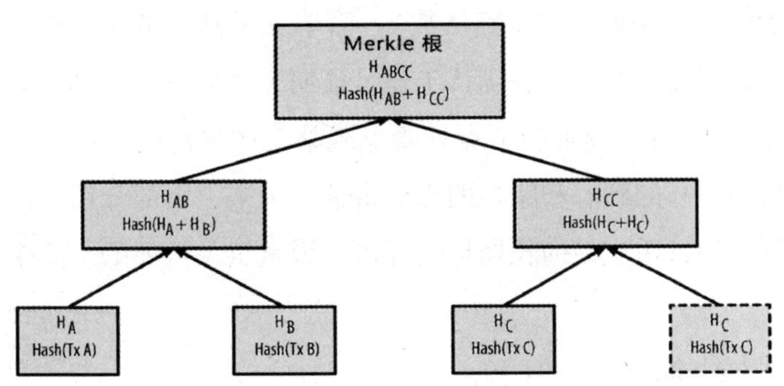

图 2.20　梅克尔树组建步骤②

上述构造 Merkle 树的方法适用于从任意数量的交易构造 Merkle 树（见图 2.21）。

比特币体系中采用梅克尔树的方式存储一个区块中所有交易的主要目的如下：一是保证区块交易的完整性，如果一个恶意用户尝试在树的下部加入一个伪造的交易，所引起的改动最终将导致根节点的改动以及区块哈希的改动，梅克尔根实际上代表了所有交易，参与了区块头哈希的生成，保证了交易的完整性和唯一性；二是支持点对点输出，允许区

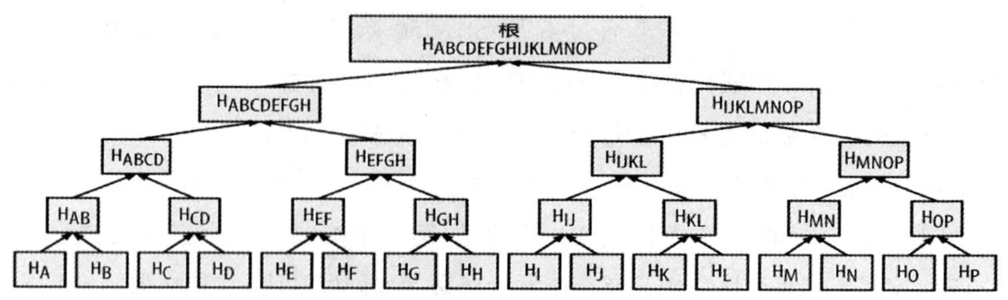

图 2.21　梅克尔树组建步骤③

块的数据可以零散地传送：节点可以从一个源下载区块头，从另外的源下载与其有关的树的其他部分，而依然能够确认所有的数据都是正确的；三是提供一种校验区块是否存在某交易的高效途径，为了证明区块中存在某个特定的交易，不需要进行全量搜索，只需要计算 $\log_2 N$ 次，就可以确认区块中是否包含该交易，形成一条从特定交易到树根的认证路径或者 Merkle 路径即可，交易数量越大效果越明显；四是可以在不存储块中完整交易信息的情况下验证块中的交易，假设节点要验证区块中交易 A 是否正确，它可以从别的节点那里获取 H_B、H_{CD}、H_{ABCD} 等哈希值，而无须从对方那里下载完整的交易数据。

这种不需要维护一条完整的区块链的节点，又被称作“简单支付验证（SPV 节点”）。简单支付验证指的是“支付验证”而不是“交易验证”。“交易验证”非常复杂，涉及验证是否有足够余额可供支出、是否存在双花、脚本能否通过等，通常由运行完全节点的矿工来完成。“支付验证”则比较简单，只判断用于“支付”的那笔交易是否已经被验证过，并得到了多少的算力保护（多少确认数），简单支付基于梅克尔树。简单支付节点不需要下载整个区块，只需保存区块头确认工作量证明，然后下载与其交易相关的梅克尔树“分支”去验证交易的存在。这使轻节点只要下载整个区块链的一小部分，就可以安全地确定任何一笔比特币交易的状态和账户的当前余额。未来，大部分用户都不会运行完整节点，梅克尔树协议对比特币交易的长期持续性可以说是至关重要的。简单支付验证的工作原理①如下：

计算该交易的 hash 值 tx_ hash；

从网络上获取并保存最长链的所有 block header 至本地；

定位到包含该 tx_ hash 所在的区块，验证 block header 是否包含在已知的最长链中；

从区块中获取构建 merkle tree 所需的梅尔克哈希认证路径，对图 2.18 中的交易 H_k 而

---

① 为简化模型，采用交易哈希来定位区块。这种方法有被“交易可锻性”攻击的风险，实际应用中可以根据 output_ point 来定位。交易可锻性风险又称为交易延展性风险，指的是攻击者通过 ECDSA 算法的漏洞修改交易中的某些参数，然后广播到网络上形成双重支付，导致发送方可能发现交易失败并发起一笔新的交易，但实际上发送方最初的交易是有效的，只是签名被“锻造”过。

言，梅克尔哈希认证路径包括 H_L、H_{IJ}、H_{MNOP}、$H_{ABCDEFGH}$；

根据这些 hash 值依次计算出父节点，最终计算出 merkle_ root_ hash；

若计算结果与 block header 中的 merkle_ root_ hash 相等，则交易真实存在。

根据该 block 所处的位置，确定该交易已经得到多少个确认。

简单支付极大地节省了存储空间，减轻终端用户的负担。block header 只有 80 个字节，按照每小时 6 个的出块速度，每年产出 52 560 个区块。当只保存 block header 时，每年新增的存储需求约为 4M 字节，100 年后累计的存储需求仅为 400M，用户使用普通设备就可以实现 SPV 支付验证。

③分布式的时间机制。对于人类的生产生活来说，有统一的、准确的时间是非常必要的，互联网的前辈们很早就发明了 NTP（Network Time Protocol，网络时间协议）用于提供国际标准时间。绝大部分的商业机构使用 NTP（Network Time Protocol，网络时间协议），但是普通用户或者矿机的时间可能并没有这么准确，那么赢得记账权的矿工在打包时究竟使用哪个时间呢？比特币没有使用国际标准时间，也不放心矿工的本机时间。每个比特币节点都有多个同伴节点，节点之间交换时间信息，赢得记账权矿工选用同伴节点（不少于 5 个）时间的中位数（中位数比平均数更不容易受到极值的影响）作为区块的时间。比特币对这个时间也进行了一些限制，如大于前 11 个区块的中位数，中位数和本地系统时间差别不超过 70 分钟等。

该时间戳能够证实特定数据必然于某特定时刻是的确存在的，因为只有在该时刻存在了才能获取相应的随机散列值，攻击者更难于操控区块链，所以并不需要太精确。同时，区块头部 Nonce 字段只有 32bits，能生成的随机空间太小，很可能出现无解（没有符合难度要求的解）的情况，此时可以通过微调时间戳来辅助挖矿 hash 值的计算，提高出块的可能性。区块块头的时间戳并非严格准确的时间，甚至也不保证顺序。多次出现了后一区块时间早于前一区块时间的情况，例如区块 139 793 的时间戳是 1 312 599 459（北京时间 2011/8/6 10：57：39），而其父区块的时间戳是 1 312 599 808（北京时间 2011/8/6 11：3：28）；区块 145 045、145 046、145 047、145 048 连续出现这种情况。比特币采用这种分布式方案的一个优点是比特币的时间不受恶意操控，作为存在性证明的公信力更强。

（2）交易存储。区块大小不能超过 1MB，区块头只有少量概要信息。区块的主要信息是交易详情，这些交易以原始交易（又称序列化交易）的方式存储，交易存储的顺序和梅克尔树的构建顺序一样，区块创建的新币发行交易是所有交易中的第一个，由此查询区块 116219 中可以看到该区块存储了 5 条交易的哈希，如下：

```
" tx": [
" be8f08d7f519eb863a68cf292ca51dbab7c9b49f50a96d13f2db32e432db363e",
" a387039eca66297ba51ef2da3dcc8a0fc745bcb511e20ed9505cc6762be037bb",
" 2bd83162e264abf59f9124ca517050065f8c8eed2a21fbf85d454ee4e0e4c267",
" 028cfae228f8a4b0caee9c566bd41aed36bcd237cdc0eb18f0331d1e87111743",
" 3a06b6615756dc3363a8567fbfa8fe978ee0ba06eb33fd844886a0f01149ad62"
],
```

通过交易哈希可以得到原始交易，所谓原始交易通常是指二进制形式编码的完整交易，在比特币体系中通常以十六进制的形式展现。以中本聪挖到的第一笔 50 个比特币的交易为例，可以通过这笔交易的哈希得到这笔交易的原始交易，解码原始交易就是我们可以看懂的交易代码。

```
Getrawtransaction0e3e2357e806b6cdb1f70b54c3a3a17b6714ee1f0e68bebb44a74b1efd512098
//通过交易哈希得到原始交易
18   010000000100000000000000000000000000000000000000000000000000000000000000
:2   0ffffffff0704ffff001d0104ffffffff0100f2052a0100000043410496b538e853519c72
3:   6a2c91e61ec11600ae1390813a627c66fb8be7947be63c52da7589379515d4e0a604f8141
43   781e62294721166bf621e73a82cbf2342c858eeac00000000
                                        //16 进制形式存储的原始交易
     decoderawtransaction
18   " 01000000010000000000000000000000000000000000000000000000000000000000
:2   00ffffffff0704ffff001d0104ffffffff0100f2052a0100000043410496b538e853519c7
4:   26a2c91e61ec11600ae1390813a627c66fb8be7947be63c52da7589379515d4e0a604f814
01   1781e62294721166bf621e73a82cbf2342c858eeac00000000"
                                        //解码原始交易
     {
     " txid":
     " 0e3e2357e806b6cdb1f70b54c3a3a17b6714ee1f0e68bebb44a74b1efd512098",
     " hash":
     " 0e3e2357e806b6cdb1f70b54c3a3a17b6714ee1f0e68bebb44a74b1efd512098",
     " size": 134,
```

```
" vsize": 134,
" version": 1,
" locktime": 0,
" vin": [
{
" coinbase": " 04ffff001d0104",
" sequence": 4294967295
18: 2 }
4: 04 ],
" vout": [
{
" value": 50.00000000,
" n": 0,
" scriptPubKey": {
" asm":
" 0496b538e853519c726a2c91e61ec11600ae1390813a627c66fb8be7947be63
c52da7589379515d4e0a604f8141781e62294721166bf621e73a82cbf2342c858ee OP _
CHECKSIG",
" hex":
" 410496b538e853519c726a2c91e61ec11600ae1390813a627c66fb8be7947
be63c52da7589379515d4e0a604f8141781e62294721166bf621e73a82cbf2342c858eeac",
" reqSigs": 1,
" type": " pubkey",
" addresses": [
" 12c6DSiU4Rq3P4ZxziKxzrL5LmMBrzjrJX"
]
}
}
]
}
```


6. 比特币校验交易的过程——挖矿

比特币的三个核心的基础支柱是区块链、非对称加密和挖矿，区块链是记录交易的载体，非对称加密是安全系统，挖矿则是校验交易的过程。因为挖矿可以得到比特币的奖励，类似于金属矿藏的开采，参与挖矿的计算机被称为矿机，运维矿机的人们被亲切地称为矿工。

（1）挖矿过程。加入比特币网络的任何计算机都可以参与挖矿，矿机参与挖矿的主要流程如下：①维护区块链的历史记录，然后监听网络上的交易，验证交易签名是否合法以及交易输出是否有效。②收集整理监听到的所有合法交易，将这些交易按照梅克尔树的方法进行整理，组装成一个新的备选区块。③通过哈希计算得到一个有效的哈希值，成为一个待确认的"新"区块。④区块被全网所接受成为共识账本的一部分。挖矿最重要的是"交易验证"和"抢夺记账"功能，这实际上是两个完全不同的解答谜题的过程，交易验证的谜题是"签名"和"公钥"，抢夺记账权的谜题是"目标值"。前者通过对"签名信息"和"验证公钥"的计算来确定交易的合法性，该部分内容已在前文讨论过；后者是通过重复进行哈希计算争抢记账权，父区块区块头的"目标值"设定了赢得记账权的条件，第一个计算出符合要求的哈希值的矿机得到了记账的权限，建立一个待确认的新区块。

（2）主要功能。比特币通过两个解谜过程实现了"交易记账"和"发行新币"两个基本功能：一是收集、检验、确认过去一段时间发生的交易，最后打包成一个无法被篡改的交易数据块；二是在没有中央集权机构发行货币的情况下，提供了一种货币发行的方法。这两个功能中交易记账是主要目标，发行新币是一种特殊的激励机制，主要用于奖励矿工们为了维护比特币统一账本付出的大量电力和计算资源。一个区块竞争的结束意味着下一个区块竞争的开始，出于"逐利"的目标，矿工们事实上不自觉地承担了比特币系统的运行业务，矿工们就是比特币的运维方。这个作用类似于银行在货币流通过程中承担的作用，激励实际上是在支付矿工们的运维费用。

比特币的计划发行总量是2 100万个，大约每10分钟产生一个区块，中本聪设计了比特币的发行规则：最初每个区块得到的奖励是50个比特币，每挖出21万个区块（约每3~4年），奖励就会减半，2012年11月奖励减少为25个比特币，2016年7月奖励减少为12.5个比特币。按照这个设计最终产生的比特币数量，准确地说是20 999 999.97 690 000个，比2 100万个少一点。关于比特币为什么是2 100万个，有人认为"中本聪定好10分钟、50币、4年减半的原则，结果自然出来了。他没有选，而是接受了这个自然的结果"，有人认为"全世界所有黄金熔在一起，是一个边长大约为21米的正方体。中本聪用这个概念，隐喻比特币是一种虚拟黄金"，具体原因或许需要中本聪本人揭晓。比特币这种发行总量确定、发行数量递减的模式引起最大的争议就是"通货紧缩"，但是密码朋克们认为通缩本身并不坏，他们否认通缩和需求崩塌的直接关联，坚称这种方式是一种非常有节制的货币供应模型。

2140 年没有新币可以发行了，比特币是通过哪种方式给矿工支付运维费呢？实际上比特币还设计了交易费的激励方式，如果某笔交易的输出值小于输入值，那么差额就是交易费。交易费用的比例大概为交易额度的千分之一，目前交易费只占了激励费用中很小的一部分，大约 10%，矿工大部分收入来自于新币发行的奖励。随着新币发行奖励的递减，未来激励费用将逐渐过渡到完全依靠交易费用上，交易费用是否足够矿工的运行成本？交易费用比例是否需要提高？如若提高是否会因此影响比特币的流动性？上述这些问题还有待进一步观察。

激励机制还有助于参与节点保持“诚实”，如果一个人或者组织具有超强的计算力，那么他就需要思考到底是应该通过“诚实劳动”争取更多的比特币，还是对比特币进行恶意攻击，导致比特币系统崩溃，自己一无所得。理性人都会选择“诚实劳动”，于是这种激励机制不断叠加。为了得到更多的奖励，矿工们不断投入性能更好的矿机设备，比特币在相当长一段时间内全网运算能力增速每两周 25% 或者说每年几百倍。经过八年多的发展，比特币系统拥有极强的计算能力，目前计算能力已经超过 10^5PH/S（1PH = 1 000TH = 10^6GH）。恶意攻击比特币需要具备全网 50% 以上的计算能力，这个要求已经非常高。

（3）争夺记账权。争夺记账权是比特币体系中相对难于理解的内容，让我们先感受下一个游戏：甲、乙、丙三人在玩一个“猎狐”的游戏，游戏的道具是每人一副扑克牌，随机洗牌后，甲、乙、丙三人开始按照顺序翻牌，最先翻到红桃 4 被视为猎狐成功赢得奖励，每局结束之后赢方可以指定一或多张牌作为下一局猎狐目标。扑克牌的顺序是随机的，翻牌速度最快的选手最有可能赢得更多的奖励，当然运气的眷顾也很重要，在这种情况下每局的平均时间是可以测算的。假设甲、乙、丙三方都苦练翻牌技术，有人翻牌速度提高了，那么自然猎狐的概率就提高了，如果三人都提高至以前 2 倍的速度，那就意味着游戏用时太短了，于是可以考虑通过增加没有花色和数字的“伪牌”来增加“比赛”的难度，以控制每盘比赛的平均时间回到最初的水平。

比特币争夺记账权的过程和这个非常相似，参与挖矿的计算机都要拼命进行哈希运算，以便得到一个符合上一个区块目标值要求的哈希值（狐），第一个得到符合目标值要求的矿机得到了记账权。

比特币规定每十分钟产生一个区块，如矿机性能提高（类似于翻牌速度提高），那么比特币系统就会通过提高目标值来提高难度，保证比特币总能按照固定的频率产生。当然由于挖矿是算力和运气的比拼，所以并非所有区块都能按照每 10 分钟一次的概率产生，比如区块 152217 和区块 152218 之间的出块间隔为 1 小时 39 分钟 7 秒，也有很多区块的出块间隔少于 1 秒。尽管如此，还是不能否认比特币通过工作量证明的方法基本实现了比特币预想的发行频率，2013—2014 年一个区块生成时间平均约为 9 分钟，2015 年后这个数字越发接近于 10 分钟。

①难度目标。难度目标值就是“狡狐”。难度是对挖矿困难程度的度量，即计算出来一个符合要求的 Hash 值的困难程度。难度是通过区块难度计算出来的，区块难度每 2 016 个区块（理想情况下是两星期）调整一次。区块难度的改变是根据上 2 016 个区块的挖矿效率来决定的，比特币引入区块难度的目标是保证其每 10 分钟生成一个区块的频率。难度基于上 2 016 个区块生成的时间，假设算力暴涨 4 倍，不到 4 天就挖完 2 016 个区块，难度增加至 4 倍；若因意外损坏损失算力，21 天才挖完 2 016 个区块，到调整时难度按照比例降低即可。由于难度调整是基于前 2 016 个区块的生成时间测算的，所以并不能反映比特币的计算能力，所以并不十分准确。为了节约区块链存储空间，将 256 位的目标值通过一定变换无损压缩保存在 32 位的 nBits 字段里，通常用 F（nBits）表示难度对应的目标值，比特币最低难度取值 nBits = 0x1d00ffff，对应的目标值为“0x00000000FFFF0000000000000000000000000000000000000000000000000000”，难度目标前面 0 的位数越多，挖矿的难度越高。2017 年，比特币平均每 13. 15 天调整一次难度，难度目标平均每次约提高 6. 5% 。

②计算过程。争夺记账权的过程实际上是对父区块比特币区块头版本号、父区块哈希、梅克尔树根、时间戳、区块难度和随机数这 80 个字节连续进行两次 HASH256 运算，运算结果是固定的 32 个字节，即 2 进制的话为 256 位，如果结算结果比难度目标值小，那么按照规则用户就找到了狡狐，如下面公式所示：

SHA256 [SHA256 (version + prev_ hash + merkle_ root + ntime + nbits + Nonce)] <TARGET

争夺记账权的过程不同于猎狐游戏的是，并非只有一个数据符合要求，实际上有很多数据符合要求。哈希函数输入数据的长度是任意的，将产生一个长度固定且绝不相同的值，这种 SHA256 算法主要特征如下：一是同样的输入输出结果不变；二是不同的输入不可能出现同样的结果；三是输出是随机的，即使差异很小的输入其输出结果也是完全不同的，通过选择输入来控制输出是不可能的。因此，矿工只能通过哈希运算的结果和目标值进行比较，穷举尝试直到找到合适的哈希运算结果（见表 2. 5）。

表 2. 5　　SHA256 运算结果

字符串	哈希值
blockchian	111a8f0e1af61e30c05eb9cccd39a88eb3a65e3ac14e3230574e457e3afaa331
blockChian	1a021a3348a6bba3d291db612d50c7751c5a73911a196f39874171326b1e4929
BlockChian	a366183e66f6799002a8b5ea9b7be92a1091757c2d501aa187fd61619d3a2786
BlockChian1	863e52bda1a71da58bd4506bcaba6cd18f44d2ef2ba97d93f8cfcd04e7a12c6d

工作量证明算法的意义在于，要找到这样一个随机数，没有比列举可能性更好的策略，而解决方法的验证琐碎又廉价。哈希运算的结果具有均匀分布的特点，需要找到这样一个随机数的时间取决于难度阈值，这使只通过操纵难度来控制找到新区块的时间成为可能。哈希运算的难度并不高，但是需要通过大量运算才能找到符合难度目标要求的哈希值。2014 年年底，比特币产生一个区块需要 10^{20} 次运算，想要得到合理的哈希值就需要通过不断的变化输入来尝试。实际运算过程中，版本号、父区块哈希、区块难度是相对固定不动的，随机数、时间戳，梅克尔树根是三个可变的输入因子。最初区块难度较低的时候只需要从 0 开始递增穷举 32 位的随机数以便找到一个符合目标值的哈希运算结果。随着计算能力增强，整个网络难度目标提高，矿机经过 2^{32} 次尝试仍然找不到需要的哈希值，这就需要输入因子有更多的随机空间。于是矿工开始通过时间戳来提供输入变量上的变化，然而毕竟变化得非常有限，合理的区块时间有一个范围，超出这个范围会被其他节点拒绝。于是，矿工们开始通过调整梅克尔树根作为输入变量上的变化，梅克尔树是由币基交易和其他被打包的交易共同生成的，币基交易输入处可以是任意的注释，矿工修改这个注释，梅克尔根就会发生相应的变化，进而扩展了哈希运算的输入变量，更高的难度意味着更多的哈希计算。

计算速度快的计算机可能会较早地找到符合要求的哈希值，但是正如搜狐游戏一样，运气也很重要。实际上在争夺记账权的时候各个矿工解答的并非是同一个谜题。因为网络传输等方面的原因，矿工打包的交易不一样，各个矿工的币基交易也不一样，所以每个矿工解答着不同的作业，有些幸运的矿工可能会机缘巧合优先找到符合要求的哈希值，性能最好的矿机并非一定都能胜出。虽然具体的运算并没有太大的难度，但是需要计算的数量确实非常的庞大，只有经过大量的运算才可能找到符合要求的哈希值，但是矿工们都有足够的动力去“挖掘”。符合要求的哈希值会包含在新区块中，作为矿工的计算工作量的证明，被称为“工作量证明”。

（4）共识实现过程。在传统模式中，银行、支付宝、交易所等中心化机构具有超过普通商业单位的信用，这些机构提供登记、交易、结算等各类中介服务，参与机构依托中心化机构开展各类业务，中心化机构负责维护一个统一的账本。然而，比特币的体系中不存在这类机构，甚至每个参与节点都可能是不可信的，比特币设计了挖矿激励机制，挖矿节点独立竞争共同维护一个统一的账本。在比特币这种分布式的体系中共识使无数独立节点遵守了简单的规则，是通过异步交互自发形成的产物。比特币的去中心化共识由所有网络节点的 4 种独立过程相互作用而产生：

①交易验证：每个全节点依据综合标准对每个交易进行独立验证，详见本章关于“比特币交易的过程”的论述。

②抢夺记账权：通过完成工作量证明算法的验算（运行机制详见本章关于“争夺记账权”的论述），赢得记账权的挖矿节点将内存中通过验证的交易记录打包到新区块。

③区块认可：每个节点独立的对新区块进行校验并组装进区块链，各个节点独立进行检查，检查的内容包括：区块的数据结构在语法上有效、区块头的哈希值小于目标难度（确认包含足够的工作量证明）、区块时间戳是在合理范围内、早于验证时刻之后两个小时（允许时间错误）、区块大小符合要求、区块内的交易有效。所有的节点基于同样的规则进行验证，矿工必须构建一个符合规则的区块，并通过工作量证明算法构建一个符合要求的区块。验证失败的区块，就会被其他节点拒绝，不会加入到区块中。所以如果矿工有任何作弊行为，那么他们的努力都会白费。争夺记账权非常困难，但是验证很简单，其他任何节点很容易检查区块的内容，计算它的哈希值，证明他的输出符合难度目标要求，区块打包非常之难，但是验证非常容易，恰如“数独”，解出答案需要很长的时间，但是很容易判断出对错。

④追逐最长链：区块链达成共识的形式就是各个节点一直在追逐最长链，最长链也被称为主链。任何时候，主链都是累计了最多难度的区块链。在一般情况下，主链也是包含最多区块的链，除非有两个等长的链并且其中一个有更多的工作量证明。只有在最长链上所有的挖掘才是有效的，否则挖掘是徒劳的，矿工在挖掘的工程中一直在检查自己是否在主链上，如果不在，会当即切换到主链上进行挖掘，否则即使计算出符合要求的哈希值，也得不到相应的奖励，徒劳浪费电力。

经过验证的交易打包形成新的区块，矿机将这个区块发给其所有相邻节点，接收节点再接收并验证通过这个新区块。此时，验证通过的区块可能处于以下三种状态（见图2.22）：

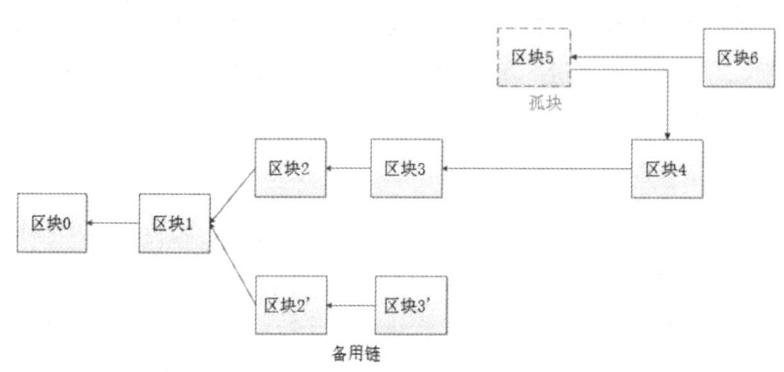

图2.22　区块的三种状态（孤块、备用链和正常情况）

a. 连接到主链上，节点将此区块加入到区块链副本中延长主链，放弃构建这个相同高度的区块的计算，在此基础上开始构建下一个区块的“挖掘”。

b. 从主链上产生分支（备用链），这些分支中的区块与主链上的区块互为“兄弟”区块，保留这些分支的目的是如果在未来的某个时刻其中的一个延长了并在难度值上超过了主链，那么就可能成为最强者。分叉是因为多个矿工几乎同时发现了符合要求的哈希值。区块生成间隔越短交易清算越快，出现分叉的概率也更高。目前10分钟的生成时间是中本聪在更快速的交易确认和更低的分叉概率间做出的妥协。

c. 在已知链中没有找到已知父区块的，那么这个区块被认为是“孤块”。孤块会被保存在孤块池中，直到收到它们的父区块。节点会将其父区块连接到现有区块链上，并将孤块取出连接到其父区块上。在互联网环境下，若两个区块在很短的时间间隔内被挖出来，节点很可能会以相反的顺序接收到它们，这就是出现孤块的原因。

每个节点对区块链进行独立选择，在工作量证明机制下只要所有的节点选择累计工作量最大的区块链，整个比特币网络最终会收敛到一致的状态，最终在全网范围内达成共识。矿工个人对抗全网的计算力是没有任何胜算的，对于矿工来说追逐最长链，在难度最大的主链的基础上挖掘，利益最有可能最大化，不同节点对利益的追求共同维护了账本的统一完整。链的分叉只是临时差异，单区块分叉每周都会发生，而双块分叉则非常罕见，当更多的区块（更多的工作量证明）添加到了某个分叉中，这个问题便会迎刃而解。挖矿节点通过挖矿“投票”来选择想要延长的区块链，当挖出一个新块并且延长了一个链，新块本身就代表了它们的投票，而且这种投票的效应是累加的。

（5）算力集中的风险。挖矿设备经历了普通电脑CPU、显卡、FPGA、专用集成电路ASIC的发展阶段。ASIC的出现意味着用户通过CPU和显卡已经基本不可能挖到比特币了。因为单个矿工挖到比特币的可能性非常小，于是有人想到了把小矿工组织起来集体挖矿，增加单个矿工的稳定收益、降低失败风险。矿池的概念开始兴起，矿池通过聚拢零散、独立的计算资源统一调度形成一个强大的虚拟矿工，矿池管理员负责维护矿池运行，并按照特定的规则分配挖矿收益。算力“中心化”趋势越来越明显的情况对于比特币的正常运行是个挑战，比特币网络最大的矿池GHASH. IO算力曾经在2014年超过全网算力的50%，具备了发动“双花”等各种攻击的条件。单个机构算力突破51%是比特币社区一个非常令人担忧困扰的问题，这意味比特币的安全出现隐患，比特币甚至可能被玩坏。然而，比特币绝大部分的算力掌握在矿池手中，这些矿池都是采用中心化的运行机制，如果有两三个矿池恶意串通或者被恶意操控，那么后果不敢想象。

7. 拜占庭将军问题

比特币解决了“拜占庭将军”问题，拜占庭将军问题是一个假想问题①，用于描述分布式系统的一致性问题。为避免概念混淆，首先说下一个两军问题，这是一个非常容易和拜占庭将军问题混淆的概念。1975年，计算机科学家在论文“网络通信设计中的一些约

① 为了形象阐述算法理念，计算机科学家创造了拜占庭将军问题、哲学家就餐问题等场景。

束和权衡”中提出了两军问题。两军问题描述的是两支军队要进攻一座位于山谷中的城市，两军只有同时进攻才能取得胜利。两军需要通过信使穿过不安全的山谷来交换同时发送进攻的信息，然而讽刺的是两军都很难相信信使带来的信息，即使接待的信使数量很多，因为山谷是不安全的，信使有可能被捕、信息有可能被替换。两军问题常被用来探讨不可信信道的可信通信问题，如果将互联网中的任意两个节点称为两军，那么互联网就是那个不安全的山谷。两军问题一直没有太好的解决方案，以至于提出两军问题的科学家得出了“两军问题不可能被解决的”结论。

1982 年，计算机科学家莱斯利·兰伯特、罗伯特·肖斯塔和马休·佩斯提出了拜占庭将军问题。拜占庭帝国的 10 支军队准备合力攻击某个城邦。其实力虽不比拜占庭帝国，但也足以抵御 5 支常规拜占庭军队的同时袭击。基于一些原因，这 10 支军队不能集合在一起单点突破，必须在分开的包围状态下同时攻击。其中任一支军队单独进攻都毫无胜算，除非有至少 6 支军队同时袭击才能攻下敌国。他们分散在这个城邦四周，将军们之间并不信任，他们也不会集中到一个地方开会讨论，只能依靠通信兵相互通信来协商进攻意向及进攻时间。困扰这些将军的是，他们不确定他们中间是否有叛徒，因此假装答应一起入侵但在其他人进攻的时候又不干了，导致只有 5 支或者更少的军队在同时进攻，那么所有的进攻军队都会被歼灭，并在随后被其他没参与进攻的军队洗劫。在这种状态下，拜占庭将军们能否找到一种分布式的协议来让他们远程协商，从而赢取战斗？这就是著名的拜占庭将军问题。

拜占庭算法引申到计算领域，发展成了分布式环境中的容错理论。拜占庭算法的假设前提是通信信道是可信的，不去考虑通信兵是否会被截获或无法传达信息等情况，并在这个前提下的分布式一致性和容错性研究。兰伯特已经证明了在消息可能丢失的不可靠信道上试图通过消息传递的方式达到一致性是不可能的。从分布式系统看，每个节点都要保存一份完整的账本，但每个节点却不能同时记账，因为节点处于不同的环境，接收到不同的信息，如果同时记账的话，必然会导致账本不一致，造成混乱。因此，需要用共识来保证节点间的数据一致。比特币采用工作量证明的方法解决拜占庭将军问题，节点通过哈希计算竞争记账权，付出最大工作量的节点抢到本轮记账权，节点们开始争夺下一轮的记账权，账本是唯一的。所有区块组成一个从前到后不断验证的数据块链条，恶意攻击者修改中间任何一个数据块的交易，都会导致之后所有区块哈希值验证失败，这就要求重新计算所有的哈希值。恶意攻击者必须构建出一个比现有主链难度更大的链，这就意味着攻击者要拥有超过全网 51% 的攻击力。

争夺记账权是一个耗费电力的工作，中本聪因此设计了激励机制。每次赢得记账权的节点将得到一笔不菲的收入，节点记账权争夺是出于自身利益的，而非因为某种道德准则或者公益志愿，节点需要付出大量劳动才能得到记账权，得到记账权的节点又将得到一笔不菲的报酬，这最终促成了一个正向累加的系统。这个理论反映到拜占庭将军问题中，就是将军们通过一个共同的账本传递信息。设想拜占庭区域有一个将军都可以看到的高地，高地上的火炬可以传达明确的信号，如是否攻击以及攻击时间，而城邦则无法接近这个火炬。将军们约定一周内（比特币的 10 分钟）第一个侦查到城邦 10 个城门防守情况的将军制订作战计划，并通过将军虎符（密钥）管理火炬的士兵启动的火炬按钮传达作战信号（攻击时间\不攻击的决定），灯塔处可以瞭望判断出将军们的侦查情况是否真实（符合难度目标），其他将军可以很快地验证第一个将军的侦查情况，若超过 5 个将军侦查确认，将军们则达成了一致的作战计划，第一个侦查到城邦的将军得到更多的报酬；若该将军的侦查情况没有得到确认（不符合难度目标），可以认为该将军可能是叛徒，其他将军可以提供符合难度值的侦查情况，按照上述步骤确认战斗计划。因为城邦的防守部署每个星期都会变化一次，接下来的下一周（比特币的 10 分钟）将军们将按照同样的程序重新进行战斗准备。此时，所有将军看到的是同一个账本，背叛的将军将不能影响忠诚将军们达成一致的协议。

比特币对拜占庭将军问题的解决方案是用计算取代通信，用侦查取代各种无效信息的交换。在比特币体系中发送信息需要付出成本，这个成本减少了信息发送的数量，同时也确保了忠诚的将军能够发送并接受到有效的信息。中本聪提出了一个在 P2P 网络环境中解决拜占庭将军问题的绝妙方案，即使没有管理者，这个系统也在稳定的运行。在比特币出现之前人们认为不可能通过 P2P 进行经济活动，因为拜占庭将军问题无法解决，比特币成功地解决了该问题。比特币的这项技术是开创性的，其影响力绝对不可低估。

现代金融体系建立在中心化机构的基础上，这些机构具有高信用度，他们提供各类中介服务并按照服务内容收取一定的费用。比特币解决方案提出了一种全新的价值传输的方案。为了得到合理的经济计算结果，人们应该协助维持整个系统。比特币并非建立在性“善”的假设上，这套体系允许“恶”的存在，人们的活动行为以追逐个体利益最大化为动机。不过通过追逐最长链，实现资源的理想化配置，矿工们可以自愿加入、退出、竞争，通过算力投票实现亚当·斯密的想法。日本学者野口悠纪雄在虚拟货币革命中写道“比特币这种运行机制揭示了一个现实，那就是智慧等于通过合理的利害计算构建社会”。

8. 比特币创新——侧链、扩容、IFO

比特币社区的拥护者们并非一成不变坚守“中本聪”理念的守旧派，为了提高比特币的应用范围。比特币社区推出了一些创新，主要如下：

（1）侧链。比特币系统的目标相对简单：它是一个支持单一原生数字资产传输的区块链，不能与其他任何资产相兑换。侧链产生有以下原因：一是以太坊区块链等后来者对比特币产生了相当大的威胁，智能合约和各种去中心化应用在区块链平台上兴起，并受到市场成员极大地欢迎，但是基于比特币的应用则因为平台限制项目不多。二是比特币核心开发组认为比特币区块链上运行的合约币、万事达币、彩色币等附生币种降低了比特币平台的安全性。三是2014年以太坊众筹时得到了价值1.4亿元人民币的比特币以及20%的以太币，开发团队获得了绝大的回报，比特币核心开发组也希望可以实现团队的商业化价值。基于以上种种原因，比特币核心开发组推动了关于侧链的创新探索。侧链（Side Chain）的目标是试验和提高比特币网络的可操作性，实现比特币和其他账簿资产在多个区块链间的转移，允许比特币从比特币主链转移到其他区块链，从其他区块链转移回主链。通过复用比特币系统的货币，加强了这些系统相互之间的交互操作，以及与比特币之间的交互操作，可以有效应对不同应用场景的商业化。

侧链是独立的，在技术和经济上的创新不会被其他因素妨碍。尽管比特币系统和楔入式侧链间有双向转移的能力，但它们是隔离的：即使出现侧链中加密被破解（或恶意设计）的情况，所有的损害都只限于侧链本身。侧链依赖于比特币主区块链保障的弹性和稀缺性，利用侧链可以轻松地建立各种智能化的金融合约、股票、期货、衍生品等，这些资产和比特币建立锚定的关系。侧链进一步扩展了区块链技术的应用范围和创新空间，使传统区块链可以支持多种资产类型以及小微支付、智能合约、安全处理机制等，进一步加强了比特币加密货币基准的地位。目前比较有名的比特币侧链有ConsenSys的BTC Relay、Rootstock和BlockStream的元素链等。

BTC Relay是一种基于以太坊区块链的智能合约，将把以太坊网络与比特币网络以一种安全去中心化的方式连接起来。BTC Relay通过使用以太坊的智能合约功能可以允许用户在以太坊区块链上验证比特币交易。BTC Relay使用区块头创建一种小型版本的比特币区块链，以太坊DApp开发者可以从智能合约向BTC Relay进行API调用来验证比特币网络活动。BTC Relay进行了跨区块链通信的有意义尝试，打开了不同区块链交流的通道。

RootStock是一个建立在比特币区块链上的智能合约分布式平台。RootStock将复杂的智能合约实施为一个侧链，为核心比特币网络增加价值和功能。RootStock实现了以太坊虚拟机的一个改进版本，它将作为比特币的一个侧链，使用了一种可转换为比特币的代币作为智能合约的“燃料”（见图2.23）。

比特币核心开发组成立了BlockStream，元素链是这家公司实现的一个参考侧链。元素链使用了比特币双向挂钩技术，通过双向锚定（Two - Way Peg）使比特币可以在主链和侧链中互转。元素链给比特币带来许多创新技术，除了智能合约外，还包括私密交易、证据分离、相对锁定时间、新操作码、签名覆盖金额等特性。这些技术可以被任意组合应用到任意侧链中。

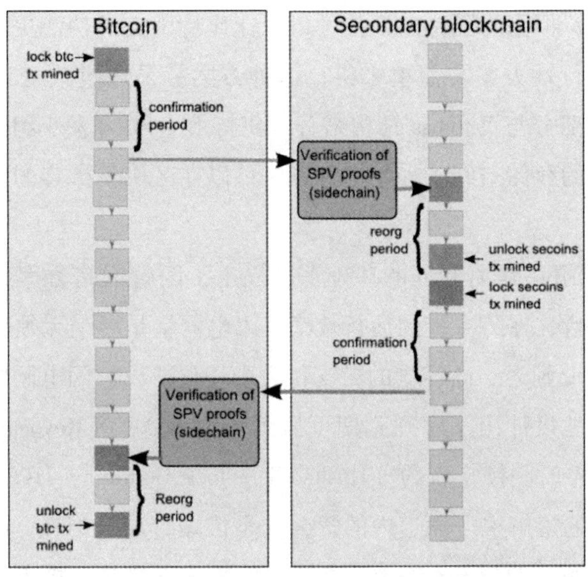

图 2.23 RootStock 侧链运行机制

（2）扩容。

①背景情况。最初中本聪并没有刻意限制区块的大小，由于区块过大容易造成资源浪费并引发 DDOS 攻击，区块大小最后被限制在 1MB。比特币每 10 分钟产生一个 1M 大小的区块，以一个交易 0.25KB 计算，比特币每秒只能处理 1 000/0.25/60/10 = 6.67 个交易，这也是很多资料提到比特币每秒处理 7 笔交易的由来，此时交易量并不大，这个数字没有成为比特币的瓶颈。2013 年后半年，比特币价格直线飙升，用户数量猛增，比特币网络拥堵交易费用上升的问题才逐渐涌现出来。以至于到了 2017 年，比特币区块链上最高时有上万笔交易积压，比特币的平均交易费用比 2010 年 9 月上涨了 376 倍，每秒 7 笔交易的处理速度已经明显无法满足用户需求，扩容问题成了比特币社区议论的热点。扩容问题在 2015—2017 年得到了充分的重视与讨论，比特币社区通过提出了 BIP①100、BIP101、BIP102、BIP103、BIP109、IP148 等多种建议方案，主要可以归纳为比特币 Core 开发组为代表的“隔离验证 + 闪电网络”方案和矿工和产业代表提出的“隔离验证 + 扩容”方案，前者认为需要在比特币区块系统之上再搭建一个辅助交易系统，后者认为需要扩充比特币区块容量，也被称为 BU（Bitcoin Unlimited）方案。这是两种完全不同的比特币发展路线，方案之争实际上是利益之争，矿工和开发者逐渐走向了对立面，双方都不会轻易放弃自己的立场。

②“隔离验证 + 闪电网络”方案。2105 年 12 月，比特币 Core 开发小组 Pieter Wuille 在中国香港提出了隔离验证（Segregated Witness）的概念。交易验证最初用于解决

① 比特币改进协议。

交易延展性攻击问题，但因为隔离验证技术可以让比特币交易功能更加多样化，于是成为比特币扩容的一种可行性方案。简单来讲，这种方案就是通过改变比特币交易结构的方式，将交易中签名的部分与 Witness 结构结合。比特币 Core 开发小组认为每笔交易中签名占据了大约一半左右的存储空间，采用这种方法可以在区块不扩容的情况下将单区块存储交易的数量提高一倍。

比特币 Core 开发组在隔离验证的基础上，提出了闪电网络方案，目的是让小额交易在区块链主链之外运行，保障主链的运行效率。闪电网络是一个无须信任第三方（不需要第三方担保资金）的低延迟、高容量的微支付去中心化协议。闪电网络是基于微支付通道演进而来的，创造性地设计出了序列到期可撤销合约 RSMC（Revocable Sequence Maturity Contract，RSMC）哈希时间锁定合约（Hashed Timelock Contract，HTLC）两种类型的交易合约，前者构建双向通道解决了通道内的资金安全传输，通过 HTLC 解决了资金在多个节点之间的网状传输问题。参与方不需要委托资金给第三方托管，极大地减少了交易成本和合约风险。相比以前其他微支付方案需要委托资金在信任的第三方托管人，闪电网络是通过智能合约实现了微支付。通过多重签名交易，闪电网络中的任何参与者都可以支付给网络中的任何人。闪电网络的目标是让交易者在交易所之间即时移动比特币，与现有支付流（即时支付、发票）更加相似，从而带来真正的微支付以及更好的用户体验。

③“隔离验证 + 扩容”方案。比特币社区认为闪电网络只能起到一个辅助作用，业界普遍还是希望通过区块扩容解决问题。2015 年 2 月，比特币社区在中国香港召开会议专题讨论扩容问题，并最终达成了先实现隔离验证再通过硬分叉[①]（UAHF）扩容的方案，并明确了方案执行的具体时间计划，这就是著名的香港共识。香港共识是大陆矿工、比特币业界和比特币 Core 开发团队达成的一次重要共识。然而快到要执行的时候，Core 开发团队却反悔拒绝执行这个共识。2017 年 5 月 23 日，来自 21 个国家的 56 家公司已经代表全网 83.28% 的比特币算力的矿业代表在纽约达成比特币协议升级方案 SegWit2x，即纽约共识（NewYork Agreement）。纽约共识和香港共识几乎一样，都是 SW（隔离验证）+ 2M。唯一区别是纽约共识将 Core 开发小组排除在外。

然而，纽约共识的执行并不顺利，首先是 Core 开发组成员开始鼓吹 BIP148，在 2017 年 8 月 1 日强行激活隔离验证，这被称之为用户激活软分叉[②]（UASF），这会造成用户的

---

① 硬分叉是指当系统中出现了新版本的软件（或称协议），并且和前版本软件不能兼容，老节点无法接受新节点挖出的全部或部分区块（认为不合法），导致尽管新节点算力较大，但是老节点依然会维护着不同的一条链，导致同时出现两条链。

② 软分叉是指当系统中出现了新版本的软件（或称协议），软分叉的两个版本相互承认对方区块，唯一不同的是，使用旧版本的人，无法体会到新版本带来的新特性、新功能，旧版本依旧可以继续用传统版本去打包，两者打包出来的区块相互都认可写入区块链，软分叉是向下兼容的，而硬分叉是不兼容的。

比特币丢失。为了防范可能到来的危机，社区内有人提出通过用户激活硬分叉来应对BIP148危机，这也是BCC最早的雏形。全网10%左右矿工最终决定选择这种扩容方式，去除了隔离验证功能，将区块大小提升至8M，于是出现了BCC（比特钞）。

BCC不是比特币的一次分叉，而是通过复制比特币代码产生的一种竞争币，而和主链分离那一刻以后，它开始执行新的代码，打包大区块，这样一条新的BCC区块链就诞生了。BCC暂时没有比特币网络存在的拥堵问题，并且具有手续费低的优势，已经广泛运用在小额支付、打赏中，获得了社区的广泛认可。图2.24为硬分叉和软分叉的结构示意图。

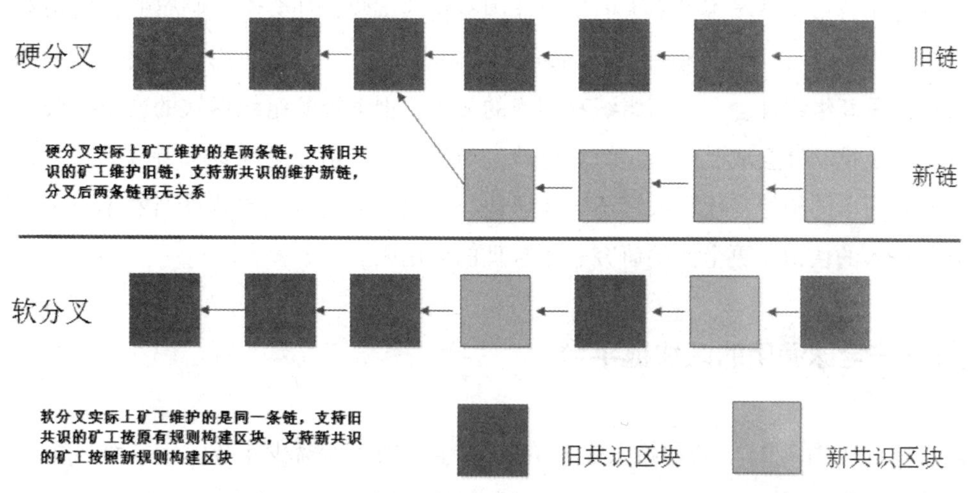

图2.24 硬分叉和软分叉

（3）IFO。比特钞是因为扩容之争出现的，最初比特币的“原旨主义者”对比特钞颇有门户之偏见，号召大家赶紧卖掉手中的比特钞，然而市场接受了比特钞，比特钞稳居加密货币市值前5名，这让很多人看到了机会。市场上很快出现了一个新的概念IFO（Initial Fork Offerings），即通过分叉比特币区块链生成新的数字代币。IFO团队通常会明确预挖的区块高度，然后从区块开始使用新的工作验证算法开始创建区块，并陆续在比特币的特性上增加转账隐私保护、图灵完备智能合约等功能，所以新的分支与Bitcoin有相同的交易历史，原有的持币人继续拥有新分叉上新的代币，相当于得到了一次分红。当然，IFO的新链和比特币是完全不同的两条区块链。著名的IFO项目有李笑来的SBTC（超级比特币）以及BTG（比特金）、BCD（比特钻石）等。如果说最初的比特钞是信奉强权即公理，或者说是矿工一种抗争的话，后续的IFO项目则更多属于一种融资的方式，2017年12月上线的IFO项目超过了10个，这些项目中有一些团队来路不明，有些零成本持有预挖的分叉币，总之IFO项目存在的风险需要引起更多的重视。

9. 比特币的应用潜力

比特币设计了一种点对点的价值传输方式，这种方式具有无限的应用潜力。比特币不仅仅是一种加密货币，人们从各种不同角度看待比特币，关注惠普金融的人认为比特币为全球20亿没有银行账户的人们提供低成本的金融服务，通货膨胀严重的阿根廷等国家将比特币看作新的保值方式，研究全球支付体系的人认为基于比特币可以构建一个摩擦更少的全球支付体系，互联网金融从业者认为比特币为互联网创新提供了新的可能，货币政策研究者认为比特币是一场规模宏大的货币非国有化的试验，社会学家则感慨比特币自身就是分权化自治企业（Decentralized Autonomous Corporation，DAC），比特币提供了一种重新组织市场、重新组织社会、重新组织和用户的关系，推动资源组织形式的变革，公司形式的变化，以及推动社会成员的自组织。这就是为什么比特币在全球具有持久的热度，我们需要的不是简单的拒绝变化，或者不肯承认比特币固有的优点，比特币当然不完美，所以才需要更深入的认识、更全面的研究、更合理的应用……

以太坊——全球通用的区块链平台

以太坊（见图2.25）的创始人是1994年出生的俄罗斯裔少年技术天才维塔莱克·布特林（Vitalik Buterin），在国内以太坊圈子被尊称为“V神”。维塔莱克的目标不是打造一款竞争币，而是构建一个通用的全球性区块链平台，一个基于区块链的智能合约和去中心化应用平台，或许正是因为这个原因让以太币成为全球第二火热的加密货币。2011年，不满十八岁的维塔莱克最初服务于线上媒体《比特币周刊》，后作为联合创始人创建了《比特币杂志》。维塔莱克对比特币有着和年龄不相称的深入认识和理解，他认为中本聪的比特币系统提出了“比特币”和“基于工作量证明的区块链”两个开创性的重要概念。比特币在没有任何资产担保、内在价值或者中心发行者的情况下维持着“价值”的特点吸引了公众的注意力，中本聪的“基于工作量证明的区块链”是第一个可信的分布式解决方案。

图2.25　以太坊的标志

开发者开始考虑如何将区块链应用到加密货币以外的其他领域，如使用链上数字资产来代表定制货币和金融工具（彩色币）、某种基础物理设备的所有权（智能资产）、如域名一样的没有可替代性的资产（域名币）、去中心化交易所、金融衍生品、链上身份和信誉系统。然而，现阶段比特币并不是一个理想的去中心化应用平台。比特币体系中只有比特币一种数字资产，扩展性考虑不足，用户不能定制其他类型的数字资产；比特币协议里使用了一套基于堆栈的脚本语言，这语言虽然具有一定灵活性，使诸如多重签名这样的功能得以实现，但不能支撑更复杂代码的控制（智能合约）。维塔莱克认为这种智能合约最符合逻辑的扩展就是分布式自治组织（DAOs）——长期包含一个组织的资产并把组织的规则编码的智能合约。以太坊的目标就是提供一个带有内置的、成熟的、图灵完备语言的区块链，用这种语言可以创建合约来编码任意状态转换功能，用户只要简单地用几行代码来实现逻辑，解决比特币扩展性不足的问题，通过智能合约就可以搭建投票、域名、金融交易所、众筹、公司管理、合同、交易等各种去中心化应用，也可以支持分布式自治机构的运行。以太坊充分借鉴了比特币的设计思路，但两者思路是完全不同的。以太坊的目标是构建一个去中心化的应用平台，比特币的目标是构建一个点对点的现金系统。以太坊的区块链可编程性强，用于支持各类业务应用，而比特币的区块链更多的作为比特币的账本系统。以太坊的代币以太币是一种“Utility Coin（实用币）”，主要用于支付各类去中心化应用的费用。以太币不是比特币的竞争对手，以太坊基金会从来没有期望以太币像比特币那样用于各类转账、支付、价值储存的场景。

1. 发展历程

2013 年年底，维塔莱克发布了以太坊出版白皮书，启动了以太坊的项目。维塔莱克在全球的密码学货币社区陆续召集到一批认可以太坊理念的开发者，维塔莱克组建了以太坊团队。为实现维塔莱克在以太坊白皮书中描绘的愿景，以太坊团队决定集思广益，共同开发这一项目。2014 年 3 月，以太坊团队发布了以太坊黄皮书，将以太坊虚拟机（EVM）等重要技术规格化。2014 年 7 月 24 日，以太坊团队启动了首次代币募集（Initial Coin Offering，ICO）工作，这次募集工作为期 42 天，一共募集到 31 531 个比特币，折合 1 843 万美元。2015 年 7 月末发布了正式的以太坊网络，这也标志着以太坊区块链正式运行。以太坊的发布分成四个阶段：即 Frontier（前沿）、Homestead（家园）、Metropolis（大都会）和 Serenity（宁静）。Frontier 实际上是测试版，供开发者学习、试验并开始建立以太坊去中心化的应用和工具。2016 年 3 月 14 日，以太坊发布了第一个正式的版本 Homestead。Homestead 阶段提供了图形界面的钱包，安全性、易用性和兼容性等方面有了明显提升，以太坊不再是开发者的专属，普通用户也可以方便地体验和使用以太坊。

2. 技术架构

以太坊在比特币的基础上增加了图灵完备性、价值知晓①、区块链知晓②和状态等特点，意在构建一个强大分布式运行平台，以太坊主要技术特点如下：

（1）账户。以太坊有两种类型的账户：外部所有的账户（由私钥控制的）和合约账户（由合约代码控制）。外部账户由人类用户掌控，运行机制和比特币类似，人们可以通过创建和签名一笔交易从一个外部账户发送消息。每当合约账户收到一条消息，合约内部的代码就会被激活，允许它对内部存储进行读取和写入以及发送其他消息或者创建合约。合约账户不可以自己发起一个交易，只有在接收到一个交易之后，为了响应此交易而触发另一个交易，合约账户中的代码被称为“智能合约”。以太坊的账户包含随机数（防止重放攻击 Replay Attack）、账户目前的以太币余额、账户的合约代码（合约账户智能合约存储区域哈希，外部账户则为空字符串的哈希值）、此账户存储内容（“梅克尔·帕特里夏树”的根节点哈希值，默认为空）等字段。

为进一步提高以太坊基础设施的兼容性，以太坊团队准备进一步提高以太坊的抽象程度，将上述两种不同类型的账户统一为一种“合约账户”。以太坊将会拥有一个特殊的“入口”账户，任何人都可以通过这个账户发起交易。协议中将不再包含签名“+nonce”的账户验证逻辑，用户必须用合约来保护自己的账户，最简单有效的此类合约可能要属椭圆曲线数字签名验证合约了，它可以提供和现在完全一样的功能。

（2）状态。在计算机科学中，一个状态机是指可以读取一系列的输入，然后根据这些输入，转换成一个新状态。维塔莱克认为比特币的区块链被认为是一个状态转换系统，该系统包括所有现存的比特币所有权状态和“状态转换函数”，状态转换函数以当前状态和交易为输入、输出新的状态。如在标准的银行系统中，状态就是一个资产负债表，一个从 A 账户向 B 账户转账×美元的请求是一笔交易，状态转换函数将从 A 账户中减去×美元，向 B 账户增加×美元。在以太坊系统中状态和账户的关系非常紧密，账户和账户之间价值的转移和信息状态的转换构成了状态。

（3）以太币。以太币（Ether）是以太坊内置的加密货币，在二级交易市场通常用 ETH 表示。以太币扮演两种角色，为各种数字资产提供流动性，更重要的是计算费用。以太坊通过计算燃料的概念解决费用的问题，以太坊规定每执行一个指令都需要支付一定数量的燃料（GAS），燃料并非以太币，是通过以太币购买的，这也被称为“燃料货币理论”。以太坊的目标是提供一个世界性的计算平台，基于以太坊可以搭建的去中心化应用，

① 价值知晓：脚本不能为账户的取款额度提供精细的控制。

② 区块链知晓：无法调用区块链的数据。

这些应用在执行各种任务的时候就需要调用计算资源来执行各种智能合约。

矿工负责运行维护这些节点。当然矿工提供计算服务并不是免费的，用户执行任何操作都要支付一定数量的燃料。实际上燃料不仅仅是用来支付计算的费用，也用于支付存储的费用，存储的总费用与所使用的32位字节的最小倍数成比例。在以太坊体系中燃料和以太币被故意分开，两者在运行机制上是不同的，以太币的价格通常受到市场供需关系的影响产生波动，燃料价格则和运算步骤相关由矿工具体决定。以太币的主要用途是用于计算费用，所以以太币是一种“Utility Coin（实用币）”。

以太坊客户端会自动为用户的以太币购买燃料，数量是用户指定交易的最大支出。这种方式为运行节点的矿工提供了合理的报酬，也解决了以太坊具备图灵完备的智能合约可能出现无线递归或者循环的问题。用户使用以太坊就一定有燃料需求，那么就一定需要以太币。以太坊的生态越完善，各种去中心化的应用越多，这种需求就越强烈。随着以太坊得到的认可越来越多，以太币的价格也在持续走高，目前以太币已经成为稳居第二位的加密货币品种。

为向计算机科学的前辈们致敬，以太坊选用一系列杰出人士的人名作为货币单位，最小单位是“wei”用于致敬B－Money的发明者密码学家戴伟，lovelace（10^3wei）用于致敬世界上第一位程序员英国著名诗人拜伦的女儿洛夫莱斯，babbage（10^6wei）用于致敬英国数学家巴贝奇，shannon（10^9wei）用于致敬信息论创始人传奇科学家香农，szabo（萨博10^{12}wei）和finney（芬尼10^{15}wei）分别用于致敬智能合约的提出者萨博和著名的密码朋克、中本聪的合作者芬尼。以太坊团队希望未来“以太（10^{18}wei）”用于普通交易，“芬尼”用于微交易，而“萨博”和“伟”用来进行关于费用和协议实施的讨论。密码朋克也许并没有传说中的那么离经叛道，他们用自己独特的方式向知识的先行者表达敬意。

（4）消息。以太坊的“消息”在某种程度上类似于比特币的“交易”，但是两者之间存在三点重要的不同：一是以太坊的消息可以由外部实体或者合约创建，然而比特币的交易只能从外部创建；二是以太坊的消息若包含数据须有显式声明；三是如果以太坊消息的接受者是合约账户，可以选择进行回应，这意味着以太坊消息也包含函数概念。在以太坊体系中，合约和外部实体享用同样的权利，既可以发送消息，也可以创建其他合约。合约可以同时充当多个不同的角色，在以太坊平台的强大之处不需要关心合约的每一参与方是什么类型的账户。

（5）交易。以太坊中的“交易”是指存储从外部账户发出消息的签名数据包。交易包含消息的接收者、用于确认发送者的签名、以太币的数量、发送的数据内容以及Startgas和Gasprice两个参数。为了防止代码的无限递归和循环，每笔交易需要对代码的计算步骤进行限制，这个限制是通过收取以太币实现的。Startgas（交易允许的最大支出）

就是限制条件，Gasprice（燃料价格）是每一计算步骤需要支付矿工的费用。如果执行交易的过程中，燃料用完了，那么所有的状态都会恢复到交易执行前的状态，但是已支付给矿工的交易费用不再退回。如果执行交易停止时还有剩余燃料，那么这些燃料将退还给发送者。以太坊设计了单独的交易类型和相对应的消息类型用于创建合约，合约的地址则是基于账号随机数和交易数据的哈希计算出来的。以太坊交易的执行过程如下：

①检查交易的格式是否正确（即有正确数值）、签名是否有效和随机数是否与发送者账户的随机数匹配。如否，返回错误。

②计算交易费用：fee = Startgas × Gasprice，并从签名中确定发送者的地址。从发送者的账户中减去交易费用并增加发送账户的随机数，如果账户余额不足，返回错误。

③设定初值 Gas = Startgas，并根据交易中的字节数减去一定量的燃料值。假设 gas = 2 000，交易占据了 170 字节，每字节的费用（Gasprice）是 5，减去 850，所以还剩 1 150。

④从发送者的账户转移价值到接收者账户。如果接收账户还不存在，创建此账户。如果接收账户是一个合约，运行合约的代码，执行过程也会消耗燃料，直至代码运行结束或者燃料用完，假设执行阶段消耗原料 200。如果因为发送者账户没有足够的钱或者代码执行耗尽燃料导致价值转移失败，则恢复原来的状态，但仍需支付交易费至矿工账户。否则，将所有剩余的燃料（2 000 – 150 – 200）归还给发送者，消耗掉的燃料作为交易费用发送给矿工。

需要注意的是，合约也可以通过对它产生的子计算设置严格的燃料限额，保护它们的计算资源。如果子计算的燃料用完了，就恢复到消息发出时的状态。

（6）代码执行。以太坊是一个点对点的网络，每个节点都在运行同时以太坊虚拟机也执行着相同的指令，以共同维护以太坊的数据库，以太坊通过这种“并行”运算实现了去中心化的一致性，也因此被称为“世界电脑”。以太坊虚拟机是以太坊的核心，运行的以太坊虚拟机合约是一种低级的、基于堆栈的字节编码语言，被称为“以太坊虚拟机代码”或者“EVM 代码”。这种语言的代码由一系列字节构成，每一个字节代表一种操作。每执行一个操作，程序计数器（PC）加一，直到代码执行完毕或者执行中返回错误、STOP 或者 RETURN 指令。EVM 代码的正式执行模型非常简单，每轮执行调出代码的第 PC（程序计数器）个字节，该字节就是当前要执行的指令，每个指令都有详尽的定义。如：ADD 指令将两个元素出栈并将它们的和入栈，然后将 Gas（燃料）减一并将 PC 加一。SSTORE 指令将顶部的两个元素出栈并将第二个元素插入到由第一个元素定义的合约存储位置，减少最多 200 的 Gas 值并将 PC 加一。在合约或交易执行的每个指令，以太坊协议都要收费，以防止以太坊网络上发生蓄意攻击或滥用。智能合约是并行执行的，计算价格自然也更昂贵。用户必须权衡代码上链，哪些代码在链外运行，以太坊建议将对业务逻辑和运行至关重要的数据和代码保存在以太坊区块链上，为节约用户开支，编写代码的人必须重视代码质量，不断优化代码运行效率，减少不必要的支出。

（7）区块链。以太坊的区块链在很多方面类似于比特币的区块链，但是以太坊区块头包含的信息更加全面，详细内容见表2.6：

表2.6　以太坊区块头字段及意义

字段	意　义
ParentHash	父区块头的 Hash 值
Beneficiary	接收挖此区块费用的账户地址
Number	当前区块的计数（创世纪块的区块序号为0，后续区块依次加1），区块号代表着当前路径上总的区块数（不包含创世纪区块）。区块号越大，路径就会越长，就说明越多的挖矿算力被消耗在此路径上
logsBloom	以太坊允许日志可以跟踪各种交易和信息，由日志信息组成一个 Bloom 过滤器（数据结构），这种方式非常高效
GasLimit	每个区块的当前 Gas Limit
Timestamp	此区块成立时 Unix 的时间戳
Difficulty	此区块的难度级别
GasUsed	此区块中交易所用的总 Gas 量
OmmersHash	当前区块 Ommers（叔伯块）列表的 Hash 值
ExtraData	与此区块相关的附加数据
MixHash	一个 Hash 值，当与 Nonce 组合时，证明此区块已经执行了足够的计算
Nonce	一个 Hash 值，当与 MixHash 组合时，证明此区块已经执行了足够的计算
StateRoot	状态树根节点的 Hash 值
TransactionsRoot	包含此区块所列的所有交易的树的根节点 Hash 值
ReceiptsRoot	包含此区块所列的所有交易收据的树的根节点 Hash 值

维塔莱克认为比特币的梅克尔树解决方案有局限性，虽然可以证明区块中包含此交易，但无法证明任何当前的状态（例如：数字资产的持有，名称注册，金融合约的状态等）。为了解决这个问题，以太坊的区块头中共有状态（State Root）、交易（Transactions Root）、收据（Receipts Root）等三棵梅克尔树（见图2.26）。梅克尔交易树用于保存交易信息，验证交易是否真实包含于区块链中；梅克尔收据树用于保存某个地址的历史时间实例，比如一个交易是否成功转型、一个智能合约是否执行完毕等，梅克尔状态树保存了账户名称、账户余额等信息。基于以上三棵梅克尔树，以太坊可以提供功能更为强大的轻客户端，用户可以快速查询账户余额，判断账户是否存在，交易是否执行成功等，以太坊的区块链具有更强的可用性。

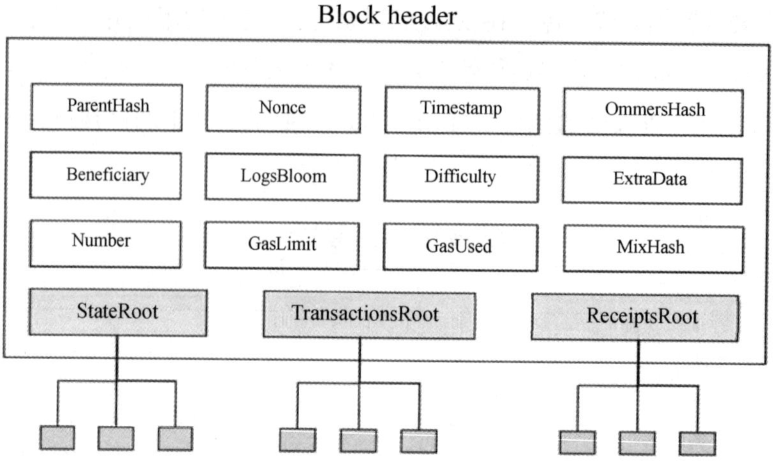

图 2.26　以太坊区块头结构示意图

以太坊使用的梅克尔树是性能更好的 MPT 树（“梅克尔·帕特里夏树” Merkle Patricia Tree）来组织存储的。帕特里夏树是一种经过优化的 Trie 树①，更节省空间，安全性和查询效率也更高。传统的 Trie 树只有一种节点，该节点是一个数组，每个 index 是指向子节点的指针。以太坊增加了两个新的节点，称为叶节点和扩展节点，两个节点的形式一样，都是一个［key，value］的组合，原来的节点称为分支节点，可以用来存储所有的［key，value］数据对，这些数据对存放在 Google 的 LevelDB 关系数据库中。MPT 中的节点是一个［key，value］的组合，但是并非直接存储值，而是经过编码的值，此处的编码方式为 RLP（Recursive length Prefix Encoding，递归长度前缀编码）编码方式，而 key 是 RPL 编码的 Hash 值，指针依然不是内存地址，而是 Hash 值。MTP 树的优点体现在两个方面：一是树的深度是有限制的，攻击者很难通过操纵树的深度，执行拒绝服务攻击，使得更新极其缓慢；二是树根只取决于数据，但和数据的更新顺序无关。

以太坊将区块链看成一个状态机（自动机），区块中的每次交易都会引起状态的改变，以太坊在每个区块的最后存储了整个区块链的状态信息。这种设计乍看之下非常低效，然而实际上运行却是十分高效，据计算如果这种机制在比特币中应用的话，经计算评估可以让比特币存储空间节约 5～20 倍。这是因为以太坊的状态存储在一种特殊的树形结构中，每次修改只会改动树的一小部分，相邻两个区块的树大部分都是相同的，树结构只需要保存一次并通过指针引用两次。

（8）挖矿和共识。以太坊和比特币一样使用激励驱动的安全模式。共识的基础是

① Trie 树，又称前缀树或字典树，是一种有序树，用于保存关联数组，其中的键通常是字符串，Trie 树查询性能非常出色。传统的 Tire 树由内存指针来连接节点，并且字符串的值就相当于存储在这棵树中，两者完全暴露在外，毫无安全性可言，且树的高度不可控，影响查询效益。

选择具有最高总难度的区块，区块只有在包含特定难度的工作量时才有效。为防止比特币网络中发生的ASIC造成的中心化现象，以太坊使用的是Ethash（Dagger－Hashimoto算法的改良版本）。Ethash就是以太币的Hash算法，特点是挖矿的效率基本与CPU无关，却和内存大小和频宽正相关。对内存大小和频宽甚至读写速度的要求意味着那些通过共享内存的方式大规模部署的矿机芯片并不能在挖矿效率上有线性甚至指数级的快速增长。Ethash工作量证明是内存难解的，用户只能通过CPU或者GPU挖矿。以太坊矿机远不像比特币那样过于集中化，中国地区比特币矿机占据了全网70%的算力。据Ethernodes 2017年11月2日发布各国（地区）以太坊节点占总节点数的比例：美国30.31%、德国7.09%、俄罗斯6.74%、中国6.23%、加拿大4.86%、英国4.60%、荷兰3.49%、法国2.22%、澳大利亚2.21%、乌克兰2.01%，剩余其他地区占比约30.24%，矿机分布去中心化的趋势非常明显，达到了预想的效果。获胜区块的成功工作量证明会得到相应奖励。例如“获胜”区块的静态区块奖包含5.0（5个）以太币、区块内支出的Gas成本（一定数量的以太币，取决于当前Gas价格）以及叔伯块的额外奖励，形式是每个叔伯块包含额外的1/32。

以太币采用的共识协议是GHOST（Greedy Heaviest Observed Subtree），以太坊难度控制的目标是每15秒产生一个区块，产生速度非常快，因此网络不同步的情况一定常常发生，所以它允许网络上有良性分支，称为叔伯链，叔伯链上的区块称为叔伯块。叔伯链产生的原因必然是合法交易在短时间内无法传遍整个网络，所以有些人现在收不到，但通常在1～5个区块后收到，所以通常五六个区块后进行整并，结果发现尽管过去五六个区块内容并不同，但整并后是一样的。以太坊承认叔伯块的合法性，虽然叔伯块并非主链。以太坊可让一个同号码的区块同时存在两个叔伯块，每个叔伯链最长只到六个区块。

（9）智能合约。智能合约的想法最初是由尼克·萨博在1994年提出的，他认为代码完全能够控制一系列的逻辑关系、参数以及关联的行动。ETH白皮书中对智能合约的描述为“智能合约不应被视为应履行或遵守的义务，它们更像是居住在EVM中的机器人，当受到外部条件（消息或交易）时就自动执行特定的代码并修改相关地址的余额或其他信息。”智能合约可用于各种不同的交易，尤其适合双方义务容易量化的简单交易，比如金融产品（衍生产品，期货、期权等）、小额支付、物联网数据交换或者按时间计费的内容付费业务。这种外部条件可以来自传感器，也可以来自区块链上的数据（比如交易记录），但是都有一个特征——它们是任何人都可获取的公开事件。区块链数据是安全不可变的，所以人们可以确信ETH上的智能合约如预期般执行，代码的强制执行性使赖账和毁约不可能发生。这意味着每个人都可以验证这个合约是否如约执行，没人能做小动作，智能合约的强大之处就在于此。当然，计算操作在以太坊虚拟机上非常昂贵，所以智能合约最好是用来执行最简单的任务，比如运行一个简单的业务逻辑或者验证签名和其他密码对象，而不是运行文件存储、电子邮件等复杂操作，以太坊通过收取燃料费用来防止用户超负荷使用以太坊。

在以太坊中，智能合约是代码（它的功能）和数据（它的状态）的集合，存储于以太坊区块链的特定地址。智能合约依靠被称作以太坊虚拟机（EVM）字节代码（以太坊特有的二进制格式）上的区块链运行。用户通过 Solidity（类 JavaScript）、Serpent（类 Python）、LLL（类 Lisp）、Mutan（类 Go，已弃用）等语言编写智能合约，然后编译成字节代码上传到区块链上，这些代码会在链上永久保存。用户可以选择自己喜欢的语言更加容易、高效地编写各类去中心化应用。Solidity 是目前以太坊上最受欢迎的智能合约语言，智能合约类似于 Java 语言中类的概念，只要具有一定的 Java 基础的程序员，不需要经过太复杂的学习和培训就能达到编写智能合约的水平，这对世界上数量最为庞大的 Java 程序员和以太坊甚至区块链的发展都是福音。

（10）客户端。任何单位或者个人都可以参照以太坊“黄皮书”开发的以太坊客户端。以太坊基金会认为客户端的多样性有助于检验以太坊“黄皮书”中明确的技术细节，推动以太坊的应用实施，鼓励技术创新，最终促进以太坊整个生态的成功。

为推广以太坊的应用，以太坊基金会最初推出了 Geth（Go - Ethereum）、Cpp - Ethereum、Pyethapp 和 Ethereumjs - lib 等 4 款可以运行在不同种类操作系统上的基于命令行的客户端，这四款产品分别采用 Go 语言、C ++ 语言、Python 语言、JavaScript 语言编写。此外，用户较多的以太坊客户端产品还有以太坊 Core 开发小组（以太坊黄皮书作者，以太坊初创时期 CTO 加文·伍德离开以太坊后创建的团队）利用 Rust 语言开发的 Parity，Ether. camp 利用 Java 语言开发的 Ethereum（J），Jan Xie 利用 Ruby 语言开发的 Ruby - Ethereum 等，其中 Parity 最受欢迎。

以太坊基金会目前主推的是 Mist 客户端，Mist 客户端暂时使用 Ethereum - Wallet 的名称，但是这款产品的定位绝不是一个钱包软件。Mist 是一个图形化的客户端工具，具有特殊的安全层、密钥管理、去中心化账户管理以及与区块链相关的组件，已经成为以太坊用户运行和管理去中心化应用的重要工具，极大地降低了以太坊的使用门槛。以太坊基金会拟在 Metropolis① 阶段将 Mist 打造成分布式应用的核心要素。

3. 分布式应用

在以太坊中，智能合约和客户端代码构成了分布式应用，一个分布式应用由智能合约

① 以太坊的发布分成了四个阶段，即 Frontier（前沿）、Homestead（家园）、Metropolis（大都会）和 Serenity（宁静）。

和客户端代码组成，智能合约封装了一些逻辑、规则、数据、处理步骤和双方间的协议，只有当特定条件满足时，智能合约才能打开，以太坊每个节点都会按照智能合约的编码执行各种操作。客户端代码可以运行在 Mist 等专用客户端上也可以通过普通浏览器等方式运行客户端代码，调用智能合约执行特定的业务功能。智能合约会按照合约约定返回调用结果。

（1）主要优点。在传统的技术架构中，每个应用搭建自己独立的运行环境，应用之间数据共享非常困难，如果这个系统运行出现问题必然会影响其用户以及其他关联系统。区块链的去中心化应用每个节点都有一个完整的副本，因此不存在单点故障，以太坊区块链可以存储必要的业务数据，这些数据的安全性通过使用加密编码来保证，没有用户拥有任何特殊的特权，所有的应用都是通过共识来决定的，用户可以在保证隐私的情况下运行各类业务应用。去中心化应用相对传统架构具有更好的安全性、可靠性和保密性。

（2）经典案例。去中心化应用作为全新的领域，发展非常迅猛。以太坊基金会在这方面非常积极，不少第三方厂商被以太坊所具有的可定制开发的特点吸引，开始基于以太坊打造去中心化应用。这些项目构思非常巧妙，下面将介绍一些经典案例，其中前三个案例是第三方厂商的项目，后面三个案例是以太坊基金会的探索。

①Augur 预测平台。Augur 是一个基于以太坊区块链技术的去中心化的预测市场平台，用户可以用数字货币进行预测和下注，通过众人的智慧来预测未来事件的结果，可以有效地消除对手方风险和服务器的中心化风险。任何人都可以在 Augur 为任何自己感兴趣的主题（比如美国大选谁会获胜）创建一个预测市场，并提供初始流动性。普通用户可以根据自己的信息和判断再预测并买卖事件的股票。当事件发生以后，持有正确结果的股票用户将得到代币奖励，预测错误的用户则会失去购买股票的代币，用户的预测结果直接关系用户的利益。许多因素使 Augur 不同于传统的预测市场，但是最重要的区别是，Augur 是全球化和去中心化的。世界各地的任何人都可以使用 Augur ，这将为 Augur 带来空前的流动性、交易量和传统的交易所不曾有过的多种视角和话题。作为最为以太坊社区力捧的去中心化应用，Augur 预测平台在最初被广泛看好，平台发行的代币（REP 币）市值规模曾经一度排在加密货币市场规模前十位，规模接近 3 亿美元。市场对 Augur 的看法逐渐趋于多元化，有人认为 Augur 作为一款去中心化的应用，虽然具备一定的价值，但其被人为夸大宣传的成分看起来更多些，而其实质应该是一款去中心化的竞猜或对赌游戏。在加密货币价格和市场疯狂增长的大背景下，Augur 的市场规模被腰斩似乎验证了这种说法，但作为一款经典的去中心化应用 Augur 值得研究。

Augur 选择基于以太坊而不是比特币建立的原因非常有代表性。Augur 的团队认为“比特币的代码库（Bitcoin’s Codebase）尚有缺陷：如果你修改某一部分，就破坏了其他几个部分。一般而言，一个良好抽象的代码库允许你在不破坏其他部分的情况下修改某些东西，而比特币是紧密耦合的”。Augur 团队认为基于以太坊创建 Augur 是一个正确的选择，他们也总结了以太坊的优势：一是不必处理底层网络或者安全问题，这些都是以太坊项目的工作，用户只需要在我们的合约和协议中考虑安全问题，范围小多了；二是开发更加容易。我们能够使用像 Serpent 或者 Solidity 这样的编程语言编写智能合约，编译成以太坊虚拟机（EVM）操作码（相比比特币的操作码更加强壮）；三是在以太坊上创建 Augur 也允许极为快速的迭代：与需要花费数周或数月时间才能进行小变动不同，我们可以在数天内做出变动并测试变动。这意味着我们能够比其他方式更快地创建和提高软件，经过足够多的迭代开发以后，我们能够为预测市场创建最好的平台。

比特币是一个电子现金系统，在比特币系统中所谓的比特币就是一个全球性总账系统，总账系统上只记录了比特币一种数字资产，所以在比特币系统中比特币和区块链是不可分割的，以至于有人认为区块链就是比特币。对于现有的比特币在扩展性等问题上，人们提出了两种解决方案：第一种方案的典型代表是以太坊，以太坊重构了区块链，“纵向”充实了区块链的功能，如果说比特币的一大贡献是引入了“区块链”的概念，那么以太坊的贡献则是落地了“智能合约”概念，以太坊让区块链层的功能更加强大，用户可以在以太坊上保存数据和代码，并为代码提供了一个执行环境“以太坊虚拟机”，为去中心化应用提供了一个可供运行的平台，用户可以通过高级语言编写智能合约，这一切使以太坊具有更强的可编程性、扩展性和安全性，成为去中心化应用时代的焦点。另一种方案是比特币核心开发团队提出的侧链开发方案，这种方案“横向”扩展了比特币区块链，各种数字资产、智能合约运行在侧链上，通过侧链和比特币主链进行交互，这种方式的优点是可以充分利用比特币的影响力，但是从目前看这种“修修补补”的解决方案并不十分成熟，可扩展性等都受到制约。两种方案相比，全新设计、搭建的以太坊区块链更具有可扩展性和灵活性，智能合约的编写界面更优化运行效率也更高，所以人们通常将以太坊称为比特币 2.0，以太坊已经成为开发者在公有链上搭建去中心化应用的首选。

②Slock. it 新共享经济。Slock. it 是一家德国初创公司，成立于 2015 年 11 月。该公司致力于区块链在物联网领域的应用，将分布式账本技术与实体世界连接在一起。该公司的一个重点项目是基于以太坊平台的通用共享网络（USN），通用共享网络将为用户提供一套可移动的桌面应用程序，通过 USN 用户可以从世界任何地方找到、定位、租赁和调控由智能合约控制的智能资产，物品的所有者为物品定义租赁价格和保证金数量，当用户停止使用该物品时保证金将被退回。

Slock. it 将 USN 定义为发展共享经济的基础设施，希望用户可以通过该平台租借任何兼容的智能设备，整个过程没有中间方收取任何费用，操作流程也非常简单，用户只需要以下几步：“打开应用程序→查找附近的对象→付款→应用”，寥寥几步就能完成所有的一切。Slock. it 正在与德国能源公司 RWE 合作就使用 USN 为电动汽车充电，用户可以租用一个自动电动汽车充电站，缴纳押金，为汽车充电，然后收回押金。据称，Slock. it 计划 2018 年推出企业对消费者（B2C）模式的测试版。最终目标是一个全球性、实时的、点对点、有价值的互联网。Slock. it 共享经济解决方案主要有以下特点：

利用以太坊作为公共基础设施，无须再建数据中心；

租用汽车和支付停车费、充电费可以依赖同一基础网络；

去中心化应用不会出现任何中心故障；

任何人都可以查询；

无须开发商和制造商特意申请。

图 2. 27 形象描绘了 Slock. it 目前的应用场景。

图 2. 27　Slock. it 应用场景示意图

③BAT 广告解决方案。传统线上广告解决方案的广告商经过多重中间人才能接触到内容商，过多的环节意味着资金的浪费；内容商也没有很好的途径将内容变现，在其网站上接入广告成为内容商维持运作的唯一途径；用户阅读内容时，会无奈地被各种广告骚扰，不堪其扰，为保证干净流畅的体验，只能安装防广告的插件。三方都花了很大力气做出自以为对自己最有利的事，而实质是广告商的投资未取得效益，内容商因为依赖广告造成体验不佳，用户流失，最终用户为避免狂轰滥炸的广告，只会远离这些内容商。

Java 语言发明者 Mozilla 和火狐创始人 Brendan Eich 提出了区块链 + Brave 浏览器的数字广告解决方案。Brendan 及其团队打造了业界知名的 Brave 浏览器，该浏览器因具有开源、注重隐私、屏蔽各种广告和追踪器的特性赢得相当一批受众，用户不用消耗过多流量和时间来载入广告，甚至能防范各种欺诈。Brave 浏览器在设计中引入一个很重要、很创新的概念——注意力。Brave 使用一种名为 ANONIZE 的算法，能监控用户喜好哪些内容，在网站上花费了多少时间，这些行为都可以使用“注意力”这个单位进行量化。最后在浏览器的代码底层嵌入去中心化的账本系统，而这个系统流通的代币就是“基本注意力代币”，英文全称“Basic Attention Token”，简写为 BAT。整合了 BAT 代币的 Brave 浏览器，会让广告商、内容商和用户间保持良好的正反馈关系。平时 Brave 用户观看广告、内容商提供的优质内容时，会获得系统中 BAT 代币形式的奖励，内容商凭借广告和内容成功吸引用户的注意力，系统亦会对内容商进行奖励，用户和内容商获得的 BAT 代币都源自广告商。有了“注意力”这个模型，Brave 浏览器随时匿名监控三者的行为，让用户看上值得看的内容和广告，内容商能成功变现，广告商投放更加精准有效，这是“三赢”模式的典范。

④WeiFund 众筹方案。WeiFund 平台是一个众筹平台，不同之处在于实现平台的所有关键组成部分都是去中心化的。用户可以通过以太坊的 Mist 浏览器打开 WeiFund 发起、浏览和管理众筹活动。WeiFund 的界面和用户体验与 KickStarter、GoFundMe 等传统众筹平台类似。与传统众筹平台最大的不同：一是平台中所有资金都是用以太币计算的，Mist 浏览器有自带的钱包系统，因此在 WeiFund 上用于发起融资和注资的资金运作方式安全可靠；二是 WeiFund 使用智能合约，相当于融资活动可以转化成复杂的协议，这样管理更有效率、更透明，融资的可能性就更高。

⑤KYC－Chain 身份管理。信息时代里，诈骗和身份盗窃等各种金融犯罪越来越多，凸显了保护个人信息安全的重要性，各国都非常重视“了解你的客户”（Know Your Customer，KYC），尤其对金融机构的要求非常严格。KYC－Chain 基于去中心化的方法给个人身份提供最高的信任度确认，为了给企业和个人带来更便捷的身份确认体验。“可信任守门人”（Trusted Gatekeepers：特指政府、律师等授权从业人员或者机构）用 KYC－Chain 平台核实用户身份，生成的文件存储在分布式数据库中。“可信任守门人”或其他机构可以用这些数据确定身份是真实有效的。

⑥Ampliative Art 创作平台。Ampliative Art 希望通过类似社交网络的平台帮助艺术家发展事业。艺术家们将能够创建展馆，免费展示作品，并通过留言和评论来共享或交换建议，用户和艺术家都可以接受打赏和捐赠。用户向社区贡献得越多，社区回馈的就越多。Ampliative Art 获得的所有收入将根据用户的“声誉”进行分配。作为 DAPP，Ampliative Art 是一个完全透明的平台，用户可以通过该平台互动、获取奖励并参与决策的过程。

4. 分布式自治组织 DAO

比特币已经事实上提出 DAO/DAC 的概念，以太坊强大的智能合约使 DAO/DAC 的概念更接近现实应用。所谓分布式组织就是在无人干预或者管理的情况下按照一系列规则运行的组织，这个组织的成员按照事先制定的规则共同完成一个预先设定的任务。这些规则可以在组织创建时约定，也可以通过投票方式修订，这些规则通过智能合约的代码来体现，代码即法律。组织成员按照智能合约约定履行各项职责，组织的各种权益也会按照约定自动分配给各成员。

现有组织的运行机制偏向于“部门制”或者“垂直式”，某个组织从总经理、部门总经理、项目经理等，为正常运转组织建立了各种复杂的工作流程，熟悉规章制度、协调不同部门、组织日常管理是个耗费大量时间、精力和资源的工作。DAO 有望成为一种可行的资源组织方式，各项规则都是事先约定好的，投资者可以自由地加入或退出，组织成员的责任、义务都非常清晰。这种新的资源组织的方式可以让组织更加扁平化、更有效率的运行，也能减少办公室政治和个人情绪带来的负面影响，资源会得到更有效的分配。尽管目前并没有成熟的案例，公开募集资金 DAO 项目甚至半途而废，但是我们不能低估这种组织方式带来的影响。

这种新的组织方式可能非常适合创新创业型或软件开发等众包类项目。可以设想这样一个场景，一些朋克们、极客们或者志同道合的人想要共同探究某些未知的可能。可以想象艺术家或者其他某些志同道合的人想要改变世界或者合作编制一个新的音乐剧，他们将达成的共识写到智能合约中，并按照约定开展工作，如果这项事业成功了，那么所有权益的分配是自动的；如果这项事业失败了，他们只需要按照约定执行合约，就可以开始新的征程。倘若执行过程中发现需要修改相应规则，那么需要多数成员达成一致，不同意的人也可以按照前期约定灵活的离开。

5. 企业级以太坊联盟

不仅仅是初创公司的开发者，商业机构也开始关注区块链技术，并且已经认识到“区块链 + 智能合约”这种创新蕴含的巨大潜力，具有良好的设计机制并且已经取得巨大成功的以太坊无疑是一个很好的研究对象，他们希望将这种技术改良后应用到实际商业领域，减少商业业务处理过程中的摩擦，提高商业运行效率，即基于以太坊打造一款可用的企业级技术。企业级以太坊和以太坊是完全不同的两个概念，企业级以太坊是一种许可链或者联盟链、受限链，只有经过认证的成员才能入链，会员的可信度有保证，所以共识更容易达成、业务效率也更高。2017 年 2 月 28 日，芝加哥商品交易所、桑坦德银行、BP、摩根大通、德勤、英特尔、微软等 30 多家公司联合发起了企业级以太坊联盟。联盟的成立主要有两个主要目标：一是研究提出企业级区块链解决方案，制定一系列关于最佳实践、安全性、隐私权、扩容性和互操作性的标准，使其成员更容易遵守基于其行业的各种监管要求，并且更好地利用区块链带来的好处，如实现更快的交易时间和更多的交易数量；二是试验新的治理模式，联盟会研究各种基于区块链的治理模式。这种协作框架有利于推动区块链技术的大规模应用，这是单个公司无法实现的。各大公司都不希望在区块链这个赛道上落伍，2007 年 5 月 22 日 EEA 再次宣布增加 86 名成员，包括 Broadridge、DTCC、德勤、Infosys、默克集团、MUFG、加拿大国家银行、荷兰合作银行、三星 SDS、美国道富银行、丰田以及许多以太坊生态系统内最具创新性的创业公司，企业级以太坊联盟已经成为全球最有影响力的区块链联盟之一。

瑞波——最成功的商业解决方案

瑞波（Ripple）（见图2.28）和比特币、以太坊的目标完全不一样，比特币的目标是打造一个电子现金系统，以太坊的目标是打造一个全新的去中心化应用平台，而瑞波的目标是打造一个开放的全球性支付网络，实现支付交易和自动清算。瑞波的功能更类似于环球同业银行金融电讯协会SWIFT① 发挥的作用。瑞波是开放源码的点到点支付网络，通过瑞波网络人们可以简单、快捷地转账美元、欧元、人民币、日元或者比特币等各种货币，交易确认在几秒以内完成，不同于SWIFT的是瑞波的交易费用几乎是零，没有所谓的跨行异地以及跨国支付费用，任何人可以创建一个瑞波账户，然后轻松、廉价并安全地进行转账等操作。

图2.28　瑞波的标志

1. 商业推广路径

瑞波的历史要比比特币的更悠久。2004年，加拿大软件工程师赖恩·富格尔发布了瑞波的第一个版本，瑞波的运行基于熟人关系网和信任，用户要在瑞波进行汇款或借贷的前提是他的朋友已经加入瑞波，否则该用户无法与其他用户建立信任链，因此相当长一段时间非常小众，没有引起多少关注。

2012年年底，P2P领域的传奇人物杰德·麦凯莱布②和互联网金融领域的传奇人物克里斯·拉森③找到了赖恩·富格尔，三人进行了一番长谈，程序员富格尔被两个传奇人物描绘的前景打动了。三人联合创建了Opencoin公司（后改名“瑞波实验室”），Opencoin接手了瑞波的运营。传奇人物杰德又进入加密货币或者说区块链的圈子，他推动开发了一种全新的支付协议，即RTXP（Ripple Transaction Protocol：瑞波交易协议），构建他心中的

---

① SWIFT是国际银行同业间的国际合作组织，成立于1973年，全球大多数国家大多数银行已使用SWIFT提供的系统，这为银行的结算提供了安全、可靠、快捷、标准化、自动化的通讯业务，大大提高了银行的结算速度。

② 著名P2P下载软件电驴的作者，比特币早期最大的交易场所MT.GOX（门头沟）的创始人。

③ 全球第一家P2P信贷公司Prosper和互联网银行E－Loan的创始人。

“未来支付”平台。市场非常看好瑞波的成长。2015 年 5 月，瑞波被世界经济论坛授予技术先锋奖。同年同月，Ripple 宣布完成 2 800 万美元的 A 轮融资，投资方包括 IDG 资本、芝加哥商品交易所、希捷科技等公司。2016 年 9 月，Ripple 宣布完成 5 500 万美元 B 轮融资，领投方包括渣打银行、埃森哲风险投资公司、渣打银行数字创投、暹罗商业银行、桑坦德银行、CME Venture、希捷科技等公司。2017 年 7 月，美国联邦储蓄委员会工作小组发布报告认为提高了国际汇款的速度和透明性。

瑞波非常重视和传统银行的合作，希望将瑞波网络打造成全球性金融机构支付和清算网络的底层基础设施。2014 年 5 月，著名的互联网银行 Fidor 银行是第一家吃螃蟹的银行，这家总部位于慕尼黑的银行最早采纳了瑞波协议；9 月，拥有百年历史的 CBW 银行和 Cross River 银行成为美国银行业中第一批使用瑞波协议的机构；12 月，瑞波与全球最大的支付服务商 Earthport 双方达成战略性合作关系，Earthport 是第一个向分布式账本科技公司抛出橄榄枝的全球性公司。

2016 年 6 月，Ripple 与纽约州金融服务部合作正式获取 BitLicense（数字货币牌照），从而可以向纽约州机构投资者及金融机构出售、托管 XRP（瑞波币）。值得注意的是此前颁布的 BitLicense 均为只针对消费者的 C 端业务，而 Ripple 获取的 BitLicense 是第一张同时可用于机构应用（B 端）的牌照。

2016 年 6～9 月，瑞波先后宣布桑坦德银行、瑞银、意大利联合信贷银行、Reise-Bank、加拿大帝国商业银行、阿布扎比国民银行（NBAD）和 ATB Financial、渣打银行、澳大利亚国家银行、瑞穗金融集团、蒙特利尔银行、泰国暹罗商业银行、上海华瑞银行等银行采纳了瑞波协议。

截至 2017 年 10 月，已经有超过 100 家金融机构加入 Ripple 的企业版区块链网络，采用区块链技术进行商业化运营。

2. 商业解决方案

为满足用户快速处理跨境支付等需求，瑞波提供 xCurrent、xRapid 和 xVia 等多种解决方案。

（1）xCurrent。xCurrent 是瑞波打造的一款面向银行等企业客户的产品，银行可以通过 API 调用 xCurrent，这款解决方案符合现有银行体系的风控、合规和信息安全等要求。瑞波 xCurrent 是第一个全球性实时全额支付系统，银行通过 xCurrent 能更快、更高效、更透明地完成交易的清算、结算工作。银行通过 xCurrent 可以快速处理跨境支付，在发起交易之前确认支付细节，并在交易完成以后马上确定交割，并进行端到端的追溯（见图 2. 29）。

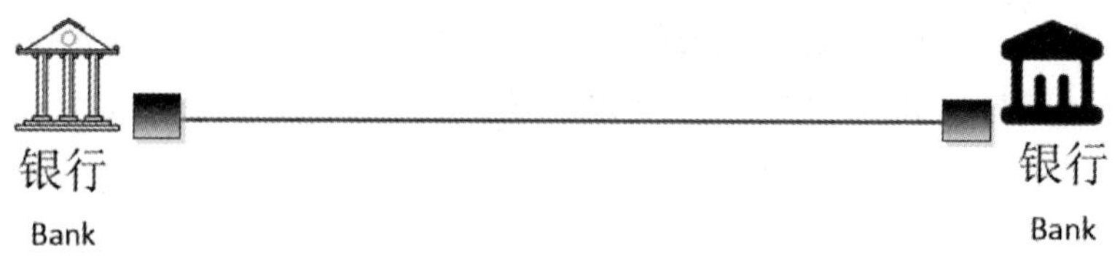

图 2.29 xCurrent 端到端的追溯

（2）xRapid。xRapid 独有地使用瑞波币来提供按需流动性，直接连通发起人所在银行与收款人所在银行，即可开展跨境转账支付业务。这一解决方案通过瑞波币驱动，主要向银行、企业、支付服务商等金融机构提供一种高效率、可拓展且安全可靠的跨境支付资金流动，在实现新兴市场实时支付的同时，大大降低了成本。XRP 面向企业应用而生，为银行及支付服务供应商提供一种高效率、可拓展而可靠的跨境支付资金流动方式（见图 2.30）。

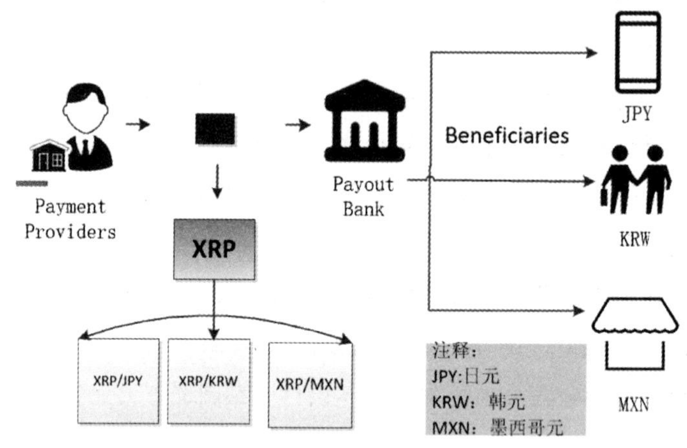

图 2.30 xRapid 的跨境支付资金流动方式

（3）xVia。xVia 是一种全新的付款方式，适用于希望通过标准界面在不同的网络上支付款项的企业、支付服务供应商和银行。xVia 的应用程序编程接口简单，无须额外安装软件，用户可以无缝地向世界各地的客户支付款项，全程了解支付状态，更可附上发票等补充信息。主要优点如下：一是根据需求处理支付，即使在像钱包这样的非传统网络，也可以追溯款项，确认交割信息；二是通过按需实时全球支付，释放外汇交易账户中的闲置货币；三是通过丰富的数据，包括附上支付的发票，大大完善对账过程（见图 2.31）。

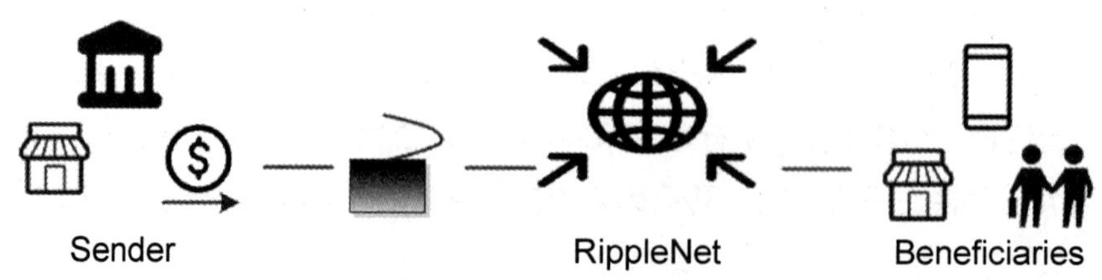

图 2.31 xVia 支付流程

3. 工作原理

（1）账本。瑞波的一个核心概念是“一个可以让所有人看到的透明的账本”，瑞波网络的核心是一个共享的、分布式数据库，记录了所有用户的账户、余额和交易情况的信息，任何人都可以阅读这些总账。网络中的计算机通过“共识机制”修改总账（Ledger），只要几秒就可以达成共识。全世界的服务器（银行、货币兑换商等接入该协议的网关）可以通过瑞波账本进行点对点金融交易。

（2）共识。瑞波网络中有普通节点和验证节点。普通节点只转发交易，只有验证节点才参与共识过程。验证节点的数量很少，大概只有几十台且大部分是瑞波实验室管理的，瑞波实验室计划逐步用经过测试的第三方验证服务器代替瑞波实验室管理的服务器。每个验证节点都预先配置了一份可信任节点名单，称为 UNL（Unique Node List）。在名单上的节点可对交易达成进行投票，专用节点列表上的服务器参与共识过程，这是瑞波网络运行的核心。

①每个验证节点会不断收到从网络发送过来的交易，通过与本地账本数据验证后，不合法的交易直接丢弃，合法的交易将汇总成交易候选集（Candidate Set）。交易候选集里面还包括之前共识过程无法确认而遗留下来的交易。

②每个验证节点把自己的交易候选集作为提案发送给其他验证节点。

③验证节点在收到其他节点发来的提案后，如果不是来自 UNL 上的节点，则忽略该提案；如果是来自 UNL 上的节点，就会对比提案中的交易和本地的交易候选集，如果有相同的交易，该交易就获得一票。在一定时间内，当交易获得超过 50% 的票数时，则该交易进入下一轮。没有超过 50% 的交易，将留待下一次共识过程去确认。

④验证节点把超过 50% 票数的交易作为提案发给其他节点，同时提高所需票数的阈值到 60%，重复步骤③步骤④，直到阈值达到 80%。

⑤验证节点把经过 80% UNL 节点确认的交易正式写入本地的账本数据中，称为最后关闭账本（Last Closed Ledger），即账本最后（最新）的状态。

节点列表就像一个俱乐部，要接纳一个新成员，必须由 51% 的该俱乐部会员投票通过。共识遵循这核心成员的 51% 权利，其他节点则没有影响力。并非列表中的所有服务器都值得信任，只要保持总体的信任比例就可以。这种共识方式注定比其他系统更中心化，当然效率也会更高，目前瑞波业务处理的吞吐量为 1 500 笔/每秒，远高于以太坊（15 笔/秒）和比特币（7 笔/秒）的处理能力。

（3）网关。网关是法定货币进出 Ripple 网络的关口，瑞波系统运行的一个重要概念。任何可以访问瑞波网络的商家都可以成为“网关”。“网关”可以是银行、货币兑换商、市场或是任何金融机构。与其他电子法定货币一样，关键的问题是用户信任的“网关”有能力支付用户在瑞波网络中的余额。

（4）流程。用户甲以网关或瑞波币为桥梁将任意类别的货币或虚拟货币兑换为瑞波币，然后发送给其他任何地区的用户乙，用户乙可将收到的资金兑换成自己需要的任意货币币种；另一种模式，用户甲将资金存放在乙信任的网关，经过网关转给乙。此外，瑞波（Ripple）系统还允许用户在本系统内发行“私人货币”。假如某个瑞波（Ripple）用户（用户甲）信誉很好，就可以拿自己发行的“私人货币”与信任他并愿意接受的另一个用户（用户乙）兑换成美元或比特币等其他币种；用户乙可根据需要赎回兑换给甲的货币，这实际上是个借贷过程。

4. 瑞波币的作用

瑞波币是瑞波网络中内置的加密货币，在加密货币交易场所通常用 XRP 表示。瑞波币是一种预挖矿的加密货币，瑞波币创立的时候就发行了 1 000 亿个瑞波币，其中 3 位创始人分到了 200 亿个，据称瑞波币的总额不再增加。需要注意的是瑞波网络并不依赖于瑞波币，用户可以选择货币品种。瑞波币主要可以提供流动性媒介和保障网络安全两大基本功能。

（1）流动性媒介。两个交易对手如果没有公用的货币及其相应的网关的组合，那么就可以使用瑞波币作为一种没有对手风险的媒介货币。瑞波币并不是必须的媒介货币，但是作为系统原生密码货币其充当媒介具有以下优点：兑换为瑞波币无须信任任何网关或者第三方机构，没有交易风险；可以直接转账到任何账户，交易障碍较小；如果瑞波协议能够成为全球主流的支付协议，网关们对于瑞波币的需求就会更为广泛，升值的瑞波币作为流动性媒介会更受欢迎。

（2）保障网络安全。由于瑞波协议的开源性，恶意攻击者可以制造大量的“垃圾账目”，导致网络瘫痪，为了避免这种情况，瑞波网络要求每个账户至少有一定数量的瑞波币，每进行一次交易，就会销毁十万分之一个瑞波币。这一费用对于正常交易者来说成本几乎可以忽略不计，但对于恶意攻击者（制造海量的虚假账户和交易信息），所销毁的瑞波币会呈几何数级增长，瑞波通过这种方式来遏制这种恶意攻击。通过这种方式，瑞波币的总量会随着交易的增多而逐渐减少。

5. SWIFT2. 0？

瑞波公司并不推广瑞波币，其真正的价值是互联网金融交易协议，所以它无须人们接受瑞波币支付。基于互联网的瑞波协议，使不同货币的资金转账就如发送电子邮件一样，不但方便快捷，而且成本极低。交易的零延时和近乎零成本的支付模式，明显优于环球同业银行金融电信系统（SWIFT），甚至被称为 SWIFT 的加强版，即 SWIFT2.0。

（1）优劣势分析。相较于 SWIFT，瑞波的主要优势有以下三点：一是转账成本低。作为传统解决方案的代表 SWIFT 需要构建强壮的、高性能的结算系统，通过复杂的流程控制，配备各种金融、风控、IT、法律等精英人士，才能勉强支撑全球性支付结算，SWIFT 必须收取一定比例的费用才能支撑如上的工作；瑞波币则是区块链解决方案的一个尝试，账本通过共识机制运维，减少了对账、容灾等各种成本，用户转账的费用甚至可以免费，异地、跨行、跨国转账的优势尤其明显。二是结算速度更快，瑞波系统的转账通常几秒钟就到账，而 SWIFT 跨国汇款要 1 ~2 天。三是币种限制更加灵活，瑞波系统可适用于任意币种，甚至包括虚拟货币。

当然也必须看到瑞波存在的问题：瑞波总体上业务量相对还很少，运行情况还需要进一步检验；针对瑞波的监管和风控并不到位，很可能出现网关破产、虚假网关等情况；瑞波币并非去中心化运行，遭遇恶意攻击的可能性更高；瑞波匿名的特点也可能导致毒品、枪支等非法交易的盛行，因此监管十分重要。

（2）SWIFT 的反击。大可不必就此看淡 SWIFT 这种中心化机构的市场价值。实际上，SWIFT 等中心化机构非常关注新技术的发展，并且很快就做出了非常有力的回应，启动了全球支付创新项目 SWIFT - GPI，短期目标是改善跨境支付的速度、透明度和端到端查询。2016 年 5 月，SWIFT 宣布推出新的跨境支付 Tracker，一笔跨境支付的时间将缩短至十几分钟，并且可以实时追踪和查询。2017 年 1 月，SWIFT 与巴黎银行、纽约梅隆银行以及富国银行等 6 家国际银行一起宣布他们的区块链概念验证取得了从技术到商业的全面成功。2017 年 7 月，SWIFT 正在推动区块链概念验证第二阶段的工作，第二阶段的区块链概念验证工作增加了 22 家国际银行，中国建设银行和中国民生银行参加了第二阶段的概念验证工作，新近加入的 22 家银行将独立于最初的 6 家创世银行开展工作，组成验证小组测试并评估该项技术的表现情况和扩容能力，并验证该项技术能否帮助银行实时稽核其在跨境代理行的己方账户。

“暗黑币” 系列——隐匿交易行为的典范

加密货币的概念使很多人认为诸如比特币等加密货币的交易流通其信息是加密的。实际上比特币的所有交易信息都是公开的，而且没有对交易发送者和接收者的地址作任何处理，这就可能导致某些别有用心的攻击者通过分析某个地址的交易特征并结合一些实际信息，分析出地址与实际人的对应关系，使用者的个人隐私和商业机密因此可能被窥测，加密货币实际上是运行在加密算法上的数字货币。达世币、门罗币和 Zcash 等更加重视隐私的暗黑货币的目的就是为了解决这个问题。暗黑币确实很快就成为不法分子的最爱，但是暗黑币所看重的隐私并非只有毒贩等不法分子才在意，很多担心商业机密被泄露或者不希望被广告等骚扰信息打扰的人都非常青睐加密货币。实际上密码朋克们在暗黑币隐私保护方面所做的创新、探索对于区块链的商业应用具有相当的参考意义。

1. 浅黑的达世币

达世币（DASH）（见图 2. 32）最初名为暗黑币（Dark Coin），是一款支持即时交易、以保护用户隐私为目的的数字货币，是最早出现、影响最大的暗黑币。达世币在比特币技术的基础上采用了特有的双层网络，这使其能够更加全面地进行测试和更新。如同使用现金一样，达世币可以有效地保护用户交易过程中的财政隐私。当使用比特币时，交易会被写到数据块链中，用户可以查询到接收方和发送方的信息。达世币使用一种称为“混币”（Coin Mixing）的技术来隐藏货币的来源，使交易无法被追踪查询。匿名技术极其重要——因为任何网络用户都可以进入数据块链查看交易，对于那些不想暴露交易记录和财政隐私的用户，这无疑是硬伤。达世币通过独创的去中心化网络服务器“主节点”混淆交易、实现匿名。主节点代表着新一层级的网络。它们可组成高度安全的集群——仲裁链，提供多种类的去中心化服务，如即时交易、匿名性、去中心化管理等等，同时它还可以防止低成本的网络攻击。不得不说达世币的主要缺陷也正是这些“主节点”（Masternodes），它们会成为恶意攻击者的主要目标。

图 2. 32　达世币 LOGO

达世币的开发者之一、中国香港地区负责人 Philipp Engelhorn 曾经在接受采访的时候谈及达世币相对比特币的优势，他认为比特币在交易中并不是匿名的，这对于比特币为大众所采纳来说是一个隐患。比如，你支付薪水给你的员工，到月底可以（很容易）在区块链上查出某个员工得到的薪水是多少。那你的公司就惨了，每个月员工都要闹一次，因为他们清楚地知道彼此的薪水数目，并且不希望自己的薪水比别人拿得少。这只是一个例子，更大的问题是安全性，隐私或者说匿名性与非法活动是没有关系的，隐私权其实是一个基本人权。市场研究人员把我们的信息出卖给竞价更高的公司，这些公司会根据你的信息向你推送广告。谁也不想让这些广告如影随形地跟随自己。

2. 深黑的门罗币

门罗币（XMR）（见图2.33）是一个注重隐私的货币，其官方口号是“安全、隐私、无迹可寻”。门罗币的目标是成为行业交易中最私密的货币之一。门罗币的开发者提出了真正的暗黑货币应该具备两个基本因素：一是不可连接性（Unlinkability），无法证明两个交易是发送给同一个用户的。二是不可追踪性（Untraceability），无法知道交易的发送者是谁。

图2.33 门罗币的LOGO

针对不可连接性，门罗币就是在每次发送者要发起一笔交易时，先利用接收者的公钥信息计算出一个一次性的临时中间地址，然后将金额发送到这个中间地址，接收者再利用自己的公私钥信息找到该笔交易；针对不可追踪性，门罗币用一种称为“环签名”的技术，这样对于签名验证者（任何人都可以验证）来说，无法区分混合后的哪一个公钥对应的是真正的签名者。

3. 极黑的ZCash（零币）

ZCash（见图2.34）源自资深密码朋克Zooko早期的Zerocoin，基本单位是ZEC。ZCash的特色是开创性的采用了零知识证明技术。这是一种曾一度因为军事考虑被列为绝密禁止出口的技术。

图2.34 ZCash的LOGO

ZCash是一种去中心化的开源加密货币，可以隐秘区块链交易中的发送者、接收者和交易金额。ZCash认为如果比特币是网络货币中的http协议，那么ZCash就是https——一个更安全的传输层协议。ZCash的团队基于ZK-Snark开发了这种零知识证明的算法，对完全加密的交易也可以验证其有效性，拥有的这种新特性将使一系列新区块链应用的开发成为可能。2017年10月17日，ZCash官网宣布和摩根大通银行共同在摩根大通银行的

Quorum 企业智能合约区块链平台上整合和初步发布零知识安全层（ZSL）技术，双方认为零知识证明和区块链的组合能进一步释放区块链技术在企业商务场景的潜力。

其他加密货币——加密货币发展新态势

加密货币的价值取决于其区块链平台的价值，浪潮汹涌的加密货币的实践推动了区块链技术的发展。在比特币、以太坊等区块链平台的基础上，现有的加密货币区块链平台发展趋势主要体现在吞吐能力、智能合约和场景结合等方面，如 BM 倡导的比特股和 EOS 都能提供远高于比特币和以太坊的吞吐能力，艾达币、EOS 以及中国概念的量子币和小蚁币的区块链平台则能提供更强的智能合约功能，另外更多的加密货币的价值体现在场景结合方面，典型如为物联网量身定做的 IOTA，后详述。

1. BM 想要超越经典的两款加密货币

比特股和 EOS，这两款加密货币都是人称 BM（ByteMateser）的加密货币领域大咖 Daniel Larimer 的作品，BM 曾经在 2010 年在网上和中本聪针锋相对，他认为比特币交易确认太慢了，需要做到像刷信用卡那么快，而改变共识机制可以实现这一点。中本聪云淡风轻地回应：If you don't believe me or don't get it，I don't have time to try to convince you，sorry（如果你不相信我或者说你根本看不懂就算了，我没时间说服你，不好意思），BM 并不是一个很愿意服输的人。

（1）比特股。2014 年，Invictus Innovations，Inc[①] 公司众筹推出的去中心化交易所比特股（BitShares，BTS）（见图 2.35）闪亮登场。桀骜不驯的 BM 是比特股的主要开发者，BM 和他的比特股目标非常远大，他们的口号是“Beyond Bitcoin”。比特股采用 BM 独创的 DPOS（Delegated Proof of Stake，即股份授权证明机制）共识机制，股权持有者通过投票来选择 101 位网络中的受托人来进行轮流出块，实现了媲美传统银行的交易速度和体验，比特股一举成名迅速成为当时漫漫熊市中一颗璀璨的明星。

图 2.35　比特股的 LOGO

① 比特股联合创始人、前任 CEO Charles Hoskinson 称，Invictus 这个公司名称来源于维多利亚时代英国诗人威廉·亨利的诗歌《Invictus》（中译《不可征服》）。

比特股的底层平台已经经历过 1.0 版本，目前运行的是代号 Graphene（石墨烯）的 2.0 版本。石墨烯采用 C ++ 编写，并发能力比较强，基于石墨烯底层的 BTS 和 STEEM 却可以达到 1.5s 的平均确认速度和有限条件下实测 3 300TPS 的数据吞吐量。石墨烯是非常有影响力的一款区块链底层平台，基于石墨烯的 BTS 可以处理十万级别的 TPS，而 EOS 则是百万级别的 TPS；石墨烯技术高并发处理能力也是比特币和 ETH 无法做到的，因此有很多区块链基础平台都是基于石墨烯平台修改的。

总体来说比特股高开低走，虽然已有 YOYOW 等具有一定影响力的项目在比特股平台上运行，但发展远不如预期。

（2）EOS——更高性能的世界计算机。2017 年，纽约共识大会，BM 在台上介绍了 EOS（见图 2.36）。EOS 是一个野心勃勃的项目，它的目标是成为区块链行业的操作系统，一个用于构建分布式应用程序的新型智能合约平台。因此被视为以太坊的有力竞争对手，如果说比特股的目标是超越比特币，那么 EOS 的目标则是超越以太坊。BM 目标是将 EOS 打造成一个可以支持百万级 TPS 具有多种重要功能的区块链操作系统，为开发者提供底层功能，包括并行运算、数据库、账户系统等。EOS 可谓 BM 在技术和思想上的集大成者，它使用了 DPOS 机制，同时引入了 BM 倡导的“宪法”概念，此外还引入了仲裁机制。

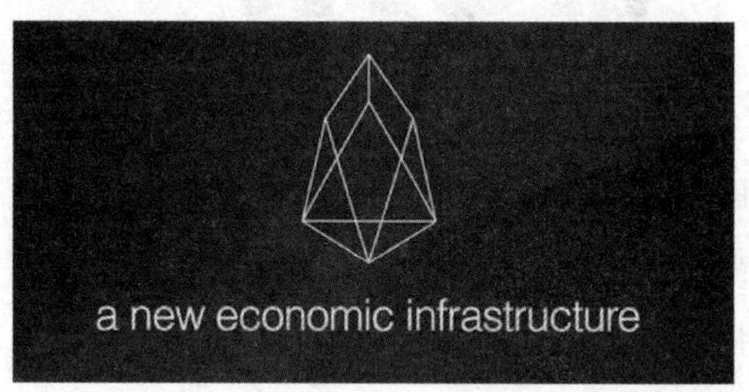

图 2.36 EOS——目标是构建一个新的经济基础设施

EOS 背后的公司是 block. one，该公司汇集了众多行业精英，BM 只担任 CTO 一职，专心开发工作，不会因 BM 的极客思维影响公司运行。block. one 公司的 CEO 布伦丹·布鲁默（Brendan Blumer）对 BM 和 EOS 非常有信心，他在一次演讲中说 EOS 已经在 BM 脑中构思多年，BM 只是在等时机成熟。一般 ICO 项目募集期限不会太长，为几个星期比较常见，然而 EOS 的代币销售期长达一年，这种做法引发了不少的争议。BM 则解释所有的设定都是为了能尽量让绝大多数人都有机会参与进来，不愿意变成少数有钱人的专场。EOS 设想的主要应用场景有带宽和日志存储（硬盘），计算和计算储备（CPU），状态存储（RAM）等，从一开始就受到了区块链全行业的关注，EOS 的代币销售则是目前为止最大规模的，筹集到大约十亿美元。

2. 新经币——更公平的共识机制

新经济运动（New Economy Movement，NEM），创始于 2014 年 1 月 19 日。创始人是一个名为 Utopianfuture 的 Bitcointalk. org 论坛神秘人士。Utopianfuture 起初的意图仅仅是建立一个二代数字货币 NXT（未来币）的副本。他随后意识到 NXT 的分配模式不合理，于是投身于拥有平等主义分配方式的 NEM。作为一个金融生态系统，NEM 能提供的交换媒介远远不止单一的电子货币，其本身就可以作为整个金融生态系统运转的动力。在此金融生态系统中，可以搭建诸如电子商务、信息的安全与加密、应用程序、社交网络、社交媒体、数字资产管理、交换平台或者是需要公共账目管理解决方案的特定应用的实现。因此，NEM 是一个能可靠搭建现实生活应用的、安全的平台。新经币采用了全新发明的基于重要性证明 POI 的共识机制，POI 是在 POS 股权证明上增加额外特性，这些特性可以去除其他所有 POS 系统都拥有的弊端，即让富者更富这样的循环。新经币（见图 2. 37）在日本的接受程度非常之高，日本是新经币的主要流通区域。

图 2. 37　新经币的 LOGO

2015 年，日本比特币交易所 Zaif 的母公司日本科技局株式会社（Tech Bureau）牵头以公司股权增发方式筹措了 6. 7 亿日元（约合 626 万美元）风投用于打造新经币联盟链平台猕迅（Mijin）的海外拓展。日本企业非常热衷于基于新经币的联盟链版本猕讯提出的各种解决方案。2016 年 5 ~6 月，日本应用集成软件行业榜首企业 Infoteria 与缅甸的金融机构联合完成猕迅在大型融资及储蓄系统的交易结算数据的实验。缅甸 BC 金融（缅甸最大小额信贷机构）当前的业务数据是通过在总公司的微软 SQL Server 数据库上完成集中管理和交易过程，各分行以一天一次的批处理方式来完成与总部的数据同步。实验完成的业务包括在区块链上检查账户余额和贷款金额等核心业务上的重要数据。2017 年 5 月，日本科技局株式会社正式向日本银行协会（全银协）递交了基于 NEM 区块链技术打造的联盟链平台 mijin，在技术介绍中，mijin 展示了其金融领域的强大实用性，获得了日本银行协会的一致认可。

3. 艾达币——更易用的智能合约

2018 年年初，艾达币（ADA）异军突起，以 1 800 多亿元人民币的市值，超越莱特币、EOS 等，一度位列全部虚拟货币市值的第五名。ADA 是 Cardano（见图 2. 38）项目（名字的由来是来自 16 世纪的意大利数学家 Gerolamo Cardano）的内置加密货币，Cardano 的开发公司是位于中国香港的 Input Output HK 公司（称为 IOHK），开发负责人是比特股始创者、以太坊前 CEO 数学家查尔斯·霍斯金森。

图 2. 38　Cardano 项目的 LOGO

Cardano 的一项重大创新就是能够嫁接用户和监管之间的平衡，进一步将隐私与监管结合，支持对智能合约以及交易有较为严格而且透明的审查制度，以方便各国当局进行一定程度的监管。Cardano 的智能合约功能很强大，而且具有容易被普通人掌握的特点，所以被称为以太坊杀手。又因为艾达币在日本非常受欢迎，已取代新经币成为日本最受欢迎的加密货币，所以 Cardano 也被称为日本以太坊。

4. 中国概念的两款加密货币

中国本土团队打造的加密货币种类非常多，其中量子币和小蚁币是目前最受关注、接受程度最高的两款加密货币。其中量子币（Qtum）的主要目标一是通过价值传输协议（Value Transfer Protocol）来实现点对点的价值转移；二是提供一个支持多个行业的（金融、物联网、供应链、社交游戏等）去中心化的应用开发平台（DAPP Platform）。小蚁币（NEO）则偏重于智能合约，目标是打造一个通用的底层数据平台，用于记录股权、债权、证券、金融合约、积分、票据、货币等各种权利和资产，用于股权众筹、股权交易、员工持股计划、P2P 借贷、积分、基金、供应链金融等领域。

5. 物联网概念的物联币（IOTA）

IOTA 是为机器与机器的交易场景设计产生的加密货币，主要用于实现机器之间（M2M）小额支付，IOTA 使用的是有向非循环图（DAG），即 Tangle 网，而非区块链技术。IOTA 是为物联网而生的，因为这项互通性技术既能够实现数据真实性，还能实现传感技术、智能城市和自适应系统等提供的按需支付、微支付和机器对机器（M2M）沟通，IOTA 交易不收取任何零手续费，所以被认为在物联网场景具有非常广泛的应用空间。

03 探析法定数字货币

数字货币是指法定货币的数字化行为。法定数字货币具有国家信用，完全不同于比特币等没有价值背书的虚拟货币。即使对比特币非常推崇的野口悠纪雄等学者也坚称“比特币不是通货”，不过不能因此否认研究比特币、以太坊等虚拟货币的意义，实际上加密货币的各种计数原理和运行机制对于各国法定数字货币实践创新具有一定的参考意义。

法定数字货币意义重大

法定数字货币堪称金融科技皇冠上的明珠，对未来金融体系的发展影响巨大。加快推进法定数字货币研发，对助推数字经济发展意义重大。法定数字货币将从多个方面助推数字经济发展：

（1）有助于数字经济提质增效。比如在资金支付上，法定数字货币可进行点对点即时支付结算，方便快捷，省去中间方对账、清算、结算流程，自动化执行，降低支付成本和错误率，提高支付效率。

（2）有助于数字经济普惠共享。法定数字货币可利用数字技术，加大金融服务对农村、偏远地区、弱势群体的覆盖，为上述受限人群提供一系列合宜的、负责任的金融服务，包括支付、信贷、保险、证券、金融规划等。

（3）有助于数字经济宏观调控。法定数字货币的可追踪性及相关技术属性可让中央银行追踪和监控数字货币投放后的流转，获取货币全新信息。在此基础上，央行可通过大数据分析技术，探知经济个体行为，从微观把握宏观，提高货币调控的预见性、精准性和有效性，有力支撑货币政策和宏观审慎政策的“双支柱”调控框架的健全与完善。

（4）有助于数字经济风险防范。通过法定数字货币流对经济信息流的捕捉及基于大数据的分析，可及时监测经济的微观动态行为，扩展监管覆盖范围，广泛聚合风险数据，并构建高效、实时、智能的系统性风险监测、预警和管理体系，提高宏观审慎监管效率，有效防范金融系统性风险。

（5）法定数字货币还能支持数字经济反洗钱、反恐怖融资、反逃税漏税工作的开展。

各国法定数字货币研究动态

1. 英国法定数字货币 RSCoin

英国对法定数字货币研究的非常深入，英格兰银行研究认为央行发行数字货币对本国经济发展有积极的作用。英国央行英格兰银行和英国伦敦大学学院合作开发了一个法定数字货币原型 RSCoin 系统，即中央银行加密货币（Centrally Banked Cryptocurrencies）——RSCoin 系统。

RSCoin 的研发人员认为比特币不适用于中央银行发行数字货币的应用场景，这源于比特币内在机制存在的一些问题，主要有两点：一是吞吐量方面无法承载大容量、高速率的货币交易，如前文所述比特币、以太坊等吞吐量都非常有限；二是去中心化的货币发行体系，导致中央银行无法对货币供应进行宏观调控，比特币价格极度不稳定，不利于在更大范围、更大规模上的应用，尤其是不利于在主权货币上使用。RSCoin 是一种受中央银行控制的、可扩展的数字货币，为中央银行发行数字货币提供一套发行流通的参考框架和系列准则。RSCoin 解决方案的核心内容主要有：

（1）将货币的发行和交易总账的维护分开，采用中心化的货币政策，货币由中央银行统一发行，而交易账本分布式存储，由多个可信的 Mintettes（可理解为商业银行）来记录维护，最后由中央银行进行统一对账和管理。简而言之，系统总体设计采用了中央银行—商业银行的二元分层体系结构，基于区块链技术实现了分层管理的分布式账本。

（2）Mintettes 由中央银行授权接入系统，中央银行对 Mintettes 的行为进行审查，故不需要采用比特币的工作量证明来达成共识。

（3）RSCoin 采用了一种称为两阶段提交（Two – Phase Commit，2PC）的共识机制来进行分布式记账。经测试在 30 个 Mintettes 的情况下每秒可处理的交易能达到 2 000 笔，通过提高 Mintettes 的数量，每秒可处理的交易上限还能不断提高，从而实现了系统的可扩展性。

参与 RSCoin 项目的伦敦大学研究人员解释说“RSCoin 与传统加密货币相比，根本性的转变在于集中控制了货币的供应量。这款货币不再通过挖矿的方式发行货币，所有的货币发行都是中央银行负责的，所以基于 RSCoin 的加密货币更对政府胃口。尽管有集中化，RSCoin 仍然通过透明化的交易分类账得到了好处，保持了它的去中心化系统，全局可见货币供应的过程。这使货币政策透明化，允许直接接入价值的支付和转移，从区块链和数字货币的创新使用里收获了效益。”

2. 加拿大法定数字货币 CAD - Coin

加拿大央行推动了一项基于区块链技术的数字货币实验 CAD - Coin，这项代号为“Jasper”的创新初衷是帮助央行通过分布式总账科技发行、转移或处置央行资产，加拿大央行将现有货币政策和区块链技术结合在一起很有可能带来革命性的意义。加拿大皇家银行、TD 银行及加拿大帝国商业银行等多家加拿大主要的银行均参与了该项目。Jasper 允许参与者将现金抵押品放入一个特殊的池子中，然后央行将其“转化为”CAD - Coin，并且可以选择“销毁”被赎回的 CAD - Coin。该项目有个明确的目标就是测试系统是否可以达到重要支付基础设施的国际标准，即满足金融市场基础设施准则（PFMIs）。据加拿大央行方面透露，到目前为止所有的数据都显示，测试系统可以达到 PFMIs 有关抵押问题、信用风险、资金结算和流动性风险的要求；然而对运营风险以及访问和参与要求也有一些重要的缺口。加拿大央行高级副行长卡洛琳·威尔金斯则表示项目的主要目的只是为了更好地了解区块链技术。

我国法定数字货币构建思路

在各国加速研发数字货币的背景下，我国央行货币发行创新具有历史必然和现实意义。中国人民银行从 2014 年起就成立了发行法定数字货币的专门研究小组，对数字货币相关问题进行前瞻性研究，论证央行发行法定数字货币的可行性。2015 年央行又进一步充实力量，对数字货币的发行和业务运行框架、关键技术、发行流通环境、法律问题、对经济金融体系的影响、法定数字货币与私人发行数字货币的关系、国际上数字货币的发行经验等进一步深入研究，形成了发行数字货币的系列研究报告。2016 年 2 月，周小川行长在接受媒体采访时谈道“数字货币作为法定货币必须由央行来发行。数字货币的发行、流通和交易，都应该遵循传统货币与数字货币一体化的思路，实施同样原则的管理。央行发行的数字货币目前主要是替代实物现金，降低传统纸币发行、流通的成本，提高便利性”。2017 年，央行成立数字货币研究所，进一步加强了数字货币的研究工作。数字货币研究所的工作非常低调，我们可以通过姚前、汤莹玮在《关于央行法定数字货币的若干思考》一文中大概了解我国法定数字货币的构建思路，相关内容摘抄如下：

1. 理想的数字货币应该具有的特点

理想的数字货币应该以精巧的数学模型为基础，模型中包含了发行方、发行金额、流通要求、时间约束，甚至智能合约等信息，应具备以下特性：一是不可“双花”。理想的数字货币不能像数字电影那样被反复拷贝，即使被重复支付，也可以被系统迅速查出。二是匿名性。若非持有者本人意愿，即便银行和商家相互勾结也无法追踪数字货币的交易历史和用途。这一点目前尚存争议，其实质是在用户隐私和打击违法犯罪行为之间找到一个平衡点。三是不可伪造性。伪造人民币是犯罪行为，但在数字货币领域，这还是法律空白地带。四是系统无关性。数字货币应具有更好的普适性和泛在性，能够在多种交易介质和支付渠道上完成交易，可以利用现有的金融基础设施。五是安全性。用户在交易时无法更改或非法使用数字货币，并应通过密码技术来保障超越物理层面的货币安全。六是可传递性。数字货币可以像普通商品一样在用户之间连续转让，且不能被随意追踪。七是可追踪性。可追踪性应该是用户自身的权利，而不是商家或银行的特权。监管者可在司法允许的条件下获得这个权利，但不能滥用。八是可分性。数字货币不仅能作为整体使用，还应能被分为更小的部分使用。比如十元钱可以分割为十个一元钱、两个五元钱等。九是可编程性。数字货币应可附加用户自定义的可执行脚本，为基于数字货币的数字经济提供智能化助力。可编程数字货币自身的定义与用户敏感信息收集等功能应由发行方控制，而支付路径和支付条件等应用功能应交给市场，但底层要做相应的支持并设定一系列的应用规范。十是公平性。支付过程是公平的，要么保证双方交易成功，要么回退，双方都没有损失，防止某一方在交易中占有不恰当的优势。

2. 构建法定数字货币需要重点考虑的问题

法定数字货币作为中央银行发行的数字货币，本身依然是货币，其竞争力体现在两个方面：一是从技术的角度看，一定要吸收借鉴先进成熟的数字技术，这点非常重要——而这恰恰是私人准数字货币的长处；二是从经济学的角度来说，要把传统货币长期演进过程中的合理内涵继承下来。因此，法定数字货币的内在价值不应有任何变化，变化的地方在于货币形态数字化，在于数字发行技术。同时，在央行发行法定数字货币对于货币政策和金融稳定的影响存在不确定的情况下，大部分国家的央行都倾向于采取循序渐进的思路，在起步阶段将法定数字货币定位成现金的补充或替代。在实践层面，构建法定数字货币发行流通体系必须注重技术手段、机制设计和法律法规三个层次的协调统一，需要重点考虑的问题主要包括四个方面：

（1）便捷性与安全性。便捷性是获得市场认可的一个重要因素，安全性则是整个体系能够健康运行的基础。在权衡便捷性与安全性时，商业机构可能更偏向便捷性，只要它们的利润可以覆盖安全风险方面的损失，但作为监管方的央行就需要优先强调安全性以防范系统性风险。

（2）实名制与匿名制。数字货币既可以实行实名制，又可以实行匿名制，还可以是两者结合。我国法定数字货币的设计考虑是“前台自愿，后台实名”。在大数据、云计算的环境下，交易安全已不完全依赖传统的身份认证体系，通过客户行为分析保障交易安全、规避风险已经成为趋势。因此，在宏观或中观上数字货币可以做脱敏的大数据分析，但微观上不可侵犯合法用户的隐私。

（3）简化交易环节。目前运营的电子货币系统主要基于银行账户，用户发送支付指令以后，后台账户就会产生资金划拨。但是数字货币的信息流和资金流高度统一，可以不依赖于银行账户，交易和结算同步完成，省去后台清算、结算等环节，可以降低整个社会的交易成本，大大提升整个社会的交易效率。

（4）技术的融合与创新。区块链技术是下一代云计算的雏形，备受各方瞩目，但成熟的企业级应用案例尚不多见。“私有云 + 高性能数据库 + 移动终端”与“私有云 + 区块链 + 移动终端”，有可能是两个既关联又有区别的思路。让中央更强大，让数据更安全，使终端更智能，让个人的支付行为更能动，是未来法定数字货币追求的目标。

还有些问题，比如在线与离线，原先是很重要的课题。但由于网络的速度、可靠性、覆盖率等都在大大提升，这个问题的实际意义被弱化了。无处不在的网络使离线的问题仅具学术研究价值，目前实际运转的较受欢迎的系统大多是在线模式。

3. 法定数字货币体系的设计原则和核心要素

设计原则包括四个方面：一是管控中心化，技术架构分布式。法定数字货币的币值稳定是其最基本的属性，这需要有中心机构来强制约束，这是货币发展的自然规律。但任何物理上或技术架构上的中心点都既有性能瓶颈也有安全弱点，需要利用技术上的分布式架构提供更高的安全性和整体可用性。二是易于携带和快捷支付。现在人们已经习惯了使用移动终端的便捷支付，希望未来离线、在线均可完成便捷支付。三是匿名性。我们希望尊重个人的隐私，但匿名者的信息在系统中应在可控的范围。四是安全性。安全问题怎么强调都不为过，作为中央银行必须审慎考虑技术系统和业务系统的安全性和容灾性。这是上述几条的基础。

法定数字货币体系的核心要素主要有三点，即“一币、两库、三中心”：

“一币”即由央行负责数字货币的“币”本身的设计要素和数据结构。从表现形态上来看数字货币是央行担保并签名发行的代表具体金额的加密数字串，不是电子货币表示的账户余额，而是携带全量信息的密码货币。这个币的设计必须要考虑前文所提的理想数字货币应具备的特性。新的货币必须具备全新的品质，以支撑全新的商业应用模式。

“两库”即数字货币发行库和数字货币商业银行库。数字货币发行库指央行在央行数字货币私有云上存放央行数字货币发行基金的数据库。数字货币商业银行库指商业银行存放央行数字货币的数据库（金库），可以在本地也可以在央行数字货币私有云上。发行库和银行库的设计让人觉得是对实物货币发行环节的模拟，但设计目标考虑更多的是给数字货币创建一个更为安全的存储与应用执行空间。这个存储空间可以分门别类保存数字货币，既能防止内部人员非法领取数字货币，也能对抗入侵者的恶意攻击，同时亦可承载一些特殊的应用逻辑，这才是数字金库的概念。极端情况下，比如管理员的密钥被盗取，或者是服务器被攻击、中毒甚至中断链接，如何启动应急程序，保护或者重新夺回资金，保障业务的连续性是设计的重点。

认证中心：作为系统安全中心的基础组件可对央行数字货币机构及用户身份信息进行集中管理，同时也是可控匿名设计的重要环节。可以做两层到三层的认证体系，针对用户的不同有所区分。举例来讲，金融机构用户、高端用户的认证方式可能会用 PKI（Public Key Infrastructure，公开密钥基础设施），低端用户的认证方式可能会用 IBC（Identity - Based Cryptograph，基于标识的密码技术）。

登记中心：记录央行数字货币及对应用户身份，完成权属登记；记录流水，完成央行数字货币产生、流通、清点核对及消亡全过程登记。登记中心可以做两套，一套基于区块链；另一套基于传统集中式方式，应优先考虑后者。因为区块链技术是否能经受得住人民币海量实时交易的冲击仍存在不确定性。登记中心可谓是全新理念的数字化铸币中心，传统的纸币有发行机构的信息，但不会有持有人登记的概念，更不会有流转过程中全生命周期的信息。这是技术进步的结果，当然反过来也会对技术系统提出很高的要求。这种理念的落地，还需要在实践中摸索，不可能一步到位，可以分层分级，有分中心，但它们之间如何高效交互是个需要深入研究的大课题。

大数据分析中心：反洗钱、支付行为分析、监管调控指标分析等。整体而言，法定数字货币的设计要点包括：第一，遵循传统货币的管理思路，发行和回笼基于现行“中央银行—商业银行”的二元体系来完成；第二，数字货币本身的设计，运用密码学理论知识，以安全技术保障数字货币的可流通性、可存储性、可控匿名性、可追踪性、不可伪造性、不可重复交易性与不可抵赖性；第三，货币的产生、流通、清点核对及消亡全过程登记，可参考区块链技术，建立集中/分布相对均衡的簿记登记中心；第四，充分运用可信云计算技术和安全芯片技术来保证数字货币交易过程中的端到端的安全；第五，充分运用大数据分析技术，不仅可以进一步保障交易安全，还可以满足反洗钱等业务需求；第六，数字货币的用户身份认证采用“前台自愿、后台实名”的原则，既保证用户隐私，又规避非法交易的风险；第七，数字货币本身的设计应力求简明高效，数字货币之上的商业应用尽可能交给市场来做，同时把技术标准与应用规范做好；第八，构建由央行、商业银行、第三方机构、消费者参与的、完整的、均衡有序的数字货币生态体系，保证数字货币的发行、流通、回收全生命周期闭环可控；第九，转型是发行任何法定数字货币必须面临的问题。如何引入法定数字货币替代纸币、以怎样的速度完成转型、如何制定相关法律法规等都是必须谨慎考虑的问题。

4. 最新声音

2018 年 1 月，中国人民银行范一飞副行长在《关于数字货币的几点考虑》一文中明确了中国发展数字货币的以下重要原则：

（1）双层投放体系。大国发行央行数字货币是一个复杂的系统工程。考虑我国幅员辽阔、人口众多，各地区经济发展、资源禀赋和人口受教育程度差异较大等情况，在设计和投放（发行）、流通央行数字货币的过程中，要充分考虑系统、制度设计所面临的多样性和复杂性。范一飞副行长认为央行数字货币更适合采用“中央银行—代理投放的商业机构”的双层投放模式。这种模式既适合我国国情，又能够充分利用现有资源，调动商业银行积极性。首先，不改变流通中货币的债权债务关系。为保证货币不超发，代理投放机构需要向央行按 100% 全额缴纳准备金。所以，公众所持有的央行数字货币依然是中央银行负债，由中央银行信用担保，具有无限法偿性。其次，不改变现有货币投放体系和二元账户结构，不会构成对商业银行存款货币的竞争，不会增加商业银行对同业拆借市场的依赖，不会影响商业银行的放贷能力，也就不会导致“金融脱媒”现象。再次，由于不影响现有货币政策传导机制，不会强化压力环境下的顺周期效应，因此也不会对现行实体经济运行方式产生负面影响。最后，该模式更有利于发挥央行数字货币的优势，节约成本、提高货币流通速度，提升支付便捷性和安全性。此外，由于具有央行背书的信用优势，有利于抑制公众对私有加密数字货币的需求，巩固我国货币主权。

（2）在双层投放体系安排下，我国的央行数字货币应以账户松耦合的方式投放，并坚持中心化的管理模式。为保持央行数字货币的属性，实现货币政策和宏观审慎管理目标，我国的央行数字货币双层投放体系应不同于各种代币的去中心化发行模式。第一，因为央行数字货币仍然是中央银行对社会公众的负债，其债权债务关系并未随着货币形态而改变，因而仍必须保证央行在投放过程中的中心地位。第二，需要保证并加强央行的宏观审慎与货币政策调控职能。第三，不改变二元账户体系，保持原有货币政策传导方式。第四，为避免代理投放机构超发货币，需要有相应安排实现央行对数字货币投放的追踪和监管。在松耦合账户体系下，可要求代理投放机构每日将交易数据异步传输至央行，既便于央行掌握必要的数据以确保审慎管理和反洗钱等监管目标得以实现，也能减轻商业机构的系统负担。

（3）现阶段的央行数字货币设计应注重 M_0 替代，而不是 M_1、M_2 替代。现阶段，M_1 和 M_2 基于商业银行账户，已实现电子化或数字化，没有用数字货币再次数字化的必要。支持 M_1 和 M_2 流转的银行间支付清算系统（如大小额支付系统和网上支付跨行清算系统等）、商业银行行内系统以及非银行支付机构的各类网络支付手段等运转正常，且在不断完善升级、日益高效，能够满足我国经济发展的需要。用央行数字货币替代 M_1 和 M_2，既无助于提高支付效率，也会造成对现有系统和资源的巨大浪费。相比之下，现有纸钞和硬币的发行、印制、回笼和贮藏等环节成本较高，流通体系层级多，且携带不便、易被伪造、匿名不可控，存在被用于洗钱等违法犯罪活动的风险，实现数字化的必要性与日俱增。另外，非现金支付工具，如传统的银行卡和互联网支付等，都基于账户紧耦合模式，无法完全满足公众对易用和匿名支付服务的需求，不可能完全取代 M_0，特别是在账户服务和通信网络覆盖不佳的地区，民众对现钞的依赖程度仍然很高。央行数字货币保持了现钞的属性和主要特征，满足了便携和匿名的需求，将是替代现钞的最好工具。正因为央行数字货币是对 M_0 的替代，不应对其计付利息。这样既不会引发“金融脱媒”，也不会由此引致通胀预期。相应地，也不会对现有货币体系、金融体系和实体经济运行产生大的冲击。同理，由于央行数字货币是 M_0 替代，所以也应遵守现行所有关于现钞管理和反洗钱、反恐融资等的规定。为配合反洗钱等相关工作，可要求相关机构就央行数字货币的大额及可疑交易向央行报告。同时，为引导央行数字货币应用于小额零售业务场景，不对存款产生挤出效应，避免套利和压力环境下的顺周期效应，可对其设置每日及每年累计交易限额，并规定大额预约兑换。必要时，也可考虑对央行数字货币的兑换实现分级收费，对于小额、低频的兑换可不收费，对于大额、高频兑换和交易收取较高费用以增加兑换成本和制度摩擦。在利率零下界的情况下，这种安排还可为央行实施负利率政策创造条件。

（4）对央行数字货币加载智能合约应保持审慎态度。央行数字货币是对 M_0 的替代，具有无限法偿性，即承担了价值尺度、流通手段、支付手段和价值贮藏等职能。原有现钞并未承载任何其他的社会与行政职能。《中华人民共和国人民币管理条例》规定，禁止故意损毁人民币。所以，在现钞上添加额外社会或行政功能实际上有损毁人民币之嫌。为保持无限法偿性的法律地位，央行数字货币也不应承担除货币应有的四个职能之外的其他社会与行政职能。加载除法定货币本身功能外的智能合约，将影响其法偿功能，甚至使其退化为有价票证，降低我国央行数字货币的可自由使用程度，也将对人民币国际化产生不利影响。还会降低货币流通速度，影响货币政策传导和央行履行宏观审慎职能。同时，还可能侵犯公民隐私权，不利于个人权益保护。

2018 年 3 月，根据北京电视台 BTV 财经频道报道中国人民银行在发行数字货币方面取得了新进展，中国央行将成为全球范围内首个发行数字货币并开展正式应用的中央银行。数字货币的发行有利于人民币“走出去”，伴随着全球金融基础设施的变革，在信息空间技术的推动下实现金融数字化，使经济金融调控有更加明确的方向，有效提升我国经济的信用度。

本章小结

本章第一节介绍了虚拟货币的概念和分类，将虚拟货币分为纯社区币、可充值币以及加密货币三大类。第二节介绍了比特币、以太坊、瑞波币、莱特币、暗黑系加密货币等的运行机制，重点介绍了比特币和以太坊的技术架构和运行原理；第三节介绍了中国数字货币的研究思路和最新情况，需要重点强调的是一定要准确区分央行数字货币和加密数字货币本质上的不同，不要被加密货币的宣传冲昏了头脑。

可以将比特币比喻为一个硬币，正反面分别是“比特币”和“账本（即区块链）”，在比特币的体系中，比特币就是账本，比特币就是区块链，这也是现在很多人狭义理解区块链的一个原因。以太坊是对比特币的一个完全的升级，如果将比特币的区块链视作数据层，那么以太坊通过以太坊虚拟机和智能合约增加了应用层，智能合约和分布式应用又可以视作一个硬币的正反面，没有智能合约就没有分布式应用。以太坊是比特币的升级版，全新定义了区块链，因此被称为加密货币 2.0，企业界因此更加关注区块链技术。瑞波币则可以看作区块链技术的一个企业级应用，是区块链在一个金融结算领域的一个尝试，实验是成功的，瑞波币是一个联盟链而不是比特币、以太坊那样的公有链。莱特币可以被视作一种简洁快速的比特币版本，莱特币的策略是跟跑比特币，这种差异化的战略使莱特币在加密市场具有一席之地。暗黑系列加密货币更在意个人隐私和商业机密，被不法分子钟爱，但是暗黑系列加密货币对于区块链的企业级应用具有相当的借鉴建议，毕竟有很多企业担心本单位的商业机密在链上被其他单位窥测。

不少区块链从业人士强调“币圈不等于链圈”，特别担心沾上币圈的影子，拒绝谈论加密货币。区块链脱胎于加密货币，币圈和链圈同根同源，币圈在技术上的贡献甚至更多。不同之处在于币圈是通过筹钱自建生态，链圈是通过收钱赋能业务，前者的样板是产品商（如微软等），后者的行为是开发商（如东软等）。出现兄弟相鄙的主要原因是币圈的畸形发展，筹钱本来不等于骗钱，但是当币圈的口号是“割韭菜”的时候这一切就变味了，链圈只能同币圈划清界限。加密货币是区块链平台的一种记账或者激励方式。加密货币的价值取决于该加密货币生态的价值，比特币的生态是支付系统或者加密货币价值标准的生态；以太坊是分布式应用的生态；瑞波币是适应现有支付体系的生态；STORJ 代币是类似于 DropBx 的云存储生态；Steem 币是分布式媒体的生态；SNGLS 是打造分布式影视娱乐的生态。生态的价值直接决定了代币的价值，这才是理性健康的理解。要警惕和反对那些没有任何应用价值，没有构建生态的“空气币”。

还有不少人直到现在提及加密货币就要谈到吞吐量低、耗电高等老生常谈的问题，这些问题在比特币上确实存在但是也并非全无道理，更非无法克服。相信随着解决方案的不断优化，可信交易的吞吐量还会提高，并最终达到一个满足人类要求的水平。几千种加密货币在共识、挖矿等算法上进行了各种探索和尝试，具体到共识方面，OmiseGo采用权益证明算法（POS）、EOS采用股份授权证明机制（DPOS）、新经币采用重要性证明机制（POI）、达世币采用POW+POS的混合挖矿方式，这些加密货币的探索最终事实上在不同程度促进了区块链技术的发展。笔者认为排名前二十、甚至前三十名的加密货币都有故事、有技术、有主张，这些加密货币都值得研究，从来没有标准的区块链的定义，区块链的定义还需要在实践中不断完善，切不要把自己视野的极限当成这个世界的极限。

Chapter 3
高速迭代发展的区块链技术

区块链是一个构筑在P2P、密码学、共识机制、智能合约等核心技术之上的基础平台。比特币、以太坊等公有链的成功推动区块链进入了高速迭代发展的快车道。区块链的概念不断被丰富和完善，出现了更适合商业领域的联盟链（如Fabric）和分布式账本平台（如Corda），出现了方便节点部署BAAS（区块链即服务）服务，跨链通信则成为区块链领域最新、最炙手可热的研究领域。最终，这些新技术、新理念的快速发展将推动区块链掀起变革的新浪潮。

01 解密核心技术

从技术实现角度看区块链是指利用 P2P 技术实现组网；利用块链式数据结构验证与存储数据；利用共识算法生成和更新数据；利用密码学（哈希加密、非对称加密和梅克尔树）保证数据传输和访问的安全；利用自动化脚本代码组成的智能合约来编程和操作数据的一种全新的分布式基础架构，是技术演化到一定程度突破阈值的产物。

P2P 技术

比特币基于 P2P 技术构建，这种网络的优势是非常明显的。所有的节点数据完全一样，很难发生系统性的宕机风险，用户也无须访问特定节点，只要下载比特币客户端，网络组建、数据同步等功能都是自动的。P2P 技术已经成为区块链的标配。IBM 对 P2P 的定义如下：系统由若干互联协作的计算机构成，且至少具有如下特征之一：系统依存于边缘化非中央式服务器设备的主动协作，每个成员直接从其他成员而不是从服务器的参与中受益，系统中成员同时扮演服务器与客户端的角色，系统应用的用户能够意识到彼此的存在，构成一个虚拟或实际的群体。

P2P 网络是一种具有高扩展性的分布式结构，网络中的物理节点在逻辑上具有相同的地位，各个节点不再区分服务器和客户端的角色关系，每个节点既可请求服务，也可提供服务，节点之间可以直接交换资源和服务。传统互联网 C/S 或者 B/S 的架构则属于集中管理模式，而 P2P 则属于分布式管理模式，将内容从中央服务器引向网络的边缘，可以充分利用互联网中众多终端节点所蕴含的处理能力和潜在资源。

1. P2P 的拓扑架构

根据节点间的结构关系可以将系统分为中心化拓扑（Centralized Topology）、全分布式非结构化拓扑（Decentralized Unstructured Topology）、全分布式结构化拓扑（Decentralized Structured Topology）和半分布式拓扑（Partially Decentralized Topology）4 种形式。

（1）中心化拓扑结构。中心化拓扑结构（见图 3.1）模式最大的优点是维护简单、发现效率高。由于资源的发现依赖中心化的目录系统，发现算法灵活高效并能够实现复杂查询。最大的问题与传统客户机/服务器结构类似，容易造成单点故障，访问的“热点”

现象和法律等相关问题。MP3 共享软件 Napster 就属于这种结构，Napster 通过一群高性能的中央服务器保存着网络中所有活动对等计算机共享资源的目录信息。当某个用户需要某个音乐文件时，首先连接到 Napster 服务器，在服务器进行检索，并由服务器返回存有该文件的用户信息；再由请求者直接连到文件的所有者传输文件。

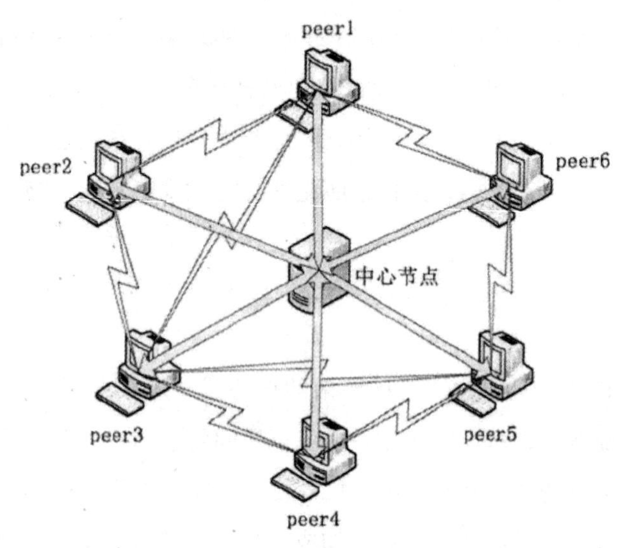

图 3.1　中心化拓扑结构

（2）全分布式非结构化拓扑结构。全分布式非结构化拓扑的 P2P 网络是在重叠网络（Overlay Network）基础上采用了随机图的组织方式，结点度数服从幂次法则，从而能够较快发现目的节点，面对网络的动态变化体现了较好的容错能力，因此具有较好的可用性。随着联网节点的不断增多，网络规模不断扩大，通过这种洪泛（Flooding）方式定位对等点的方法将造成网络流量急剧增加，从而导致网络中部分低带宽节点因网络资源过载而失效。网络的可扩展性不好。由于非结构化网络将重叠网络认为是一个完全随机图，节点之间的链路没有遵循某些预先定义的拓扑来构建。因此一般不提供性能保证，但容错性好，支持复杂的查询，并受节点频繁加入和退出系统的影响小。

（3）全分布式结构化拓扑结构。全分布式结构化拓扑结构（见图 3.2）采用分布式散列表（Distributed Hash Table，DHT）技术来组织网络中的节点，所以也被称为 DHT 网络。DHT 是一个由广域范围大量结点共同维护的巨大散列表。散列表被分割成不连续的块，每个节点被分配给一个属于自己的散列块，并成为这个散列块的管理者。DHT 类结构能够自适应结点的动态加入或退出，有着良好的可扩展性、鲁棒性、节点 ID 分配的均匀性和自组织能力。经典的案例如 Tapestry，Pastry，Chord 和 CAN。

（4）半分布式拓扑结构。半分布式拓扑结构（见图3.3）吸取了中心化结构和全分布式非结构化拓扑结构的优点，选择性能较高（处理、存储、带宽等方面性能）的节点作为超级节点（英文表达为Super Nodes或者Hubs），在各个超级节点上存储了系统中其他部分节点的信息，发现算法仅在超级节点之间转发，超级节点再将查询请求转发给适当的叶子节点。半分布式结构也是一个层次式结构，超级节点之间构成一个高速转发层，超级节点和所负责的普通结点构成若干层次。半分布式结构的优点是性能、可扩展性较好，较易管理，但对超级节点依赖性大，易于受到攻击，容错性也受到影响。

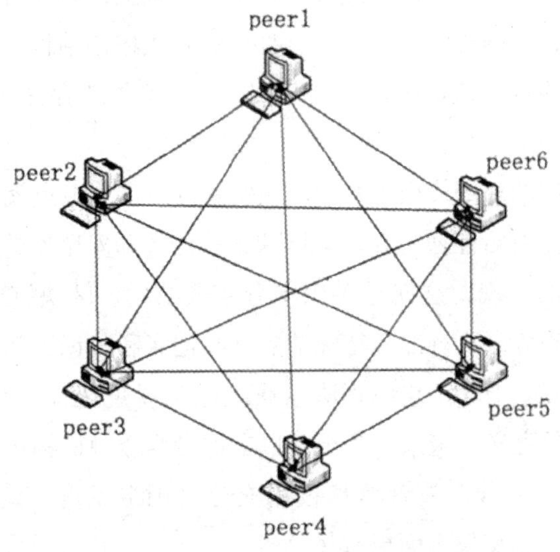

图3.2　全分布式结构化拓扑结构

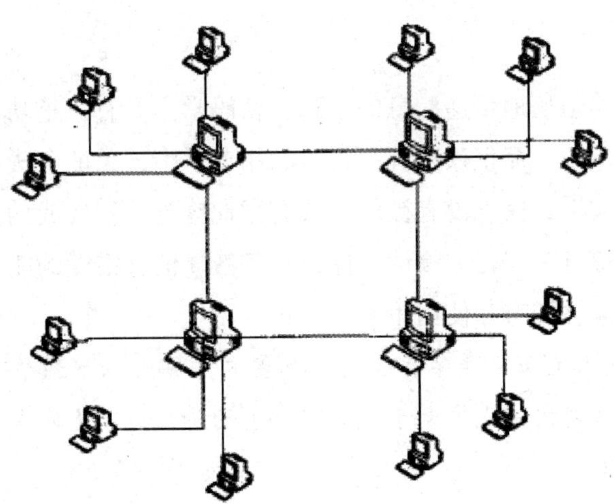
图3.3　半分布式拓扑结构

2. 区块链拓扑结构发展趋势

比特币、以太坊等公有链普遍采用了全分布式结构化网络，所有的节点都是对等的，既是服务器也是客户端，采用这种拓扑结构的 P2P 网络效率偏低。区块链是否一定需要采纳全分布式结构化拓扑结构？答案是否定的。点对点的价值传输是区块链的最终目标，中本聪设计了一整套机制使整个比特币网络事实上承担了一种“可信第三方”的角色，理想情况下比特币网络作为整体是超然的，不属于任何人或者机构，也不受任何人或者机构操控。中本聪的算法基于任何人、任何节点都不可信的基础上，即使有不超过一定数量的恶意节点，也不会影响比特币的正常运行。在这种全分布式拓扑结构下，比特币的共识算法经受住了检验，但是不能否认的是这种方式存在“耗电高”“存储压力大”“吞吐量低”等缺点。

不少人意识到如果借助外部信用关系，区块链中的一部分节点就可以承载“可信第三方”的角色，那么就完全有可能通过在保证区块链稳定性和安全性的前提下，改善区块链在耗能和吞吐量等方面的表现，这就是采用半分布式结构。区块链中的节点不再是对等的，开始出现了分级的趋势，只有部分特殊节点参与记账和共识，瑞波就是通过建立记账节点准入机制实现这点的，DPOS 共识算法本质上也是通过选择“代理人”实现节点分级，在实践中都具有重要意义。未来，甚至可以考虑参照金融机构运行的做法，制定策略使长期运行稳定（无历史污点）或者信息披露充分（财务情况、运行情况、防护情况、人员情况）的节点在竞争记账权方面更有优势。

密码学原理

密码学是研究如何隐秘地传递信息的学科，密码学主要有三重功能：一是机密性，信息没有泄露给未授权用户，而仅仅掌握在合法的用户手中，保证合法用户秘密拥有和使用信息的权利；二是真实性，信息没有被偶发或有意地修改、替换或伪造，保证合法用户可以拥有和使用真实的信息；三是完整性，保证具备恢复信息错误的能力和手段，使合法用户在任何需要的时候能够拥有和使用正确的信息。

Tips：绝对安全的加密算法是不存在的，加密算法满足以下两个准则就可以称为计算上是安全的：一是破译密文的代价大于被加密信息的价值；二是破译密文所花费的时间超过了信息的有用期限。

区块链源自于比特币，中本聪在比特币账户、挖矿、“区块 + 链式存储”等环节将密码学运用的妙到毫巅，比特币就是建立在密码学上的虚拟货币，而区块链继承了比特币的这些运行机制。密码学是区块链的基础，想要理解区块链运行机制就一定要深入学习密码学。区块链技术架构应用的密码学领域的知识非常广泛，主要有哈希散列、非对称加密、梅克尔树、同态加密、群签名、零知识证明等。

1. 哈希散列算法

哈希散列算法的输入被称为消息（Message），输出则被称为消息摘要（Message Digest），消息摘要经常被称为指纹、哈希值等。哈希散列主要具有单向性（抗原象性）和抗碰撞性两个重要的特性，所谓单向性即由原始消息计算出信息摘要的内容，而由消息摘要计算出原始消息在计算上则几乎是不可行的。所谓的抗碰撞性是指要找到两个不同的原始消息生成同一个信息摘要在计算上也是不可行的，碰撞性可以进一步分为强碰撞性和碰撞性，假设 Hash（x）为安全散列算法，弱抗碰撞性是指已知 x_1，找到 x_2使 Hash（x_1） = Hash（x_2）很困难。强抗碰撞性则是指找到 x_1 和 x_2 使 Hash（x_1） = Hash（x_2）很困难（是指所需要的时间和空间等超过了现有可获得的资源）。

（1）常用算法。常见哈希散列算法主要有三大系列，分别是麻省理工学院教授 Ronald Rivest 推出的 MD 系列算法、美国标准与技术研究所（NIST）推出的 SHA 系列算法以及德国秘密学家 Hans Dobbertin 等人推出的 RIPEMD 系列算法。MD 系列算法处于 MD5 向 MD6 过渡过程中。SHA 系列算法最为主流的是发布于 2002 年 SHA－2 系列算法，主要有 SHA－256（数字代表消息摘要的长度）、SHA－384、SHA－512 等，SHA 系列最新的算法则是 2007 年发布的 SHA－3 系列。RIPEMD 沿用了 MD4 的设计准则，主要算法有 RIPEMD－128 和 RIPEMD－160（比特币公钥哈希值计算过程中使用了该算法）。

（2）应用场景。

①数字签名：哈希函数最初是被设计用于数字签名。由于在实际的签名实现过程中，采用公开密钥密码算法对长文件签名效率太低。为了节约时间，数字签名协议通常和哈希函数一起使用，即对消息的哈希值签名而不是原始消息。随着签名算法协议的设计分析研究的进一步发展，哈希函数的作用凸显得更加重要，可以减小消息的体积，提高数字签名的运算速度。

②消息校验：能够校验消息是否被篡改，消息在传输之前进行散列计算，并将散列值一并传输，在接受方可以对消息再次进行散列计算，若散列值相同，则消息没有被篡改（弱抗碰撞性）。

③文件管理：通过哈希值验证文件完整性，可用于版本、档案管理，只要保存好文件摘要，而不需要保存文件原文，就可以保证文件不被修改，此举也可降低对存储量的要求。

（3）碰撞和破解。关于哈希函数的碰撞和破解有过很多尝试，在 20 世纪末取得了不少进展，其中我国学者王小云教授在21世纪初的研究成果则最具突破性。2004年8月，在美国加州圣芭芭拉召开的国际密码大会上，并没有被安排发言的王小云教授拿着自己的研究成果找到会议主席，没想到慧眼识珠的会议主席破例给了她15分钟时间来介绍自己的成果，而通常发言人只被允许有两三分钟的时间。王小云与助手展示了MD5、SHA-0、RIPEMD等哈希函数的哈希碰撞研究进展情况。所谓哈希碰撞指两个完全不同的输入信息经哈希函数计算得出完全相同的哈希值。由于哈希输入没有长度限制，但是消息摘要有长度限制，根据鸽巢原理，必然会有碰撞情况出现，但是长久以来密码学专家都认为要任意制造出碰撞需时太长，在实际情况下是不可能发生的，而王小云教授的发现打破了这个必然性，引发了密码学界的轩然大波。这次会议的总结报告写道："我们该怎么办？MD5被重创了，它即将从应用中淘汰。SHA-1仍然活着，但也见到了它的末日。现在就要开始更换SHA-1了。"会议的总结报告是准确客观的，SHA-1确实没有坚持太久。很快，王小云教授就宣布了破译SHA-1的消息。王小云教授证明了SHA-1和MD5等哈希算法产生的摘要信息是可以在比较短时间内被破解的。需要强调的是，王小云教授并非找到了哈希散列的逆向算法，而是找到了一种有效"碰撞"的途径，通过这种途径可以更快地得到和原文一样的哈希输出。王小云教授的贡献是杰出的，为后来人打开了一扇"碰撞"哈希算法的大门。2017年11月底，王小云教授因为基础科学方面的贡献当选为中国科学院数学物理学部院士。

2009年，冯登国、谢涛二人利用差分攻击，将MD5的碰撞算法复杂度从王小云的2^{42}进一步降低到2^{21}，极端情况下甚至可以降低至2^{10}。仅仅2^{21}的复杂度意味着即便是在2008年的计算机上，也只要几秒便可以找到一对碰撞。

SHA-1的安全性更好，但是其哈希碰撞也取得了巨大突破，荷兰密码学研究小组CWI与Google合作的团队于2017年2月23日发布了首个SHA-1的碰撞。碰撞的复杂度为总计9 223 372 036 854 775 808次SHA-1计算，分成第一阶段和第二阶段。第一阶段耗费6 500年CPU计算，第二阶段耗费110年GPU计算。作为对比，MD5碰撞在主流智能手机上只需30秒，SHA-1 Shattered算法需要110个GPU用时1年时间，SHA-1暴力方法则需要12 000 000个GPU约1年时间。尽管需要的计算资源非常巨大，但该算法已经比暴力碰撞快了100 000倍，SHA-1已被正式破解。

2. 非对称加密

1976年以前，所有的加密方法都是同一种模式：①甲方选择某一种加密规则，对信息进行加密；②乙方使用同一种规则，对信息进行解密。加密和解密使用同样规则（简称"密钥"），因此被称为"对称加密算法"（Symmetric-Key Algorithm）。对称加密算法依赖于两个因素：第一是加密算法必须是足够强仅仅基于密文本身去求解明文信息在实践上是不可能的；第二是确保密钥的私密性。对称加密算法最大的弱点是：甲方必须把加密规则告诉乙方，否则无法解密。保存和传递密钥，就成了最头疼的问题。常见的对称加密算法有 DES（Data Encryption Standard）数据加密标准、3DES（Triple DES）三重数据加密算法、IDEA（International Data Encryption Algorithm）国际数据加密算法等。

1976 年，惠特菲尔德·迪菲（Whitfield Diffie）和马丁·赫尔曼（Martin Hellman）提出了非对称加密算法的崭新构思，加密和解密可以使用不同的规则，两种规则之间存在某种对应关系，这样就避免了直接传递密钥的安全问题。非对称加密技术的出现使密码学得到了空前发展。

（1）主要特点。非对称密码（被称为“公钥密码体制”）解决了对称密码算法在应用中的致命缺陷，即密钥分配问题。就公钥密码体制而言，除了加密算法公开外，其具有不同的加密密钥和解密密钥，加密密钥是公开的（即公钥），解密密钥是保密的（即私钥），且不能够从公钥推出私钥，或者说从公钥推出私钥在计算上是“困难”的。加解密的过程是清晰的（见图 3.4）：

①乙方生成两把密钥（公钥和私钥）。公钥是公开的，任何人都可以获得，私钥则是保密的。

②甲方获取乙方的公钥，然后用它对信息加密。

③乙方得到加密后的信息，用私钥解密。

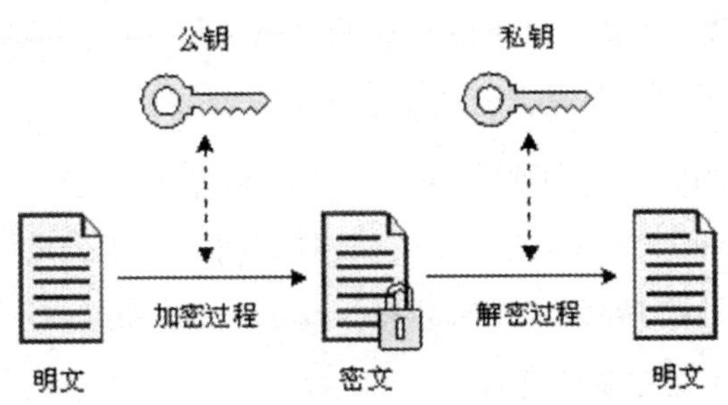

图 3.4　非对称密码加解密的过程

（2）常用算法。自非对称加密思想问世以来，学者们提出了许多种非对称加密技术方案，它们的安全性都是基于复杂的数学难题。对某种数学难题，如果利用通用的算法计算出密钥的时间越长，那么基于这一数学难题的公钥加密系统就被认为越安全。根据所基于的数学难题来分类，有以下三类系统目前被认为是安全和有效的，分别是大数因子分解系统 IFP（如 RSA）、离散对数系统 DLP（如 DSA）和椭圆曲线离散对数系统 ECDLP（ECC），椭圆曲线算法因为安全性和加解密效率等方面的优势近些年受到业内重点关注。主要非对称加密算法介绍如下：

①DH 算法。开创非对称加密技术先河的两位大师提出了迪菲 - 赫尔曼密钥交换（Diffie - Hellman Key Exchange）算法，简称“DH 算法”。DH 算法是一种“密钥协商协议”，可以让双方在完全没有对方任何预先信息的条件下通过不安全信道建立起一个密钥，这个密钥可以在后续的通信中作为对称密钥来加密通信内容。

②RSA 算法。1977 年，为了解决基于公开信道来传输 DES 算法的对称密钥这一公开难题，Rivest、Shamir 和 Adleman 提出了著名的公钥密码算法 RSA，RSA 是首个能用于数字签名和加解密的算法。该算法基于著名数学难题大整数因子分解问题，将两个大质数相乘十分容易，但是想要对其乘积进行因式分解却极其困难，因此可以将乘积公开作为加密密钥。RSA 的安全性依赖于大数分解，但是否等同于大数分解一直未能得到理论上的证明。目前 RSA 密码需要至少 1 024 位才能达到安全要求，这需要一定的数据处理量，效率已经成为制约 RSA 密码应用的主要瓶颈。

③DSA 算法。DSA（Digital Signature Algorithm）一般用于数字签名和认证。DSA 出自美国安全局（NSA）之手，由 NIST 采纳公布并作为 DSS（Digital Signature Standard：数字签名标准）。DSA 不能用作加密和解密，也不能进行密钥交换，只能用于签名场景，这个场景下它比 RSA 要快很多，而且安全性相差无几。在 DSA 数字签名和认证中，发送者使用自己的私钥对文件或消息进行签名，接收者收到消息后使用发送者的公钥来验证签名的真实性。DSA 的一个重要特点是两个素数公开，这样，当使用别人的 p 和 q 时，即使不知道私钥，也能确认它们是随机产生的还是做了手脚，但是 RSA 算法却做不到。目前 DSA 并没有被发现存在很大的弱点，应用也越来越广泛。

④ECC 算法。椭圆曲线（Elliptic Curve Cryptography，ECC）是利用基于有限域上的椭圆曲线上的点构成 Abel 加法群构造椭圆离散对数问题基础上的非对称加密算法。椭圆曲线在密码学中的使用是在 1985 年由 Neal Koblitz 和 Victor Miller 分别独立提出的。椭圆曲线 ECC 相对 RSA 和 DSA 的主要优势如下：

安全性能更高：加密算法的安全性能一般通过该算法的抗攻击强度来反映，椭圆曲线的离散对数计算困难性在计算复杂度上目前是完全指数级的，而 RSA 则是亚指数级的，椭圆曲线算法具有非常明显的优势，其中 160 位 ECC 具有 1 024 位的 RSA、DSA 有相同的安全强度。而 210 位 ECC 与 2 048 位的 RSA、DSA 具有相同的安全强度。

计算量小和处理速度快：在相同的计算资源条件下 ，ECC 远比 RSA、DSA 快得多，而且 ECC 系统的密钥生成速度比 RSA 快百倍以上，因此在相同的条件下 ECC 则有更高的加密性能。

存储空间占用小：ECC 的密钥大小和系统参数与 RSA、DSA 相比要小得多，意味着它所占的存贮空间要小得多。这对于加密算法在资源受限环境上的应用具有特别重要的意义。

带宽要求低：当对长消息进行加解密时，三类密码系统有相同的带宽要求，但应用于短消息时 ECC 带宽要求却低得多。鉴于公钥加密系统多用于数字签名和对称密钥传递等短消息场景，带宽要求低使 ECC 在无线网络领域具有广泛的应用前景。

ECC 在安全性、实现代价和应用效率上较 RSA 密码都有明显的优势，因此椭圆加密算法已经被多家著名国际标准组织所接受，成为行业或组织的公钥密码标准，美国、日本、韩国也已将 ECC 作为国家密码标准，ECC 很有希望在未来取代 RSA。中本聪在比特币的账户体系公钥计算过程中选择了 ECDSA 的 secp256k1 曲线。ECDSA（The Elliptic Curve Digital Signature Algorithm 椭圆曲线数字签名算法）是 ECC 与 DSA 的结合，ECDSA 算法用于数字签名，整个签名过程与 DSA 类似，所不一样的是签名中采取的算法为 ECC。

（3）应用场景。非对称加密主要用于签名验签和加解密两个业务场景，无论哪个业务场景，首选要得到公钥和私钥，用户选取一定长度的字母串作为私钥，通过不可逆的加密函数（如椭圆曲线运算、RSA 等）生成公钥，然后将公钥发给有业务联系的其他人，理论上现有计算能力通过公钥生成私钥很困难。图 3.5 为私钥生成过程。

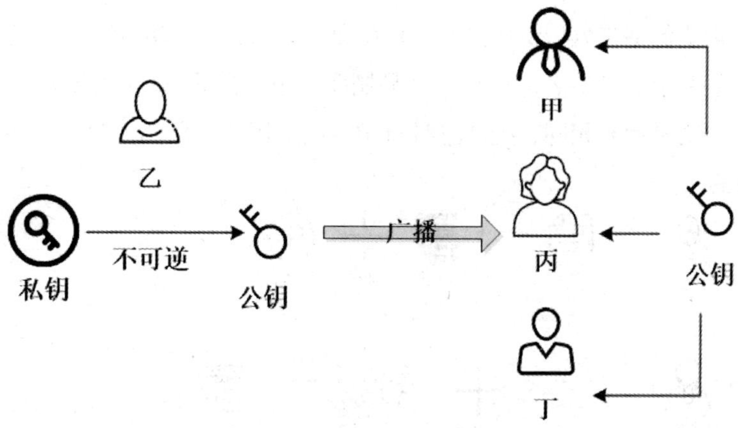

图 3.5　秘钥生成过程

①加密解密（见图 3.6）。甲方用乙方的公钥加密交易信息发给乙方，加密后的交易信息仅能通过乙方的私钥解密，其他人收到信息也无法读取；在效率方面，公钥密码体制远远不如对称密码体制，其处理速度比较慢。因此在实际应用中，往往是把公钥技术和私钥技术结合起来使用，即利用公开密钥实现通信双方间的对称密钥传递，而用对称密钥来加解密实际传输的数据。在公钥密码体制中，加解密密钥不同，作为信息发送者，加密者利用解密者的公钥信息加密，在收到密文后，解密者基于自己的私钥进行解密，以恢复原始消息。

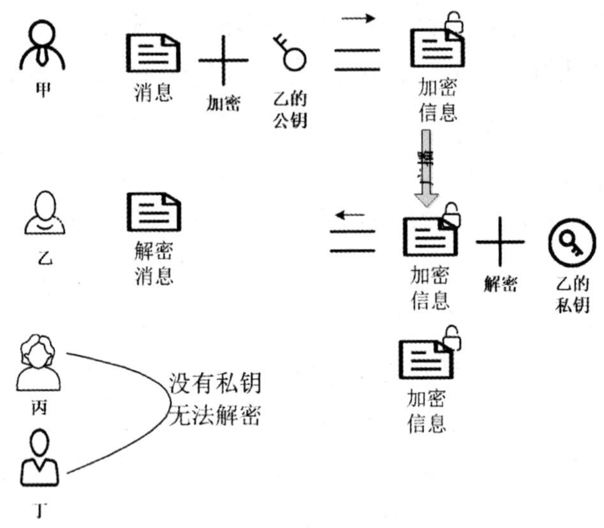

图 3.6　加解密过程示意图

②签名验签（见图 3.7）。甲方的交易信息经过 Hash 计算后得到交易摘要，交易摘要通过私钥加密形成数字签名，将数据签名附在交易信息后发送给其他方，其他方收到信息后通过甲方的公钥解密数字签名即可得到交易摘要，用同样的 Hash 函数处理交易信息即可得到交易摘要，若交易摘要相同，则消息没有被篡改。图 3.7 所示为签名验签过程示意图。

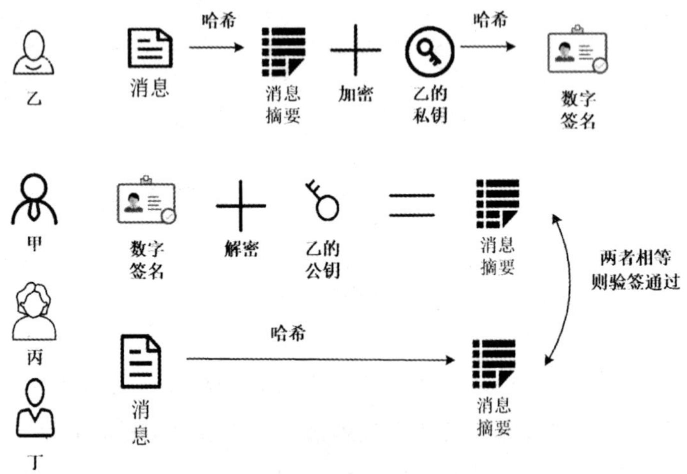

图 3.7　签名验签过程示意图

（4）密码破解。由于对大数分解问题的求解和对有限域上的离散对数问题的求解在本质上有某种一致性。因而基于整数分解问题的 RSA 和基于有限域上离散对数问题的 DSA 的安全强度几乎一致。经过人们的不断努力，同时随着计算机运算速度的迅速提高和分布式计算能力的日益强大，人们对两类问题的求解能力大大提高。使基于大数分解问题的 RSA 体制受到很大的冲击，512 位的 RSA、DSA 早已被证明不再是安全的了，2009 年 12 月，768 位的 RSA 被成功分解。这就迫使 RSA 和 DSA 需要更长的密钥来保证信息的安全，造成加密性能的显著下降。

尽管针对 ECC 椭圆加密曲线的攻击到现在依然没有取得多少成效，不过我们要感谢斯诺登给大家提了一个醒。2013 年 9 月，斯诺登爆料 NSA 采用秘密的办法控制加密国际标准，比特币采用的椭圆曲线可能留有后门，NSA 能以不为人知的方法弱化这条曲线。所幸的是中本聪并不信任 NSA 公布的加密技术，而是选择了鲜为人知的 Koblitz 曲线。全世界只有极少的程序躲过了这一漏洞，足以见得中本聪在选择加密曲线方面颇有见地。维塔莱克绝对算不上是中本聪的粉丝，他认为中本聪是一个老派的 C + + 程序员，编程水平并不高明，但是维塔莱克承认中本聪做出了几个正确的选择，其中之一就是选择了正确的椭圆曲线，成功地避开了 NSA 居心叵测的陷阱。

3. 数字签名

随着互联网覆盖面越来越广泛，很多日常活动都转移到网络中，比如网上购物、在线支付、视频会议等等，然而信息的存储、处理和传输等过程，很容易受到不法分子的各种攻击手段如窃听、截取、篡改等的威胁，为了保证信息来源的可靠性以及完整性，需要对信息进行认证，作为认证技术的数字签名技术成为密码学研究的一个重要领域。数字签名在网络空间的作用和传统的手书签名是一样的，因此数字签名应具有以下属性：一是签名是可信的，数字签名应该能够使接受者确信签名者检查并认可了被签名的文件；二是签名不能被伪造，数字签名应该能够证明文件上的签名确实是签名者本人亲自（或经授权后）签署的，而不是其他人伪造的；三是签名不可抵赖，签名者事后不能否认他（她）的签名；四是签名不能被篡改，签名者对文件签名以后，任何其他人都不可能对文件内容进行更改而不被发现；五是签名不能被复制，任何人都不可能将一个文件的签名移植到另外一个文件上。区块链的研究创新过程中主要采用了群签名、多重签名、环签名、盲签名、知识签名等各种签名算法。

（1）群签名。群签名（Group Signatures）的概念是由 Chaum（乔姆）和 Heyst 于 1991 年提出的，其基本思想是一群人中的任何一个人可生成一群签名，外界可验证其合法性，即此签名的确为此群中的某人生成，但不能确定到底是他们当中哪一位签的（隐私保护），在发生争议的情况下，可由一具有特权的群管理员“打开”争议的签名找出真正的签名者（可追踪）。由于群签名具有隐私保护与可追踪的双重特性，在现代电子商务、电子货币、可信计算、网络取证、隐藏内部组织架构、电子选举协议等许多领域都起着不可或缺的作用。

（2）多重签名。多重签名是一个和群签名完全不同的概念。多重签名是多个群体中的成员合作共同完成对同一消息的签名，每个成员使用自己的私钥对消息进行签名，验证者必须知道哪些人参与了签名，并用这些签名人的公钥来验证签名的有效性。多重签名和群签名的主要区别如下：

①群签名的签名者是匿名的，群签名是由单个群成员以群体的名义对消息进行签名，验证者只能验证签名是否来自该群体但不知道签名是由哪个群成员完成的；而多重签名是由群体中的某些成员合作完成对消息的签名，签名者的身份必须是公开的，验证者根据公开的签名人的公钥验证多重签名的正确性。

②群签名中存在群管理员，群管理员是一个比较特殊的个体，他不同于一般的群成员。群管理员一般情况下不参与签名，其主要职责是完成群成员的加入和删除等管理工作，并在必要的时候打开群签名，确定签名者的身份；而多重签名协议中不存在群体的管理员，所有群体成员的地位都是对等的。

③群签名是由单个群成员来完成的，而多重签名是由群体中的某些成员合作完成的。

（3）环签名。2001 年，Rivest、Shamir 和 Tauman 三位密码学家首次提出了环签名。环签名是一种简化的群签名，环签名中只有环成员没有管理者，不需要环成员间的合作。环签名同群签名一样也是一种签名者模糊的签名方案。环签名可以说是为简化群签名的复杂结构而提出的，与群签名完全相同的是，环签名中的任何一个群成员都可以代表群体进行匿名签名；而与群签名具有可跟踪性不同，环签名不需要对签名人进行跟踪。正因为如此，环签名的构造与群签名相比，要简单很多。环签名没有可信中心，没有群的建立过程，对于验证者来说，签名人是完全匿名的。

环签名提供了一种匿名泄露秘密的巧妙方法。环签名的这种无条件匿名性在对信息需要长期保护的一些特殊环境中非常有用。环签名在选举、电子商务、重要新闻的发布、无线传感器网络、电子现金系统等场景应用广泛。加密货币中有不少采用环签名的解决方案，如门罗币是最早支持环签名和隐身地址的加密货币之一，门罗币因此在相当一段时间非常受关注；达世币的环签名使用了区块链上的混币服务，这种混币具有相同金额的输入，并且使用了多个其他人的公钥，但是无法判断是哪个人。以太坊则是通过增加了一个类 CryptoNote 环签名，使以太坊用户拥有和门罗币类似的匿名性。

（4）盲签名。盲签名的概念是由乔姆为实现不可跟踪的电子现金而首先提出的。盲签名方案由发送者和签名者两方参与。盲签名允许发送者向签名者要求一个给定消息的签名，但不让签名者知道此消息的任何信息，我们不妨称发送者为 Alice，签名者为 Bob，为实现对消息的盲签名，ALice 与 Bob 进行下列工作：

①Alice 取出待签署的消息 m，并将它作为一个随机值，这个随机值称为盲因子

(Blinding Faetor)。

②Alice 将这份隐蔽好的消息发送给 Bob。

③Bob 对此隐蔽消息签名。

④Ailce 将上述签名除去盲因子，得到原始消息的签名。

在完成这个协议之后，Bob 能验证签名是他做的，也可以像其他人一样验证签名的有效性，但是他无法将签名与他在协议中收到的任何信息相关联。盲签名因其在电子选举和不可跟踪的电子支付系统等重要应用而引起人们广泛的关注。

（5）知识签名。知识签名以零知识证明为基础，采用单向非交互协议证明自己知道某些知识，但不泄露该知识的任何信息。零知识证明就是既能充分证明自己是某种权益的合法拥有者，又不把有关的信息泄露出去——即给外界的“知识”为“零”。

零知识证明实质上是一种涉及两方或更多方的协议，即两方或更多方完成一项任务所需采取的一系列步骤。证明者向验证者证明并使其相信自己知道或拥有某一消息，但证明过程是不能向验证者泄露任何关于被证明消息的信息。大量事实证明，零知识证明在密码学中非常有用。如果能够将零知识证明用于验证，将可以有效解决许多问题。零知识证明满足三个属性：一是如果语句为真，诚实的验证者（即正确遵循协议的验证者）将由诚实的证明者确信这一事实；二是如果语句为假，不排除有概率欺骗者可以说服诚实的验证者它是真的；三是如果语句为真，证明者的目的就是向验证者证明并使验证者相信自己知道或拥有某一消息，而在证明过程中不可向验证者泄露任何有关被证明消息的内容。零知识证明并不是数学意义上的证明，因为它存在小概率的误差，欺骗者有可能通过虚假陈述骗过证明者。换句话来说，零知识证明是概率证明而不是确定性证明。但是也有技术能将误差降低到可以忽略的值。

4. 同态加密

一般经过加密算法进行加密的密文，在增加数据安全性的同时也带来了诸多不便。例如，对若干加密的数据进行运算，只能通过拥有密钥的一方先解密然后进行明文之间的运算。这样就会带来几个问题：一是增加了计算的复杂度，因为每一次解密运算会带来高昂的代价；二是计算只能通过密钥拥有者，其他参与方无法对密文运算，其他参与方需要将密文数据发送给解密方，造成一定的通信代价；三是出于安全考虑，参与方只希望解密方获取最后的计算结果，若对每个密文数据都进行解密会造成一定的信息泄露。所以，密码学的研究学者试图寻找一种新的数据处理方法，使密文之间可进行计算，这就是同态加密算法的由缘。

（1）定义。1978 年，在 RSA 密码体制刚提出不久，Rivest 等人就提出了“隐私同态”的概念。他们在实际的科研工作中通过一个有意思的问题引出了同态加密的概念，能不能不通过跳过解密这一步以密文操作实现对明文的相应处理？自该问题提出之后，密码界的学者就对这样一种特殊的加密方法进行了深入的研究。不仅分析已有加密方案是否具有这种性质，也试图设计新的同态加密算法。

同态加密是基于数学难题的密码学技术，对经过同态加密的数据进行处理得到一个输出，将这一输出进行解密，其结果与用同一方法处理未加密的原始数据得到的输出结果是一样的。假设一个加密系统的加密函数与解密函数分别为 $E(\alpha)\rightarrow\beta$ 与 $D(\beta)\rightarrow\alpha$，其中 α 与 β 分别为明文空间与密文空间；$\boxplus$ 为定义在明文空间和密文空间上的同态运算符。加密方案的同态性定义为：给定任意的两个 m_1，$m_2\in\alpha$，如果一个加密系统的加密函数与解密函数满足代数关系 $m_1\boxplus m_2=D[E(m_1)\boxplus E(m_2)]$ 或 $E(m_1\boxplus m_2)=E(m_1)\boxplus E(m_2)$，则称该加密系统具有同态性。

（2）类别。一个具有同态性的加密系统，若明文空间上的运算为代数加法“+”，则该加密系统被称为加法同态加密系统；若明文空间上的运算为代数乘法“*”，则该加密系统被称为乘法同态加密系统；若明文空间上的运算为算数异或“⊕”，则该加密系统被称为异或同态加密系统。只满足一种代数（或算术）同态运算的加密系统，被称作部分同态加密系统；同时满足加法和乘法同态运算，且只能进行有限次乘法或加法运算的加密系统称为浅同态加密系统；同时满足加法和乘法同态的加密系统称为全同态加密系统。现有的高效率和高安全性的同态加密方案大多是部分同态的，即方案只在执行单一计算操作时具备同态性。例如 RSA 算法、ElGama 算法具有乘法同态性，Paillier 算法具有加法同态性。2009 年，IBM 研究员 Gentry 才构造出第一个全同态加密方案，解决了困扰密码学界三十多年的难题，并掀起一股研究全同态加密方案的热潮。全同态加密被认为是解决云计算安全的最好方法，然而目前的全同态加密方案无论是从工程上还是理论研究上都有很多亟待解决的问题，所以全同态加密方案由于安全性问题尚未能得到太多实际的应用。

（3）应用场景。同态加密优势在于用户在数据加密的情形下仍能对特定的加密数据进行分析和检索，提高了数据处理的效率，保证了数据安全传送，而且正确的加密数据仍能得到正确的解密结果。同态加密主要可用于如下加密场景：

安全云计算与委托计算。基于同态技术可以充分利用云服务器的计算能力，实现对明文信息的运算，而不会有损私有数据的私密性。

文件存储。用户可以将自己的数据加密后存储在一个不信任的远程服务器上，日后可以向远程服务器查询自己所需要的信息，远程服务器用该用户的公钥将查询结果加密，用户可以解密得到自己需要的信息，而远程服务器却对查询信息一无所知。

私有数据银行（Private Data Bank）。Rivest 在提出同态加密概念时就预言同态加密可以用于建立私有数据银行，所谓私有数据银行就是用户可以将自己的数据加密后保存在一个不信任的服务器中，此后可以向服务器查询所需要的信息，服务器生成一个用户的公钥加密的查询结果，用户可以解密该结果获得自己需要的信息，而服务器并不知道用户具体查询的内容。

密文检索。用户可以检索自己想要的内容，而搜索引擎服务器却对用户要检索的内容一无所知。

安全多方计算。所谓安全多方计算就是分别持有私有数据 x_1，x_2，…，x_n 的 n 个人，在分布式环境中协同计算函数 f（x_1，x_2，…，x_n）而不泄露各方的私有数据。以同态技术支撑的密态数据计算不仅可以满足安全多方计算协议设计中保护各方隐私的需要而采用同态加密的算法无关用户尽管无法知晓具体的内容，但是仍然可以参与验证和计算，这对于保护区块链商业机密方面的创新具有非常重要的研究意义，所以区块链行业对于同态加密的研究越来越多，但是总体来说研究的进展并不大，效率也不高。

5. Base 系列编码

（1）Base64。Base64 编码是程序开发中最常使用到的编码方法，将二进制的数据编码为可显示的字母和数字，用于传送图形、声音和传真等非文本数据。Base64 使用 65 个字符的 ASCⅡ字符集（第 65 个字符为“=”，用于对字符的特殊处理过程）。2 的 6 次方恰好可以代表 64 个字符，所以每 6 个比特表示一个可打印字符。三个字节（1byte = 8bit）共有 24 个位元正好对应 4 个 Base64 的可打印字符。编码方法为将第一个字节放置于 24 位缓冲区的高 8 位，第二个字节放置于中间的 8 位，第三个字节放置于低 8 位。如果对于少于 3 个字节的数据进行编码，相应的缓冲区位将被置 0。如果要编码的二进制数据不是 3 的倍数，Base64 会用\x00 字节在末尾补足后，并在编码的末尾加上 1 个或 2 个“=”，表示补了多少字节，因为“=”字符并不在 Base64 编码索引表中，其意义在于结束符号，在 Base64 解码时遇到“=”字符时即可知道一个 Base64 编码字符串结束，解码的时候自动去掉。图 3.8 为 Base64 编码流程示意图。

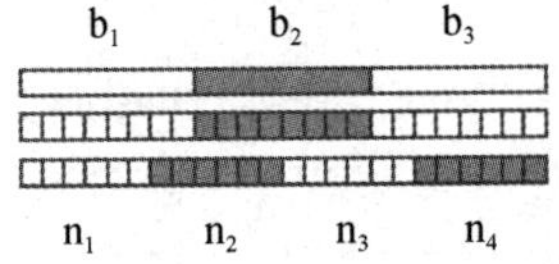

图 3.8 Base64 编码流程示意图

在 Base64 中的可打印字符包括字母 A－Z、a－z、数字 0－9，这样共有 62 个字符，加上“+”和“/”2 个字符。共 64 个字符，见表 3.1：

表 3.1　　Base64 对照表

字符	值	字符	值	字符	值	字符	值
A	0	Q	16	g	32	w	48
B	1	R	17	h	33	x	49
C	2	S	18	i	34	y	50
D	3	T	19	j	35	z	51
E	4	U	20	k	36	0	52
F	5	V	21	l	37	1	53
G	6	W	22	m	38	2	54
H	7	X	23	n	39	3	55
I	8	Y	24	o	40	4	56
J	9	Z	25	p	41	5	57
K	10	a	26	q	42	6	58
L	11	b	27	r	43	7	59
M	12	c	28	s	44	8	60
N	13	d	29	t	45	9	61
O	14	e	30	u	46	+	62
P	15	f	31	v	47	/	63

Base64 编码是从二进制到字符的过程，可用于在 HTTP 环境下传递较长的标识信息。例如，在 Java Persistence 系统 Hibernate 中，就采用了 Base64 来将一个较长的唯一标识符（一般为 128 - bit 的 UUID）编码为一个字符串，用作 HTTP 表单和 HTTP GET URL 中的参数。其他应用程序中，也常常需要把二进制数据编码为适合放在 URL（包括隐藏表单域）中的形式，此时采用 Base64 编码具有不可读性，需要解码后才能阅读。目前，绝大多数现代浏览器都支持一种名为 Data URLs 的特性，允许使用 Base64 对图片或其他文件的二进制数据进行编码，将其作为文本字符串嵌入网页中，避免不必要的外部资源加载，增大页面加载时间。Base64 编码解码无须额外信息即完全可逆，即使自己自定义字符集设计一种类 Base64 的编码方式，在多数场景下也非常容易破解。表 3.2 列示了一个将字符串“Man”转化为 Base64 的过程：

表 3.2　　字符串“Man”转化为 Base64 的过程

输入文本	M　　a　　n
ASCⅡ编码	77　　97　　110
二进制位	01001101　　01100001　　01101110
六位分割	010011　　010110　　000101　　101110
对应数字	19　　22　　5　　46
Base64 编码	T　　W　　F　　u

（2）Base58。Base58 的工作原理和 Base64 是非常相似的，两者都是一种二进制转可视字符串的算法，主要用来转换大整数值。区别是转换出来的字符串，去除了几个看起来会产生歧义的字符，如 0（零），O（大写字母 O），I（大写字母 i）和 l（小写字母 L）以及几个影响双击选择的字符，如“/”和“+”。结果字符集正好 58 个字符（包括 9 个数字，24 个大写字母，25 个小写字母），很显然如果采用 Base64 编码那么很容易输错钱包地址。中本聪采用的并非普通 Base58，而是改进版的 Base58 Check，主要为了解决 Base58 导出的字符串没有校验机制。在编码前，在输入流尾部加入输入内容的 Hash 值（4 个字节），然后再对输入流进行 Base58 Encode。解码的时候 Base58 Decode 先拆成内容和校验值两部分，并判断对内容计算的校验值和校验值字段是否一致，这种编码方式更加可靠。

6. 国密算法

在区块链技术的实践过程中，加密算法的安全性一直是个核心问题，如果比特币的挖矿算法被通过某种方式破解，那么掌握破解密码的人就掌握了记账权，比特币的价值将会随之崩塌。如果比特币、以太坊等区块链平台的公私钥机制被破解或弱化，恶意用户通过某种方式可以得到私钥，随意支配用户的资产。鉴于很难证明美国 NSA 等机构是否留有弱化椭圆曲线等加密算法的“后门”，国内很多机构在推动区块链应用过程中都注意到了这个问题，出于满足监管要求和安全考虑等因素，国内不少机构在区块链的平台搭建过程中都采用了国密算法的方案。国密算法是有关部门站在国家安全和长远战略的高度下研究推出的我国自有知识产权的加密算法，目标是摆脱对国外密码技术和产品的过度依赖，增强我国行业信息系统的“安全可控”能力。主要的国密算法有 SM2、SM3、SM4 等。

SM2 算法：SM2 椭圆曲线公钥密码算法是我国自主设计的公钥密码算法，包括 SM2－1 椭圆曲线数字签名算法，SM2－2 椭圆曲线密钥交换协议，SM2－3 椭圆曲线公钥加密算法，分别用于实现数字签名密钥协商和数据加密等功能。SM2 算法是基于椭圆曲线上点群离散对数难题，相对于 RSA 算法，256 位的 SM2 密码强度已经比 2 048 位的 RSA 密码强度要高。

SM3 算法：SM3 哈希算法是我国自主设计的哈希散列算法。为了保证哈希散列算法的安全性，其产生的哈希值的长度不应太短，例如 MD5 输出 128 比特，SHA－1 算法的输出长度为 160 比特，SM3 算法的输出长度为 256 比特，因此安全性要高于 MD5 算法和 SHA－1算法。

SM4 算法：SM4 分组密码算法是我国自主设计的分组对称密码算法，用于实现数据的加密/解密运算，以保证数据和信息的机密性，SM4 算法的安全性高于 3DES 算法。

块链式数据结构

区块链利用块链式数据结构来验证和储存数据。区块由区块头和区块体组成，区块头（Block Head）负责连接到前一个区块（父区块）并为区块链提供完整性，区块体（Block Body）则负责记录一段时间内发生的交易和状态结果。区块链上每一次导致区块状态变化的操作都称之为交易，每一次交易对应唯一的交易哈希值，一段时间后便会对交易进行打包，区块体存储的交易（见图3.9）通过梅克尔树的形式组织存储，相关概念已经在加密货币一节详细阐述过。

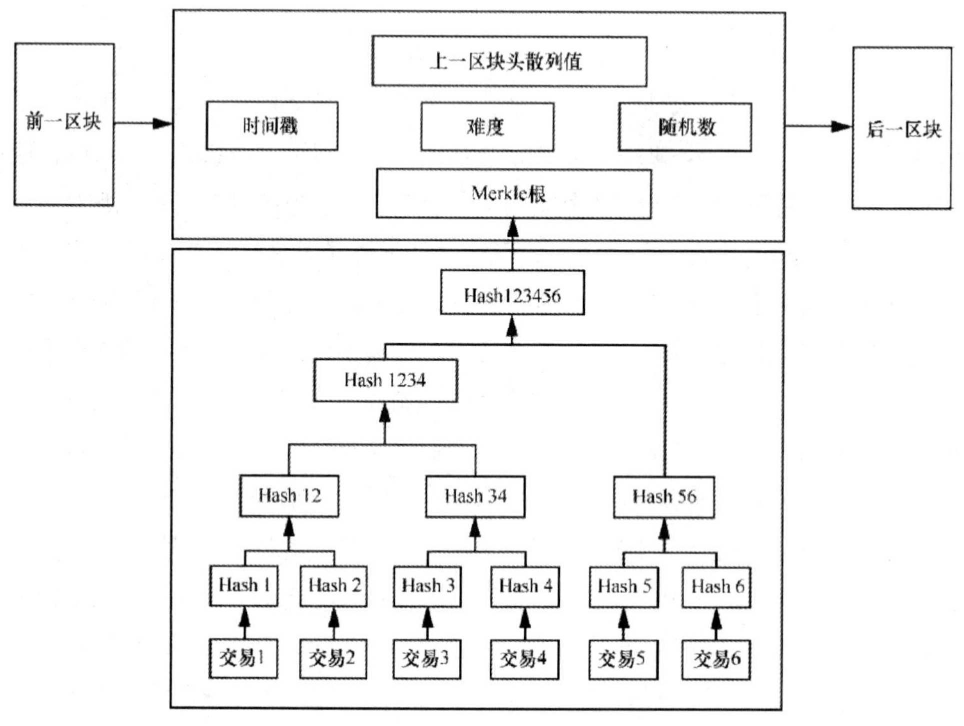

图3.9　区块体交易存储结构

每个区块头都保存前一个区块的Hash值（即父哈希），Hash值可以看作区块的指纹特征，篡改某个区块的交易数据，都会导致它的Hash值发生变化。系统建立之初开始的所有“区块”按照时间顺序连成链式结构（Chain）就形成了区块链。“区块+链”的结构提供了一个数据库的完整历史。从第一个区块开始，到最新产生的区块为止，区块链上存储了系统全部的历史数据。每一条交易数据都可以通过“区块链”的结构追本溯源进行验证。区块链通过技术手段保证区块链上的数据不可篡改、不可虚构、不可伪造。

时间戳

区块链每一个区块中都盖上一个时间戳，表示这个区块的信息是这个时间写入的，最终形成了一个不可篡改、不可伪造的数据库。时间戳是存在性证明（Proof of Existence）的关键参数，比特币的时间戳设计是非常复杂的，具体可参阅本书比特币部分。

共识机制

共识机制是区块链运行的核心，各个节点通过共识机制保证信息的一致性和安全性。从技术角度看区块链实质上是一个分布式系统，共识机制的实质就是合理设计平衡分布式系统的一致性（Consistency）、可用性（Availability）和分区容错性（Partition Tolerance）问题，这三者的抉择是分布式系统运行机制中无法回避的话题。常见的共识算法有工作量证明、权益证明、股份授权证明、实用拜占庭算法等。

1. 难以三全其美的分布式系统

分布式系统是若干独立计算机的集合，这些计算机对于用户来说就像是单个相关系统。分布式系统的进程运行在各个节点上，数据也存储在各个节点上，但是所有这些对于用户是透明的，相对来说分布式系统具有比集中式系统更强的健壮性。

（1）分布式系统的主要特点。

①透明性。组成分布式系统的各种计算机之间的差别以及计算机之间的通信方式的差别对于用户是隐藏的，用户也看不到分布式系统的内部组织结构。分布式系统隐藏了其中单个计算机在系统里所承担任务的所有细节，但是用户或者应用程序无论何时何地都能安全、便捷的以一种一致和统一的方式与分布式系统进行交互。用户感觉不到进程和资源实际上运行在多台计算机上，透明性包括访问透明性、位置透明性、迁移透明性、重定位透明性、复制透明性、并发透明性、故障透明性的概念，详见表 3. 3。

表 3. 3　分布式系统的透明性

透明性	具 体 解 释
访问透明性	隐藏数据表示形式的不同以及资源访问方式的不同，如传输数据字节顺序方面 Sun 服务器采用大端格式，x86 服务器采用小端格式；如分布式系统各节点运行在不同的操作系统平台上
位置透明性	隐藏资源所在位置，资源的逻辑名和资源位置完全无关
迁移透明性	资源迁移到其他位置不影响资源访问

续表

透明性	具体解释
重定位透明性	用户从一个地点到另一个地点不影响系统访问
复制透明性	对同一个资源存在多个副本隐藏
并发透明性	确保对共享资源的并发访问不会破坏资源的一致性，一致性通常的解决方法是采用锁定的机制，用户轮流对资源进行独占访问
故障透明性	某个资源无法正常工作，不影响用户访问

②开放性。一个开发的分布式系统服务通常是通过接口制定的，而接口一般是通过接口定义语言来描述的。

③健壮性。即使分布式系统中某些部分可能暂时发生故障，但其整体在通常情况下是保持可用的，用户和应用程序不会察觉到新的节点的加入、替换和维修。

④可扩展性。这主要体现在“规模、地域、管理”等方面，分布式系统可以方便地把更多的用户和资源加入系统中，并且可以方便对其进行管理。

（2）分布式架构的主要难题。分布式系统体系结构从其出现之初就受制于“通信异常、网络分区、三态”等诸多的难题，具体如下：

①通信异常。从集中式向分布式演变的过程中，必然引入网络因素，由于网络本身的不可靠性，因此也引入了额外的问题。分布式系统需要在各个节点之间进行网络通信，因此每次网络通信都会伴随着网络不可用的风险和网络处理能力有限的瓶颈，消息丢失和消息延迟变得非常普遍。

②网络分区。当网络由于发生异常情况时很可能最终导致组成分布式系统的所有节点中，只有部分节点之间能够正常通信，而另一些节点则不能——这个现象称为网络分区。当网络分区出现时，分布式系统会出现局部小集群，在极端情况下，这些局部小集群会独立完成原本需要整个分布式系统才能完成的功能，包括对数据的事物处理，这就对分布式一致性提出了非常大的挑战。

③“三态”。在传统的集中式系统中，应用程序在调用一个函数之后，能够得到一个非常明确的响应：成功或失败。而在分布式系统中，由于网络是不可靠的，此分布式系统的每一次请求与响应，存在特有的“三态”概念，即成功、失败、超时。当出现这样的超时现象时，网络通信的发起方是无法确定当前请求是否被成功处理的。

④节点故障。节点故障则是分布式环境下另一个比较常见的问题，指的是组成分布式系统的服务器节点出现的宕机或“僵死”现象，通常根据经验来说，每个节点都有可能出现故障，这种情况发生是正常的。

（3）无法突破的“CAP”。2000 年，来自加州大学伯克利分校的埃里克·布鲁尔

(Eric Brewer) 教授提出了“CAP”猜想。2 年后，麻省理工学院的赛斯·吉尔伯特和南希·林奇从理论上证明了 CAP，CAP 理论正式成为分布式计算领域的公认定理。CAP 理论认为一个分布式系统最多只能同时满足一致性（Consistency）、可用性（Availability）和分区容错性（Partition Tolerance）三项中的两项，无法做到“三全其美”。C、A、P 是分布式系统的不可能三角，不要将精力浪费在如何设计能满足三者的完美分布式系统，而是应该进行取舍。当然这并不意味着一个分布式系统放弃一个目标就一定能得到另外两个目标，分布式系统运行机制的设计非常重要。

①一致性。数据一致性是指在对分布式环境中一个副本数据进行更新的时候，必须确保也能够更新其他的副本，否则不同副本之间的数据将不一致。根据要求的不同，一致性可分为强一致性、弱一致性和最终一致性。

强一致性：系统在执行过某项操作后仍然处于一致的状态。在分布式系统中，更新操作执行成功后所有的用户都应该读到最新的值，这样的系统被认为是具有一致性的，等同于所有节点访问同一份最新的数据副本。这种一致性级别是最符合用户直觉的，用户体验最好，但实现起来往往对系统的性能影响大。

弱一致性：系统在执行过某项操作后，不承诺立即可以读到写入的值，也不承诺多久之后数据能够达到一致，但会尽可能地保证到某个时间级别（比如秒级别）后，数据能够达到一致状态。

最终一致性：最终一致性是弱一致性的一个特例，系统会保证在一定时间内，能够达到一个数据一致的状态。这里之所以将最终一致性单独提出来，是因为它是弱一致性中非常推崇的一种一致性模型，也是业界在大型分布式系统的数据一致性上比较推崇的模型。

②可用性。每一个操作总是能够在一定的时间内返回结果，这里需要注意的是“一定时间内”和“返回结果”。一定时间内指的是，在可以容忍的范围内返回结果，结果可以是成功或者失败。

③分区容错性。分布式系统指在网络中断、消息丢失的情况下出现网络分区，在这种情况下系统仍然可以接受请求，在满足一致性和可用性的前提下正常工作。

CAP 理论认为在 P 确定存在的情况下，只能在 C、A 两者中选择一个，或者在一致性和可用性之间进行平衡，在不影响实际使用体验的前提下保证相对可靠的一致性，所以很多时候都会碰到这个选择题，要么选择“AP”要么选择“CP”，然而鱼与熊掌不可兼得。

④加密货币的“CAP”困扰。微软首席架构师 Yaron Goland 认为一个区块链就是一套点对点的分布式数据库，没有中心节点可以决定数据正确与否。一笔交易提交后被打包到一个区块中，该区块的后续区块越多说明这笔交易在全网范围内的共识（即一致性）越强。在诸如比特币之类的加密货币等场景下，一致性的问题会给普通用户造成巨大的困

扰，一个很可能出现的场景是用户以为已经用法币购买了比特币，可是过两天查看自己的钱包，却发现分文没有。区块链中每个节点都可能会构建一套交易链，出现这种情况通常是因为出现了分叉，这笔交易所在的区块没有得到绝大多数的认同，最终被丢弃，Goland认为比特币等加密货币是最终一致性判定的一个非常经典的例子。两个相互冲突的值被记录下来，系统在内部各节点之间进行通信，最终使用一种冲突解决协议来选出优胜者。

（4）从“平等”到“主从”的趋势。分布式领域的大师级人物兰伯特等于1998年首次提出拜占庭问题，并对非拜占庭模型下分布式一致性问题给出了形式化讨论与证明，同年他还提出了分布式一致性算法 Paxos。Paxos 算法中没有主节点，基于 P2P 模型表决，这可能导致成员节点间产生无休止的竞争。

2013 年，Google 研究院发表公开了其对 Paxos 应用研究成果，其证实采用基于主从模型的 Multi - Paxos 算法工程化实现的分布式锁服务 Chubby 支撑了 Google 公司全球系统基础设施的运行。

2014 年，斯坦福大学 Diego Ongaro、John Ousterhout 提出了 Raft 算法。此后分布式一致性算法正式进入以主从模型为主流的发展时代，主从模型的一致性系统虽然较 P2P 模型拥有更低的平均延迟，但也由于主节点的存在，所以存在严重的单点性能瓶颈问题，而且如若主节点崩溃，那么重新选举 Leader 节点引起的系统震荡也降低了系统的稳定性。

2. POW（工作量证明）算法

工作量证明就是所有参与节点运用“算力”竞争记账权，最终实现各个节点对账本的一致的认识。工作量证明是最为经典的共识机制，比特币就是采用工作量证明机制保证所有节点对一个待确认交易达成一致，各个节点基于“算力”争抢记账权，父区块区块头的“目标值”设定了赢得记账权的条件，第一个计算出符合要求的哈希值的矿机得到了记账的权限，建立了一个待确认的新区块。工作量证明算法的实质是“算力”说了算，通过激励机制驱动矿工按照规则运转，拥有最强算力的人可以从激励而不是恶意攻击中得到最大的利益。

工作量证明机制是一种非常有效地共识机制，一是可以有效的实现一致性的目标，除了链尾的几个区块，其余区块得到了全网确认；二是节点可自由加入区块链，节点的加入或撤离不会影响区块链的一致性和安全性；三是每个节点完成工作量证明的概率由它所拥有的计算资源决定，攻击者无法通过创建多个公钥地址来提高自己完成工作量证明的概率，这样可以有效抵御女巫攻击；同时在诚实方拥有的计算资源占多数的情况下，可有效抵御“双花”攻击，工作量证明算法的安全性已经过验证，比特币在长达近十年的时间里运行非常稳定。

工作量证明机制存在如下问题：一是工作量证明机制存在严重的效率问题。每个区块的产生需要耗费时间，同时新产生的区块需要后续区块的确认才能保证有效，这需要更长的时间，严重影响系统效率，典型如比特币系统平均 10 分钟产生一个区块。二是“50%攻击”隐患，如果出现类似于比特币挖矿算力明显集中的趋势，那么安全性和公平性就存在严重隐患。三是工作量证明过程通常是计算一个无意义的序列，需要消耗大量计算资源、电力能源，但是这种计算没有任何额外的科学或者经济价值，所以业界也在积极研究有用的工作量证明机制，尝试通过求解正交向量、最短路径等问题，代替寻找无意义的二进制数来抵消需要消耗的资源。

3. POS（股份权益证明）算法

2011 年，一个名为 Quantum Mechanic 的数字货币爱好者提出 Proof - of - Stake（POS）算法，该算法被充分讨论之后证明具有可行性。如果把工作量证明中的计算资源视为对区块进行投票的份额，那么权益证明就是将与系统相关的权益作为投票的份额。权益证明蕴含的理念是区块链应该由那些在其中具有经济权益的人进行保障，这个理念非常容易理解。

权益证明算法不要求证明完全一定数量的计算工作，而是要求证明对某些数量的币拥有所有权，币龄代表持有一定数量的币的时间，例如甲得到 4 个币并且持有 90 天，那么甲就有 360（4 ×90）币龄，而一旦甲将这笔钱花费以后，或者赢得了记账权，那么持有的币龄被清零。不同于工作量证明“军备”竞赛的性质，权益证明类似于抽奖，累积币龄越多越有可能竞争到记账权，但是赢得记账权后币龄被清零的机制，降低了再次赢得记账权的概率。

点点币（Peercoin）、未来币（Nextcoin）等多种加密货币都使用了权益证明的机制。2012 年，匿名开发者 Sunny King 发布的点点币中首次实现了权益证明的机制。在点点币区块中有一个称为 Coinstake 的交易，类似于比特币币基（Coinbase）交易的概念。在 Coinstake 交易中，规定货币所有者将持有的货币发送给自己（保证生成权益区块后币龄为零），用来产生点点币区块并得到部分利息，得到利息币的代价是币龄的消耗。新经币采用改进版的权益证明算法 POI，“重要性证明”用一个关于一个账户信息的数学公式来决定一个人对这个群体有多重要，然后决定记账权，具有低能耗、高效率等优势。

权益证明中通常将主链定义为消耗币龄最高的链，每个区块的交易都会将其消耗的币龄提交给该区块，以增加区块得分。采用权益证明机制，共识在资产持有人之间达成，不持有资产的人无法发动攻击，网络安全取决于资产持有者。攻击者如果想发起对主链的攻击，必须要拥有一大笔钱，并且要累积到足够多的币龄才行，攻击者得到 POS 系统中一大笔钱的花费似乎比掌握比特币系统中大部分算力代价更高，而且一旦实施攻击，破坏货币体系的同时自身拥有的大量资产也会受损，这可能从一开始就降低了攻击者的行为动机。还有区块生成后币龄立即清零，这也保障了攻击者不能进行持续攻击。

关于权益证明算法，主要反对声音有两点：一是POS类似于传统的股票，分配依赖于股权结构，这种结构可能加大系统中的贫富差距，但是权益证明算法的拥护者认为区块链没有理由去解决贫富差距问题，并且持有股份更多的人有更多分红也是现实世界的原则，对此不应该有太多异议，不过采用重要性证明算法的新经币市值规模超过了其模仿的未来币，还是说明了大部分人还是倾向于更公平的共识算法。二是关于“囤币”现象，货币持有者不愿意进行交易，针对此情况业界提出了POSV等改进建议，POSV将币龄和时间的线性函数修改为指数式衰减函数，即币龄的增长率随时间逐渐减少最后趋于零。因此新币的币龄比老币增长得更快，直到达到上限阈值，这样在一定程度上缓和了货币持有者囤币现象。

4. DPOS（股份授权证明）算法

为了进一步加快交易速度，比特股的创始人BM在POS的基础上提出了DPOS共识算法。在比特股系统中每个币相当于一张选票，持币人可以根据持币的数量投出自己的若干数量的选票给自己人信任的受托人（Delegates），由受托人负责维护系统运行，受托人并不一定是拥有最多系统资源的人。这有点类似于代议制制度，能够让数字货币持有者将系统记账权和安全工作交给有能力有时间的人来专职从事。由于受托人记账也会得到收入，所以他们会努力维护好与投票者的关系，持币人有权在一段时间后根据受托人的表现重新选举，如果对他们的工作表现不满意，也可以要求罢免受托人。在DPOS中受托人按照事先规定的顺序轮流负责生成区块。通过所有股东的投票后，系统中的信任已经由全体参与者集中到了少数参与者，节点发起交易后不用再等待相当数量未授信任节点的确认，而只需要让受托人对交易进行验证，这就大大缩短了交易的确认时间。DPOS能实现更高的吞吐量，在理想情况下每秒可以达到数十万笔交易，甚至百万笔的吞吐量。

5. PBFT（实用拜占庭容错）算法

PBFT（Practical Byzantine Fault Tolerance：实用拜占庭容错算法）是米格尔·卡斯特罗和芭芭拉·利斯科夫在1999年提出来的。PBFT解决了原始拜占庭容错算法效率不高的问题，将算法复杂度由指数级降低到多项式级，使拜占庭容错算法在实际系统应用中变得可行。该协议要求在有3f+1个节点的分布式系统中，在一个可以容忍拜占庭错误的系统中f的最小取值为1，因此系统至少由4个节点组成。系统正常运行的前提是失效节点数量不能超过f个，额外的副本除了降低性能之外不能提高可靠性。

PBFT在某一时刻，只有一个主节点可以提出新区块，其他节点对该区块进行验证，可以实现区块链的一致性，同时避免分叉，缩短了交易确认和区块确认时间，系统具有较高的效率。当然拜占庭一致性协议在安全性和扩展性方面也存在一些问题：一是 PBFT 的安全性依赖于失效节点数量的限制，失效节点数量不能超过全网节点的 1/3。在区块链系统中，恶意节点可通过实施女巫攻击产生多个节点，使其控制的节点比例超过全网节点的 1/3，从而破坏系统的一致性和安全性。二是不适用于节点数量过大的区块链系统，扩展性相对较差。三是能否取得共识也依赖于主节点是否诚实，若主节点提出无效区块，则本轮不会产生区块，影响效率。

6. 混合算法

常见的混合算法有工作量证明 + 权益证明混合算法（POW + POS）、实用拜占庭容错算法 + 权益证明算法（PBFT + POS）等，此外 BM 在 EOS 的平台上引入了拜占庭容错 + 分布式权益证明混合算法（BFT + DPOS）也非常值得关注。

（1）POW + POS。有不少加密货币采用工作量证明和权益证明相结合的策略，利用权益证明机制减少系统的资源消耗，提高公平性和安全性。系统以轮为单位，每轮包含工作量证明阶段和权益证明阶段。在工作量证明阶段，节点尝试完成工作量证明，提出新区块。随后进入权益证明阶段，由完成权益证明的节点对新区块进行验证和确认。通过交替进行工作量证明和权益证明，减少算力强的节点对区块链的影响，使系统即使出现具有算力超强的节点，也能保证系统的安全性。

（2）PBFT + POS。通过权益证明限制参与拜占庭一致性协议的节点数量，以提高系统的可扩展性。首先，节点通过权益证明机制验证自己是否被选为代表，通过验证的节点可提出待定区块。然后，进行新一轮的权益证明选出新的代表对待定区块的有效性进行验证。有限轮次之后，代表之间通过拜占庭一致性协议在优先级最高的区块上达成一致。通过权益证明选出代表，有效解决了拜占庭一致性协议的扩展性和效率问题，同时利用拜占庭一致性协议避免了权益证明易分叉的弱点，提高了一致性和安全性。在保证安全性和一致性的基础上，对于共识机制的研究一直围绕在如何平衡系统的性能效率、扩展性和资源消耗等因素上。

（3）BFT + DPOS。BM 在 EOS 的基础架构中引入了 BFT + DPOS 的混合共识机制，类似于 PBFT + POS 的混合算法。DPOS 的特殊性奠定了拜占庭容错能力的基础框架，DPOS 的算力节点是固定的，并且由大型的机构运营，其信息相对透明。EOS 的 DPOS 共识算法有足够稳健的拜占庭容错能力容纳网络中一定的叛徒（或者出错）节点。在 POW 或者其他的 POS 共识里，节点不限、随机出块顺序的问题，就变成只要解决“固定数量和固定出块顺序情况下的拜占庭问题”，所以一致性的难度大大降低了。为了提高效率，

DPOS 规定如果区块被三分之二的节点确认，就是不可逆块。如果被最新出块的三分之二节点确认，就是最后不可逆块。通过最后不可逆块，就能确认这条链是不是由三分之二节点签名的最长的那条链。

7. 没有终极的共识算法

共识算法为区块链技术最为核心的部分，是区块链正常运行的驱动力。区块链各个节点达成共识是需要付出代价的，工作量证明算法付出了算力，权益证明算法牺牲了流动性，股份授权证明算法在权益证明算法的基础上需要接受代理人风险，使用拜占庭算法则有赖于外部信用体系。各种共识算法在分配特性、安全特性和权益特性方面相似之处不多，不能简单地以“节能”为由认为权益证明算法将取代工作量证明算法，或者因为交易效率就推崇权益股份证明算法和实用拜占庭算法，甚至坚持认为工作量证明算法才是最为公正的共识算法，实际上比特币算力的竞争早已经演变成资本的角逐。目前来看还没有终极的共识算法，各种共识算法都有各自的优点或缺点，实践中还是需要根据场景决定共识算法，将不同的共识算法结合起来使用很可能解决某些应用场景的共识要求，如 POW + POS 或者 POS + PBFT 等，其中 POW + POS 的混合式共识算法已经被众多加密货币所采用，混合式共识很可能成为未来共识机制研究的重点。

智能合约

密码学家尼克·萨博（Nick Szabo）在 1995 年提出了智能合约（Smart Contract）的理念，根据其定义：“一个智能合约是一套以数字形式定义的承诺（Promises），包括合约参与方可以在上面执行这些承诺的协议。”从本质上讲，智能合约的工作原理类似于计算机程序中的 if – then 语句。当一个预先确定的条件被触发时，智能合约便执行相应的合同条款。在区块链平台出现之前，因缺乏执行智能合约的合适环境，智能合约一直处于被埋没的状态。智能合约应该具有灵活定义、自动化和可执行性等特点。比特币及区块链技术出现后，其多方存储、多方计算、规则透明、不可篡改等特性，恰好为智能合约提供了安全可靠的记录载体和执行环境，区块链给了智能合约施展的空间。随着技术的发展，智能合约已经成为区块链技术的标配，得到越来越多的关注。

1. 智能合约的功能

智能合约的出现标志着区块链进入可编程的阶段。比特币内置的脚本语言支持多重签名，或者往区块链中写入一些简短的信息，甚至生成一段谜题提供正确的输入才可以花掉指定的资金。以太坊等后续区块链平台的智能合约则具有更强的可编程性，可以按照业务需求封装逻辑、规则、处理步骤等，支持更复杂的业务逻辑，实现区块链与链内链外系统甚至实物的联动等等，允许区块链在更多的场景发挥作用，比如交易的有条件触发等。智能合约带给区块链应用很大的想象空间，使很多复杂的商业逻辑有了在区块链上运行的可能性。区块链之所以被认为是一种颠覆性的技术，智能合约应该是其中的一个主要原因。

2. 智能合约的组成

典型的智能合约由以下四个主要组成部分：①合约条款：所有相关方商定的一组预先设定的条款和执行条件；②事件：一个或一系列可触发交易的特定事件，事件应在合约中详尽定义；③执行：触发交易时，合同签署方之间的价值转移；④结算：智能合同需要由相关各方共同编制，合约条款可以规定执行条件，如以收到各当事方的数字签名以及某些事件或条件的发生等为执行要件。传统的合约是双方或者多方签署的，合同中的任何一方必须信任彼此并履行义务，如果对方恶意违约，各方都需要付出一定的代价，如时间等。智能合约的特别之处是双方或者多方一旦签署智能合约，那么智能合约就自动的、强制的执行，不以单方面意愿改变合约执行过程。这样做有许多好处，包括快速和自动执行合约、降低交易成本以及制定无二意性的合同条款。

3. 智能合约的运行成本

智能合约本质上是要在节点上运行的程序，所有节点都要执行一个程序，程序运行在区块链节点的虚拟机上。所有节点都要完成这段代码的运行意味着要消耗大量的计算资源和计算时间，而区块链上计算资源和计算时间受限于网络节点的平均计算能力，实际上是非常有限的。对于一个区块链平台来说所有的用户共享这些资源，用户越多的区块链平台资源越紧俏，这些资源必然也越昂贵。

如果只从计算机语句上分析，那么很多智能合约在实现时需要消耗的计算资源是事先无法预知的，甚至可能是无限的。这就需要有一种机制使只有最重要的业务逻辑才运行在区块链平台上，要求用户支付经济报酬无疑是一个很好的手段。以太坊的做法非常值得借鉴，以太坊虚拟机的每个指令都需要消耗 Gas 这种资源，而 Gas 又和以太坊公有链上的原生货币以太币挂钩，从而必然会在有限时间内完成，通过经济杠杆限制了智能合约的无节制使用。

4. 智能合约和外部的可信交互

区块链应用中，外部世界如何与智能合约交互往往是一个容易被忽视的问题，很多智能合约的应用场景是根据一些外部事件，输出相应的结果。区块链是基于共识的系统，只有在每个交易和区块处理过后，并且每个节点达到相同状态，智能合约才能正常运行，所有事情必须是精确一致的。如果节点之间对数据状态有歧义，整个系统就无法可信地稳定运行了。

智能合约由链上的每个节点独立执行，如果智能合约从外部服务获取数据的话，这个数据获取过程是由各节点重复和独立完成的，假设这个区块链有 100 个节点，那么就会有 100 条获取数据的请求，但是因为数据来源于区块链外部，由于网络延迟、节点处理速度等各种原因，每个节点获取的数据可能并不一样，甚至差别很大，如实时交易数据，因为输入不同所以对应的各节点智能合约输出也会不同，在这种情况下，整个区块链的节点就无法达成共识了。

解决的方法其实很简单，不通过智能合约发出外部数据获取指令，而是由第三方发送一笔区块链交易，在交易中附加需要的数据，交易会将数据嵌入区块，并同步到每个节点，从而保证数据的完全一致，因此可以用于智能合约的计算中。综上所述，就是由第三方将数据推送进区块链，而不是由智能合约将数据拉取进去。

区块链与外部的交互依赖于一个可信任的第三方，Oracle（预言机/神谕）就是这样的解决方案。预言机是一种可信任的实体，它通过签名引入关于外部世界状态的信息，从而允许确定的智能合约对不确定的外部世界做出用户反应。预言机具有不可篡改、服务稳定、可审计等特点，并具有经济激励机制以保证运行的动力。预言机有单一模型和多重模型两种模型。

（1）单一模型。单一模型预言机（见图 3. 10）的一个典型实例是 Oraclize。Oraclize 是一个独立的服务提供商，目前提供免费的数据输送服务，通过在区块链和互联网之间建立一道可信的数据网关，打破智能合约获取数据的束缚，在保证可信的情况下，使其具有访问互联网数据的能力，Oraclize 目前支持 Ehtereum、Bitcoin、Rootstock、Eris 四种区块链。Oraclize 不是想让智能合约的开发者信任这个组织，而是通过提供多种加密证明方法构建可信的预言机。

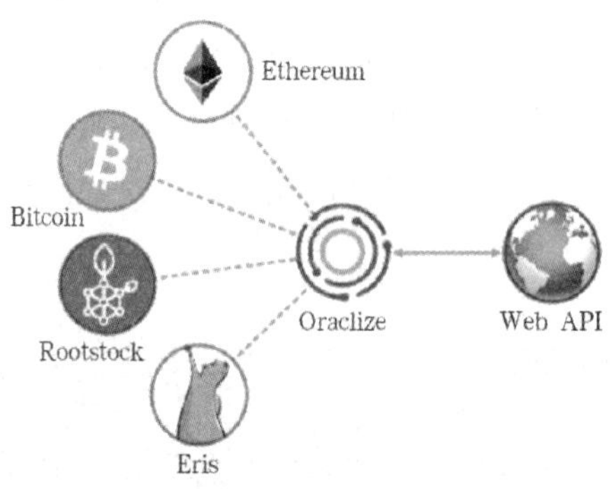

图 3. 10　单一模型预言机

（2）多重模型。多重模型又称为“预言机网络”，一般包含多个预言机。虽然单一可信任的预言机对大多数用户来说已经足够了，但是高价值的资产处理需要更高的可信任度，这就需要用到多重模型。在这一模型中，代码的执行分布在若干独立的预言机中，例如将 10 个预言机的数据设置一个可信临界，临界值数量的智能预言机必须就结果达成一致。假设用户使用 7/10 模型，只有当≥7 个智能预言机时，合同才能够执行。这一模型留出了 3 个缓冲，也许有的智能预言机离线、出现问题或者被黑客攻击，只要不多于 3 个就不影响合同代码的执行。多重模型比单一模型更加复杂，成本更加高，但是它提供了更好的安全保障。

5. 智能合约的隐患

智能合约可以实现所有功能，那么就极有可能被犯罪分子所利用。犯罪分子极有可能发布一些非法的智能合约，“永恒之蓝”就是一个极佳的例子。2017 年 5 月 12 日，黑客利用 Windows 操作系统的漏洞发动了“WanaCrypt0r 2. 0”（永恒之蓝）病毒攻击，“永恒之蓝”勒索病毒使几十万人受到影响。受害者文档被加密，需交赎金才能解锁，并且赎金只收比特币，只要按照黑客要求给指定的地址打比特币，程序自动扫描区块链，符合条件自动解密。黑客利用“区块链”底层技术支持，从“验货”到“收钱”再到“解密”自动完成，过程很完美。

在线勒索的场景中，区块链智能合约的威力和隐患被诠释得淋漓尽致。为什么在“永恒之蓝”出现之前很少遇到勒索病毒，主要原因是黑客非常容易暴露，而这次黑客利用智能合约和比特币几乎没有任何暴露身份的风险，智能合约会完成所有的“收款”工作，传统敲诈勒索装备了新科技。“永恒之蓝”敲响了智能合约合规监管的警钟，智能合约的合规性、合法性成为区块链进一步发展必须重点关注和着力解决的事项。

6. 分布式应用（DAPP）

基于智能合约的应用称为分布式应用（Decentralized App，DAPP）一般运行在分布式网络中，参与者信息被安全存储，隐私得到很好的保护，通过网络节点去中心化运行。DAPP 的目标通常由智能合约和客户端代码组成，客户端代码的作用就是让智能合约有一个友好的界面。从架构角度看去中心化应用非常类似于 C/S 或者 B/S 架构客户端或者浏览器，而智能合约、虚拟机及区块链网络则类似于服务器端的功能。

02 联盟链平台 Hyperledger Fabric

2015 年 12 月，Linux 基金会联合 IBM、埃森哲、英特尔、摩根大通、R3、DAH、DTCC、富士通、日立、SWIFT、思科等 30 家初始企业成员共同宣告 Hyperledger 项目成立。项目目标是打造一个透明、公开、去中心化的区块链架构，建立区块链技术的开源规范和标准，推动区块链技术的发展。

Hyperledger 项目概况

Hyperledger 会员已经超过 160 家，分为首要会员（Premier Members）、普通会员（General Members）和准会员（Associate Members）3 类。黄金会员共有 21 家，包括 IBM、埃森哲、空客、富士通、DTCC、英特尔、摩根大通、SAP、R3、戴姆勒、百度、万达、非凡科技等。普通会员 120 多家，这其中既有西班牙 BBVA 银行、日本 NTT 数据、NOKIA、墨西哥交易所、印度证券交易所、德国博世、韩国三星、纽约梅隆银行、ORACLE、SWIFT 等行业巨头，也有 Factom、Blockchain 等区块链初创公司，名单中有很多中国企业的身影，如招商银行、智链、中信、中钞区块链、华为、小米、云象、杭州趣链、Onchain 等众多中国企事业单位，中国概念的会员占据了总数的 1/4。此外，Hyperledger 项目还吸收了英格兰银行、浙江大学等 20 多家机构作为准会员。

Hyperledger 项目在成立伊始，就得到了各参与会员的大力支持。IBM 是 Linux 开源社区 Hyperledger 的主要贡献方，IBM 公布了 Open Ledger 标准（规格说明书），贡献了数万行已有的 Open Blockchain 代码，DAH 则贡献了企业和开发者相关资源，R3 贡献了新的金融交易架构，Intel 公司等也先后积极贡献了分布式账本相关的代码。

Hyperledger 项目的日常运行由超级账本技术指导委员会（Hyperledger Technical Steering Committee，TSC）负责统筹，TSC 下设多个工作组，具体带动多个项目和方向的发展。TSC 使用一系列既定的标准对项目适应性、灵活性、安全性、可行性和功能性进行批准核查并决定是否发行。

1. 主要项目

作为一个联合项目，超级账本由不同的子项目构成，Sawtooth Lake、Iroha、Fabric、Burrow（见表 3.4）是 Linux 基金会认为目前较为成熟的四个 Hyperledger 框架项目，其中

Fabric 平台最为引人瞩目。2016 年 9 月，Hyperledger 发布了 Fabric 0.6 版本，Fabric 0.6 是一个实验版本，所以存在不少问题。Hyperledger 收集了 Fabric0.6 版本的反馈建议，重新设计了整体架构并于 2017 年 7 月发布了 Fabric 1.0 版本，Fabric1.0 版本的优势主要体现在安全性、可扩展性和性能等方面。

表 3.4　Hyperledger 主要项目介绍

平台名称	平台介绍
Sawtooth Lake	“锯齿湖”是英特尔贡献的分布式账本解决方案，目标是给用户可以有开箱即用的功能齐全的市场数字资产管理体系，平台基于 Python 语言实现。“锯齿湖”抽象了共识的核心概念，提供了两种不同性能的共识协议，用于不同的业务场景
Iroha	初创公司 Soramitsu 和 IT 巨头 Hitachi（日立）贡献的项目，Iroha 是 Fabric、Sawtooth Lake 等 Hyperledger 基础设施项目的补充，该项目基于 C++语言实现。Iroha 专注于为终端用户创建高响应性和性能的应用程序，以便与移动和 Web 应用程序进行交互。Iroha 采用的是 sumeragi 拜占庭共识算法，能安全快速地处理数字支付、合同管理、身份管理和供应链管理等业务。Iroha 是日本企业力推的方案，松下、NTT DATA 等日本大型企业都给 Iroda 贡献过代码
Fabric	Fabric 是 IBM 为主贡献的分布式账本解决方案，目前已经发布了 1.0 版本，方案具有较强的模块性，目标是打造成一个由全社会来共同维护的一个超级账本。Fabric 架构核心分别为 Membership、Blockchain 和 Chaincode。Fabric 能够在 15 个验证节点的情况下提供 100K TPS 的性能
Burrow	Burrow 英特尔和 Monax 贡献的解决方案，实际上 Burrow 是一个以太坊衍生代码库，目标是为企业和机构提供一个智能合同平台

2016 年 9 月，Hyperledger 发布了 Fabric 0.6 版本，Fabric0.6 是一个实验版本，所以存在不少问题。Hyperledger 收集了 Fabric0.6 版本的反馈建议，重新设计了整体架构并于 2017 年 7 月发布了 Fabric 1.0 版本，Fabric1.0 版本的优势主要体现在安全性、可扩展性和性能等方面。

2. 中国技术工作组

为了能更好地推动超级账本项目在中国应用和落地，方便中国技术人员为超级账本项目贡献代码。2016 年 12 月 1 日，超级账本项目（Hyperledger Project）开源联盟技术指导委员会（TSC）支持成立了 TWG - China（中国技术工作组）。万达、华为、IBM 是中国工作组三个主要负责公司，中国技术工作组的主要职责就是促进世界各地的超级账本成员和中国贡献者及技术用户的交流，运营超级账本中国开发者社区，以便催生出更多的技术提案和改进措施，推进超级账本代码建设。

Fabric 技术框架

1. 三大技术组件

Fabric 平台的架构由会员服务（Membership）、区块链服务（Blockchain）、链码服务（Chaincode）三大技术组件组成，各个组件主要功能如下：

会员服务由会员注册、身份管理和可审计性等子模块组成，可提供会员注册、身份保护、内容保密、交易审计功能。每个参与者都要向成员权限管理服务证明自己的身份，所有成员必须经过许可才可以发起交易，交易是安全、私有、可信的。

区块链服务由共识管理、分布式账本、账本存储、P2P 网络等子模块组成，平台底层是基于 P2P 的通信网络（gRPC），平台通过 HTTP 报文实现节点间数据传输，按照共识机制进行分布式账本交易处理和存储，维护全网一致的分布式账本，Fabric 共识协议具有高度模块化，采取可插拔的方式根据具体需求可设置 PBFT、Raft、Pow、POS 等共识算法。

链码服务由可信容器和可信注册表等子模块组成。链码服务提供一个安全的、轻量的可信容器（Docker）在验证节点上执行链码，可支持 Go、Java、Node. js 等语言，类似以太坊的 EVM 虚拟机及其运行的智能合约，链码服务实现了区块链上运行业务逻辑的能力。

外部系统或者用户则需要通过 APIS、SDKs 和 CLI 访问区块链提供的各种服务，基于上述方式开发人员能够快速测试、查询链码或者以可编程方式控制区块链网络的能力，如更新网络配置、启停节点、操作运行在网络上的链码。Fabric 支持多种语言的 SDK，这些 SDK 封装了对底层 gRPC① 接口的调用，简化开发者的工作。

2. 多种节点各司其职

Fabric1. 0 的网络中节点并非是完全平等的，为了更好地适应高性能、用户认证等商业场景需求，Fabric 1. 0 定义了排序节点、记账节点、背书节点、非验证节点、CA 节点、提交节点等类型，各种类型的节点主要功能如下：

排序节点（Orderer）：负责对所收到的交易进行全局排序，提供全局确认的交易顺序。为避免成为瓶颈排序节点并不执行其他操作。

记账节点（Committer）：负责对 Orderer 排序后的交易进行验证，维护状态数据和账本

---

① gRPC 是 Google 推出的一个高性能、通用的开源 RPC 框架，基于 HTTP/2 协议标准而设计，用于实现节点数据的传输，gRPC 支持多种开发语言。

的副本。需要注意的是 VP（验证）节点属于 Fabric 0.6 的概念。

背书节点（Endorser）：负责检验某个交易是否合法，是否愿意为之背书、签名，计算交易执行结果。背书节点用于相应特定的链代码的背书请求，在交易提交前对交易进行背书处理。每个链代码都可能制定一个背书策略，这些背书策略会涉及一个背书节点集合，这些策略定义了合法的交易背书的必要条件。背书节点是一个动态的角色，只有在应用程序发起交易背书请求的时候，被请求的节点才是背书节点，平时则是普通的记账节点。

非验证节点（Non - Validating Peer）：不参与账本维护，仅作为交易代理响应客户端的 REST 请求，并对交易进行一些基本的有效性检查，之后转发给验证节点。非验证节点可以分担 API 请求处理或事件处理等访问压力。

CA 节点：负责网络中所有证书的管理（分发、撤销等），实现标准的 PKI 架构，CA 签发证书后，不再参与网络中的交易过程。

提交节点（Submitter）负责接收交易并转发给排序者，目前尚未单独出现。

3. 灵活的多通道技术

Fabric 支持多通道技术，即多链技术，不同通道之间数据彼此隔离，具有较强的灵活性，用户可根据业务员需要构建业务链，适用于各种业务场景。Fabric 网络中的节点可以按照业务需求形成不止一个链。用户可以根据不同的需求创建不同的链，就像根据不同的目的创建不同的 Web 站点，这也被称为多通道技术。通道是逻辑上彼此隔离的原子广播渠道，通道会向所有的节点输出同样的信息，并且以同样的逻辑顺序输出到所有的节点，通道由排序服务进行管理，通道与绑定到该通道上的配置和数据（包括交易、账本、链码实例、成员身份等）一起构成了一条完整的区块链，通道外的成员无法访问到通道内的数据。因为通道和链是紧密结合在一起的，所以在实践中多通道和多链的概念经常被混用。

多链的各个链是独立的，可以采用完全不同的操作参数、共识算法和安全要求。如图 3.11 所示节点 1、2、3、4 共同运营应用 A，即图中黄色区块链结构；节点 2、3、4、5 共同运营应用服务 B，即图中绿色区块链结构、节点 3、4、5、6 共同运营应用服务 C，即图中红色区块链结构；可见物理拓扑和逻辑拓扑是不一样。

4. 主要技术概念

（1）世界状态。Hyperledger 的总账由区块链和世界状态两个主要的部分组成。世界状态是一个用来存储交易执行状态的键值（Key - Value）；数据库世界状态（World State）是 Fabric 区块链系统中非常重要的一个概念，链码（Chainnode）用世界状态存放链码执行过程中涉及的状态变量。世界状态包含交易执行结果的变量集合，从技术上讲

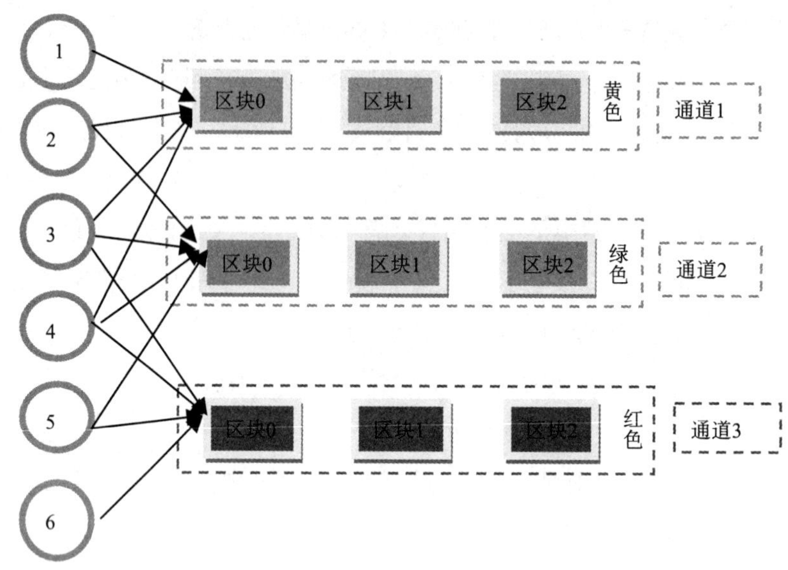

图 3.11　多通道技术

Fabric 是一个键值数据库。

（2）交易。交易对链码进行操作，每笔交易都会改变世界状态。交易通常会关联链码定义及其执行环境的链码规范。Fabric 的交易有 Deploy（部署）、Invoke（调用）、Query（查询）等类型。部署交易负责创建新的链码，并且用一个程序作为参数，当一个部署交易成功执行时，链代码被安装到区块链上。调用交易在先前部署的交易上下文中执行操作；调用交易指的是链码和其提供的一个或多个功能。调用交易会修改世界状态，并返回输出；查询交易除了消息类型是 CHAINCODE_ QUERY 其他，类似于调用交易。

（3）容器。链码运行在隔离的容器中，Fabric 采用了 Docker 作为默认容器。Docker 是最受大众关注的容器技术，已经成为事实上的容器标准。虽然 Docker 公司是“官方的” Docker 项目持有公司，但是 Docker 是开源的，并且得到很多厂商的支持。Docker 服务的基础是虚拟机，整个 Docker 服务包含了虚拟机以及操作虚拟机的一系列命令集合，容器是一个实例化以后的虚拟机，容器依赖于镜像，在镜像的基础上做实例化，是初始化以后的虚拟机。Docker 通过 gRPC 协议来相应的验证节点或客户端调用和查询。Fabric 支持 Go、JavaScript、Java 等多种语言，对容器的操作支持三种方法：build、start、stop，对应的接口为 VM。

适用于商业场景的主要原因

（1）成员管理模块中融合了身份证书管理服务，通过 Fabric CA 框架提供了更加强大的用户认证管理，Fabric 通过数字证书机制首次将权限管理机制引入区块链系统，这使 Fabric 具备商用的能力。

（2）支持多通道技术，即多链技术，不同通道之间数据彼此隔离，具有较强的灵活性，用户可根据业务员需要构建业务链，适用于各种业务场景。

（3）支持可插拔的架构，Fabric 采用模块化架构，允许不同的组件在实现协议的基础上即插即用。用户可以根据业务需要或者监管要求选择共识算法、权限管理、密码算法等模块，如中国邮政储蓄银行的资产托管项目中就采用了国密算法。

（4）具有加强的可编程能力，Fabric 将链码分为系统链码和用户链码，系统链码负责实现区块链系统的处理，用户可根据需要基于用户链码定制开发需实现的商业逻辑。

03 “非链之链”的 R3 Corda

Corda 是分布式账本初创公司 R3CEV 主推的分布式账本产品。R3CEV（简称“R3”）是一家 2015 年 9 月成立的区块链创业公司，总部位于纽约。2017 年 5 月，R3 成功筹集了 1.07 亿美元，投资者包括淡马锡、英特尔等，虽然这距离 R3 最初 2 亿美元的目标差距较大，但在当时仍然打破了区块链相关领域的融资纪录。R3 坚信分布式账本技术有潜力为金融服务行业带来变革，Corda 是 R3 为金融机构量身定做的企业级分布式账本技术，在 Corda 平台上交易数据仅同步给交易相关方节点，共识机制也是在交易相关方的节点间达成，Corda 智能合约代码和法律条文实现强关联，并为监管者提供了一个可以查阅数据的特殊节点。

R3 联盟

R3 联盟是 R3CEV 公司推动成立的分布式账本联盟。R3 联盟是目前世界上最大的分布式账本技术联盟，富国银行、美国银行、纽约梅隆银行、花旗银行、德国商业银行、德意志银行、汇丰银行、摩根士丹利、澳大利亚国民银行、加拿大皇家银行、法国兴业银行等 70 多家大型金融及金融监管机构加入了 R3 联盟。R3 联盟的中国成员有中国外汇交易中心、中国平安、民生银行和招商银行等机构。R3 联盟搭建一个已经聚集了 70 多家会员和 200 多家科技公司的分布式账本生态圈。

R3CEV 是一个非常典型的初创公司，公司总部办公地点位于纽约华尔街附近一个普通的写字楼上，在寸土寸金的纽约 R3CEV 租用的办公区域并不是很大，其办公环境和硅谷的那些初创公司没有什么区别，办公设施非常简单，空间也多少有点局促杂乱，没有一点点纽约传统金融大鳄们那种“高大上”或者“非常职业”的感觉，很难想象这么一家小公司居然能“撬动”全球最大的几十家金融机构。这些金融机构之所以甘愿加入R3CEV主导的区块链联盟，一个主要原因是R3的分布式账本理念更符合这些金融机构的理念，当然拥有资深金融背景的创业者和身处世界金融中心纽约也是非常重要的原因。R3宣称所有联盟成员都能从联盟生态中受益，科技公司加入R3联盟可以接触到大量的金融机构，并参考R3组织推动的各种应用探索，有效降低产品开发周期；银行、证券等市场参与者能近距离感受金融科技把握金融市场变化；金融中介机构可以更加专注于治理和效率；监管机构可以深度参与监管科技的发展。

Corda的设计理念

1. 趋势分析

R3分析认为金融机构业务协作“分散→集中→分布式”的演进过程，最初参与交易的金融机构都以自己的角度维护着交易的账本，角度不同导致账本的不一致，必然带来机构之间对账、核算、纠错的巨大耗费。双方认知存在的差异也是一个风险，而且很可能是系统性风险。于是参与交易的金融机构开始将关键处理过程委托给DTCC等中介机构，中介机构确实提高了效率，但是对账等操作仍然不可避免，并且中介的业务覆盖范围非常有限，金融交易领域的集成度远远落后于信息交换领域。R3认为最新的方案是各方合作维护一个共享账本，在此基础上自行处理各方内部商业逻辑。所有参与方可通过一种安全、一致、可靠、私密、权威的方式来记录和管理彼此之间的协议。

2. 终极理念

R3分析认为符合金融业务场景的、理想的分布式账本应具有“法律认可、数据权威、不可更改、直接交易、平台开放、数据保密”等特点，R3将此称之为“终态原则（End－State Principles）”。

（1）法律认可。账本记录的事实无论在任何争议场合，都可被各方看作具有法律约束的可用证据。

（2）数据权威。记录在账本上的事实具有权威性，而非存储在别处的权威数据的影子。因此直接通过平台便可达成决定。

（3）不可更改。参与方一旦达成协议，账本上的记录就是最终且不可变的。只能通过后续的交易去纠错或解约，这将促使公司不得不通过改进内部工作流程来提高准确度和质量标准。

（4）直接交易。任何授权方都可直接访问账本，并通过账本记录与对方达成协议，任何参与方都不会被迫与其他方打交道，分级或等级制的市场模型会越来越少。

（5）平台开放。通过提供开放式标准（开放源码、研发等）和私密性访问，新老机构都可以实现互联，展开竞争，提供差异化的服务，从而利于客户自由选择，促进业内竞争。

（6）数据保密。唯一能访问交易内容的是参与方本人和其他合法知情者。

3. 分步推动

R3 认识到这个愿望的最终实现需要过渡状态，现有的系统在可预见的未来将会一直存在，需要将现有系统的共存、整合与移植作为一个推动分布式账本广泛深入应用的基础，这些过渡状态也可带来客观的价值，并且在这个过程也可以着手解决法律或其他非技术性问题。

R3 认为实现“终态原则”需要注意以下事项：一是考虑争议解决的流程，因为合约争议的情况是不可避免的；二是产品高层级所包含的知识产权可由参与建设的企业或组织持有；三是采用高标准的安全设计来应对；四是监管者的参与是这个平台设计过程的关键因素。R3 认为“现行的区块链系统架构也不适用于我们的要求，无法做到在单独法律协议层面上进行有限制且谨慎定义的数据共享。”

4. 全面合作

Corda 展现了与现有世界里大银行、大型中心机构的全面合作的姿态。Corda 在设计中有多项独特考虑，一方面为了迎合商业需要，Corda 设计了与众不同的机制，牺牲了交易验证的全局可见性，确保只有交易相关方才能看到和验证交易本身；另一方面金融业务是被重度监管的业务，不能因为使用区块链系统，就把现有的监管制度、规则晾在一边，Corda 则为监管体系进入留下了空间，这些都是给现实世界当中的大机构预留的美差。这些设计上的考虑，无疑大大增强了 Corda 被现有大型金融机构采纳的机会。

5. 合约框架

Corda 不是传统野蛮生长的区块链平台，而是经过业界沉浸多年的业界人士借鉴区块链技术思想搭建的解决方案，因此会充分考虑商业银行与商业银行之间，商业银行与其客户之间业务上互联互通互操作的复杂需求，特别是对银行这类机构内部涉及合法合规稳健运营的要求有着十分深刻的理解。为保证平台上的金融合约具有法律执行效力，以便各方存在模糊性、争议性或不确定性时有法可依，R3 认为智能合约的商业逻辑和商业数据必须关联到相关的法律条文上。Corda 认为理想的智能合约框架具有以下特点：

（1）通过基于现有合法框架并与现有和新兴法案兼容的方式记录和管理两个及以上可识别参与方的金融协议和其他共享数据的变化；

（2）在个人交易层而非全局系统层面上，支持企业间达成共识；

（3）纳入监管以及监督性质观察者节点；

（4）仅在交易参与方之间验证交易的有效性；

（5）支持多种共识机制；

（6）记录自然语言法律文书与智能合约代码之间的显性关联；

（7）严格控制数据访问权，仅对有明确授权或逻辑上有权访问的用户开放。

Corda 并非一款传统的区块链产品，但是 Corda 本质上仍然是“区块链”，所以 Corda 经常被称为“非链之链”。正如上交所原总工程师白硕的评价“如果‘所有人见证所有交易’是成为区块链的不可缺少的特质，那么 Corda 就确实不是区块链。但是这只是表面，不是精髓。‘在较差的信任环境里达成较好的信任效果’才是区块链的精髓。所以，做到‘所有人见证所有交易’只是形似，做到‘在较差的信任环境里达成较好的信任效果’却是神似。在这一意义上，说 Corda‘不是区块链，胜似区块链’也不为过。”Corda 因为具有“符合法律要求、接受监管、保护商业机密”等特点，得到了众多商业机构的追捧。

主要技术概念

1. 分布式数据库（Decentralized Database）

传统的分布式数据库仍然是一个中心化的系统，其服务目标是接收客户端的消息来存储数据，重点是解决系统内部各个节点之间的数据一致性问题，各个节点不存在信任问题。Corda 则类似于比特币、以太坊这样的分布式数据库，与传统的分布式数据库在概念上有着重要的区别。Corda 的灵感来源于比特币和以太坊，但 Corda 并非区块链技术，而是分布式数据库的另一种实现方案，Corda 系统中最基本的概念、数据结构、算法和实现方式，在技术层面都是围绕“分布式数据库”这一概念来完成的。

2. 交易

理解交易前首先要理解状态的概念，状态是 Corda 系统中的一个基本概念，即“系统中的事实”，如“Alice 拥有 5 000 美元”。状态要么是可流动的，即未消费的；要么是不再有效的，即已消费的。交易则是状态转换的过程，简单地说是“输入状态、交易指令、输出状态”组成的元组，其中输入、输出都可以是一个状态列表。此外，交易还包括其他一些要素，如：附件、时间戳、各种签名以及为采用硬件加密的目的而使用的文字摘要。

“交易指令”（Command）是 Corda 交易数据结构的灵魂，它描述的是这个交易具体是做什么的，如：转账、存入/提现、开票/兑付。这些交易动作只需要交易参与方事先约定就可以了，他们可以约定什么值表示什么含义，因此指令本身的具体值并不重要。Corda 交易指令设计的关键要点是，指令必须包括有权做出这个指令的全部参与方的公钥用于后续的签名验证，并且允许交易的合约代码对此进行检查。比如说，资金转账的指令必须是某个银行才能执行，而开具一张承兑汇票的指令则可能需要开票方、承兑方都签署才能生效，这样一来接收这张汇票的一方，就可以通过事先编写的合约代码来实现这一检查。

3. 合约（Contract）

合约就是交易双方事先达成的契约。从合约的角度看，交易其实就是它的一次执行过程，因此合约对交易有约束性，并且一个合约可以多次执行，也就是多个交易可以对应一个合约。Corda 的合约也就是我们常说的“智能合约”，本质上是一段 JAVA 代码，可以被 JAVA 虚拟机执行，合约代码原则上也可以调用很多 JAVA 虚拟机上已有的类库、代码。因为 Java 虚拟机有多个已有库和丰富的技术积累，并且利用已有产业标准，便于重复利用现有代码，这也是 Corda 的一大优势。

4. 可信交互的神谕（Oracle）

Corda 的设计理念之一就是要和现实世界发生联系，Corda 合约执行过程中需要访问股票价格、外汇牌价、银行利率，甚至一些非标准的信息，往往需要依赖这些信息。如果智能合约能够读取系统时间或者获取任意网页，那么就有可能出现某些计算机判定交易有效的同时，另一些计算机却判定交易无效（如出现系统或网络故障、价格变化、伪装消息源等）。于是就需要一个可信任的网络服务，Oracle（神谕）就是这样一个角色，用来将现实世界中的事实“注入”到 Corda 网络中，使之可以成为交易的一个输入项。

具体实现方面，Corda 将 Oracle 的行为模式设计成为对每一个交易进行事实的注入，而不是对整个系统进行注入。这样的设计有两方面的合理性：一方面是作为分布式数据库，恐怕也没有地方来登记所谓全局的信息了；另一方面从经济的角度讲，如果信息是全局的，一旦某个参与方获得了，就可以和其他人共享，Oracle 只有在发布信息的时刻才能获得报酬，经济利益方面没有保障将会导致没有人愿意去承担这样的角色。

04 区块链即服务

区块链的测试、开发等需要做好前期硬件设备购置、操作系统安装、区块链系统部署等工作，时间和资金等成本问题成为制约区块链技术应用发展的关键因素。考虑云计算具有资源弹性伸缩、快速调整、低成本、高可靠性的特质，业界认为通过云计算能够实现节点的快速标准化部署，加快区块链应用的测试、开发和功能验证，推动区块链商业化应用，于是提出了区块链即服务（Block as a Service）的概念。

云计算纵向上分为IAAS（基础设施即服务）、PAAS（平台即服务）、SAAS（软件即服务）三个层次。区块链即服务可以根据服务的范畴分为侧重于SAAS的BSAAS（区块链软件即服务）层以及侧重于PAAS的BPAAS（区块链技术即服务），前者主要向用户提供基于区块链的搜索查询、交易提交、数据分析等一系列操作服务，用户无须进行定制加工就可以利用平台提供的应用（分布式APP）开展各类业务；后者则向用户提供一个标准化的区块链平台，根据用户需要配置节点，并定制共识算法（Raft/Paxos/PBFT/POW/POS等）、账户服务体系、虚拟机环境等模块，用户在此基础上开发各类分布式应用。过去半年才可能上线的业务，现在几个星期就有望上线，节约了时间，降低了创新的成本。

BAAS有潜力满足各行业、各领域区块链技术相关参与企业和开发人员的需求，帮助企业快速低成本地进行区块链开发和区块链业务创新，推动区块链向更多领域拓展，更深层次发展。国际云计算领域大型厂商看到了区块链即服务的潜在商机，纷纷向区块链公司伸出橄榄枝。2015年11月，微软宣布在Azure云平台中提供BSAAS服务，并于2016年8月正式对外开放。开发者可以在平台以最简便、高效的方式创建区块链环境。2016年2月，IBM宣布推出区块链即服务平台IBM的云计算平台Bluemix提供了一整套开发运维工具，开发人员可以在IBM云上创建、部署、运行和监控区块链应用程序。2016年5月，亚马逊宣布与Digital Currency Group合作（区块链领域的最大投资者之一），亚马逊向DCG投资的公司提供区块链即服务，保证他们能在一种安全的环境下与各类金融客户打交道。

中国区块链和云计算的初创公司也在实践中推进BAAS的发展。2017年，浙江大学系金融科技初创企业云象区块链推出BAAS云平台。云象区块链在保证安全、隐私和性能的基础上，为用户提供区块链环境远程部署，节点动态配置，智能合约编辑、部署，节点状态监控，日志管理等服务。该平台在国产云计算服务商青云公司的Qing Cloud App Center上架，能充分利用云服务减轻底层中间件的部署和运维复杂程度，为用户提供各种不同级别的 BAAS 服务。云象区块链侧重于提供基础设施层，而位于西安交通大学系初创公司纸贵科技的 BAAS 战略则偏重于区块链软件即服务，纸贵科技是一家专注于用科技革新版权行业的公司，立志成为版权人的守护者和构建 IP 生态系统的先行者。纸贵科技明确将 BAAS 和确权、维权、IP 孵化作为公司四大业务板块之一。纸贵开发的版权资产管理平台（基于以太坊区块链网络）为十余家内容机构提供版权管理区块链业务平台服务，用户不再需要基于纸贵提供的解决方案进行定制开发。

05 跨链协议

区块链之间的互通性极大程度地限制了区块链的应用空间，跨平台的数据交换、资产的交易和智能合约的调用成为区块链业务进一步突破必须解决的问题，区块链行业开始探索通过跨链协议解决区块链网络互通问题，业界对“跨链”寄予了很高的期望。以太坊核心团队就把目前割裂的多条区块链系统类比为还没有出现互联网的单机计算时代，把未来的各种跨链协议类比于互联网繁荣后的因特网时代。他们认为只有通过提供链间通信的各种基础协议，才能将区块链世界的网络效应真正发挥出来。主流的“跨链”解决方案有公证人机制（Notary Schemes）、侧链/中继（Sidechains/Relays）、哈希锁定（Hash - Locking）、分布式私钥控制（Distributed Private Key Control）等类型①。

公证人机制

瑞波主导发起的互联账目协议（Interledger Protocol，ILP）（见图 3. 12）是最典型的公证人机制跨链协议。瑞波在推广业务时发现金融机构基本上都是在自己的网络之中运行着各自的记账系统，即使运用了区块链技术后，也是在运行自己的私链或内部圈子的联盟链，这个除了是应对监管合规性的原因外，更重要的是保护内部数据避免泄密。鉴于建立一个每个人都支持的全球金融传输协议很困难，Ripple 就开发了互联账目协议目标将所有使用记账系统连接在一起。Interledger 协议创建了一个这样的系统，在这个系统中，两个不同的记账系统可以通过第三方“连接器”或“验证器”来相互自由地传输货币。记账系统无须信任“连接器”，因为该协议采用密码算法为这两个记账系统和连接器创建资金托管，当所有参与方对资金量达成共识时，便可相互交易。“验证器”是通过加密算法来

① 以太坊基金会将 Kyber、0X 等去中心化加密货币交易所视为一种可选的跨链资产转移的一种解决方案。

运行的，交易的详情可隐藏起来，理论上 Interledger 可以兼容任何在线记账系统，而银行现有的记账系统只需小小的改变就能使用该协议。

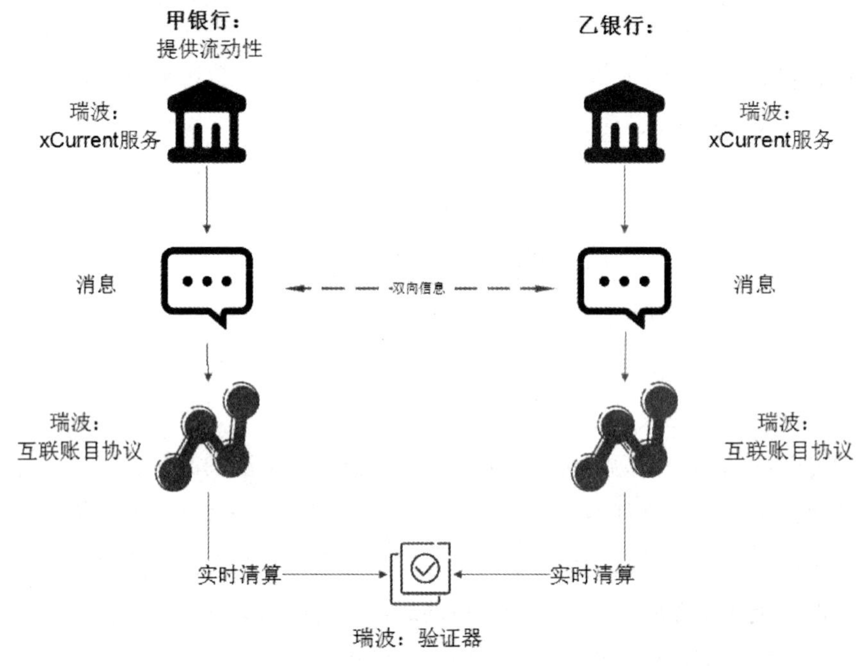

图 3. 12　瑞波互联账目协议示意图

侧链/中继

该类方案主要有元素链、Rootstock 和 BTC – Relay 等比特币或以太坊侧链解决方案，典型如 Parity 科技有限公司（即 Ethcore）推出的 Polkadot 和 Tendermint 团队推出 Cosmos 等。

Polkadot（见图 3. 13）是一个公开且无须授权的区块链系统，创始人是以太坊黄皮书的作者大名鼎鼎的盖文 · 伍德，Polkadot 的设计理念是及时拓展性和延伸性，解决了阻止区块链技术传播和接受的两个难题。Polkadot 设计了基于中继链（Relay – Chain）的方案提供“跨链”的解决方案，在其上可以存在大量的可验证的、全局依赖的动态数据结构，这些平行的结构化的区块链被称为平行链（Parachains）。Polkadot 最终目标是实现以太坊和所有其他区块链的跨链通信。目标是实现跨链数字资产管理平台的 Melon，是运行于多链网络（Multi – Chain Network）Polkadot 之上的第一款分布式应用。

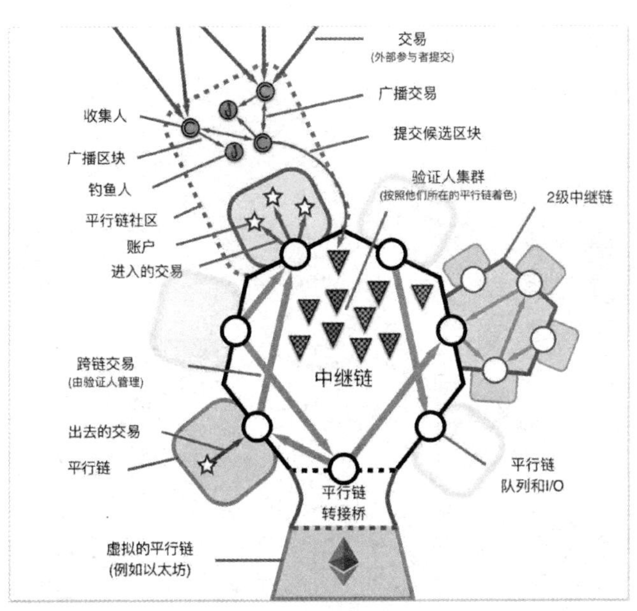

图 3.13　Polkadot 框架图

Cosmos 是 Tendermint 团队推出的一个支持跨链交互的异构网络（见图 3.14）。Cosmos 采用的是一个类似实用拜占庭容错共识引擎：Tendermint 共识算法。该算法具有高性能、一致性等特点，而且能够防止怀有恶意的参与者做出不当操作。Cosmos 上的第一个空间称为“Cosmos Hub”。Cosmos Hub 中心是一种多资产权益证明加密货币网络，它通过简单的管理机制来实现网络的改动与更新，可以通过连接其他空间来实现扩展。Cosmos 网络的中心及各个空间可以通过区块链间通信（IBC）协议进行沟通，这种协议是一种类似 UDP 或 TCP 的区块链网络协议。

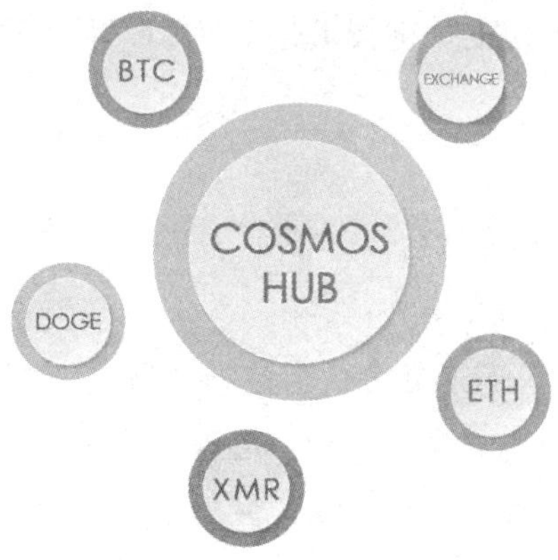

图 3.14　Cosmos 跨链示意

前德勤员工组成的区块链技术初创公司 Nuco 推出的企业级多链协议 Aion 也属于这类

范畴，Aion 的目标是作为不同的区块链网络之间的“桥梁”，允许链间通过多个桥梁，实现数据和价值的传递（见图 3. 15）。创始人 Matthew Spoke 更愿意将 Aion 定义为第三代区块链平台。

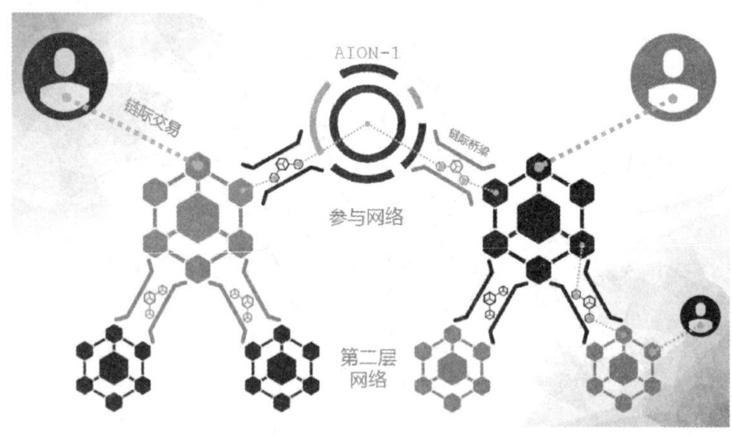

图 3. 15　Aion 跨链桥梁解决方案示意图

哈希锁定

闪电网络提供了一个可扩展的 Bitcoin 微支付通道网络，极大提升了比特币网络链外的交易处理能力。交易双方若在区块链上预先设有支付通道，就可以多次、高频、双向地实现快速确认的微支付；双方若无直接的点对点支付通道，只要网络中存在一条连通双方的、由多个支付通道构成的支付路径，闪电网络就可以利用这条支付路径实现资金在双方之间的可靠转移。闪电网络的关键技术是 HTLC 哈希锁定技术，基本原理在此处不再赘述。

分布式私钥控制

万维链（WanChain）是基于分布式私钥控制的跨链解决方案，支持主流公有链间的跨链交易，前提是需要首先在万维链上注册，确保万维链能够对该链进行唯一识别。万维链提出了基于多方计算和门限密钥共享方案的跨链解决方案。当一种未注册资产由原有链转移到万维链上时，万维链节点会使用一个基于协议的内置资产模板，根据跨链交易信息部署新的智能合约创建新的资产。当一种已注册资产由原有链转移到万维链上时，万维链节点会为用户在已有合约中发放相应等值代币，确保了原有链资产在万维链上仍然可以相互交易流通。万维链通过分布式的方式完成不同区块链账本的连接及价值交换。无论公有链、私有链还是联盟链，均能接入万维链，实现不同区块链账本的连接及资产的跨账本转移。

行业联盟

2017年11月28日，在美国纽约Coindesk举办的Consensus：Invest 2017大会上，万维链与AION、ICON三方宣布共同成立区块链跨链联盟（Blockchain Interoperability Alliance），表示将在区块链跨链技术领域研究及国际相关标准的制定上展开协作，致力于解决跨链难题的企业开始探讨组建联盟尽快形成合力，切实推动跨链协议工作。这是一个好消息，希望区块链行业的实践者能意识到通过产业联盟的方式共同做好标准、协议等的编制工作。

本章小结

本章第一节介绍了构成区块链的各种核心技术，如P2P、非对称加密、哈希加密、块链式数据结构、智能合约、共识算法等核心技术，区块链解决方案中的可信实际上是建立在密码学基础之上的，所以理解区块链就一定要深入理解密码学原理，密码学始终是区块链研究和关注的重点，也是国内众多区块链案例中强调国密算法的原因。第二节介绍了适合商业领域的联盟链平台Hyperledger Fabric。第三节介绍了R3公司推出的分布式账本平台Corda。第四节介绍了区块链即服务的概念。第五节介绍了公证人机制、侧链机制、哈希锁定机制和分布式私钥控制机制等跨链协议的概念。

围绕区块链技术有不少的争议，典型如公有链的拥护者指责联盟链是对区块链的背离；然而用户最关心的是系统和数据是否可信，能否支撑实现价值传输，能否实现商业应用，以及用户界面如何更易用；用户不关心“公有链”和“联盟链”路线之争或“有链”和“无链”的技术实现之争。互联网的技术从不强求尊重权威，也没有门派之别，回顾互联网的发展历史，最好的技术从来都是在激烈竞争和互相借鉴中演化出来的，区块链也不会例外。

Chapter 4

区块链引领金融变革新风尚

2016 年 5 月，国际权威咨询机构麦肯锡发布的研究报告称“区块链技术的应用将开启许多令人兴奋的可能性，它不但能够提升金融交易的效率、降低成本和风险，还可能催生新的商业模式。虽然区块链技术带来的益处或许还需要几年甚至十几年才能大规模实现，但是只有现在就制定战略并积极投身于推动应用及投资布局的金融机构，才能成为重塑行业格局的引领者。”

金融是一个高度信息化、数字化的行业，所以金融和信息高度契合，金融行业一直是信息技术的支持者、先行者和受益者。从20世纪60年代开始计算机、网络和通信等新技术就率先在金融领域得到应用，金融行业电子化、信息化发展的成果是非常显著的。基于信息技术为金融行业提高了服务质量、加快了处理流程、丰富了服务内容、推动了新业态的发展，计算机、网络和通信等新技术已经成为现代金融的基础。正因如此，金融机构极力推崇诸如区块链这种有潜力提高金融服务和风险管理能力、改变金融行业生态的新技术，可以说金融行业是区块链的主战场和制高点。各大金融机构纷纷主动出击布局，区块链初创企业则在资源和精力分配上也更倾向于金融行业和金融业务，围绕金融业务层出不穷的解决方案又进一步加深了人们对区块链技术的认识，推动了实践向更深更广的方向不断发展。

01 品味金融科技

Fintech（金融科技）是个舶来词，泛指信息技术进步驱动的金融创新，其理念是通过金融和科技的深度融合，丰富金融业务的内涵，提升金融服务的效率，促进服务个性化、金融产品定制化、金融决策智能化等，降低金融服务的成本，引导金融体系回归金融的本质，尽可能地消除金融市场与产业市场之间的摩擦性成本，提升金融体系为产业输血的功能，为用户提供更加精准的风险管控和更加智能的投资建议。

金融科技完全不同于前期流行的互联网金融。互联网金融主要是通过信息技术优化传统金融业务渠道，改善用户体验，绝大多数互联网金融业务只是将传统金融运行在互联网上，将业务“入口”转移到了线上，但是业务逻辑和风险管理依旧采用传统模式，这种渠道上的创新只能算作一种商业模式的创新，并未给金融行业带来切实的改变，所以经常被非法集资、兑付难等问题所拖累，广泛诟病。

金融科技则更加强调金融运行机制的优化，重视金融产品的设计和风险管理能力的提升。互联网金融对于金融行业的改变稍显浅显，而金融科技对于金融行业的改变则更加彻底，更加值得期盼，金融科技是一个比互联网金融更贴切、更有生命力的“标签”。正如蚂蚁金服总裁井贤栋所说：“Fintech并非简单的在‘互联网上做金融’，而是基于移动互联网、云计算和大数据等技术，实现金融服务和产品的发展创新和效率提升。”区块链（BlockChain）和人工智能（AI）、云计算机（Cloud）、大数据（BigData）4项技术则被认为是最为火热的金融科技技术。

02 重塑金融市场

金融市场中介机构是现代金融市场正常运行的基础和重要保障，在提高金融市场运行效率，管理并降低金融风险等方面发挥了重要的作用。金融市场中介机构在以下五个方面发挥了重要作用：一是集中各类市场参与者的报价信息促成交易，从而有助于金融工具价格发现，提高资源配置效率；二是金融市场中介机构是国家金融宏观调控的重要平台，有利于货币政策和财政政策传导；三是依托金融市场中介机构可以提高金融市场效率、降低系统性风险；四是良好的金融市场中介机构有助于经济主体开展投融资和风险管理活动，促进经济增长；五是金融市场基础设施能够提升一国在国际金融市场中的定价权及话语权，俄罗斯曾因缺少类似于外汇市场交易平台的市场中介机构，因此无法对卢布汇率实施有效管理，多么惨痛的教训！

区块链提升金融市场运行效率的技术分析

金融市场中介机构承担的集中交易、清算、结算、记录本质上都是在维护一个可信的“中心”账本，市场参与者必须信任之。中介机构但凡出现任何问题都必然会影响金融市场的正常运行，甚至可能导致系统性风险。所以各个国家都对中心化机构采用了强监管的政策，中介机构也致力于内部规范管理、全方位实时监测和高可用性规划及建设等。相对于传统的“中心”账本解决方案，采用区块链“分布式”的账本方案主要有如下五个优点：

（1）区块链采用分布式架构，各参与机构都存储了重要业务数据的副本，数据很难被恶意篡改、损坏，也不存在单点故障，业务持续性潜能超过现有任何方案。

（2）区块链可通过将业务和数据交互下沉实现跨机构业务协作，一方面交易即结算，能有效减少现有运行机制中最为繁重、最易出错的对账环节，显著提高业务运行的效率；另一方面各机构系统建设专注于业务处理，系统建设的灵活性更高。

（3）数据不可伪造、不可篡改、不可虚构，业务操作全程留痕，违规、恶意操作的成本过高，还可利用智能合约规范业务操作，基于区块链技术能打造更加透明高效的金融市场。

（4）通过区块链建立全市场层面的数据标准，打通跨机构的数据横向流动机制，改变现有的“一个中介机构就是一个数据孤岛”的窘况，有效发挥市场数据的聚集效应。

（5）监管机构也可以节点方式加入区块链平台，实时监测各项业务，提高跨行业监管和穿透性监管的能力。

DTCC、纳斯达克、澳交所、欧清银行、上交所、上清所等国内外知名机构都积极推动了技术研究和概念验证工作。创新实践表明基于区块链的解决方案的确具有简化业务流程、缩短交易周期、提高业务连续性、降低操作风险、节约交易成本、强化数据标准、提升工作效率和业务协作能力等优点。

DTCC——区块链技术应用的研究先锋

DTCC（美国存管信托和结算公司）是全球交易后市场基础设施金融服务行业首屈一指的机构（其性质类似于中央结算公司或上海清算所）。DTCC 及其子公司承担了美国股票、公司和市政债券、政府和抵押支持证券、衍生品、货币市场工具、银团贷款、共同基金、另类投资产品和保险交易的清算、结算、资产服务、全球数据管理和信息服务等工作，年处理近 2 000 万亿美元的证券交易。DTCC 为全球 120 多个国家和地区发行价值约 40 万亿美元的证券提供托管和资产服务，其维护的全球场外衍生品交易信息库中记录了总名义价值超过 500 万亿美元的全球各类资产交易。

1. 多方位全面布局

DTCC 分析认为若想保持证券市场的领先地位并持续抓住市场份额，就必须迎合创新的浪潮和市场的需求，DTCC 对于区块链技术的挑战持相当开放、包容的态度，甚至不排除因为区块链技术改变商业模式的选项。DTCC 是 Linux 基金会超级账本项目的创始会员，投资了区块链初创公司 DAH（Digital Asset Holdings，数字资产控股公司），联合区块链初创公司 AXONI，R3 联盟，IBM、花旗银行等机构开展了回购协议市场交易后处理、信用缓释工具交易后处理流程概念验证、探索基于区块链技术重构 TIW（Trade Information Warehouse，交易信息库）等多个概念验证工作，编制了《拥抱颠覆——开发分布式账本的潜力，改善交易后的环境》白皮书。DTCC 呼吁全行业开展协作，利用分布式账本技术改造传统封闭复杂的金融业结构，使金融行业更加现代化、组织化和简单化。

2. 多层次战略考虑

作为全球最重要金融市场基础设施机构之一，DTCC 非常重视区块链技术工作。DTCC 关于区块链研究的看法对于传统金融机构非常具有借鉴意义，主要如下：

（1）应对新技术冲击。分布式账本（区块链）拥有高可靠性、简化流程、交易可追踪、减少操作风险、改善数据质量等特质，具备改变金融格局的潜力，加强跟进有助于了解分布式账本的价值和作用，评估分布式账本的业务影响，更好地应对金融科技的冲击。

（2）培养金融科技人才。金融科技发展变革趋势要求快速学习、创新，加强跟进分布式账本技术，有利于员工学习、理解分布式账本技术，在实践中培养精通技术、熟悉业务的人才。

（3）推动市场向前发展。作为市场中介机构，有责任、有义务作为发起方联合各种参与机构共同推动技术发展，优化现有金融市场服务体系。

（4）抢占战略制高点。DTCC 认为，只有加强跟进才有可能抢占制高点，牢牢把握住分布式账本技术大发展的历史性契机，不断优化、重构现有业务流程，继续在金融市场扮演重要角色。

LINQ——运行在区块链上的私人股权市场

纳斯达克（National Association of Securities Dealers Automated Quotations，美国全国证券交易商协会自动报价表）是由美国全国证券交易商协会为了规范混乱的场外交易以及为小企业提供融资平台于 1971 年 2 月 8 日成立的。纳斯达克以支撑新经济著称，上市企业中软件、计算机、电信、互联网、生物技术等高新技术企业占到了相当大的比例。纳斯达克已经成为全球第二大的证券交易市场，上市公司总数超过 5 000 家。纳斯达克有很多中国企业，21 世纪初的搜狐、新浪、网易三大门户以及如今国内互联网四大巨头 BATJ（百度、阿里巴巴集团、腾讯、京东）B、A 和 J 都选择在纳斯达克上市。

2014 年，纳斯达克推出私人股权市场以便交易 Pre－IPO 阶段的企业股权。虽然这种交易方式可以一直追溯到 1990 年，但是最近有越来越多的初创公司（如滴滴、优步等）选择保留更长时间处于私人公司阶段（暂时不进入公开发行阶段），因此，Per－IPO 之前的交易变得令人关注，投资者希望能够获得一些流动性。2015 年 10 月，纳斯达克宣布与区块链初创企业 Chain. com 合作推出基于区块链技术的私募股权交易平台 Linq。2015 年 12 月，负责开发 Iinq 的 Chain 公司在该平台上为新的投资者发行了公司股权，此后不久，PeerNova、ChangeTip 等几家初创公司也成为了 Iinq 的客户。纳斯达克首席执行官罗伯特·格雷菲尔德曾公开表示，区块链技术可使股权交易的交割时间大幅缩短，从而减少交易失败风险。纳斯达克区块链战略负责人佛瑞迪克·沃斯（Fredrik Voss）确信，基于区块链技术所提供的高效率能够大幅提升 Linq 作为私人股权交易平台的优势。

澳交所——世界首家采用区块链技术的交易所

澳大利亚证券交易所，以下简称“澳交所”是一家具有全球影响力的证券交易所，承载了近 3 000 家上市公司，总市值排名全球资本市场第十（上海证券交易所和香港证券交易所分别位列第六、第七，深圳证券交易所则未能进入前十），如表 4. 1 所示。

表 4. 1　　全球十大证券交易所

排名	机构名称	国家（地区）	市值	上市公司数量
10	澳大利亚证券交易所	墨尔本	13 860 亿美元	2 896 家
9	德国证券交易所	法兰克福	14 860 亿美元	765 家
8	多伦多证券交易所	多伦多	20 580 亿美元	1 577 家
7	上海证券交易所	上海	25 470 亿美元	861 家
6	香港证券交易所	中国香港	28 310 亿美元	1 470 家
5	泛欧证券交易所	阿姆斯特丹	29 300 亿美元	1 238 家
4	伦敦证券交易所	伦敦	33 960 亿美元	3 000 家
3	东京证券交易所	东京	34 780 亿美元	2 292 家
2	纳斯达克证券交易所	纽约	45 820 亿美元	5 400 家
1	纽约证券交易所	纽约	166 130 亿美元	3 600 家

2016 年年初，澳交所参与了美国区块链初创企业数字资产控股（DAH）的 A 轮融资，斥资 1 490 万美元得到了 DAH 5% 的股份。2017 年，澳交所继续加大了分布式账本技术（DLT）领域的投资力度，在分布式账本领域投资超过 5 000 万澳元（折合 3 800 万美元），澳交所和 DAH 联合开展了区块链解决方案的探索。2017 年 11 月，澳交所发布声明宣布准备废除目前每天记录和跟踪超过 100 万次股份交易的电子注册系统（CHESS），改为基于分布式账本技术的解决方案，成为世界首家宣布采用区块链技术的股票交易所。澳交所方面宣布初步计划在 2018 年 3 月完成新老解决方案的切换。

澳交所方面称，新系统将由澳交所在一个安全的专用网络上运营，这一网络中的参与者是已知的。参与者需要获得许可才有权访问，并且必须遵守和执行各项义务。澳交所首席执行官斯蒂文斯透露，过去两年澳交所和 DAH 一直在努力开发和测试，目前解决方案已经通过了澳交所组织的两轮独立的第三方技术测试，澳交所对分布式账本技术的功能、容量、安全性和适应能力充满信心。斯蒂文斯认为，解决方案将有利于澳交所客户开发新的服务，降低成本，并将澳大利亚处于金融市场创新的前沿。澳交所的合作伙伴 DAH 的首席执行官布莱思 · 马斯特斯（Blythe Masters）则表示，澳交所的公告向世人提供了第一个有意义的证据，这充分证明了分布式账本技术的潜力，DAH 和澳交所的工作不仅说明了分布式账本技术是可以使用的，而且说明了这项技术可以满足重要金融基础设施的要求。

区块链黄金平台——欧洲金融市场区块链创新实践

欧清银行（Euroclear）总部位于比利时，最初主要从事国际证券托管结算，2001 年改制成商业银行，并陆续收购了法国的 Sivocam、英国的 CrestCo 和荷兰清算公司等。欧清银行是欧元区最重要的金融市场基础设施之一，提供债券托管、担保、融资融券、直通式处理等多种服务。2016 年 2 月，欧清银行和奥纬咨询联合发布了《资本市场上的区块链》，旨在帮助资本市场更好地了解区块链技术及其在金融市场中的运用。

欧清银行的步伐当然没有停留在理论研究上，它们还与区块链初创企业 Paxos 合作搭建了“区块链黄金平台”。2016 年 12 月，欧清银行在区块链黄金平台上进行了第一阶段的测试，在两周的时间里成功完成了 600 多笔场外交易。2017 年 4 月，欧清银行宣布已经完成第二阶段测试，花旗银行（Citi）、丰业银行（Scotiabank）、法国兴业银行（Société Générale）等 16 家金融机构参与测试，两天内完成了 10 万笔黄金结算交易。欧清银行认为，测试的成功为 2017 年全面发布产品奠定了基础。欧清银行产品战略及创新总监 Angus Scott 说：“第二次区块链黄金试点中的大规模市场参与鼓励了我们，我们将继续为黄金市场开发这一新的市场基础设施。其反馈对保证我们的服务给伦敦黄金市场带来真正的附加价值具有重要意义，包括透明性、减资和支付结算”。

信用卡组织 VISA ——打造支付新通道

VISA（维萨）是全世界最大的信用卡国际组织，总部位于美国旧金山，提供了一个全球性的支付和金融服务网络。2015 年，VISA 开始在区块链技术方面发力，其策略与 DTCC、澳交所等金融机构非常类似。VISA 是区块链初创公司 Chain 的 3 000 万美元 B 轮融资的金主之一，其他主要投资者还包括纳斯达克、花旗风投（Citi Ventures）、第一资本（Capital One）、Orange SA 等。VISA 联合多个区块链初创公司在多个场景组织开展了区应用探索。2015 年，VISA 与已经成功在加拿大多伦多证券交易所创业板上市的加拿大区块链初创企业 BTL（Blockchain Tech Ltd）携手合作，寻求在支付技术方面的升级，希望基于 BTL 的区块链跨境结算平台 Interbit，探索如何能够减少银行间境内外转账的摩擦，几家欧洲银行参与了这次测试。2016 年，VISA 与 Chain 共同开发了 Visa Connect，Visa 已经在超过 30 家银行中测试了 VISA Connect，在这一平台上金融机构可以高效、快捷地实现接近实时的大额跨境支付。

NAFMII——重视金融科技创新应用

中国银行间市场交易商协会（National Association of Financial Market Institutional Investors，NAFMII）是由市场参与者自愿组成的，包括银行间债券市场、同业拆借市场、外汇市场、票据市场和黄金市场在内的银行间市场的自律组织。交易商协会信息技术工作一直秉承协会“自律、创新、服务”的宗旨，注意发挥技术对业务的支撑和引领作用，按照理论研究和概念验证两条腿走路的总体思路，积极组织推动了区块链、大数据、云计算、人工智能等金融科技的研究和应用工作。

1. 集市场之智推动分布式账本技术研究

早在 2016 年，交易商协会就安排人员关注区块链技术的发展，跟踪市场最前沿的动向，研究编写了多份区块链技术分析报告。为进一步加强对区块链技术的研究，交易商协会于 2017 年 4 月推动成立了分布式账本技术研究工作组，该工作组成员包括中国工商银行、中国农业银行、中国邮储银行、浙商银行 4 家银行，杭州趣链、上海矩真、北京博晨、IBM 4 家技术公司，以及协会下属北京金融资产交易所、中债资信评估有限责任公司、中债信用增进公司 3 家公司。工作组深入研究了区块链的技术原理和发展趋势，分析了国内外金融行业的应用案例，设计了 CLN（可连接票据）、DCM（债务融资工具）等多个场景的案例，初步分析了联盟链治理、法律、监管等配置机制，研究确定了“概念验证（POC）、原型（Prototype）、试点（Pilot）、生产（Production）”的实施路线，从“可扩展性、互操作性、可维护性、安全性”等维度出发，研究搭建了区块链平台选型框架，最终编制了分布式账本技术白皮书。工作组研究认为，区块链技术能够在以下 5 个方面改善银行间市场的业务运行能力：一是提升银行间市场参与机构的信息协作能力；二是减少对账成本，降低交易成本和市场风险；三是打通银行间市场信息孤岛；四是提高交易业务自动化程度和合同规范化水平；五是提高市场运行的透明化程度。

2. 借助外力逐步深入推动区块链概念验证

2017 年 7 月，交易商协会研究制定了分步走的区块链概念验证工作计划，联合杭州趣链共同开展了概念验证工作。第一阶段是选取 CLN 部分业务场景进行概念验证；第二阶段是完成 CLN 全生命周期的概念验证；第三阶段是完成 DCM 全生命周期的概念验证。在协会秘书处市场创新部、注册办公室、后督中心、交易规范部、国际部等部门的支持下，3 个阶段的概念验证工作推进顺利。概念验证系统覆盖了金融产品创设、销售、交易、结算、清算、兑付、信息披露等过程，实现了关键要素、白名单、销售结果、付息还本、信用事件要素各类核心业务数据上链，模拟了银行间市场多个单位进行交互操作的过程，各系统采用本地访问的方式和区块链系统进行交互，为未来跨机构的创新合作打下了良好的基础（见图4.1）。

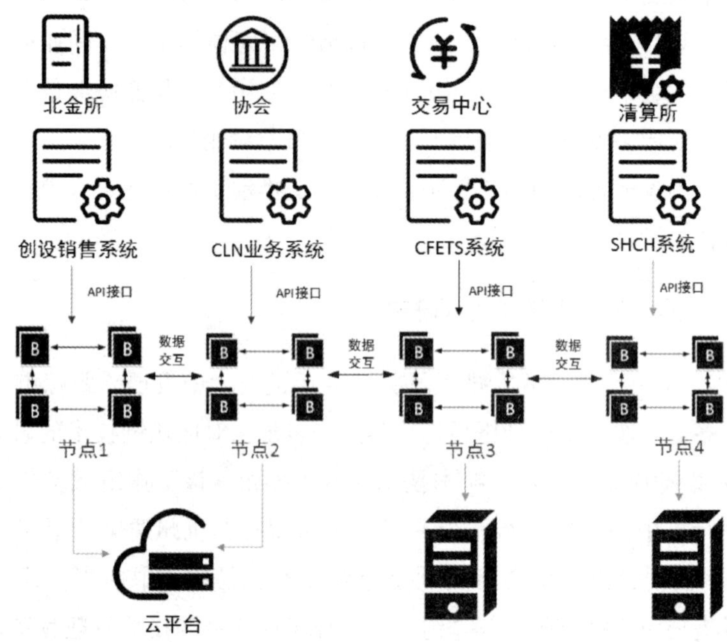

图 4.1　CLN 概念验证系统总体架构

概念验证的开展情况证明了以下 3 点：一是利用区块链技术可以将各中心间的数据信息和部分交互业务逻辑下沉为全市场共有的信息协作中间件，将信息协作的功能内化在区块链平台，在不改变现有市场结构的前提下，提供了记录一份完整的全市场信息的能力，解决了跨信任域的数据交换，降低了各参与机构的系统建设难度，提高了信息协作的效率。二是区块链技术有助于银行间市场各项业务留痕，保证重要文件摘要等信息不可更改、不可抵赖，更好地践行“注册制”的理念，有效地提高了市场运行的透明化程度，提高了信用风险管控的效果，总体上提升了银行间市场自律管理，支持监管机构实施穿透性监管。三是区块链技术能够缓解大数据面临的数据壁垒问题，突破信息孤岛，建立数据横向流通机制，让数据放心地流动起来，建立各类基础设施、市场参与机构、自律组织的业务数据通道，推动银行间市场数据共享生态，打造银行间市场大数据平台，从而进一步强化银行间市场数据分析能力和人工智能水平，支撑监管机构实施全方位、全生命周期的监管。交易商协会还计划从以下几个方面进一步推动区块链技术的研究：选择合适业务环节择机推动 CLN 区块链试点（Pilot）系统的落地，探索与交易中心、清算所等平台机构共同推动区块链平台概念验证工作，通过金融科技实验室的机制推动区块链技术在更多场景的应用。

上交所——高性能区块链解决方案的探索者

2016 年 6 月，上交所官方微信公众号发布了上交所资本市场研究所牛壮撰写的《区块链技术对境内证券业影响分析》的研究报告。该报告主要结论总结如下：一是区块链具有影响证券业现有格局的潜力；二是区块链尚处于发展早期，技术方面还存在瓶颈，缺乏成熟的数据查询工具、成熟的跨链解决方案和区块链应用开发者，技术生态不完善；三是链上资产缺乏司法支持，无法与现实资产锚定；四是完全去中心化将导致缺乏高效决策机制，存在中心节点的联盟链更具实际应用价值；五是可以考虑将股权众筹等业务场景作为区块链在证券市场应用的突破口。

该报告就证券交易所推进区块链研究和应用提出以下 3 条建议：一是建议监管层加强区块链等分布式账本的技术研究。在全球竞争的格局下，如何既给予创新者充分的创新空间以提升行业发展水平，又防范其引发的各类不可控风险，是一个难题。因此，建议监管层加强对区块链技术的研究，明确对区块链技术在证券行业应用的监管态度和规范，以利于行业创新、市场发展以及打击披着“创新”外衣的非法行为。二是建议交易所积极参与区块链技术的业界交流，参与全球分布式账本变革进程。区块链技术确有改变证券业现有格局的潜力，交易所作为重要的金融机构，应保持对新兴技术的关注。三是建议交易所适度开展区块链等分布式账本的技术研发，储存相关专利。

2017 年 3 月，上海证券交易所下属的上交所技术有限责任公司发布公告称，正在针对区块链进行课题立项研究，课题名称为“高性能联盟区块链技术研究——以去中心化主板证券竞价交易系统为例”。国内多家区块链技术公司参与了该项目的公开招标，经过上交所的严格评审和遴选，杭州趣链科技最终成功中标。上交所此次在区块链技术方面的研究，将对国内证券交易类机构产生重要的引领作用，促进区块链技术在国内证券金融市场应用的落地。

中国银联——构建区块链平台评价框架

中国银联（China UnionPay，以下简称“银联”）是我国银行卡产业的枢纽。各银行通过银联跨行交易清算系统，实现了系统间的互联互通。中国银联积极开展了区块链技术研究，将区块链技术形象归纳为“两种结构”“两种算法”和“一个合约”：两种结构即验证和存储数据的链式账本结构和异构多活的 P2P 组网结构；两种算法即用于维护数据节点一致性的共识算法和保证数据传输和访问安全的密码算法；一个合约即智能合约，通过上述技术组合实现一种使用多中心化共识机制，维护一个完整的、分布式的、不可篡改的账本数据库技术。

1. 关于区块链实施的主要理念

银联认为区块链在金融领域应用的趋势可以分为“PPT（概念普及）、Poc（概念验证）、Pilot（试点）、Production（生产）、Permission（获得准许）”5个阶段，对应时间点分别为2013年、2016年、2017年、2017—2018年、2018—2020年。银联方面看好区块链技术将会在信用、价值流通、风控和监管等方面为金融提供更好的解决方案，并且着手在可信电子凭证、数字化积分、跨境业务、供应链等应用场景进行概念验证和创新应用。

2. 关于区块链平台评价体系

银联对区块链技术进行了相当深入的研究，考虑到金融行业的特殊性，银联认为区块链技术要想达到金融行业工程的可行性要求，需要在模块化、高性能、数据一致性、互操作性、经济合理、安全隐私方面达到一定的要求。据此银联研究制定了金融区块链成熟度评测模式，包括功能性、性能效率、安全性、可靠性、易用性、可扩展性、可维护性、兼容性8个方面，128个评测指标，用于在“自主、安全、可控”的前提下，辅助做好区块链选型（见表4.2）。

表4.2　中国银联区块链评测体系

一级评测指标	二级评测指标
功能性	交易、区块、智能合约、共识算法等7个方面，共28个指标
性能效率	区块链网络、共享账本、资源占用等4个方面，共16个指标
安全性	身份验证、访问控制、密码算法支持等6个方面，共35个指标
可靠性	区块链网络、共享账本、账户体系3个方面，共7个指标
易用性	智能合约、交易、共享账本等5个方面，共12个指标
可扩展性	区块链网络节点、区块链外围开发等3个方面，共12个指标
可维护性	应急管理、智能合约、易部署性等5个方面，共11个指标
兼容性	区块链系统、智能合约、数据、云平台集成4个方面，共7个指标

上海保交所——行业联盟链的领头羊

上海保险交易所（简称“保交所”）位于上海自贸区，主要业务是为保险、再保险、保险资产管理及相关产品的交易提供场所、设施和服务，并提供保险、再保险、保险资产管理的支付、结算等服务。2017 年 3 月，保交所和 9 家保险机构搭建 10 个节点组成了小型联盟链，从功能、性能、安全、运维 4 个维度验证了区块链在保险征信方面运用的可行性。

保交所方面表示保交所作为独立的第三方平台，牵头保险行业共同推动区块链技术，通过向部分会员单位开源底层架构，能够横向打通保险行业内部，实现交易资源的信息共享，纵向打通保险行业上下游产业链，节省行业投入成本，减少保险交易摩擦，提高交易效率，降低交易风险。

2017 年 9 月，保交所正式发布了区块链底层技术平台（简称“保交链”）。保交链的特点可以被总结为“四三三”，“四”指四大服务体系：身份认证服务体系，即实现身份证书的认证、审核、颁发及管理的功能；共识服务体系，即确保分布式数据一致性；智能合约服务体系，即实现智能合约的安装、实例化、升级等管理功能，为区块链应用场景开发提供支撑；平台服务体系，即实现动态组网、同一底层平台下多条区块链的配置管理和访问策略管理的功能。第一个“三”指数据安全和加解密支持体系、应用支持体系和数据交换支持体系在内的三大支持体系。第二个“三”则指保交链性能、监控、多链 3 个技术特点，保交链能够支持数字保单存证的场景下每秒 5 万笔保单指纹数据的上链和高并发处理，可以达到企业级应用的性能要求；保交链提供了完善的监控系统，可以实时监控预警区块、交易、网络、CPU 内存及存储等系统运行情况；保交链采用多链架构，引入“通道”概念，实现了不同业务的数据隔离及访问权限控制（见图 4.2）。

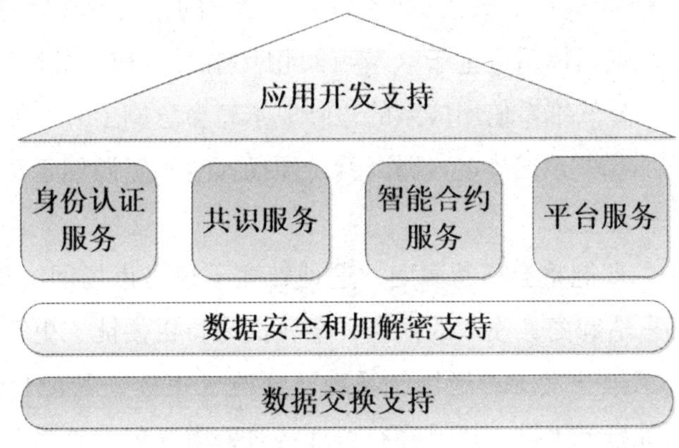

图 4.2 保交链技术架构

颠覆还是重塑？

区块链是一个在弱信任的环境下正常运转的“点对点”价值传输体系，很多人过于迷恋比特币最初“去中心化”的宣传理念，认为金融基础设施的使命将要结束，人类将迎来一个去中心的金融新时代，金融市场基础设施机构被视为区块链技术将要颠覆的对象。比特币的确是一个天才的创意，但这绝不意味着“去中心化”就此完全替代了中介机构，或者说“去中心化”一定优于中介机构的解决方案。实际上，“去中心化”并不是一个严谨的词汇。以太坊核心开发团队ethcore就曾表示，将不再使用“去中心化（Decentralized）”一词，而是用P2P、Serverless等纯技术性词语，单纯宣扬“去中心化”很容易被理解为脱离监管。认真思考就会发现“中心化机构前途暗淡”的结论来得过于草率，主要原因如下：

（1）中心化机构能够充分利用“连接”优势和规模经济效应，降低交易成本、提高金融交易的机会、减少交易摩擦、降低交易性风险，能够有效发挥调解交易纠纷、服务监管等作用，是人们寻找效率和公平的道路上自然形成的，是市场抉择的结果。中心化机构既有的高信任度等传统优势是优点而不是缺点，是效率和安全平衡的结果。一味追求“去中心化”，不仅意味着轻易放弃了构建多年的高效、稳定、规范的金融体系，而且可能会发现“去中心化”的方式很可能导致混乱和低效。

（2）中心化机构的管理相对规范，相当多的中心化机构都采取会员制、公司制的治理机构，中心化机构按照会员共同制定的章程和机制（是不是也可以将此视为“共识机制”?）运行，大型机构本身就有着极强的政策影响力，政府对中心化机构的监管要求也最为严格。因此，中心化机构已经习惯按照既定运行机制在监督和检查下运行，安全、规范、效率等方面值得信赖。

（3）更可行的发展路线是分布式的而不是去中心化的，去中心化的全网共识机制需要耗费过高的成本。一个信用体系应基于“节点间相互制约”和“外部监管等力量”，单纯依靠某一方面的因素，显然维系信用体系的边际成本就会急剧上升。如果外部可以提供部分信用支持，如信任某些中心类节点，那么就无须投入过多资源用于实现共识，分布式的解决方案也更符合监管的要求。

（4）中心化机构的职能将会不断演变，这种转变不仅是市场网络拓扑结构上的重构，而且更是业务流程的重造和商务模式的重塑，金融交易将更便捷、更智能，需要金融视察功能基础设施类机构承担开发维护区块链系统、规范（审核）智能合约、区块链自治管理、可信数据交互（如资产上链、R3神谕）、业务仲裁等功能，更多业务功能还需要在实践中探索和发掘。

金融中介机构是新技术的倡导者，不是旧体系的捍卫者。如果有一项新技术可以在保证安全、规范的前提下显著提升现有金融业务服务的能力，很难相信金融中介机构有什么理由拒绝这项技术，毕竟采用这项技术就意味着中介机构在彼此的竞争中占据了优势，有了更大的盈利空间，业务防火墙更加坚固，如此美事金融中介机构怎会熟视无睹、甘做旁客。DTCC、纳斯达克、澳交所、上交所等金融中介机构都在区块链技术方面投入巨大，并且在多个维度进行了布局，这些机构的目标无一例外都是成为新技术的倡导者、实践者和受益者。区块链技术具有颠覆现有金融体系的潜力，但是这种颠覆是对金融市场运行机制的变革，并非对金融市场中介机构的颠覆。一个目标定为颠覆某个金融中介机构的区块链初创公司，远不如一个准备构建一个全新生态的区块链初创公司更值得期待。当然金融中介机构必须认识到只有积极推进创新应用，全方位参与金融市场的发展变化，才有可能应对金融科技冲击的准备，顺应技术发展趋势，紧紧抓住历史契机，继续发挥关键的基础性作用。

03 驱动传统银行

近年来，国内外各类银行机构纷纷布局区块链领域，充分体现出银行业对区块链技术的重视，银行领域的区块链应用创新主要集中在数字货币、支付结算、票据、电子化贷款、客户识别（KYC）和反洗钱（AML）、供应链金融、资产托管等业务场景。

传统银行面临新挑战

麦肯锡的区块链白皮书认为，对于银行业的现有业务范畴而言，区块链技术的主要优势在于：

（1）消除交易中介存在的必要性（去中心化），从而降低交易成本；由于实现点对点的交易，中央处理或清算组织成为冗余；因为交易的真实性是由区块链上所有参与者共同验证和维护的，所以作为第三方的信用中介也失去了存在的价值；

（2）交易结算几乎是实时的，从而提升了交易效率，大大提高了资产利用率；

（3）区块链上信息的不可篡改性和去中心化的数据储存方式，使其成为数据和信息记录的最佳载体；

（4）可编程的区块链使交易流程实现全自动化：通过在区块链中嵌入预设好的交易规则，达到预定条件则自动完成，可提升交易的自动化程度。正是因为具有这些优势，区块链在多个维度向传统银行发起了挑战。

1. 挑战银行传统职能

绝大多数银行非息收入约40% ~50%的利润来自于支付结算，支付结算是银行各业务条线中盈利能力较强的业务之一，而区块链天然就是一个安全精确的支付结算平台，可以实现低成本点对点交易，直接削减该领域市场总量，压缩银行在支付结算领域的利润。区块链公开透明的结构可以节约为防范道德风险而付出的交易成本，为授信和风险管理提供充足而可信的分析材料。相对于传统的业务处理方式，区块链系统在成本和稳定性方面都存在优势，区块链技术在支付结算和信贷业务上的应用，将会挑战银行在这些领域中拥有的传统优势和强势话语权。

2. 减少银行中间业务收入渠道

银行通常会利用技术、信息、资金等优势开展各类中间业务以获得收入，银行开展中间业务有两类优势：一是可与客户在多个业务中展开合作，并进而掌握企业的经营状况和资金动向，解决信息不对称问题；二是利用银行的信誉积累，以第三方身份解决交易双方的信任危机。区块链技术的应用将导致银行在中间业务方面的优势逐渐消失，分布式、不可篡改和公开透明等特征将使交易中的任一角色均可公平获取交易的相关信息，并凭借系统架构实现交易参与者互信。区块链技术将重塑中间业务格局：一是运用区块链技术可以使某些原本需要大量人工操作、反复校验确认的业务环节得以简化，资产托管等部分中间业务逐渐萎缩甚至消失。二是通过区块链技术开发的结算体系在提供安全、稳定的服务同时，还能够明显降低成本，因此，任何拥有标准区块链系统的机构都可以提供值得信任的结算服务，典型如 Ripple，银行作为中间业务优先提供方的地位将受到挑战。

3. 促使银行业竞争日趋激烈

传统银行业具有较高的准入门槛，涉足银行产业需要大量的资本投入和丰富的技术、人员储备。银行是信用管理机构，其自身信誉也与市场地位息息相关，良好的信誉不仅需要资金储备作为背书，而且还需要长期稳健经营的声誉积累和技术能力，资本方介入传统银行业会比较困难。以往一些高度依赖工作经验和专业技术的业务，未来可通过区块链系统以更低的成本、更高的效率完成，运营将不再是主要竞争力，人员的需求有可能发生变化，银行业庞大的业务体系可能转变为一个高效的区块链系统，资本可能更容易进入银行业，进而导致银行竞争高度激烈。

品味 “区块链+银行” 的魅力

区块链对现有银行体系冲击不大，但是绝大部分商业银行已经认识到区块链技术将成为趋势，意识到抢占先机才有可能赢得新一轮竞争。战略上来看，商业银行不敢做被动的跟跑者，不能寄希望于商业模式成熟之后再行跟进。商业模式成熟之后，跟进对于大部分商业银行来讲，可能都是一个巨大的挑战，银行将面临转型空间的有限、技术方面的积累不够、创新试错的时间不足等挑战，组织机制也将遭遇阵痛，成功转型的可能性并不是很大。因此，对于银行来讲，可行的做法是早做打算，积极参与标准制定和技术创新，紧跟区块链技术的步伐，不断调整商业模式，不断创新服务形式和内容，适应技术的调整演化，待时机成熟之时抓住机会。事实上，绝大部分银行都认同并践行着这一点，国内外银行机构积极推动着各种区块链技术创新实践。

1. 花旗银行——提高法定货币的效率

花旗银行投资了 Chain，DAH、Axoni、Cobalt DL① 等知名的区块链初创公司，测试过 Citicoin（花旗币）用于探索如何使用区块链技术实现资金在各个国家之间流通。花旗银行最著名的案例还是与区块链初创公司 Chain 联手推出了 CitiConnect，目标就是将现有的金融轨道与区块链连接起来，从而可以使用区块链技术提高法定货币的使用效率。

2. 瑞士联合银行（UBS）——构建快速、高效的智能证券

UBS 设立了初创公司 Level39，该初创公司主要任务就是探索分布式账本技术、加密货币和区块链技术等。UBS 推动了国际贸易金融项目、智能债券实验、“多用途结算币”等区块链实验项目。国际贸易金融项目基于超级账本 Fabric 搭建，UBS 方面认为项目更全面地结合了支付交易，将贸易金融交易、外汇支付等合并成一个单点详尽的智能合约，显著提高了业务效率，将信用证处理时间从 7 天削减到 1 个小时。智能债券基于以太坊平台创建，重新构建债券发行、利息计算、票息支付和到期流程，区块链软件能够自动处理发行人和购买人之间的信息流和资金流，实验证明基于区块链的清算和结算将更快速、更高效和更透明，并且可以降低结算风险和操作成本。“多用途结算货币”目标是在区块链中形成一种与实际法定货币相挂钩的虚拟币，并通过该虚拟币为基于该技术的金融平台实施的交易进行结算。

3. 巴克莱银行——基于智能合约优化衍生品交易

英国巴克莱银行在全球知名孵化器机构 Tech Stars② 的支持下成立了金融科技加速器。2016 年 9 月，巴克莱银行在加速器项目上由以色列区块链初创公司 Wave 的支持下建成了一个贸易单证系统，巴克莱银行及其两个合作伙伴（农业合作社 Ornua 和食品经销商 Seychelles 贸易公司）可以通过一个区块链平台来转移贸易文件。巴克莱银行在区块链方面最

① Cobalt DL 的目的是将分布式账本技术应用于外汇交易市场，希望利用区块链技术搭建单一的共享交易记录，用复杂的加密技术保证交易信息浏览和编辑的安全性，不需要第三方参与，以缩减成本和降低风险。

② 成立于 2006 年的 Tech Stars 是全球最具盛名的孵化器之一，在波士顿、博尔德、纽约和西雅图等城市都设有分部，TechStars 秉承“小而精”的投资理念和“导师制”的孵化方式，专注于高科技公司的孵化。

瞩目的创新就是基于 R3 的 Corda 平台测试利用智能合约和区块链技术交易金融衍生品。巴克莱银行发布的“智能合约”由 3 部分组成，主体是国际互换和衍生工具协会（International Swaps and Derivatives Association，ISDA）为衍生金融市场创造的标准交易协议。其交易架构设计中，由经纪银行发行智能合约，在发行时文件已经通过 ISDA 的基础协议。因此，所有银行处理的合同文件都保持一致性，从而有效避免人工修正造成的延迟。所有银行都能基于智能合同实现同步协作，关于交易条款比如价格等的修改都会被全程记录，其他参与方都能够观测并追踪所有进程。

4. 中国工商银行——优化 C2C 的轻资产交易

中国工商银行成立了多个金融科技实验室，并在轻资产交易平台和精准扶贫等方面进行了区块链的创新尝试。前者的目标是实现 C2C 的资产交互，未来有望向社会正式推出；后者则主要用于把握资金在扶贫过程中的可控性，包括从资金审视到资金支付的各个环节的跟踪管理，最终实现精准扶贫到达最后一公里。

5. 中国农业银行——提升电商供应链的效能

中国农业银行面向“三农”客户提供的电商供应链融资产品——“E 链贷”，是将区块链技术优势与供应链业务特点深度融合，在充分挖掘和利用农业银行涉农电商数据的基础上，向电商供应链的法人客户提供完整的电商融资服务，功能包括订单采购、批量授信、灵活定价、自动审批、受托支付、自助还款等。

6. 中国邮政储蓄银行——优化资产托管服务能力

中国邮政储蓄银行基于区块链技术搭建了资产托管系统，传统资产托管业务涉及资产委托方、资产管理方、资产托管方以及投资顾问等多方金融机构，各方都有自己的信息系统，交易主要通过电话、传真、邮件等方式进行信用检验。基于区块链的业务系统于 2016 年 11 月正式上线，该系统解决了相互信用校验的成本，缩短了业务环节（约 60% ~ 80%）。中国邮政储蓄银行介绍该系统上线后交易成本大幅降低，风险管理水平明显提高。

7. 中信银行和民生银行——提高信用证处理效率

两家银行联合推出国内首个基于区块链技术的信用证信息传输系统，这是国内银行业首次将区块链技术应用于信用证结算领域。基于区块链技术的信用证信息传输系统改变了银行传统的信用证业务模式，使信用证的开立、通知、交单、承兑报文、付款报文各个环节均通过该系统实施，缩短了信用证及单据传输的时间，报文传输秒级可达，大幅提高了信用证业务的处理效率，同时区块链的防篡改特性还提高了信用证业务的安全性。两家银行打算以此为契机建立银行间区块链技术联盟，吸引更多银行的加盟。

8. 招商银行——提高海外分支机构跨境结算速度

招商银行主要将区块链技术应用于招商银行海外机构跨境清算场景。招商银行有 6 个海外机构——1 个子行和 5 个分行，子行是永隆银行，5 家分行分别是香港分行、新加坡分行、伦敦分行、卢森堡分行、纽约分行。以往的方案只支持分行与总行之间的清算，基于区块链平台分行之间也可以发起清算请求，原有分钟级的报文传递已升级为秒级。

9. 北京银行——打通信息孤岛

北京银行在积分、征信和供应链金融等场景进行了原型验证，北京银行区块链可以实现多种积分的实时通兑，根除了供应链各环节中的信息共享和流程繁杂难题，基于区块链技术可以实现数据的实时共享，打破数据孤岛，建立更广泛的征信网络，提高信息安全并保护个人隐私，提升征信业务效率，推动了我国征信行业的变革升级。

10. 微众银行和华瑞银行——提升流动性管理能力

两家互联网银行共同开发了一套针对联合贷款结算和清算业务的区块链应用系统，现主要用于“微粒贷”业务。引入区块链后，两家银行可以实时了解备付金账户信息、资金借贷明细等，把此前需要 T+1 的对账周期缩短到准实时，更有利于流动性管理，也不再依赖日终对账。

落地的主要障碍

（1）成本分摊问题。银行需要分摊区块链相关的基础设施建设费用，包括软硬件的升级和系统检测费用等，而分摊的原则和标准如何制定，尽管提出了按照使用情况收费等方式，但是总体上仍然缺乏一个成熟的指导。

（2）数据隐私问题。银行担忧区块链技术不能有效地保护银行的商业机密或者其他敏感数据。数据是银行经营竞争的核心竞争力，开放则意味着客户可能流失，商业机密可能被泄露，银行迫切需要保证数据的安全和隐私。

（3）性能问题。现有区块链解决方案性能相对有限，尽管联盟链吞吐量远远高于公有链，但是距离现有的中心化交易系统的处理能力还有明显的差距，未来需要一个更加高效的区块链系统。

（4）扩展性问题。区块链技术目前还处于发展初期，还没有形成业界接受的技术标准或者接口规范，缺乏成熟的跨链交易技术，还需要进一步研究具有延展性的解决方案来支撑银行业务。

（5）治理问题。现有银行类机构的创新实践多为一家银行主导的模式，主导银行处于强势位置，参与区块链平台实验的其他机构相对愿意按照主导银行的要求开展工作。节点的加入、审核、退出，权限的授予、取消等日常维护事项均由主导机构负责办理。若多家地位平等的机构共同建设区块链系统，那么谁来牵头组织等治理工作就必须提上日程。

（6）法律合规问题。为了应对监管机构客户识别（KYC）和反洗钱（AML）等要求，银行需要对区块链的交易进行密切监控，解决好区块链身份验证等问题，当然目前还缺乏一个统一有效的策略。

04 重新定义证券

区块链可以在证券业各个场景发挥作用，如区块链“业务协作中间件”的特点可简化证券发行的前期准备和审批流程；智能合约可用于提高交易的标准化和自动化水平，提高交易的效率和安全性；“交易即结算”的特点能显著提高证券结算的效率，加快结算速度，降低资金成本和结算风险；不可篡改的优点也可应用于信息披露、注册材料等业务场景；集中记账的特点可用于资产、股权登记等场景；基于区块链会出现新的金融产品，ICO（首次代币募集）就是区块链在证券行业的一次尝试，虽然到目前为止并不成功。

重构“区块链+证券”新视角

国内外有不少证券公司围绕“区块链+证券”大做文章，但是这类项目主要集中在金融中介机构承担的清算、结算、登记、托管等应用场景（前文已有介绍），基于区块链的证券业创新相对匮乏。

1. Overstock——基于区块链公开发行公司股票的先行者

美国十大网上零售商之一Overstock公司是最早决定接受比特币付款的电子商务公司之一，这一举措得到了加密货币拥护者的支持，公司销售额在最初那段时间上升非常明显，该公司CEO帕特里克·拜恩在Overstock上宣布“使用比特币的第一天就获得极大成功”。Overstock向员工提供了比特币的薪酬支付选项，并在总部安装了比特币ATM机，Overstock 下属的风投公司 Medici Ventures 重金投资了 PeerNova、SettleMint、Identity Mind、BITT① 等区块链初创公司。在很多方面 Overstock 都引领了一时之风气，很多人认为这家电商公司有望转型成为区块链技术先驱。

帕特里克·拜恩是一位拥有哲学博士学位的自由主义者，多年来他一直想要改进华尔街，在他看来，区块链也是可以实现其愿望的一种技术。拜恩最早提出了将区块链应用于证券交易场景的概念，并带领 Overstock 成为区块链证券行业的先行者。2015 年 6 月，Overstock 基于区块链技术发行了价值 500 万美元的公司债券，这被视为最早出现的加密证券（Cryptosecurities）。2015 年 8 月，Overstock 公司宣布世界首个以区块链技术为基础的私募及公募股权交易平台 TΦ（Φ 即 zero）成立。这一平台主要服务对象是估值超过 10 亿美元但并未申请上市的“独角兽”公司，采用彩色币技术来标记证券的所有权，可以跟踪包括股票、债券和其他证券在内的证券交易并进行清算。2015 年 12 月，美国 SEC 通过了 Overstock 公司的 S－3② 公开发行证券申请，允许其通过区块链公开发行证券，这是美国证券监管部门首次公开批准以区块链技术开展证券发行交易业务。2016 年，Overstock 开始在区块链平台 TΦ 上交易该公司的股票。

2017 年，Overstock 子公司 TΦ 与 Argon Group、RenGen LLC 合资推出符合 SEC 和 FINRA 标准规定的第一个 ICO 交易所区块链另类交易系统（ATS）。TΦ 交易平台承载代币交易的功能，Argon Group（专门从事 ICO 融资的投资银行）负责审查代币，而 RenGenn（承担做市商角色的金融科技公司）负责提供流动性。这家合资交易所得到了 ATS 许可证，是第一家获得 SEC 批准的代币交易所。Overstock 认为，尽管 ICO 出现已多年，但是世界各国（包括美国）投资者在投资此类项目的时候都缺乏相应监管机构的保护，大多数项目都试图将代币解释为“Unility Coin（费用币）”，以免违反了美国证券交易委员会（SEC）的证券交易政策。Overstock 认为，机构投资者越来越多的关注表明有必要建立一个可以提供安全交易环境，同时还能满足 SEC 和 FINRA 规定的代币交易所。

2. Symbiont——智能证券实践的领先者

Symbiont 是一家技术领先的金融科技公司，创始人团队来自 T0 项目组。Symbiont 起源于 Counterparty（合约币）项目，主要专注于私募股权市场和企业债券市场，用户通过创建可编程的、自我执行的、存储于分布式账本（DLT）中的智能合约，可以在一个单一的、全球性的、对等的金融网络中高效地发布、管理、定位并交易智能证券，其目标是应

---

① 总部位于加勒比地区的数字货币交易所。

② S－3 申请即股票申请上市注册登记表（Form S－3），允许企业以简化流程来发布可公开交易的股票，不同于 S－3 基于 1934 年通过的证券交易法案中明确的已经符合一定要求的企业，一家公司至少有 12 个月向 SEC 进行档案报告，才有资格提交 S－3 申请，而常见的 S－1 申请则需要对公司计划持有股票的 IPO 进行全面备案。

用区块链技术为买卖双方的资产转移开发更快、更安全的系统，减少交易清算时间，以实现更高效和简化的交易。2015 年 8 月，Symbiont 宣布发布了第一只“智能证券”，此外陆续开展的工作还有与 R3 联合开展的银团贷款、安联保险重灾掉期保险系统，与 Vanguard 合作将区块链用于 ABS 的发行和交易等等。Symbiont 公司目前在同行业中处于技术领先地位，具有良好的口碑，并已实现初步的营业收入，但尚未实现盈利。

2015 年 8 月，Symbiont 宣布发布了第一只“智能证券”。2016 年 1 月，该公司得到了 700 万美元的 A 轮融资。2016 年 5 月，特拉华州州长 Jack Markell 宣布，特拉华州允许区块链股权发行，并将制定相应的企业法规来加以保障，同时还宣布已经与 Symbiont 团队展开合作，共同开发“特拉华州区块链”的消息。

2017 年 5 月，阿里系旗下的恒生电子发布公告称，全资子公司恒生洲际控股（香港）有限公司以现金方式认购 Symbiont 公司新发行的股份，洲际控股的投资金额为 400 万美元，投资完成后将占有 Symbiont 公司 4.65% 的股份。恒生电子执行总裁官晓岚在一份声明中表示:“我们选择 Symbiont，是因为其优越的、成熟的、高度分化的分布式账本栈（DLT Stack）。其数据层受到市场领先的安全及隐私解决方案的保护，其智能合约已被证明拥有自动化处理复杂业务逻辑的能力，如为私人公司高度定制的员工薪酬泊松分布”。

3. FundsDLT——基于区块链的证券销售平台

FundsDLT 是毕马威卢森堡分公司、卢森堡证券交易所的子公司 Fundsquare 以及软件提供商 InTech 共同合作开发的一个基于区块链的证券销售平台。

资产管理公司可以通过该平台直接向投资者销售基金和股票，投资者的订单会直接提交至 FundsDLT 智能合约平台，信息会实时地通过区块链技术传输给所有参与交易的各方，这显著降低了管理和处理交易所需要的时间成本。此外，该平台还简化了合规性程序，客户不必再经过相关各方的验证，这意味着做出决定的投资者与执行转让代理人之间的时间可以减少到仅仅几个小时，而在不久的将来只会有几秒钟。毕马威数字分类服务公司的全球负责人 Eamonn Maguire 说，区块链证券销售平台是一项重大突破，将区块链作为支持资金交易的技术，有重塑投资行业的潜力，可以为行业参与者带来重要的商业利益。法国资产管理公司 Natixis 是 FundsDLT 平台的第一个用户，该公司通过 FundsDLT 平台出售了其未公开发售的股票。

ICO——证券融资方式的创新

首次代币发行（Initial Coin Offering，ICO）是一种基于区块链技术的全新融资方式，一般是指区块链初创企业通过发行代币的方式向不特定的投资人公开募集资金，如果投资者认可初创公司所提供项目标的的商业前景，便可以用指定的加密货币购买初创公司发行的代币。2013 年 7 月募集了 5 000 个比特币的 Mastercoin（万事达币）是首个有记录的 ICO。2014 年 7 月，以太坊通过 ICO 方式募集到超过 1 500 万美元。区块链初创企业通过 ICO 方式募集资金开始被市场认可，ICO 开始了野蛮生长。2016 年以来，ICO 的事件数量和募集总额呈现井喷式增长，不少区块链企业选择通过 ICO 方式募集资金，在区块链领域通过 ICO 方式募集的资金一度超过来自 VC 行业的风险投资。

1. ICO 的流程

ICO 的流程总体可以分成准备期、窗口期、测试期和运行期 4 个阶段。

准备期：ICO 发起人完成区块链项目的建设计划，编制项目白皮书。白皮书的作用类似于募集说明书，白皮书通常会披露区块链平台技术架构、商业模型、治理理念等重要信息，建议读者参阅量子链①、墨链的白皮书，这一期间发行人还会通过路演等方式对项目进行宣传。

窗口期：向 ICOAGE、ALLCOIN、ICO RACE、ICO365 等国内外 ICO 平台递交计划书并发布 ICO 方案，公布 ICO 细则，ICO 可以在各个平台同时进行。投资者可以要求通过比特币、以太币、量子币等用主流加密货币兑换 ICO 项目的代币。

测试期：募资完成后，项目转入开发和测试阶段，时长一般在数个月，项目可能通过召开代币持有人大会等方式让投资者参与经营决策。依项目的不同，代币或是已经可以上线交易，或是尚未转入钱包中。

运行期：项目经过测试后上线运行，距离测试期的时间间隔可能在数个月到一两年，此时代币已经被发放到投资人的钱包，根据项目 ICO 的规定，可以立即或经过一段限售期后在指定交易平台上线买卖流通，代币可以转让、换取服务或者在交易平台上实现法币投资的收益。

2. ICO 的演变

最初 ICO 只是数字货币爱好者资助那些无法获得 VC 投资的区块链项目的一种社区行动，社区是一个由一群对区块链有着坚定信仰的极客们组成的松散群体。作为融资方的初创公司最终目标并非筹集到加密货币，他们的目标是利用这笔资金搭建白皮书描绘的区块链业务平台。公信宝的早期发展历程可以很好地说明这一问题，公信宝的创始人黄敏强注意到，区块链技术去中心化、记录难以伪造的两个特点正好能够解决金融征信中用户数据

---

① 量子链是中国社区原创的区块链公链，目标是构建一个符合监管要求并支持多个行业（金融、物联网、供应链、社交游戏等）的去中心化的应用开发平台。

容易泄露和非法变卖等问题，黄敏强辞掉工作与朋友们一起创业，当时大家对区块链项目知之甚少，因此，难以获得政府支持或者风险投资，在第一个来自股东的100万元将要用尽的时刻，黄敏强得到了来自“社区”的支持，2017年3月黄敏强在社区内做了一次ICO，获得2 451个比特币，解决了公信宝发展所需要的资金支持。社区的存在是一种约束，虽然ICO的发行者与购买者并没有法律上的责任与义务关系，但是由于人员彼此相熟，因此，要“爱惜羽毛”，否则就会“混不下去”。

此时的ICO仍然处于早期发展阶段，ICO参与者主要以理解区块链技术的极客为主，人员数量相对有限，投资主要因为看好区块链项目，资金主要以个人自有富余资金为主，即使区块链项目没有回报，也不会影响投资者的生活。在接下来的几个月的时间，ICO行情很快火爆起来，兴业证券袁煜明团队认为ICO火爆或源于3点：短期可投机、中期创造价值投资通道、长期则看好区块链颠覆一切的能力。随着价格的快速增长，ICO造就了“一币一别墅”等很多财富神话，于是情况发生了巨大变化，ICO的参与者开始变成炒币族，参与人数超过百万级，社区意识很快被冲淡，市场缺乏约束力，投资者以赌徒的心态进行投资，很多投资人开始倾其所有积蓄，甚至拆借资金购买各类代币。

一般认为投资代币主要有两方面的考虑：一是代币的使用价值，当初创企业项目落地并有了实质性的产品和服务后，投资者可以用“代币”作为支付手段购买自己所需要的产品和服务；二是投资价值，投资人认为“代币”具有升值与盈利的空间，而在没有出手之前，持有“代币”也代表着对投资项目权益的占有。前者是ICO融资模式的“本意”，后者是代币炒作的“贪欲”。不幸的是区块链行业潜心做事的人很少，于是ICO变成了圈钱手段，代币价格疯涨又进一步助长了投资人的贪欲。

实际上，ICO可以被看作一种众筹的方式，是一种快速、便捷的融资渠道。初创企业可以很方便地通过发行代币融集资金，看好初创企业的投资人则可以自由地购买代币，代币可以用于支付初创企业提供的服务，即“应用代币”；也有大量项目（如小蚁、墨链等）支持代币持有人可以对应用的未来决策进行投票以及获得分红，即“权益代币”；最重要的是代币可以在二级市场交易，具备快速变现的可能性。总之，企业融资以及持有人进入和退出都非常方便，可以说ICO在渠道方面取得了一些突破。但是，相对于传统从天使轮看团队、A轮看数据、B轮看收入、C轮看利润，ICO的判断依据非常之少，ICO发行机构信息披露也不充分，募集资金的用途不甚明确，缺乏评级公司等第三方专业机构，没有监管措施或者监管措施很难达到监管目标，不少项目为了规避可能的法律风险故意混淆概念，声称自己是软件预售或者募捐，投资者对于此种融资方式和融资项目的理解很不到位，简单归纳为“监管难覆盖，风控跟不上，概念没普及，披露不充分，配套不成熟”。总之，ICO配套的监管框架和风险管理都没有达到要求，因此，这次金融创新到目前为止还远远谈不上成功。

3. ICO 的“癫狂”

2017 年，ICO 市场更是呈现出“癫狂”的状态，往往只需要几天时间甚至几十秒钟就能完成数千万甚至上亿美元的融资。2017 年 6 月，火狐浏览器前 CEO Brendan Eich 创立的 Brave 浏览器不到 30 秒就完成了 3 500 万美元的融资。这种接近光速的融资速度刷新了人们对于融资的认知，这绝不只是说明了投资者对于该产品前景的看好，一定程度上也反映了此时无与伦比的投资热情。

中国市场并没有出现“风景这边独好”的情况，甚至更为疯狂，在各种代币价格疯狂上涨的大背景下，兴奋不已的投资人开始哄抢各类代币，ICO 项目发行变身淘宝“秒杀”。“构造区块链生态系统”的量子链不到 5 天时间融资就超过 1 亿元人民币。“要对每克黄金实名确权”的黄金链短短半小时 2 000 个比特币的融资额度就被抢光。新加坡项目“以太坊上的微信”SNT 上线后不到 1 秒，就因为涌入人群过多导致平台卡死，为了“应对人们的热烈要求”，SNT 临时宣布将众筹目标提升十倍，最终 SNT 创始团队 Status 在 10 个小时的时间筹集到价值超过 8 亿元人民币的以太币，这一数字超过了 2016 年新加坡所有金融科技公司得到的投资总额。被称为国内“比特币首富”的李笑来在 ICO 市场呼风唤雨，短短两三个月时间里完成了 ICO 项目的“梅开二度”，第一个项目是“EOS”，在李笑来的帮助下仅用了 5 天时间就募集到 1.85 亿美元①；第二个项目是“Press One”，业务方向是“一个基于 EOS 区块链基础设施的内容分发公链”，在没有白皮书（类似 IPO 的招股说明书）的情况下，项目发行 4 个小时就筹集了近 5 亿元人民币。在不到一周时间里李笑来筹集到大约 1.5 亿美元资金，虽然低于预期的 2 亿美元，但是考虑内容分发的“独角兽”今日头条在成立 1.5 年后才拿到几千万美元的 A 轮融资，成立 2.5 年后才拿到 1 亿美元的 B 轮融资，李笑来两手空空就完成了这笔融资堪称“神迹”。当然，李笑来在七部委重拳出击后也按照要求组织开展了代币清退。

市场各种看多情绪不断发酵，越来越多的不明就里的“韭菜”（通常用以形容被收割的投资者）大量涌入。ICO 市场很快就陷入混乱状态，发行者不再是那些想要搭建一个区块链技术平台并实现技术理想的严肃从业者。很多心怀不轨的人开始为了发币而发币，市场上充斥着各种各样的区块链商业模式，洗车店的老板都想着业务上链大赚一笔。大部分代币的发行机构都没有相应的技术准备，技术团队甚至来路不明，对区块链技术也是一知半解，白皮书都是东抄西凑，当然不具备实现“白皮书中所描写的愿景”的能力，也很少披露项目进展。有趣的是，投资者也不会研究这些白皮书，他们甚至看都不看一眼，贪欲迷住了

---

① 在央行等 7 部委发布防范代币发行融资风险公告后，数字货币 EOS 官方发布声明，宣布不承认天使投资人李笑来是“EOS 的联合创始人、董事、高级人员、信托、员工、代理人或团队成员”。

投资者的理智，青涩的“韭菜”很难理解区块链技术的原理，他们也没有这个耐性，他们更愿意相信所谓的大佬站台或者某个群友的煽动，然后，坚定地、疯狂地投资代币，所有人都在赌代币不会烂在自己手里。于是，代币的价格经常出现几十倍甚至上百倍的增长，行业内也不乏理性的声音，但是这些声音被淹没在代币疯狂上涨的浪潮中。被多次收割的“韭菜们”终于有人注意到，很多ICO发行机构根本没有后续动作，所以这些代币的价格缺乏实质的支撑，市场开始出现指责这些ICO发行机构是用空气来融资的声音，深感ICO是一场危险的游戏，市场已然出现危机四伏的苗头，如果任其发展下去，后果不堪设想。

4. 中国监管风暴

2017年8月30日，中国互联网金融协会发布了“关于防范各类以ICO名义吸收投资相关风险的提示”。互联网金融协会明确提到“国内外部分机构采用各类误导性宣传手段，以ICO名义从事融资活动，相关金融活动未取得任何许可，其中涉嫌诈骗、非法证券、非法集资等行为。”不得不说互联网金融协会的措辞相当严厉，这说明监管机构和自律组织已经意识到问题的严重性，并通过发声警告表明了态度。

2017年9月4日，中国人民银行官网公布了《中国人民银行　中央网信办　工业和信息化部　工商总局　银监会　证监会　保监会关于防范代币发行融资风险的公告》。七部委认为：“近期发行代币形式包括首次代币发行（ICO）进行融资的活动大量涌现，投机炒作盛行，涉嫌从事非法金融活动，严重扰乱了经济金融秩序。”在公告中七部委给ICO定了性，即“代币发行融资是指融资主体通过代币的违规发售、流通，向投资者筹集比特币、以太币等所谓‘虚拟货币’，本质上是一种未经批准的非法公开融资的行为，涉嫌非法发售代币票券、非法发行证券以及非法集资、金融诈骗、传销等违法犯罪活动。”

七部委重拳出击的目标是取缔ICO并斩断ICO与金融行业的联系。七部委在公告中明确提出了一系列严厉的要求：一是ICO项目停发及资金清退，明确要求“本公告发布之日起，各类代币发行融资活动应当立即停止。已完成代币发行融资的组织和个人应当做出清退等安排，合理保护投资者权益，妥善处置风险。有关部门将依法严肃查处拒不停止的代币发行融资活动以及已完成的代币发行融资项目中的违法违规行为。”二是叫停加密货币兑换和交易业务，明确要求“任何所谓的代币融资交易平台不得从事法定货币与代币、‘虚拟货币’相互之间的兑换业务，不得买卖或作为中央对手方买卖代币或‘虚拟货币’，不得为代币或‘虚拟货币’提供定价、信息中介等服务。”三是勒令金融机构与加密货币脱钩，明确要求“各金融机构和非银行支付机构不得直接或间接为代币发行融资以及为‘虚拟货币’提供账户开立、登记、交易、清算、结算等产品或服务，不得承保与代币和‘虚拟货币’相关的保险业务或将代币和‘虚拟货币’纳入保险责任范围。”四是提示投资者ICO存在虚假资产风险、经营失败风险、投资炒作风险等多重风险，希望广大投资者谨防上当受骗。五是要求做好行业自律，要求各类金融行业组织应当做好政策解读，督促会员单位自觉抵制与代币发行融资交易及“虚拟货币”相关的非法金融活动，远离市场乱象，加强投资者教育，共同维护正常的金融秩序。央行等七部委及时果断地采取了正确的措施，避免了事态的进一步恶化。2017 年 12 月 2 日，中国人民银行副行长潘功胜在“第一财经·摩根大通年度金融书籍品鉴会”上指出：“如果在几个月之前，我们没有关闭比特币交易所、打击 ICO 融资；如果今天还像年初一样，全球 80% 以上的比特币交易、ICO 融资都会发生在中国，那么今天会是一个什么样的景象？真是有点后怕”。

需要警惕的是，在央行等七部委联合出击下的大形势下，国内大量排队待发的 ICO 项目很快就偃旗息鼓了，一切看起来似乎风平浪静，但实际上 ICO 暗潮涌动，有的发行人确实因为需要募集资金，但更多的只是为了融资而融资，不少区块链初创团队在探索赴美国、加拿大、瑞士、新加坡等允许 ICO 的国家和地区发行 ICO 的可行性；也有人在监管夹缝的区域，如英属直布罗陀，设立平台支持 ICO 的发行和加密货币的交易，试图为想要“出海”的发行机构提供平台。出海并非唯一的方式，还有更多的花样，如分叉比特币的 IFO 或者出售硬件资源的 IMO，很难见一个打一个，尤其这些发行机构在海外发行的时候，因此，迫切需要做好投资者宣传引导工作，加强群众的风险意识和风险识别能力，同时注意通过政策支持等方式，引导风险投资等资金支持真正有技术实力的区块链初创公司。

5. 加密货币评估

ICO 在经历了几番冷热最终归于平静之后，冷静下来的代币持有人开始考虑如何衡量一款加密货币的价值，于是市场开始逐步构建加密货币价值评估体系。市场上开始出现提供加密货币资产管理服务的初创公司。链行就是提供这种服务的初创公司之一，链行 CEO 张华的观点值得借鉴，他认为可以从“技术（兼容性、扩展性、可靠性、安全性、性能效率、易用性等）、应用（项目定位、市场潜在规模、商业模型可行性、竞争对手、商业前景等）、社区（潜在用户、平台技术的贡献者等）、流动性、监管合规（遵纪守法、诚实经营、做好财务规划和信息披露等）”5 个维度评估代币的价值，链行将这些标准分为定性和定量两个维度（见图 4.3）。

ICO 项目往往处于技术孵化阶段，商业模式还未成型，加上技术的颠覆性和开创性很强，要求普通投资者在上述 5 个维度进行分析并做好正确的判断是不现实的。市场出现了 IcoPod、ICOmulu、链调查等 ICO 评级机构。IcoPod 的目标是做一家专业 ICO 尽职调查和评级机构。IcoPod 的评级体系由“标准流程 + X 因素”组成，其中标准流程（见图 4.4）考察“负责人、团队”，更多地借鉴传统早期 VC 机构对项目的考察标准，而 X 因素则是针对 ICO 市场的特征，IcoPod 将 X 因素视为公司评级业务的核心竞争力（见图 4.5）。

图 4.3　链行加密资产评价模型

图 4.4　IcoPod 的标准流程

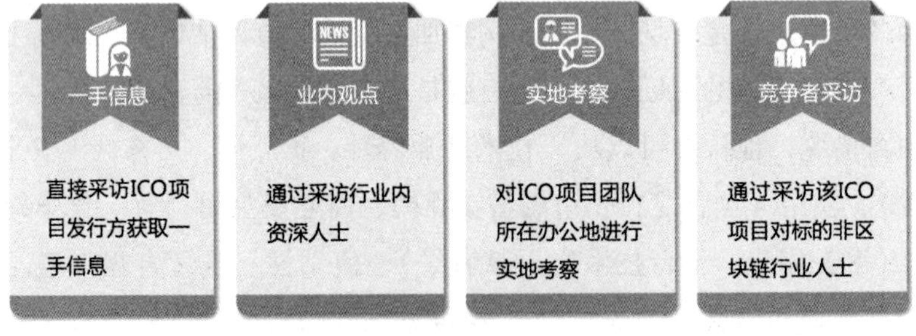

图 4.5　IcoPod 的 X 因素

IcoPod 秉承“动态评级”的理念，强调评级结果具有一定的时效性，IcoPod 认为有足够信息足以支持改变评级，即可能会上升或下调项目评级。IcoPod 的评级结果有“AAA（极好）、AA（优秀）、A（较优秀）、BBB（良好）、BB（中等）、B（一般）、CCC（建议观望）、CC（不建议购买）、C（接近洗白）、D（已洗白）”等，与传统的评级非常类似。在 IcoPod 网站上展示了 24 个项目的评级结果，用户也可以下载详细的评级报告（见图 4.6）。

	项目名称	项目类别	icoPod评级	日期	报告
	prochain	数字广告数据生态平台	AA	Start: 2017/12/8 End: 2017/12/13	点击查看
	Magos	数字货币投资基金	BB	Start: 2017/8/30 End: 2017/9/30	点击查看
	Transmission	跨境汇款服务	B	Start: 2017/8/30 End: 2017/9/09	点击查看
	PowerFans	体育赛事竞猜、众筹	BBB	Start: 2017/9/05 End: 2017/9/12	点击查看

图 4.6　IcoPod 评级结果

ICOMULU 声称，评估团队在区块链行业中耕耘多年，有资深的从业经验和成功的投资经验。并声称评估和分析完全站在第三方立场，结合国内外多方资讯和判断，对 ICO 项目做出彻底和客观地评价。为了确定一个项目的投资评级，ICO 目录会评估初创公司的“能力和意愿、管理实践、开发人员技能水平、代码或原型、营销、媒体关系”等事宜，研究“项目解决行业痛点的规模、同业竞争水平、项目路线图质量、项目财务计划质量”以及技术方面的“项目发展水平、ICO 的细节、团队的专业精神、营销”等情况。ICOMULU 将评级结果分为“投资、投机、非投资、违约”4 个等级。该机构的网站上展示了对公信宝、YOYOW 等 18 个 ICO 项目的评级结果，但是该网站不提供详细的评级报告。

虽然这些初创公司在 ICO 评级方面做了大量工作，进行了丰富地探索，但是实际上很少有人会在投资的时候参考 IcoPod、ICOMULU、链调查等公司的评级结果。ICO 评级模型还需要在实践中完善，现有评级体系还很初级，需要进一步完善，评级结果也缺乏权威性，但是这些机构的出现恰好说明了投资者对于有公信力的 ICO 评级机构充满期盼。

6. 各国监管动向

美国证券交易委员会（SEC）在“The DAO”事件的调查报告中指出，因 ICO 发行的区块链代币属于证券范畴，应该遵守证券领域的法规。调查报告指出证券发行或销售行为的认定主要取决于事实和情形，特别是交易的经济实质。在 ICO 融资过程中，区块链项目组所公开发起的筹资邀约、竞价形式及交易退出机制均类似于证券发行行为，因此，应该参照《联邦证券法》及《促进创业企业融资法案》（JOBS 法案）的相关规定进行监管，报告明确这同时适用于“ICO”和“Token Sales”（代币销售）。此外，SEC 还认为，代为发行 ICO 的虚拟货币交易所也应该遵守《证券交易所法》的相关规定，而未备案注册的代币发行应重新备案登记。

英国金融服务监管局（FCA）于 2017 年 9 月 12 日首次发布 ICO 风险预警报告。FCA 认为当前的 ICO 项目可能已经属于“风险极高的投机投资”。该报告列出了 ICO 可能存在的六大风险：一是当前 ICO 不受 FCA 监管，存在境内监管真空和跨境监管空白问题；二是 ICO 发行或融资的虚拟货币价格极不稳定，易出现暴涨暴跌，也极易被市场操控；三是缺乏认证和评估机制，存在项目欺诈风险；四是 ICO 项目的白皮书缺少行业标准，信息披露不完善；五是缺乏投资者保护机制和应急处理渠道；六是 ICO 相关技术仍处于初级阶段，商业模式有待验证。FCA 提醒投资者应知悉所签署的 ICO 商业电子契约的权利和责任，如果怀疑某 ICO 项目可能是骗局，应及时向 FCA 举报。

欧盟金融监管机构 ESMA 警告投资和运营 ICO 存在很大风险。ESMA 认为，投资人“可能没有意识到 ICO 给他们带来的高风险”。ESMA 列举了 ICO 的“五宗罪”：一是尚未被法律规范，可能涉嫌欺诈等违法行为；二是大部分 ICO 背后的公司非常不成熟，投资人的钱很可能打水漂；三是缺少退出选项，并且价格波动剧烈；四是白皮书提供的信息非常有限；五是区块链技术还没有被大规模测试，技术不成熟。ESMA 提醒运营 ICO 的公司“必须认真考虑其行为是否合法”。虽然有些 ICO 不受现有法律约束，但是一些情况下 ICO 发行的代币成为金融工具，那么 ICO 公司的行为就可能会受到投资法规的约束。

2017 年 9 月，俄罗斯央行（Bank of Russia），呼吁警惕加密货币和 ICO 风险：“鉴于加密货币流通和使用的高风险，央行认为认可加密货币的时机尚不成熟，此外还包括以加密货币计价或与之关联的任何金融工具，都不可以在俄罗斯联邦进入流通或者有组织的交易和清算结算基础设施，不可以与加密货币及其衍生金融工具进行交易”。虽然俄罗斯央行旗帜鲜明地反对 ICO 及加密货币合法化，甚至要封禁加密货币交易网站，但目前相关的监管法案尚未真正落地，政府内部的争论还在继续。2017 年 10 月，俄罗斯第一副总理 Igor Shuvalov 在一个青年论坛证实了俄罗斯政府计划对 ICO 进行监管的传闻，他表示：“我们在还不清楚 ICO 是否真的有害的情况下，就试图去禁止，去叫停。如果我们的国家是发达国家，想要在这场竞争中取得成功，甚至创造出比我们立志要超越的国家还要好的生活，那么我们就必须更大胆一点。”他承诺将保护 ICO 项目，监管不会宣告 ICO“死亡”。2017 年 12 月，俄罗斯区块链和加密数字货币协会（RACIB）宣布，他们与德国、瑞士、澳大利亚、新加坡、印度、爱尔兰、波兰、捷克共和国、土耳其、马来西亚、爱沙尼亚等 30 个国家的代表签署合作协议，将为 ICO 制定统一的评级标准。

日本内阁会议 2017 年 3 月 31 日通过《关于虚拟货币交换业者的内阁府令》，规定从事虚拟货币买卖和虚拟货币间交换业务的公司，需要在政府登录申请，在申请时需要提供包括 3 年内的收支预想、公司结构等各种信息，该内阁府令对拟发行 ICO 的公司则提出了更高的信息披露要求。日本金融服务厅（FSA）2017 年 10 月 27 日发布 ICO 风险提示，强调了发行数字代币这种融资方式对投资者构成的“高”风险因素。FSA 认为，根据 ICO 的组织方式，可属于《支付服务法》或《金融工具与交易法》的管理范畴，ICO 发起人必须遵守这些法令的某些规则和规定。针对 ICO 可能存在的欺诈现象，FSA 提示用户在投资之前充分了解风险及项目内容。

韩国金融服务委员会（FSC）2017 年 9 月 29 日表示，将禁止所有形式的代币融资（ICO），并且严密管制和监控虚拟货币交易，FASA 认为这并不意味着政府将虚拟货币交易纳入韩国金融系统，政府将继续监控市场，以观察是否需要更多的管控措施。2017 年 12 月，有消息称韩国政府正考虑允许面向加密货币合格机构投资者开展部分首次代币发行（ICO），但原则上禁止针对个人投资者的 ICO。

新加坡金融管理局（MAS）公开发表声明指出，当前数字货币的部分功能已经超越了虚拟货币的范畴，如数字代币可代表发行人的资产或财产的所有权或担保收益。因此，数字货币的发行应该归属于《证券和期货法》第 289 章中所定义的股份或集体投资计划单位，而融资获得的数字货币也可代表发行人欠下的债务，并被视为《证券和期货法》下的公司债务，应受到金融管理局的监管。因此，按照《证券和期货法》的相关规定，今后 ICO 的发行需要向 MAS 提交融资（招股）说明书并进行登记注册，那些虚拟货币发行人或中介还须遵守《金融顾问法》的规定。而针对虚拟货币交易所的资质问题，MAS 认为数字货币交易所在获得 MAS 的批准和认可之后，才可以开展代币发行和交易业务。

大部分国家已经意识到 ICO 所具有的风险，并相应采取了一些针对性措施，这些措施可以分为 3 类：一是以中国、韩国等国家为代表，态度非常严厉，明确取缔 ICO，并采取多种措施整治加密货币交易市场；二是以美国、日本、新加坡为代表，普遍将 ICO 置于金融监管的总体框架之下，进行合规性管理；三是以欧盟地区为代表，政府并没有明确 ICO 的性质，但是向民众发出了警示信息，政策环境相对宽松。ICO 是金融市场上一个新生的事物，运行机制还不够成熟，不少国家和机构还在积极组织推动 ICO 监管、风险控制等方面的研究工作。

ABS 业务场景

ABS（Asset Backed Securitization，资产证券化）融资模式是以项目所属的资产为支撑的证券化融资方式，即以项目所拥有的资产为基础，以项目资产可以带来的预期收益为保证，通过在资本市场发行债券来募集资金的一种项目融资方式。ABS 模式的目的在于通过其特有的提高信用等级的方式，使原本信用等级较低的项目照样可以进入高档证券市场，并利用该市场信用等级高、债券安全性和流动性高、债券利率低的特点，大幅度降低发行债券和筹集资金的成本。我国金融市场上常见的资产证券化产品种类主要有人民银行和银监会主导的信贷资产证券化产品、证监会主导的企业资产证券化产品、中国银行间市场交易商协会负责的资产支持票据、保监会主管的保险资产项目资产支持计划等。

ABS 业务具有如下特点：

1. ABS 参与机构多

ABS 发行过程中涉及各种中介服务机构，包括发起人、发行人、托管人、投资人、信用评级机构、信用增进机构、会计事务所、律师事务所等。一个典型的消费信贷的 ABS 交易结构如图 4.7 所示。

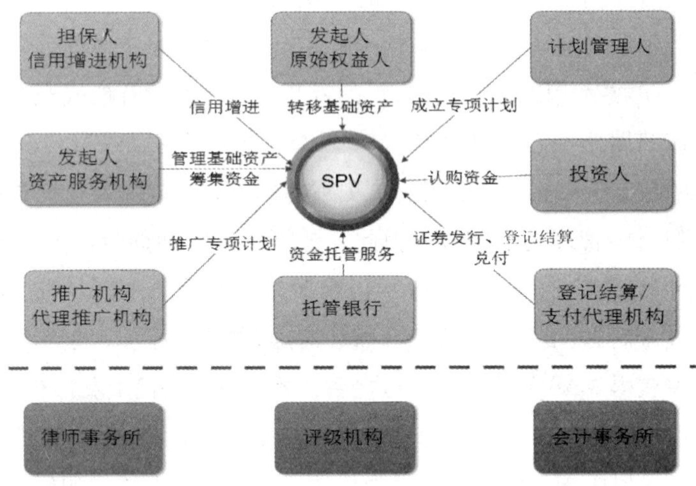

图 4.7　消费信贷的 ABS 交易结构示意图

2. ABS 业务环节多

ABS 的业务环节远多于普通的债券发行，一个完整的 ABS 发行过程包括重组现金流、构建资产池、设立特殊目的机构、资产权属让渡、完善交易结构、进行信用增进和信用评级、发行与销售、获取发行收入、资产池管理和清偿证券九大操作流程，具体如表 4.3① 所示。

① http://stock.10jqka.com.cn/20170512/c598551030.shtml。

表 4.3　　ABS 九大操作环节

操作环节	操 作 内 容	主要参与机构
1. 重组现金流，构建资产池	由发起人根据自身融资需求对其拥有的能够产生未来现金流的资产进行清理、估算、考核确定证券化资产后，组建资产池	发起人（原始权益人） 计划管理人或受托人 承销商或交易协调中介
2. 设立特殊目的机构	抽检以运营资产证券化为唯一目的的，可以实现“资产隔离”的独立的资产管理计划或者信托实体	计划管理人或受托人
3. 资产权属让渡	证券化资产完成从发起人到 SPV 的转移，即实现资产的权属让渡，发起人的债权让将不得追索该资产，SPV 的债权人也不得追索发起人的其他资产，从而实现风险隔离	发起人（原始权益人） 计划管理人或受托人
4. 完善交易结构、进行信用增进	SPV 通过签订贷款服务合同、托管合同、周转协议、承销协议等一系列的合同完善资产证券化的交易结构。再通过对证券化资产进行风险分析和风险重组，并通过额外的现金流来源对可预见的损失进行弥补，以降低预见的信用风险，提高资产证券化的信用等级	发起人（资产服务机构） 计划管理人或受托人 托管人 增进机构 承销商 法律、会计等中介
5. 资产证券化的信用评级	引进信用评级机构对未来资产能够产生的现金流以及对经过信用增进后的拟发证券进行评级，为投资者提供选择证券的依据	信用评级机构
6. 证券发行与销售交易	经过信用评级后，SPV 作为发行人通过各类金融机构如银行等向投资者销售证券	计划管理人或受托人 承销商 托管人
7. 存取发行收入、完成筹资目标	SPV 向发起人支付购买证券化资产的价款，SPV 在获取证券发行收入后，按照约定的购买价格向发起人支付购买价款，发行人筹资目标完成	计划管理人或受托人 发起人（原始权益人） 托管人
8. 资产池管理	证券发行完毕后到金融市场申请挂牌上市，实现资产的流动性，SPV 则需对资产池进行管理和处理，对资产所产生的现金流进行回购和分配	计划管理人或受托人 发起人（资产服务机构） 托管人
9. 清偿证券，产品结束	按照证券发行时的约定，将资产支持证券到期后，由资产池产生的收入在还本付息、支付各项服务费后，所有剩余按照协议规定在发起人和 SPV 之间进行分配，整个资产证券化过程结束	计划管理人或受托人 发起人（资产服务机构） 托管人

3. 资金池真实性问题

参与各方无法确认 ABS 资产池中资产的真实性，交易各方对底层资产质量真实性的信任问题一直都是行业的痛点，只能被迫信任发起人的诚信和会计机构的专业判断。

ABS 被认为是区块链的最佳实践场景之一，主要有两方面的原因：一方面，利用区块链技术参与各方共记一本账的特点，可以有效化解 ABS 实际运转中存在的各单位之间信息交互的问题，减少人工处理的业务环节，不再依赖传真等传统方式，解决了 ABS 市场的文件交互痛点，提高了业务运行效率，节省了机构间费时、费力的对账清算，中介机构可以实时掌握资产违约风险；另一方面，可以利用区块链记录资产池中的资产，资产的真实性得到了保障，从而增加了机构投资者的信心，降低了融资成本，使得实力较弱的中小消费金融机构低成本发行 ABS 产品成为可能。中国银行间市场交易商协会市场创新部助理主任徐光等人①研究认为传统模式存在基础资产真实性水平较低、各参与方之间数据流转效率不高、存续期信息透明度和时效性较低、交易流程复杂，账目难以统一等方面存在局限性。徐光认为区块链技术可以整体优化资产证券化业务流程，提高基础资产真实性，提升信息交互时效性，满足信息更新同步性，实现证券发行后续管理智能化、证券交易便利化，满足监管层的穿透式审查需求，提升业务的透明化、规范化和标准化程度，对资产证券化市场规范、健康发展具有积极作用。

2016 年 9 月，京东金融推出“ABS 云平台”，京东金融介绍 ABS 底层资产包形成的过程往往涉及资产方、资金方、SPV（信托）等多个金融机构，参与各方都有自己的业务系统，由于交易量大，交易频次高，机构间信息传输的准确性问题、对账清算问题以及交易各方对底层资产质量真实性的信任问题一直都是行业的痛点。京东金融的资产云工厂业务实现了区块链资产管理系统的部署，系统设置了 3 个验证节点，底层资产池中每笔贷款的申请、审批、放款等资金流转，都将通过区块链由各个验证节点共识完成，一旦一笔借款通过京东金融的投资决策引擎审核，交由京东支付完成放款后，京东支付就会实时返回交易流水的唯一凭证，并写入区块链中，即完成了一笔贷款资产的入链。京东金融结构金融部负责人郝延山认为：“区块链技术是一种新型的去中心化协议，能安全地存储交易数据，保证信息不可伪造和篡改，并可以自动执行智能合约，无须任何中心化机构的审核。它能够联合 ABS 交易过程中所有市场参与者，共同维护一套交易账本数据，实时掌握并验证账本内容，并维护账本的真实性和完整性，如此一来，就可以提高资产证券化系统的透明度和可追责性。”

2017 年 8 月，“百度—长安新生—天风 2017 年第一期资产支持专项计划”获得上交所批准，百度—长安新生—天风 2017 年第一期基于区块链技术实现了底层资产从 Pre - ABS 模式放款，到存续期还款、逾期以及交易等全流程数据的实时上链，对现金流进行实时监控和精准预测，提高了对基础资产全生命周期的管理能力。参与项目的百度等公司认为，通过区块链技术能够解决 ABS 环节中的很多痛点，对于中介机构而言，尽调环节的尽调置信程度明显提升，效率也得到提高；对于投资者而言，所投资产的透明程度显著增强，二级交易的估值和定价也变

① 徐光、叶欣怡：《区块链与资产证券化》。

得有据可依。对于监管机构而言，能够更大程度上满足穿透式审核和监管的要求。

05 契合保险理念

保险行业是区块链应用场景理论研究和创新探索最为密集的金融行业之一，这是由保险与区块链的共同基因决定的。王和博士等认为，保险和区块链在“社会性、唯一性、时间性和安全性”等方面具有基因相似性。“社会性”的根本诉求是自我约束和自我规范，所有的社会管理均围绕着这一根本诉求开展，旨在实行合作与和谐①。保险经营管理过程汇总，其核心诉求是实现和协调个体的结合，而达成一种集体共识，并公平和公正地管理保险基金。社会性是保险与区块链实现融合创新的逻辑基础。“唯一性”能够较好地解决身份识别问题，化解保险冒领、身份认证等难题。“时间性”是保险事故认定，防止保险欺诈的重要基础，基于区块链的“时间戳”机制可以完整地记录交易和流转的全过程，较好地解决了保险公司内部管理“逆选择”和“倒签单”的承保和理赔风险。“安全性”是业务信息安全和用户隐私保护的重要基础，个人信息隐私保护已成为突出的社会问题，保护用户的数据安全和隐私是保险业务创新发展的前提条件。

“区块链+保险”的六大优势

1. 从他证到自证

传统方案中保险公司为了破解业务中存在的“道德风险”和“逆向选择”问题，需要建立强大的核保部门或者依靠公估等第三方机构。基于区块链技术可以对个人身份信息、健康医疗记录、资产信息和各项交易记录进行验证，实现各类信息自证明。欧美保险业论坛发布了保险区块链专题研究报告《终身之链》，该报告认为，如果将个人相关信息存储在区块链上，不仅可以解决报价和承保时的身份及相关风险信息（健康、驾驶记录）确认问题，而且还可以解决理赔时相关信息证明问题，如电子病历提供的治疗费用。

2. 保险理赔更高效

目前，保险理赔的处理通常都是手工操作，这不仅耗费了保险公司巨大的人力资源成

---

① 参见保险区块链项目组：《保险区块链研究》。

本，索赔进程缓慢，而且容易出现手工操作失误、主观判断错误等问题。基于智能合约的保险理赔合同，通过代码定义理赔条款，从而确保过程准确、透明。

3. 标的评估更科学

艺术品或其他特殊物品保险往往需要对保险标的进行合理评估，传统保险操作并未有统一有效的方法，造成艺术品等特殊物品保险定价不准确、市场发展不充分。造假、欺诈和盗窃一直是制约艺术品市场发展的难题，艺术品的真实性、唯一性很难被确认，因此，其价值很难评估。基于 Everledge① 等各类物品溯源解决方案采用区块链解决方案，通过区块链记录艺术品出处、展览历史、尺寸、形状、所有权、材质等各类信息，实现艺术品信息和实物的刚性关联，帮助保险公司更准确地评估标的价值。

4. 理赔认定更科学

基于区块链可以建立投保人身份信息、医疗健康信息、财产信息、信用信息的上链登记，整合保险机构的保单投保信息，出险理赔记录，保险欺诈信息等关联记录，系统将不允许同一事件的多次索赔，保险公司等机构也可以通过链上数据检索索赔历史，侦测潜在的骗保行为，再进一步则可以通过大数据提高保险业务运行的水平。

5. 保险代理更高效

建立保险公司和中介机构的区块链联盟，双方基于区块链平台进行交易的确认、记录、对账和结算，在标准情况下，可以借助智能合同自动执行相关协议，避免造假、提高效率。

6. 市场结构更简约

“区块链 + 保险”对保险行业的影响可能是颠覆性的，出现基于区块链技术的“类相互保险平台”为客户提供服务，保险公司将不再直接吸收风险，主要工作内容转变为专业咨询和“互助池”机制管理，这就要求保险公司要寻找新的盈利模式。王和博士认为未来可能会出现“机器保险公司”，即由平台提供结算系统，按照互相保险的基本规则，搭建

① Everledger 是一家以保护商品来源和真实性为主要工作内容的区块链初创公司，该公司将超过 90 万颗钻石的几十个维度的基本信息存储在区块链上，基于该公司提供的区块链平台实现钻石溯源和价值评估，打击钻石走私、销赃等非法行为，该公司因此获得了“Meffy 奖”。保险市场是他们的主要目标，其业务范围不仅局限于钻石等某种特定资产，下一步该公司计划将艺术品等更多品类的物品信息存储到区块链上。Everledger 的创始人兼首席执行官琳恩·坎普（Leanne Kemp）表示“Everledger 会用自己在开发区块链技术方面的丰富经验来协助保险公司降低其核心风险，为它们提供一个值得信赖的记录系统。”

一个交互系统，互助者可以根据自身的基本情况和风险偏好，发起或参与一个“互助团组”，一旦有人出险，系统将根据实际情况，进行分摊和结算。“机器保险公司”的最大特点是不再依赖任何第三方、完全由系统自动完成，即它赋予每个个体以“金融”属性，构成典型的“自金融”形态。

安永关于“区块链+保险”的机遇分析

国际咨询行业巨头安永公司发布了《区块链技术——数字化新平台对保险业的影响》，安永认为，区块链在保险行业有巨大的想象空间，区块链技术在“欺诈识别和风险防范、数字化理赔管理、全新的分销和颠覆、网络责任险”等方面潜力巨大。安永公司的新技术对保险业产生了重大影响并向其提供了重大机遇，将在以下三个方面重塑业务模式：

第一代：基于收集特定身份、保护敏感客户数据和保持支付交易审计跟踪的区块链技术（传统上可支持比特币）。

第二代：内容（合同、文件、理赔申请表、将终端交易与客户关联起来的发票和保单或理赔凭证）和获取第三方信息。

第三代：可编程服务（资产的指数化——推动第三方自动化或验证服务）和物联网数据报告。

打通“区块链+保险”创新的最后一公里

区块链在保险行业的应用创新非常集中，这些创新案例中既有安联、AIG、约翰·汉考克、中国人民财产保险公司、平安保险、阳光保险等国内外知名的保险公司推动完成的，又有安永携手马士基推动的航运保险平台，还有互联网保险公司众安保险的探索，以及 Safeshare、FlightDelay 等基于区块链的分布式保险业务解决方案，中国互联网互助保险初创公司更是热炒区块链概念。总之，保险公司寄予了区块链技术极高的期望。

1. 安联集团——基于智能合约优化巨灾保险兑付场景

2016 年 6 月，欧洲保险业巨头安联集团（Allianz）宣布，成功使用基于区块链的智能合约处理巨灾互换（Catastrophe Swaps）和灾难债券（Catastrophe Bonds）交易，安联集团表示，通过区块链技术还能拓展这种金融工具的销售市场。巨灾互换和灾难债券是一款与保险有关的高收益债务工具，发行人若因既定天然灾害而蒙受损失，则其还本付息的责任可获延迟，甚至被完全豁免。过去这种债券的结算过程通常要花上数周甚至数月的时间，而通过智能合约技术则可以把结算时间缩短到几个小时。

2017 年 11 月，安联集团推出了一款以“专属自保”保单为重点的区块链原型，为专属或自保政策提供了一个更加简化的方法。有了这种类型的产品，公司可以方便其自身及其子公司进行投保，而不用购买更传统的保单。

2. AIG——简化保险操作业务流程

保险公司巨头美国国际集团（AIG）和英国渣打银行最近完成了一项区块链实验，旨在简化一些行业最复杂的保险政策。该实验基于开源的 Hyperledger Fabric 技术，主要测试了由伦敦制定的商业保险政策并应用于美国、肯尼亚和新加坡的当地政策。据称该实验展示了在发生了保险事件后，投保人如何实时、自动地了解保险范畴。AIG 认为，保险业似乎从区块链技术中获益匪浅，区块链有助于减少大多数保险供应商经常需要面对的文书工作或者文件归档等流程性工作，保险供应商和消费者层面的业务处理流程也会变得更加快速。

3. 约翰·汉考克——提升客户识别能力

加拿大宏利金融集团在美国的保险和金融服务公司、人寿保险和金融服务业巨头约翰·汉考克联合两家致力于以太坊区块链的创业公司 ConsenSys 和 BlockApps，共同开展了 KYC（了解你的客户）等多个区块链概念证明。这些概念验证是由约翰·汉考克公司位于波士顿的前瞻思维实验室（LOFT）负责推动的，LOFT 成立于 2015 年 5 月，成立该实验室的目标就是为了使汉考克员工能够开发与保险（以及财富和资产管理）相关的新技术。

4. Flight Delay——全新的分布式保险应用

按照法律规定，航空公司必须向旅客支付航班延误或取消的赔偿金，由于理赔过程过于冗长复杂，因此，很多人放弃了。这种状况正在发生变化，前瑞银（UBS）业务分析员 Stephan Karpischek 基于以太坊平台开发去中心化应用 Flight Delay，目标是用简单、友好的流程代替目前烦琐的索赔流程。Flight Delay 是一个基于区块链，无须人工操作的自动运行，并且自动执行的去中心化应用。用户只需在基于区块链的网站上输入保费，就能收到基于零和算法计算的支付金额，结果由 Oraclize（通常用于与区块链进行交互的可信数据源）确定。如果航空公司可以将 Flight Delay 应用内嵌到机票销售系统中或者在机票合同中加入飞机延误理赔的智能合约，那么用户就能实现一键购买航空延误险，自动和快速地启动理赔程序。

5. Safeshare——为共享经济打造的新型保险服务

Safeshare 是英国伦敦一家新型保险解决方案提供商，隶属于基石保险经纪有限公司

（Cornerstone Insurance Brokers Limited）。Safeshare 专门针对基于“共享型经济”的新型创业公司，为它们提供基于区块链的实时保险解决方案。例如，Airbnb 的“沙发客”食宿分享型服务和 Uber 的打车服务在世界各地广受欢迎，它们都是基于共享型经济，个人以个人身份通过应用程序或平台各取所需互相便利服务。第一个享受新型保险服务的是伦敦的共享办公空间领域的创业公司 Vrumi，Safeshare 提供的区块链保险解决方案是由英国保险巨头劳合社（Lloyds）承保，开通了 24 小时索赔热线。Safeshare 的案例证明，除了提供实时、便捷的保险解决方案以外，区块链技术也有助于保险公司降低成本。

6. PICC——基于区块链的保险标的管理

中国人保财险搭建了基于区块链的养殖业溯源体系，探索养牛保险的“唯一性”管理新模式。溯源体系以生物特征、DNA 和耳标等多种识别手段为基础，真实记录肉牛个体信息，以及进口、饲养、防疫、养殖、产仔、屠宰、物流等养殖和食品供应全方位和全流程的信息，实现肉牛乃至肉制品的有效溯源，以及全生命周期的“验明正身”和唯一记录。人保财险公司认为，区块链溯源系统具有广泛的应用价值和社会意义。首先，它能够为保险公司的养殖保险提供良好的技术支持，不仅能够有效防范道德风险，而且还能够提高经营管理效率；其次，为金融机构的农业信贷贷款业务提供风险防控手段，确保信贷风险的相对可控；再次，它能够向动物检疫管理、农业生产管理等政府工作提供支持；最后，它能够为食品安全，包括运输、流通、销售和消费全程的跟踪管理，提供技术和数据服务。

PICC 还推动了基于区块链技术的新型保险营销管理体系“人保 V 盟”项目，探索利用区块链重构传统保险公司与营销员的代理支付关系，进而构建全新的营销管理和客户关系管理模式。

7. 阳光保险——基于区块链的便捷式航空意外险

2016 年 3 月，阳光保险分别推出了基于“区块链”作为底层技术架构的“阳光贝”积分，用户在享受普通积分功能的基础上，还可以“发红包”的形式，通过积分向朋友转赠或与其他公司发行的区块链积分互换。阳光保险认为，随着参与机构的不断增多，积分将不再是“鸡肋”，而是一份可流动、有价值的数字资产。

2016 年 7 月，阳光保险推出“区块链 + 航空意外险卡单”，是国内首个将主流金融资产放在区块链上流通。传统的航空意外险主要有 3 个痛点：一是保险造假的“重灾区”，只有在飞机发生意外时才会出现理赔，因此，大多数情况下客户即使购买了假保险也不会发觉；二是保险卡客户获得保险卡后，刮开卡背面的密码，打开保险公司网页登记保险卡的账号、密码进行激活，随后填写投保信息，操作步骤烦琐冗长；三是航空意外保险通过渠道中介商的方式进行销售，渠道中介商通常会抬高价格赚取差价。新型微信保险卡单只需在微信端输入被保人和航班信息，即能立即得到保障，用户还可以通过微信红包的方式将航空意外险赠送即将出行的亲朋好友，非常便利。参与各方可以追溯保险卡单从源头到客户流转的全过程，不仅可以查验卡单的真伪，而且还可以方便处理后续理赔等事宜。

8. 众安保险——从信息上网到信息上链

2016 年 11 月，众安保险成立了子公司众安科技。众安科技开发了基于区块链技术的“安链云”平台，并搭建了一个部署在云端的保险核心系统，应用区块链实现健康险电子保单存储，将保单、客户及理赔等信息放到去中心化的区块链上。截至 2017 年 2 月底，安链云采用区块链存储技术处理健康险电子保单 21.27 万份，涉及保费收入 3 736.36 万元。此外，众安科技还推出了公益保障平台“相互邦”，为互联网企业、行业协会、公益平台、垂直人群等定制个性化的互助社群。

9. 平安保险——打造公司新的核心竞争力

平安保险董事长马明哲曾经直言：“区块链是平安未来进军的重点”。2016 年 5 月，平安集团加入 R3 区块链联盟。平安集团下属平安保险集团下属上海壹账通金融科技有限公司（简称“壹账通”）推出了机构一账通、资产登记平台、小微企业金融服务云等基于区块链技术的 BAAS 服务，专注于为服务中小企业和零售客户的中小银行提供金融科技解决方案。平安 BAAS 采用自主产权的 Fi - MAX（Fabric MAX）高性能架构 SParrow 区块链中间件，支持国密算法。据了解，Fi - MAX 高性能架构比开源版本的区块链性能提升了 50%，单节点在 2.2 千兆赫兹的 8 核 CPU 条件下，就能支持每秒 4 000 ~ 5 000 笔的交易吞吐量，此外，通过增加算力和多链分片，可以达到 10 万 + 笔/秒吞吐量。

10. B3i 联盟——推动区块链在保险行业的应用

2016 年 10 月，安联保险（Allianz）、荷兰全球人寿保险（Aegon）、慕尼黑再保险（Munich Re）、瑞士再保险（Swiss Re）和苏黎世保险（Zurich）欧洲五大保险公司联合组建了新的区块链研究组织联盟 B3i。联盟主要目标是研究将区块链技术运用于保险业的可行性。联盟将前期目标锁定为“再保险”业务，希望可以使用智能合约简化再保险业务的销售和理赔处理过程。2017 年 8 月，保险业区块链联盟 B3i 公布了其区块链智能合约原型“Codex 1”的研究进展情况，基于 Codex 1 能够使保费结算和索赔处理自动化，同时保证各方不会知道彼此的条款内容，保险经纪人角色的大部分工作将被取代。

11. 航运险——多家机构合作推动的概念验证

2017 年 9 月，安永携手区块链专业公司 Guardtime 宣告创建全球首个航运保险区块链平台。在与马士基集团、美国保险标准协会、微软、阿姆林、韦莱韬悦和信利集团的通力合作下，经过为期 20 周的概念验证，该区块链平台正式上线。该平台具有创建并维护源自多方的资产数据，将数据与保险合同相关联，联结客户资产、交易和支付信息，获取并验证最新的客户通知和损失数据等功能。利用这一区块链平台可以提高数据透明度、减少手动数据输入、降低对账难度及成本，方案充分发挥了区块链技术透明度高、安全性强和标准化程度高的优势，具有很高的商业价值。

12. 互助保险初创企业热炒区块链概念

互助保险即由一些具有共同要求和面临同样风险的人自愿组织起来的，是预交风险损失补偿分摊金的一种保险形式。互助保险是当今世界保险市场上最主要的形式之一，拥有大约 2/5 的全球市场份额。当前，我国相互保险市场刚刚起步，众托帮、水滴互助、同心互助是其中规模最大的 3 家互联网互相保险初创公司，3 家公司宣称非常看好区块链技术在互助保险行业的应用前景，并且都已经将该技术应用到了公司的实际运营中。众托帮 CEO 乔克认为："区块链技术的不可篡改性能够从根本上规避系统组织者作弊、黑客篡改数据作弊等信用风险，有效提高互助保障平台的公信力"。同心互助坚信"通过区块链以及大数据技术，可以消除传统网络互助模式的缺陷，建立一个公开透明的新型网络互助平台"。"水滴互助" CEO 沈鹏表示："凭借区块链'去中心化''高度透明''集体安全'等特点，可以使用户的公平性得到维护。"

06 深植互联网金融

传统互联网金融的业务范畴主要包括众筹、P2P、第三方支付等领域。在告别过去一段时间的野蛮发展后，互联网金融遭遇了风险高发、项目逾期等诸多困境，迫切需要技术和理念的创新升级，而可以构建信任关系网络的区块链被看好，成为解决互联网金融顽疾的一剂良药。中国万向控股有限公司副董事长肖锋将区块链定义为互联网金融的终局，他坚信基于区块链将实现实时化、场景化、7×24 小时、现实世界与虚拟世界、物理世界与数字世界无缝衔接的金融体系。互联网金融将如同互联网一样融入世界，万物互联、化为无形。

Swarm——基于区块链的分布式众筹平台

Swarm 是一个将区块链技术应用到众筹领域（Crowd Funding）的平台。该公司打造了一个“去中心化”的众筹平台，公司可以在这个平台上通过创造自己的数字货币来简单快捷地出手加密股票，投资者无须通过股票经纪人就可以迅速交易自己心仪的公司股票。去中心化的平台可以使股票交易价格更加合理、交易流程无须通过中介减少中间成本。Swarm 公司首席运营官 Ben Ingram 将这一平台形容为“众筹界的 Facebook”。有了 Counterparty（合约币）协议的支持，该平台可以像一个为加密货币投资者建立的社交网络一般高效运转。Swarm 会尽职调查每一个企业家和团队，旨在消除之前众筹可能产生的失败和欺诈现象。公司 CEO Joel Dietz 认为，该平台将会在加速创业方面表现上佳，Ingram 也表示 Swarm 公司已经计划在伦敦建立孵化器。Swarm 团队坚信，他们创建的平台将有助于改变创业者筹资的方式，这正如 Dietz 所说：“当我看到用户在 Counterparty 建立的资产时，脑子里突然灵光一现——这可能就是众筹业的未来。”

小蚁——新时代智能经济的支持平台

小蚁区块链是中国的标杆性区块链项目，萌芽于 2014 年。2015 年 10 月，小蚁区块链完成第一阶段 ICO，筹得 2 100 个比特币（该数字用以致敬中本聪）；2016 年 8 月，小蚁区块链完成第二阶段 ICO，筹得超过 6 000 个比特币。小蚁区块链的目标是区块链智能合约与数字资产相结合，使得在小蚁上注册、发行、流转的数字资产更加智能化，可用于股权众筹、股权管理、债权转让、ABS 资产证券化等领域。小蚁的主要应用场景如专栏所示。

专栏

小蚁的应用场景

1. 股权众筹

小蚁可以用于股权众筹。众筹完成后，初创公司可以用小蚁来管理众多股东的股权，用小蚁提供的去中心化交易机制进行股权交易。初创公司获得了市场估值、股权流动性，用户获得了退出机制。通过将股权登记在小蚁区块链上，初创公司能够以“区块链 IPO”的方式获得资金。

2. P2P 网贷

网贷平台使用小蚁登记 P2P 网贷的债权后，债权变得可转让、可交易，增加了流动性，并且不仅仅局限于本平台用户。用户可以放心地购买长期债权，享受高息，而无须担心应急之需。只要通过小蚁的交易转让系统，可以随时将长期债券贴现转让。另外，企业还可以利用小蚁发行自己的企业债。

3. 员工持股激励

采用员工持股激励制度的公司可以用小蚁来进行员工持股管理。使用小蚁比自建系统更经济、更安全。小蚁的设计给了公司灵活的股权转让控制权。公司可以限制股权仅可以被指定的员工持有，可以灵活地设置允许股权转让或交易的比例。比如，可以设置为允许员工每年最多转让其本人所持股权的 25%。

BTCJam 是位于旧金山的一家初创公司，公司首席执行官 Celso Pitta 是一位曾经就职于花旗银行的巴西人。BTCJam 致力于向全球用户提供 P2P 借贷服务。BTCJam 提供借贷和实时货币兑换服务，而没有地理位置限制。该理念同样也可以用于向发展中国家一些不具有银行账户的人们进行快速借贷。借方只需要在 BTCJam 上创建一个贷款列表，放款人就可以直接选择借钱（加密货币）给谁，甚至还可以设立自动程序，只要符合要求的，程序就会自动完成贷款。当贷款完成后，借方只需周期性还款就可以了。

基于“机器学习”的方法，BTCJam 创建了自有的信用评分系统，借此可以评估全球各地借款人的可靠性。Pitta 表示，“有些人没有信用评分是很正常的，但这却使这些借款人获得贷款变得更难。我们的技术通过使用从用户那收集而来的一系列数据创建及时的信用评分”。

当用户在 BTCJam 网站注册登记时，需完成一系列验证问题，并创建信用评分。为了建立可信的信誉档案，网站也提供了其他的问题选项，如用户无须使用传统的信用历史，只需连接其社交媒体账号、提供收入证明、验证电话号码以及上传私人资料。Pitta 认为 BTCJam 的核心竞争力在于具有知识产权的信用评分体系，这使 BTCJam 具备进行全球信用评分的能力。针对加密货币遭遇的“最后一公里”的问题，即加密货币和法币的兑换问题。BTCJam 的解决方法是通过与全球的本土交易所合作，使借款人获得贷款后，可以立刻转化为法定货币。

Circle——数字货币在线支付领域的独角兽

传统支付围绕“卡片”建立，银行卡组织（如银联、VISA）、收单机构（汇付、衫德）、技术支持商等不同的机构分工合作形成通信网时代的支付体系；支付宝、Paypal、微信、PAD等手持设备构建了移动互联网时代支付体系；Ripple、Circle等机构则试图基于区块链技术构建新的区块链时代的支付体系。

2013年，Jeremy Allaire和Sean Neville在美国波士顿联合创立了Circle。Circle是一家提供数字货币储存及国家货币兑换服务的消费金融创业公司，以利用技术支持下的比特币来改善消费者的支付方式。通过Circle，用户可以在无须手续费的情况下，以发送消息的形式发起即时的转账、收付款。Circle提供跨国界跨体系的支付服务，其支付有以下几大特点：

（1）跨境支付。在区块链技术支持下实现低成本兑换货币及跨国汇兑，目前支持美元、英镑和比特币的兑换。如果用户通过Circle从英国向美国的朋友支付英镑，美国的朋友将可以收到美元。Circle将比特币作为后台网络来使用，当用户想要转移资金的时候，可以购买短期的比特币，以此将资金（美元、英镑）转移到相关的银行账户。

（2）社交支付。在手机APP上用户可以向好友分享图片、表情，可以在带有表情或GIF动图的信息中即刻完成支付。

（3）免费。官方资料显示，所有Circle账户对客户均免费。其中包括余额自动投保、比特币对比特币交易以及从关联银行账户转至Circle账户。

由于涉及跨境支付和电子货币，Circle正常运作的一个基本条件就是获得政府许可。2015年，Circle成为全球第一家获得纽约金融服务局（NYDFS）颁发的数字货币许可证（BitLicense）的公司，Ripple则是继Circle之后第二家拿到BitLicense的公司。2016年4月，Circle又获得了英国金融市场行为监管局（UK Financial Conduct Authority）颁发的首张电子货币发行牌照（E-Money Issuer License），并与英国巴克莱银行达成战略合作，向英国用户提供服务。2016年6月，Circle获得由中国财团提供的6 000万美元D轮投资，领投方为IDG，跟投方包括百度、中金甲子、光大投资管理公司、万向和宜信等，百度希望借助Circle帮助百度在第三方支付领域打开局面。

07 重构征信体系

现代金融体系的运转，离不开信用的支撑。征信作为信用体系中的关键环节，奠定了金融信用风险管理的基础。征信机构依法采集、客观记录其信用信息，为个人或企业建立信用档案，并依法对外提供信用信息服务的一种活动。企业征信主要是收集企业信用信息、生产企业信用产品的机构；个人征信主要是收集个人信用信息、生产个人信用产品的机构。

现有解决方案的主要痛点

1. 征信机构的信息共享问题

征信机构与征信机构以及征信机构与其他机构等在业务上缺乏有效的共享合作，在技术上数据标准和定义不一致，无法实现征信业内高质量的数据流通及交易。信息孤岛问题严重，一方面，金融业内信贷机构、消费金融公司、电商金融公司等机构的海量信用数据尚没有充分发挥其应有的价值；另一方面，金融业外的信用信息更是割裂在法院、政府部门、电信运营商等机构手中，数据孤岛现象严重影响了企业信用管理能力的提升。

2. 征信数据的信息安全问题

信用数据不同于其他行业的数据，所属用户是最为重要的数据标签，涉及企业和个人的切身利益，征信数据成为黑客攻击、盗取的主要目标，征信数据的信息安全问题一直是征信行业的重点、难点和痛点，事实上，信息安全防护能力的不足客观上又成为制约数据共享的一个原因。

3. 征信数据覆盖范围相对有限

一是没有完全覆盖到全国 3 万多家网络贷款、消费金融、小额贷款公司，这些企业平均每天都会产生千万条贷款记录、还款记录、逾期记录、黑名单等金融履约数据，这些海量数据还没有发挥其应有的价值；二是数据源集中在金融履约数据方面，没有涵盖水煤电气等公用事业费用以及资质、学历等数据，很难提供全方位或者更多维的数据；三是随着大数据时代的到来，数据规模越来越大，数据维度越来越多，在个人征信数据源和征信模型方面都会有较多的创新和突破，现有解决方案对社交、电商、搜索、出行等基于互联网和大数据的征信数据覆盖有限。

4. 征信数据合规交易渠道比较匮乏

一是缺乏有效的数据交易方案，中介机构每代理销售一条数据就缓存一条（数据截留），数据源企业每一条数据只能卖一次，今后的收益不再归数据源企业所有，极大地伤害了数据生产者的权益；二是征信数据黑市猖獗，部分征信数据公司，直接从黑市上购买数据，甚至雇佣黑客去盗取数据，非法买卖征信数据已经形成一条灰色产业链，目前买卖数据的中间商多达几万人，数据的每一次流转，价值上万元到百万元不等，有业内人士坦言“地下黑市，早已形成万亿级别的市场”。黑市数据的危害是多方面的，首先，黑市交易严重违反了国家关于征信数据安全性的要求，泄露了公民个人的征信数据；其次，黑市数据掺水严重，造假比例极高，数据新鲜度很差，严重影响了使用方的风险管控工作；最后，黑市交易的数据多为非法手段所得，征信数据采集单位的利益被损害，严重地影响了采集单位的积极性。

“区块链 + 征信”的优点

区块链可以帮助多家征信机构在实现数据资源不泄露前提下数据的多源交叉验证与共享，信贷客户多头负债的问题得到了根本解决，数据交易成本、组织协作成本也将大大降低，而且有利于打破行业坚冰。

（1）实现数据共享与协作，基于区块链的解决方案可以化解数据标准等问题，打通数据在各家机构横向流通的通道，解决“信用数据孤岛”。

（2）实现信用评估、定价、交易与合约执行的全过程自动化运行与管理，可去除不必要的中介环节，提升整个行业的运行效率。

（3）实现征信数据的访问权限和真实性管理，基于区块链方案，一方面，能实现征信信息有出处，数据更具有真实性；另一方面，只有授权用户方可访问数据，确保用户隐私安全及各方源数据不对外泄露；两方面均衡发力帮助用户强化征信意识。

主要实践案例

1. 甜橙信用

甜橙信用（天翼征信有限公司）和区块链技术服务商布比（北京）网络有限公司达

成战略合作，共同推动区块链技术在征信领域的应用，甜橙信用拟与布比等实力雄厚的数据提供商建立数据联盟，利用区块链技术解决征信行业数据紧缺及共享问题。

2. 棱镜征信

棱镜征信的目标是将每个企业的信用信息变得透明，该公司专注消费金融的创新型金融科技平台，积极应用区块链、大数据和机器学习等技术，长期在互联网金融领域深入探索，致力于产品创新、技术创新、模式创新以及消费场景创新；为金融机构提供基于区块链的反欺诈、风控、征信数据服务、信审、催收、综合营销体系、互联网运营、风险分摊等全方位的解决方案。

棱镜的区块链方案致力于征信数据开放共享和个人征信数据防篡改两个目标：一方面，所有征信用户和使用客户征信记录的消费金融成员伙伴都可以基于这种新型的信用数据分享平台查询用户数据；另一方面，棱镜区块链征信系统中，个人资产、交易行为、信用使用记录、履约违约等数据将以加密的形式，按照时间顺序生成永久、不可逆、不可修改的记录，并且广播到所有成员各自节点上，从而形成有效的、不可抵赖的用户个人信用凭证。

棱镜征信采用平台微软 Azure 的 BAAS 平台建设，Azure 存储的高度可伸缩性为这种大规模、大数据应用程序开发营造了稳定的环境。Azure 提供了从数据处理到可视化的整套数据处理服务，提升了棱镜对数据的管理、分析和分发的能力。

3. “公信宝”征信数据交易所

公信宝（杭州存信数据科技有限公司）是中国区块链领域的一家明星企业，这家企业的目标是将区块链技术结合到征信行业中，研发基于区块链技术的去中心化的“数据交易所”。公信宝数据交易所的底层是基于区块链（公链）打造的一条联盟链，适用于各行各业的数据交换，面向的典型客户为互联网金融企业、有数据交换需求的政企部门、银行、保险等行业企业（以下称为联盟成员）。为了保护企业的身份隐私，公信宝会对交易双方进行匿名。除此之外，还实现了数据体量悬殊企业的平等交换、数字资产的所有权认证以及有效遏制数据交换中的造假问题。基于公信宝进行可以实现点对点的数据交易，解决了传统数据交易存在的“雁过拔毛”问题，除了数据交易参与的各方，不会有任何第三方可以获得数据。

当买方需要数据时，通过区块链技术向全网进行广播，而作为卖方的数据源通过查询自身离线数据库，如果有相关数据则进行交易，如果没有就不进行后续操作。与印象中总以 G 或 T 为单位的大规模数据交易不同，公信宝更倾向于利用区块链的特性，做高频小量的数据交易。且企业在公信宝上进行数据查询或交易之前，需要信息被查询的个人同意，才能完成查询，如果用户没有同意，说明用户没有信贷行为。因此，数据不能被查询和交易，可以说这一机制在一定程度上保障了用户的隐私。

2017 年 5 月，公信宝得到了真格基金领投的千万级的风险投资。公司业务开展非常顺利，已陆续接入中国联通、中国银联、试金石、学历教育、芝麻信用等各类权威数据源，并且已经与宜信、挖财、玖富、现金巴士、拍拍贷、你我贷、量化派、掌众金融、手机贷、美利金融、先锋太盟、红星美凯龙、众安科技、51 公积金、分期管家、海钜信达、融都科技等上百家金融机构和互联网企业建立了商务合作。2017 年 12 月 21 日，公信宝获得“中国区块链技术应用峰会”年度杰出区块链项目奖。

08 助力信托行业创新

中国信托业协会 2017 年推动了“区块链在信托中的应用研究”专题研究，万向信托、中航信托、华能贵诚信托、陕国投信托、云南信托、西藏信托 5 家单位参与了该专题的研究工作。课题研究组认为，区块链不可篡改、永久保存的特性，能够让不同的合作伙伴建立起分布式的信任机制，从而实现商业模式、治理环境、业务流程、组织机构等多角度的创新。一方面，区块链技术为未来信托业提供了新的背书机制，与信托本源的精神相融合；另一方面，区块链带来的商业新思维会使信托业务形成有利于其他金融行业的独特优势，实现差异化可持续发展。

信托行业普遍看好区块链在客户信息管理、跨机构业务协作、信托资产配置与执行、信托计划存续期执行等业务场景的应用潜力，具体如下：

客户信息管理：将收集到并经过整理的客户信息存入区块链平台，实现数据在多个业务主体之间的共享、加密保护、授权访问以及法律依据追溯等。

跨机构业务协作：律师事务所、会计师事务所根据信托公司提供的条款信息、客户的意愿等出具相应的意见书，将这些文书的“指纹”存入区块链平台，防止数据伪造，保证数据的真实性，并便于各参与方之间的数据访问授权的共享。

信托资产配置与执行：对客户的资产进行确权，并配置其金融资产，根据商定结果确定信托计划的执行时间和期限，以便后期资产的权属关系自动变更，确定最终的执行合同。

信托计划存续期执行：根据合同约定，在区块链平台上发布与信托计划对应的智能合约，智能合约在资产托管期内根据相应事件、时间点可自动执行，凭借区块链分布式运行和全网参与的特点，上链的信托业务永久在链，实现中远期资产收益、资产自动化分配及权属关系变更等。

2015 年，资产管理规模超过万亿美元级的芝加哥北方信托（North Trust）开始了区块链技术的研究工作；2016 年，该公司推动了客户识别等 4 个区块链内部概念验证项目，概念验证的成功证明了区块链技术是一项非常成功的技术，北方信托认为技术短期效益局限于削减与资产管理相关的文书工作，真正作用在于让你重新构想市场的运作方式。2017 年，北方信托和 IBM 为瑞士管理公司特别定制了基于 Fabric 的 Unigestion 系统。Unigestion 的交易对手以及监管机构将各自运作自己的节点，投资经理、普通合伙人、有限合伙人、基金管理人、审计师和监管机构都可以根据授权查看相关信息，监管节点本身由英国根西金融服务委员会监管，该委员会管理着欧洲银行部门和其他金融服务机构 2 000 名持证者。

本章小结

本章第一节讲述了金融科技的内涵，云计算、大数据、人工智能、区块链等金融科技相对于互联网金融更强调对于金融本质的优化；第二节分析了区块链在多方面显著优化金融市场的运行水平，介绍了 DTCC、澳交所、上交所等市场中介机构的创新实践，分析了金融市场机构面临的重大挑战和机遇；第三节分析了“区块链 + 银行”的驱动效应和创新实践；第四节讲述了智能证券的概念，重点分析了首次代币融资模式（ICO），强调了 ICO 监管的重要性；第五节分析了“区块链 + 保险”的六大优势，区块链和保险理念高度契合，保险行业是区块链创新实践最为密集的行业，“区块链 + 保险”将产生令人期待的化学效应；第六节主要讲述了区块链将革新互联网金融的运行机制；第七节简单介绍了区块链在信托行业的探索。

区块链在金融行业的应用也被称为区块链 2.0，很多机构和个人都非常看好区块链在金融行业的潜力。大型金融机构通过概念验证、科技实验室、风险投资等多种方式布局区块链行业。尽管在现有的案例中区块链已经发挥出了惊人的威力，但是必须认识到这些案例都还只是对区块链技术的简单应用（如提高协作效率等），区块链技术的真正功效还没有得到淋漓尽致的发挥，区块链金融时代还没有到来，还需要通过区块链技术的进一步发展、人们对于区块链理念更深入的认知，以及金融行业潜移默化的变革，所有的这些最终将推动出现回归金融本质的区块链金融。

Chapter 5
区块链重构资源配置体系

区块链科学研究所创始人梅兰妮·斯万认为：区块链技术提供了一种通用技术和全球范围的解决方案，能够从根本上减少资源配置摩擦并提高效率。这将可以实现资源配置自动化，特别对于全球范围内日趋自动化的物力资源和人力资产的分配。区块链技术能够极大地促进过去由人力来完成的各种协调和确认，促进更高阶段的甚至可以说全新的人机交互方式。从某种程度上来讲，也许今天所有人类的活动都能用区块链技术进行协调，或者最低程度上被区块链的概念彻底改变。

01 “区块链＋IP”——守护知识产权，挖掘 IP 价值

知识产权（Intellectual Property，IP）是指人们对音乐、文学、设计等各类智力劳动成果所依法享有的专有权利，通常是国家赋予创造者对其智力成果在一定时期内享有的专有权或独占权。知识产权可以是一个故事、一种形象、一件艺术品或一种流行文化，只要有一定的粉丝基础，所有可开发成电影或电视剧的热门小说、歌曲、网剧等都可以认为是一个 IP。IP 运营通常体现为从上游的文字或漫画，到中游的动画或影视，最后到下游的游戏、主题公园、玩偶等。迪士尼就是一个运营 IP 的成功典范，依靠米老鼠等广受欢迎的 IP，衍生出主题乐园、玩具、服装等多种产品，收益远超电影本身。

IP 重要性认知不断加强

中国 IP 开发的理念兴起较晚，但是最近几年发展非常迅速。2014 年，“小时代”系列、《匆匆那年》等 IP 改编剧在市场上纷纷取得高票房，IP 的概念开始在中国文化娱乐圈走红，市场上出现了疯抢 IP 的现象。2015 年，IP 的影响力进一步彰显，《捉妖记》24. 38 亿元票房斩获冠军，《寻龙诀》票房超过 16 亿元；此外，还有《琅琊榜》《芈月传》《盗墓笔记》《花千骨》《左耳》《万物生长》等高收视率、高点击率的“IP”神剧。

影视圈繁荣带动游戏圈的发展，游戏厂商开始基于各种 IP 开发游戏，“IP”的吸引力非常强大。在 2015 年度中国游戏风云榜十大最受欢迎的手机游戏中，《花千骨》《大话西游》《热血传奇（手机版）》《梦幻西游》等基于 IP 的游戏产品占据了半壁江山。中国 IP 领域也已经初步形成了“上游的 IP 储备与交易、中游的影视剧制作与运营、下游的游戏、玩偶等各种衍生品市场”的全产业链。

知名互联网人罗振宇在 2016 年跨年演讲中，将 IP 的内涵和地位的认知推向了高峰，罗振宇将 IP 与流量、价值并列定义为商业交易入口。至此，IP 成为中国互联网领域的现象级热词。随着互联网公司深入文娱行业，BAT 开始抢购优质 IP，谋划基于 IP 构建商业竞争的刚性壁垒，构筑完善的 IP 生态，IP 已成为重要资源。挖掘出优质 IP 甚至超级 IP，已经成为文化领域的重要工作。

重构 IP 生产消费全流程

实施 IP 战略，首先就是要通过法律、技术等各种手段保护原创作者的权益不受侵犯，同时提供便利的变现和交易渠道以鼓励更多原创作品的出现。然而，互联网时代内容传播无时间差和无地域性特征凸显，人们可以轻松实现数字化作品的复制和下载。“作品完成时间”往往难以证明，著作权的确认和侵权认定问题非常复杂，因此，原创作者的创作成果无法得到有效保护。图书出版商、唱片制作者、电影公司等传统媒介已经无法承担“守门人”的角色，网络空间的“无国界性”严重冲击了传统知识产权的“地域性”，现有版权解决方案很难满足互联网时代知识产权管理的需要。基于区块链，有望在知识产权登记、知识产权交易、付费内容订阅、传播效果统计、数字资产管理等场景，提供更具时代特点的解决方案。

1. IP 登记确权

区块链能够完整地记录作者从最初灵感到最终作品的所有变化过程，并通过“时间戳”链条以及基于密码技术的“作品指纹”，提供作品内容和作品完成时间的证明，从而确定著作权归属，有效记录知识产权产生及其变更过程，解决知识产权纠纷举证难的问题。

2. 知识产权交易流通

知识产权的交易流通能够有效推动知识产权的商业化开发利用，繁荣电影、游戏等中下游文化市场，充分挖掘 IP 的价值。IP 原创者也会因此得到更加丰富的经济奖励，从而激励更多优秀原创作品出现，进而激发整个文化市场的活跃度。传统知识产权交易场所分散割裂，中间环节烦琐，需求方与供给方的对接非常困难。原创作者缺乏安全、有效地展示作品的方法，中下游很难找到合适的作品，好的作品压在作者手里或者以极低的价格被偶然收购，交易成本非常高。基于区块链可以构建分布式的交易体系，将 IP 的上下游有效地对接起来，作者可以通过平台安全、有效地展示创意作品，需求者可以在平台上寻找合适的作品。平台还可以通过智能合约明确知识产权交易的各种细则，例如，根据作品参与者的贡献时间和内容比例或者票房收入等情况进行利益分配，进而规范并提速知识产权交易市场。

3. 重构文化市场结构

借助区块链技术，建立了内容创造者与内容消费者点对点的连接，直接和“粉丝”互动。原创作者可以通过智能合约对内容自主定价，收取打赏和订阅费用。粉丝则可以根据需要订阅文章或者音乐，避免传统中介机构的搭售或者广告。英国录音艺术家伊莫金·希普（Imogen Heap）是区块链技术的忠实支持者，2016 年他通过区块链平台“Ujo Music”发布了单曲“Tiny Human”，用户每次下载需支付 0.60 美元，这充分证明了这项技术的可行性。通过这种方式，原创作者将更容易感受到激励和反馈，内容将更加个性化、更加有针对性，原创作者将会更加重视作品的质量，打造精品已成为未来文化领域的主基调。

4. 知识产权融资

基于区块链技术，作者可以在版权有保障的情况下，权益人可以对这些资产进行价值评估后进行融资，在作品早期就可以通过售卖版权或者通过发行数字代币的方式得到必要的资金，购买或者租借需要的各种材料、器具等，有效发挥金融对文化的支持作用。

主要创新实践

国内外围绕 IP 产业链的区块链创新应用实践非常集中，知识产权领域被认为是区块链最有可能取得突破的领域，也是创新实践最为集中的领域。绝大多数公司的创新实践也没有停留在知识确权环节，各类初创公司在 IP 交易、发行等方面做了不少积极有益的探索，政府方面也做了不少工作。

1. 知识产权保护者——Binded

2016 年，位于美国旧金山的初创公司 Binded（原名“Blockai”）筹集了 54.7 万美元种子资金，启动了区块链版权服务运营项目。该公司通过区块链加密服务将注册用户的作品（图片等其他形式作品）与时间戳、版权证书相结合的方式，对艺术家、摄影师等内容创作者进行作品版权登记、确权。内容创作者一旦注册了作品，平台还在线搜索、识别是否有侵权行为，并对违规行为采取措施。

2. 知识产权交易新平台——Ascribe

德国初创企业 Ascribe 是一个版权保护和转让平台，为艺术家提供艺术作品的登记、注册和交易服务。Ascribe 借鉴比特币总账本的方式，将注册版权交易、所有权转让交易、授权交易、委托交易等内容均通过区块链技术进行记录，对知识产权进行时间标记，并为艺术作品乃至其他数字媒介创建可持续的所有权结构，方便作品所有权人的知识产权交易。

3. 知识产权新生态——SingularDTV

1997 年，传奇音乐人大卫·鲍伊将自己的作品打包债券化，发行了 Bowie Bonds，任何人都可以以投资的形式购入 Bowie Bonds。所有作品产生的收入，包括广播和演出的版税收入、唱片收入、广告费、电影授权等，将以利息的形式支付给债券投资者。债权的发行金额为 5 500 万美元，大卫·鲍伊也通过这一方式掌控了自己的作品版权，得到了比与影视音乐公司签约更多的收入。扎克·勒博等人受此启发在 2013 年创立了 SingularDTV。扎克·勒博认为："未来要么采用去中心化，要么就是消亡。也许 Netflix 十年之后才会意识到自己已经死亡，也许需要更久去见证 Netflix 的消失"。SingularDTV 的目标就是帮助艺术家夺回对作品的版权控制，避免中间商层层攫取利润，保证艺术家在第一时间得到应得收入，使创作可持续，最终建立一个可靠的去中心化的影视娱乐产业体系。经过长期的商务模式探索和技术储备，2016 年 10 月 2 日，SingularDTV 启动了 ICO，发行了 SNGLS 代币，仅用时 14 分钟，就达到 750 万美元的众筹上限。SingularDTV 平台当时宣称想要实现以下主要功能：

（1）分布式的影视权益管理。影视产业有错综复杂的投资关系，合同通常涉及成千上百个个体，智能合约使得每笔收入都能自动地分配到相关各方，不仅大幅节省成本，而且还能从技术上给相关各方提供信任基础。

（2）分布式的付费视频播放。通过点播的方式，将精彩的影视娱乐节目直接带给受众群体的同时，保证艺术家、创作者利益的最大化，通过这种方式挑战 Netflix、Youtube 等音乐视频巨头。

（3）TOKIT "Tokenize It（把它代币化）"，艺术家和创意工作者可以上传其想法、知识产权和项目，使用智能合约建立属于自己的代币化生态系统，几分钟内便可免费创建新的代币，掌控其版权、利润和报酬。

（4）EtherVision，作者可以基于此创建专属频道，直接对接其受众群体，这种方式支持多种支付手段。

（5）SingularX，艺术家专属的去中心化交易，艺术家可以在这里购买、出售和交易其发行的代币。

（6）S - DTV 的公司管理体系（"CODE"）。CODE 被认为是中心管理模式和基于代币生态系统的分布式模式的完美组合。CODE 锁定的 4 亿 SNGLS 代币所相关的一切收入都会被用于电影、电视及软件项目的再投资，以打造一个国际式分布娱乐产业体系。

4. 为音乐打上版权标签——Mediachain

美国纽约区块链初创公司 MineLabs 推出了一个炙手可热的区块链产品 Mediachain。

Mediachain 要解决的是一个区块链技术出现之前几乎不可能解决的问题——即将作者与其作品关联起来。Mediachain 的核心产品是一个元数据协议，通过该协议内容创作者可以给自己的作品附加信息，并把该数据打上时间戳放到区块链中，然后将数据存储在 IPFS（星际文件存储系统）上。Mediachain 设想建立一个提供与媒体内容相关的属性以及作者信息的知识库，让用户可以查找作品的作者。2017 年 4 月，音乐媒体巨头 Spotify 收购了 Mediachain。因为版权问题而焦头烂额的 Spotify 希望借助 Mediachain 的技术化解公司经常面临一些法律问题，如有时候 Spotify 想要为艺术创作者和出版社付款，但却不知道该付给谁。Mediachain 的联合创始人 Jesse Walden 说“无须任何第三方组织，音乐区块链技术就能给出任何一首歌的所有信息（比如作者是谁）。”

5. 音乐发行模式的创新者——Ujo

2015 年，Phil Barry 成立了区块链初创企业 Ujo。Ujo 是一个基于以太坊的分布式应用，音乐家可以基于该区块链平台发布和管理自己的音乐版权，粉丝则可以通过 Ujo 购买许可权，下载、试听该音乐作品，也可以用于混音等用途，粉丝支付的钱会自动划转给作品的原创方。

6. “更专业的版权守护者”——纸贵

西安纸贵互联网科技有限公司（下称“纸贵科技”），成立于 2016 年，是一家专注于区块链技术开发应用和互联网版权服务的高新技术企业。纸贵科技和区块链 + IP 的理念一开始就被资本及业界看好，2016 年 4 月，获得种子轮融资；2017 年 3 月，获得知名天使投资人薛蛮子领投的数百万元天使轮融资；2017 年 7 月，获得弘桥资本领投的数千万元 A 轮融资。

纸贵科技的目标是“更专业的版权守护者，优化版权登记周期，建立快速维权通道，定制 IP 孵化方案，打造一站式互联网 + 版权服务的平台；解决版权市场信息不对称问题，建立标准化的版权市场模式。”纸贵科技可以为用户提供作品原创的第三方证据，著名作家贾平凹就是纸贵科技的第一个客户。

（1）核心业务目标。纸贵科技初步建立了确权、维权、IP 孵化和 Baas 四大板块业务，截至 2017 年年底在登的就有 68 433 个文本版权、24 286 个音频版权、37 768 个图片版权、14 456 个视频版权等。对于未来发展，纸贵科技有明确的目标，即围绕区块链和版权打造“ABCDE”五大核心业务：

All Rounder Copyrights Protection Services，即“全垒打式”版权保护服务，包括版权自动登记、自动抓取侵权行为、自动分析、自动索赔；

Block Chain Application，即面向大文化产业的分布式应用底层构建的分布式共享经济生态，包含区块链版权登记、媒体链、IP 资产交易所 3 个应用；

Crypto Currency，即数字货币体系；

Data，即版权数据服务；

Exchange，即 IP 资产交易所，以文交所牌照为支撑，完成资产切割，优先将优质 IP 分发给链上资源方。

（2）配套法律建设。纸贵从起步阶段就非常务实，非常重视知识产权保护及法律支持体系等方面的建设，如果采用“区块链技术 + 国家版权局”双重登记的方式，成立了服务于区块链平台的专职律所，聘请了前西安交通大学知识产权研究中心主任、法学教授马治国作为公司顾问，与西安交通大学共同设立了全国首个区块链技术与法律创新研究实验室等。

（3）IP 孵化情况。版权登记业务对纸贵来说是一个 IP 入口，由此积累起丰富的 IP 资源，从中筛选出优质的 IP 进行孵化，帮助版权上下游进行对接。纸贵科技已经成功孵化了网剧《中国散伙人》和首部 3DVR 悬疑短剧《解魄》。纸贵科技的雄心就是成为全国最重要的 IP 版权数据库。

（4）公有链产品“墨链”。墨链是以纸贵科技原班人马为班底，打造的一款基于区块链技术的文创产业底层技术支撑与资产数字化交易的平台。墨链充分利用区块链可追溯、不可篡改的优势，联合陕西文化产业投资控股（集团）有限公司，依托“文交所牌照”，构建墨链 IP 资产交易平台。墨链能清晰地记录每一笔权属登记、交易和流通，积累到可信的文化大数据，为资产交易奠定基础。2016 年 8 月 16 日，墨链通过 ICO 方式募集到 5 000 个比特币。墨链发行的原生代币是既代表所有权又代表使用权的墨子币。使用权即完成墨链上的各种交易，支付手续费以及部分有偿应用的使用费。所有权则表示持有墨子币就相当于持有墨链的股权，就能够参与到墨链治理的各个环节。

墨子币团队还宣称墨子币还对应着另一块非常重要的额外价值：ICO 结束后，墨链团队会在全球范围内购买一批具有巨大商业潜力的 IP，拥有墨子币，即代表拥有这些 IP 相应比例的权益。墨链团队会尽力扶持优秀原创 IP，然后通过孵化变现成功，最终回报墨链的 ICO 投资者。墨链 ICO 发行半月之后的 2017 年 9 月 4 日，中国人民银行等部委将 ICO 定义为非法集资；9 月 5 日，墨链团队第一时间发布了《关于近期情况的公开信》，是最早宣布执行主动退币的团队。

7. “让价值回归原创者”——原本

原本（上海七印信息科技有限公司旗下产品）是一个区块链原创保护和自助交易平

台。原本团队认为仅仅靠一个团队的力量难以推动整个行业的变革，因此，推出了面对个人用户的下一代内容价值生态圈“Primas”，希望通过创建一个完全独立开源的内容平台，让整个内容行业获益。

Primas 的底层架构在以太坊上，关键逻辑使用智能合约实现，核心数据也使用智能合约写入区块链，内容数据则存储在 IPFS 文件系统中。针对版权问题，Primas 建立了完整的 DNA 体系和溯源机制，通过密码学和区块链技术，将创作者认证的作品及认证时间、作者信息、可信时间戳共同加密，生成一段唯一的八位码，这样不管之后内容“流窜”到哪个地方，都有根源可以追寻（见图 5.1）。

传统的版权保护机制是旧时代的产物，在没有获得授权的情况下，是不能转发的，而授权这道烦琐的流程筛掉了很多发布渠道。作者的权益是被保护了，却也失去了很多渠道和粉丝，IP 的经济利益也没有得到最大化。基于 Primas 平台，原创作者在得到了版权保护后，可以选择是否授权转载，如果同意授权可以标明价格；而内容需求商搜索到这些文章后，是否可以转载以及价格多少非常明晰，通过内容的转载，即可实现对长尾收入的归集。经 Primas 保护的内容作品并不仅仅局限在系统之内流传，而是可以转载到网络中的任何一处。即便经过多次转载，仍然可以进行版权交易，从而实现版权长尾流量变现，起到保护知识产权的作用。

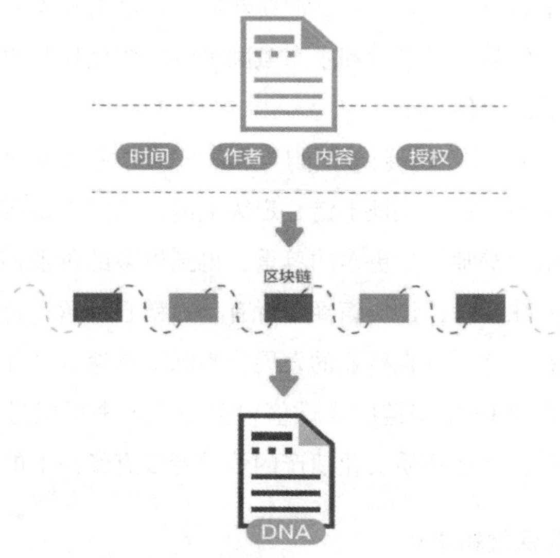

图 5.1　原本的版权 DNA 解决方案示意图

8. “让有知识的人富起来”——亿书

亿书（Ebook）是北京亿生生网络科技有限公司（下称“亿生生”）推出的去中心

化的数字出版平台。该平台基于亿生生自主研发的区块链公链 Matrixchain（矩阵链）开发，具有版权签名与认证、协同创作、一键发布等功能。亿书可以作为写作工具、博客软件或出版平台，为用户提供写作、出版、出售、版权认证与保护的全过程一站式解决方案，应用于版权注册、知识付费、聚合知识创作和数字出版等场景。其版权保护的方法如下：

（1）记录创作时间段，通过客户端的写作工具记录内容创作的全部过程，由单一时间戳汇成时间段。

（2）追踪流通全环节，在文档分享、交易等过程中，记录下全部痕迹，并可轻松追溯它的全过程，直至源头。

（3）社区共识人参与，基于智能合约的奖惩规则，鼓励人们举报和反馈。

9. “文化消费新模式”——咏春坊

“咏春坊”是基于国内著名区块链平台 PDX① 打造的一款致力于知识产权和内容分发的平台。咏春坊目标是改变文创作品存在的难于变现、分发、确权、维权、举证的问题，通过区块链技术让价值的创造者和消费者建立直接联系，以最低的代价实现最优的发行体验和用户体验，最大限度地保护原创作者的利益。原创作者可以“一键式”地创建自己专属的、优化的文创作品生态链，可以有自己的粉丝群、自己的粉丝互动平台、关联商业平台、确权维权用权平台、作品分发平台和生态激励平台。原创作品直接面向粉丝，阅读量和粉丝的评价决定了作品的价值。

咏春坊团队还将尝试利用区块链技术推广咏春拳，构建涵盖咏春拳教学、认证、定级、场馆等体系，通过拳师上链、认证上链、定级上链、场馆上链等方式，让真正的有实力的、有经验的、有品格的拳师受到更多的尊重，得到更多的价值回馈；让学习者找到合适的教练，学习到真正的咏春拳；让场馆经营者有动力精心经营；让咏春拳的认证体系充满权威性，最终推动咏春拳这一垂直行业的发展。当咏春拳遇到区块链，当最新科技遇到古老文化，基于区块链构建 IP 生态链的尝试值得关注。未来可以进一步探索通过区块链技术保护非物质文化遗产，让非物质文化遗产的传承者没有经济上的后顾之忧。

10. 中国版权链智慧保险箱 4.0

2017 年，在国家版权局的指导下，北京国际版权交易中心与新三板第一家区块链企业北京太一云科技联合发起一个基于区块链技术的版权登记、确权、评估、交易、公证等功

---

① PDX 是区块链初创公司全新智信打造的区块链平台。该公司于 2015 年 9 月获得云脑基金 182 万美元的天使轮投资，2017 年 3 月获得昆仲资本、联想创投和高达资本共计 3 250 万元人民币的 A 轮投资。

能的系统“中国版权链智慧保险箱4.0”项目。利用区块链技术实现数字内容的价值转移，并保证转移过程的可信、可审计和透明，将作品价值链的各个环节进行有效整合。国家版权局版权管理司司长于慈珂表示：“‘中国版权链智慧保险箱4.0’将版权保护与区块链技术相结合，利用新技术助力版权保护，将提升中国版权的保护水平。”

11. 数字版权唯一的标识体系

中国版权保护中心是中华人民共和国新闻出版总署（中华人民共和国国家版权局）的直属事业单位。2017 年 3 月，中国版权保护中心宣布以区块链技术为基础搭建数字版权唯一标识（DCI）体系。中国版权保护中心选择区块链初创企业北京版全家科技发展有限公司（以下简称“版全家”）作为合作伙伴。版全家 CEO 安妮认为，互联网海量、易复制的特性，给版权人带来了维权难、交易难、收益与用户阅读无法匹配等难题，版权人的实际权益无法得到保护。通过区块链技术实现证据加固，所有作品自诞生之时就记入区块链存证，一旦有侵权发生，维权的存证信息可以随时查询提供，也为版权人的后续所有增值服务打下了基础。

02　“区块链 + 传媒”——畅通传播途径，分享资讯价值

活跃用户、优质内容提供者和传播者们，每年可以为微博、Twitter、Facebook、知乎等基于社交网络的传媒或知识分享平台带来海量流量和数百亿美元的利润。然而，社区成员对于平台价值的贡献，却往往被平台的股东所忽略，而且社区成员并不真正拥有他们所产生的内容——他们既没有完全的控制权，又没有享受到收益权，甚至隐私权还要因此受到侵犯；平台还会因为收益考虑默许或纵容各种吸引眼球的假新闻或者争议性话题，通过吸引用户注意力赚取利润。国内外有不少项目都致力于使用区块链和其他技术手段改变这种完全不对等的格局。

新微博——DECENT

2013 年，在一次聚会上偶遇的两位年轻人 Matej Michalko 和 Matej Boda 都非常看好区块链在“数字内容分发”领域的应用。他们认为这一领域的“中间人”影响实在太大了，中间人有各种办法影响内容创作者对内容的发布、用户对内容的浏览，还要从双方收取高额提成，尽管得到了这么多好处，但是“中间人”不仅没有办法解决内容创作者面临的版权难题，而且还会未经允许利用用户数据进行盈利……，经过思维碰撞的两人坚定地认为，基于区块链技术能够解决上述“数字内容分发”领域的痛点，并且还能以去中心化的方式，解决跨区域交易的结算难题（内容无国界，但货币有）。

2014 年秋，Matej Michalko 和 Matej Boda 开始组建团队，他们希望打造一款他们认为具有颠覆行业潜力的应用项目，他们给这个应用项目起了一个响亮的名字叫 DECENT①（中文译名“相当好”）。2015 年 12 月，团队发布了白皮书，2016 年 11 月完成了 ICO，项目非常受欢迎，DECENT 团队募集了约 5 881 个比特币。2017 年 6 月，DECENT 完成编码并于 6 月 30 日正式上线。

DECENT 是一种基于区块链技术的数字内容发布开源协议，目标就是为创意个人、作者、博主和出版商及其粉丝提供一个独立 Web3.0 发布协议。该协议可突破国界，对任何文本、图片、视频或音乐内容进行分享，并建立自己的终身名誉，不受任何界限和限制的影响。内容创作者无须第三方便可以发表自己的作品，并且可以直接获得用户的付款，作者可以在待发布的内容上面标注作品的价格，并选择可供免费阅读或者观看的部分，其余部分会加密发布。当内容消费者搜索自己感兴趣的内容时，可能会收到他们喜欢的作者发布新文章的提示，在下载并阅读了“免费阅读”的部分，他们可以决定是否支付作者要求的费用来阅读剩余的部分。用户可以用平台内生的 DCT 代币进行支付，第一时间获取所需要的内容。DECENT 通过有效的推荐和可靠的引擎，将帮助用户过滤掉恶意的或不符合质量标准的内容，这些引擎将利用储存在数据块链中的信息并且使用智能的机器学习算法来选择适合相关人群的内容。为了解决区块容量小而内容数据较大的矛盾，DECENT 采用区块链技术（记录交易数据）与 IPFS②（星际文件系统）相结合的底层架构，在确保安全性的同时，提高文件传输和交易速度，以支持顶层的分布式应用；这些分布式应用将直接服务于内容生产者（作者）和消费者（见图 5.2）。

新知乎——Steemit

Steemit 是大名鼎鼎的 BM 基于区块链技术搭建的分布式社交媒体平台。用户在该平台上发表文章，可以赚取平台发放的奖励。如图 5.3 所示，该平台上发布的“共同发展，一

---

① DECENT 的每个字母代表不同意义：D：去中心化网络，Decentralized；E：加密、安全，Encrypted & Secure；C：内容分发系统，Content Distribution System；E：限制第三方，Elimination of 3rd Parties；N：新兴在线发布方式，New Way of Online Publishing；T：时间戳记录数据，Timestamped Data Records。

② IPFS（Inter Planetary File System，星际文件系统）是一个面向全球的、点对点的分布式版本文件系统，目标是为了补充（甚至取代）超文本传输协议（HTTP），将所有具有相同文件系统的计算设备连接在一起。原理用基于内容的地址替代基于域名的地址，用户寻找的不是某个地址而是储存在某个地方的内容，不需要验证发送者的身份，只需要验证内容的哈希，通过这样可以让网页的速度更快、更安全、更健壮、更持久。

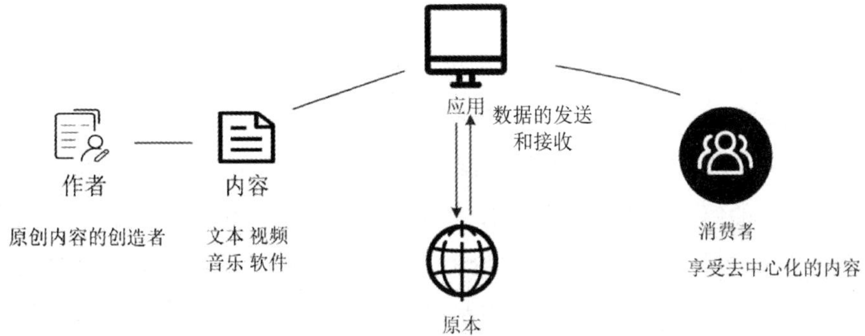

图 5.2　DECENT 的总体架构

个不能少”一文得到了大约 113.34 元人民币的奖励。这种奖励额度是通过 DPOS 的共识机制最终决定的，完全不同于网络上流行的打赏机制。Steemit 目标是改变以前我们在各大社交媒体上面的注意力都被运营商收集起来卖给广告商的情况。在 Steemit 平台上，用户可以把自己的注意力用来奖赏别人，激励社区活跃度。Steemit 尝试基于区块链平台，精确、透明地对无数个对社区做出主观性（Subjective）贡献的个体给予奖励，通过公平的、连贯一致的方法反映每个人的贡献。

共同发展，一个不能少

darksaint (73) 在 cn • 4天前

中国著名经济学家林毅夫日前表达了对非洲经济前景的乐观态度。他认为，非洲国家可以有类似中国经济的表现和发展，有望成为本世纪又一个重要经济体。事实上，非洲、埃塞俄比亚、尼日利亚等国确有不俗的经济发展。少点纷争、多点合作、和平发展、共同繁华，黑白黄兄弟，一个不能少。

cn

4天前 by darksaint (73)　$113.34 | 19个投票　| 回复 | 0 |

图 5.3　Steemit 平台文章“孩子们的新年联欢会”

新简书——YOYOW

YOYOW 是一个基于区块链技术的内容分享平台，平台名称来自“You Own Your Own Words”。YOYOW 的使命是“让知识更有价值”。YOYOW 基于区块链技术，建立了一个透明、高效的评价体系，用以合理量化价值贡献并给予用户奖励，通过奖励有价值的内容，激励建设优质社区，通过赋予用户控制权、治理权和收益权，重新定义社区生态和经济模型，最终创造性地构建内容生产平台新生态。

用区块链打击假新闻——PUBLIQ

PUBLIQ 是一个用于创建和分享原创新闻和媒体内容的平台，其目标是基于区块链技术打击假新闻。PUBLIQ 通过区块链创建了一个受信任的生态，当作者在 PUBLIQ 上发表文章之后，读者将拥有点赞、分享、标记多个选项，这就能给作者及其拥有的频道带来声誉。拥有更高声誉的作者其文章被读的概率越高，其获得的报酬也将越高。

广告更精准——智媒链

智媒链（ATM Chain）是一款将区块链技术与数字传媒发行渠道相结合的平台，目标是提供更高效、精准且可量化的广告投放，深度挖掘注意力的经济价值，创新实践传媒资产价值数字化的理念。传统的传媒广告投放广告中间环节多，人群不精准，效果不理想，而且观众也饱受恶意广告的骚扰，无偿贡献用户的注意力。

智媒链在用户、媒体运营商、传媒客户之间建立了一个信任链，创新打造“区块链 + 传媒”战略（见图 5.4）。在注意力价值挖掘方面，智媒链让用户注意力通过区块链技术得到有偿量化，依靠更好的激励机制，激发用户的主观能动性和积极性；利用区块链智能合约去中心化和数据公开透明的特性，来解决价值信任问题；重塑传统广告行业的价值分配模式。在区块链技术帮手下会得到准确的、可信的、可量化的数据指标，准确分析广告投放效果，提供更权威、可信的广告投放分析和指导。

新闻调查新模式——Press Coin

新闻质量参差不齐，内容可信性低已成为新闻调查行业的难题。Press Coin 的目标就是摆脱传统新闻媒体的广告收入模式，促进新闻业的资金来源多元化，改变传统媒体巨头

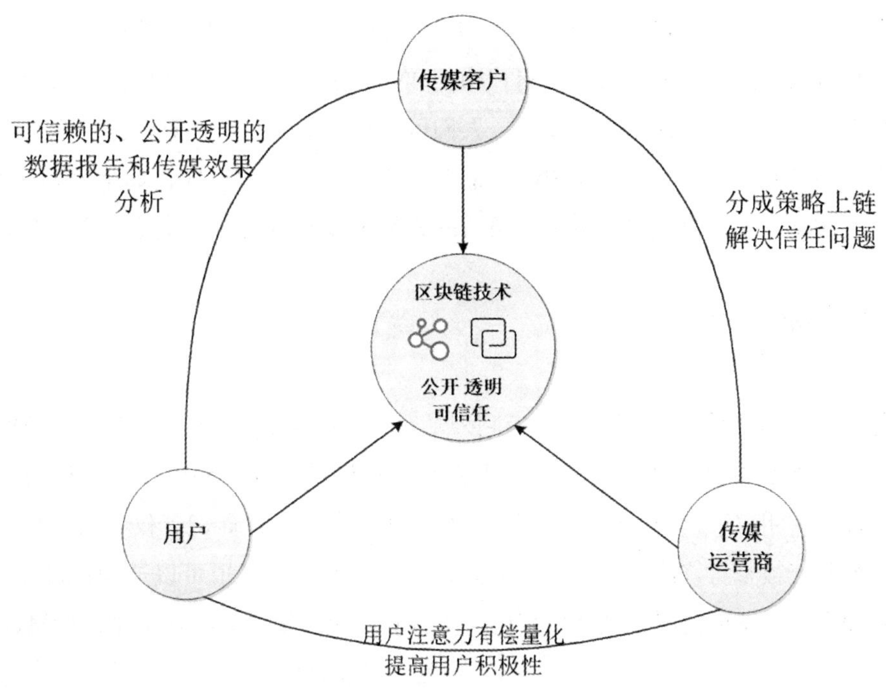

图 5.4 智谋链的“信任链”架构

对新闻传媒绝对把控和垄断的情况，加强新闻媒介作为全球公民参与手段的功能以及作为公众舆论空间的影响力。Press Coin 将根据每个人（无论是记者，还是读者）的社区参与度奖励平台代币。用户通过进行有思想力的对话、提出深刻的见解来赚取代币，社区中的每个人所能获得的报酬水平将以记录在区块链的名誉为基础。任何人发布的新闻信息都会被记录在区块链中，不可随意篡改，一旦发现信息虚假，就对其给予相应的惩罚。

分布式新闻审核发布平台——DNN

因为对特朗普和希拉里总统竞选过程中反映出的美国大众媒体状况感到失望，萨米特·辛格（Samit Singh）和杜德瑞·泰勒（Dondrey Taylor）创建了分布式新闻网络 DNN，目标是解决传统媒体审稿过程中存在的主观性强、编辑权滥用等问题，传播“从民众而来，为民众而做”的新闻，DNN 希望借助区块链技术，创造一个不受专业媒体把控并且值得信赖的公民新闻平台。DNN 团队认为，美国利用分布式方法采集新闻，进行写作、编辑和发布，抵制虚假新闻和夸张政治评论的时机已经成熟。在 DNN 网络体系中，撰稿人完成一篇新闻报道的撰写并将其提交给 DNN 进行准确性和公正性的检查，然后，由 7 位网上随机选取的匿名审稿人进行审阅。他们将根据 DNN 的编辑指南对文章进行评估并提出修改意见。如果文章审核通过，作者将获得 DNN 代币。当然，推荐了文章的并获得大多数审稿人支持的审稿人也可以获得代币。DNN 创始人认为："任何人都可以成为一名新闻撰稿人、一名评论家或是一个读者，人们可以在这些角色中任意转换，而这些角色之间的界限也会变得不那么明显。DNN 实现了一种鼓励合作的形式，如果不借助区块链，我们将无法成功。区块链让每个付出了努力的人都可以参与其中，并且分得一杯羹。"

重新定义新闻发布流程

总部位于日本大阪的科技公司——科技局（Tech Bureau）① 计划向美国主流媒体提供基于"猕迅区块链平台"的新闻发布解决方案，目标是减少网络谣言、净化新闻传播环境。该软件将密钥权限授予主管、发言人或相关机构负责人，而记者仅有采写权限；记者采写的内容不能被私自修改，即使数据被修改过，其历史记录也可以追溯；使用"猕迅"发布的新闻在被加密的同时，共享到多台个人计算机上，第三方机构很难进行篡改。

03 公证场景——提升法律效率，助力良好秩序

公证是公证机构根据自然人、法人或者其他组织的申请，依照法定程序对民事法律行为、有法律意义的事实和文书的真实性、合法性予以证明的活动。区块链在公证场景的应用技术基础是区块链所具有的存在性证明（Proof of Existence，POE）的内在特征。存在性证明即向第三方证明某个事件（物件）在某个时间发生（存在）过，证明材料需要具有不易被篡改、时间特征、不易被销毁等特点。比特币不可篡改、分布存储的特点配合时间戳非常适合于存在性证明，存在性证明是比特币区块链最早的、最经典的衍生应用场景，美国早有新人将结婚誓词记录在比特币上，欧洲也有新人通过比特币进行了婚姻登记。这些尝试启发人们开始推动区块链在公证领域的应用。

区块链在公证场景的应用分析

公证制度是现代国家司法制度的重要组成部分，是国家预防纠纷、维护法制、巩固法

---

① 该公司运维了日本知名加密货币交易所 ZAIF，科技局朝山贵生总经理已经明确表示，目前比特币交易所仍然是公司的主要业务，但今后将致力于私人区块链技术猕迅（mijin）的开发。

律秩序的一种司法手段。公证活动与人民法院审理案件的诉讼活动不同，前者是在发生民事争议之前，对法律行为和有法律意义的文书、事实的真实性和合法性给予认可，借以防止纠纷，减少诉讼，但是不能为当事人解决争议；而诉讼活动则是在发生权益纠纷时做出裁决。公证活动的很多环节都需要真实性的文件佐证，赛智区块链深度研究报告中将区块链在公证行业的应用分为证书（毕业证、结婚证、房产证、驾驶证等）、法律证据（遗嘱公证，或用于语音、邮件、微信、微博取证场景）、医疗病例信息、电子政务数据和数字作品五大类。

锤子手机的创始人罗永浩就曾在微博上宣称，手机中国联盟的官方微博长期通过造谣、传谣的方法黑锤子手机，锤子的法务已经到公证处做了截屏公证并将诉诸于法律。罗永浩团队之所以要去公证处公证，主要是为了避免该用户删除、修改帖子，导致无法成功举证。基于区块链方案的解决方案能够有效满足罗永浩的要求，其运行原理如下：

（1）生成截屏文件的哈希并存储在区块链上，由于文件哈希被存储在区块链的各个节点上，不会造成因为保管不慎出现哈希丢失或者被恶意损毁或者篡改的情况，任何时候都可以通过文件哈希判断该文件是否为原件。在现行工作机制下，工作人员通常是在带有日期的材料上盖章，拍照载入系统，这些纸质文件或图片记录很可能由于 IT 系统本身遭受攻击而丢失，区块链方案能够有效解决这一问题。

（2）每个区块都有一个时间戳，可以通过记录多个时间点的情况，形成一个“证据链”，全面充分证明侵权发生的情况，这远比展示截屏时间更有说服力。

（3）公证机构通过区块链可以加快现有公证工作的流程，提高公证工作的效率，通过法院等各个部门机构，可以很方便地查询公证的情况。

（4）区块链可以记录参与公证各方的数字签名或者其他身份信息，确定参与公证各方的身份。

关于区块链在公证行业的优势，区块链初创公司上海分布信息科技总裁达鸿飞的看法非常具有借鉴意义。他认为，区块链技术给“公证”领域应用提供的独特价值主要有 3 点：一是把一段给定的信息写入区块链，盖上时间戳；二是保证写入区块链的这段信息未来无法被删除、篡改；三是写入的信息（一般是原文的散列值）可被公开查询。最后他强调区块链“公证”更多的是提供一种“存在性证明”，即证明在某个时间点，就有某段信息的存在，但是这段信息本身的真实性，则需要区块链技术以外的手段来鉴别。

主要创新实践

公证场景是区块链创新应用的热点，国内外有不少从事相关领域的初创公司，并且已经取得了一些突破，微软公司 Office 套件已经支持硅谷创业公司 Stampery 的文件公证解决方案，佛山禅城等政府则借力区块链技术提高政府服务效能，等等。

1. 公证通（Factom）

区块链初创公司 Factom 是最早将区块链引入电子文件存证领域的初创企业之一。2015 年 7 月，Factom 通过众筹活动融到 110 万美元，通过代币发行获得了 2 278 个比特币（约 54 万美元）。2015 年 10 月，Factom 获得了硅谷风投传奇人物 Tim Draper 领投 420 万美元的 A 轮融资。该公司的主要目标是通过区块链技术来保护和验证诸如公共记录和业务文档的数据，利用区块链技术帮助各种各样应用程序的开发，包括审计系统、医疗信息记录、供应链管理、投票系统、财产契据、法律应用和金融系统等。公司旗下目前拥有 3 款企业级区块链产品：一款数据保护工具、一个个性化企业身份解决方案以及一个类似于传统数据库的分布式数据存储产品。

2. 硅谷 Stampery 公司

Stampery 是一家梦想用比特币区块链代替公证人的创业公司，Stampery 目标是为知识产权、遗嘱、合同等敏感文件提供具有法律约束力的证明。该公司 CEO 达尼埃莱·李维（Daniele Levi）认为，基于 Stampery 世界上任何人都可以不花一分钱自动证明某个文件是在何时创建的，且之后再未改动过。用户可以基于 Stampery 平台证明任何文件，用户需要做的仅仅是通过电子邮件、在线上传等方式将文件发送或者上传至 Stampery 平台，或者通过 API 方式将 Stampery 服务整合到用户自有系统中，也可以将 Stampery 与 Dropbox 等云存储关联。Stampery 的优势在于你不必带着纸质文件亲自去公证人那里，因此，能够节省不少时间。对于每月发送少于 100 个文件、使用储存空间小于 1GB 的用户，Stampery 是免费的。每月付费 9.99 美元，就能储存多达 1 万个文件，储存空间扩展到 100GB。

2017 年，微软开始在其 Office 办公软件中支持 Stampery 公证服务。在微软的 Office 环境中，用户会看到两个按钮：一个用来验证文档，它将与 Stampery 的 API 通信来从区块链上访问原始的哈希值；另外一个认证按钮将把文档的哈希值通过 Azure 云网络上传给 Stampery。一旦 Stampery 接收到该哈希值，它们将会被写入比特币和以太坊的区块链上，供所有人查看。原本烦琐的公证程序，被两个认证按钮取代。很多人认为这项新的附加服务对于企业客户来讲，是非常有价值的。“上链”的文件既能证明文件的有效，又避免了第三方保存文档副本带来的商业秘密或隐私的泄露，堪称一个“两全其美”的解决方案。由于区块链的概念还很新，截至今日，还没有人在法庭上使用过它。不过达尼埃莱·李维坚信一旦有人使用，法官就必须接受它，不是出于某种观点而接受，而是从逻辑上讲必须接受。总体上来讲，使用 Stampery 非常轻松，对重度依赖公证文件的专业人士来讲，Stampery 的优势比传统的公证大得多。

3. 新经/猕迅智能公证服务

在新经币或猕迅（新经币私有区块链产品）的客户端提供了 Apostille（公证）服务。用户可以在拖放的用户界面上选择 PDF、WORD 等各种类型的文件，在区块链上记录文件哈希值和公钥，对文件、用户信息、所属权等进行公证，新经币/猕迅会为每一个公证提供一个证书（见图 5.5）。新经币基金会副主席 Jeff 创立的一家名为 LuxTag 的公司，主要业务就是基于 Apostille 服务对奢侈品进行真品认证，中国国内也有几家知名白酒厂商将该服务应用于酒品管理。

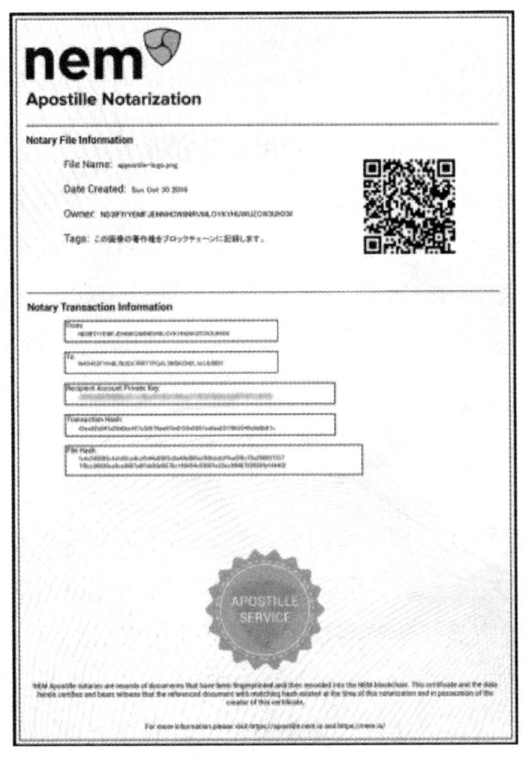

图 5.5　新经币区块链公证证书

4. 佛山禅城“智信城市”项目

2017 年 12 月，佛山禅城公证处业务正式纳入禅城区块链“智信城市”计划，成为全国首家公证档案电子化、数据共享区块链、群众办证“零跑腿”的公证处。该项目实现了医学证明、学历、学位、无犯罪记录等 20 项公证业务上链运行，市民仅用手机就可以实现“无纸化”办证，公正上线极大地便利了市民的生活，无须再因公证“跑断腿”，效率方面提升明显，委托买楼等 13 个事项甚至做到了“一小时出证”。市民潘先生受姐姐委托办理无犯罪记录公证，现场工作人员教他用手机登入禅城公证处微信号，点击“在线申办”……全程不到30分钟，他便拿到了公证书。禅城区司法局副局长戴学雷说：“禅城公证处正式纳入禅城区块链平台，就是以群众的需求为导向，向区块链等信息科技要生产力”。禅城各职能部门可以共享禅城公证处上传的数据。禅城公证处通过禅城区数据统筹局的数据共享接口，也可以访问各职能部门的数据，其中包括公民身份信息、户籍登记信息、驾驶证登记信息等数据。禅城公证处还可以通过数据提取、比对，在平台上完成数据获取及核实，解决信息获取难、核实难、使用效率低的问题。禅城区工作人员认为，区块链公证方案解决了群众办证难、“多跑腿”、耗时长的难题，市民和公证员每年均可“少跑腿”达5万次。

5. 厦门法信公证云

厦门法信公证云科技有限公司是厦门市鹭江公证处下属的一家专注于公证信息的技术初创公司。厦门法信公证云目标是为公证行业提供信息化技术服务和信息化业务的技术支撑，为互联网社会及实体行业信息化过程中的法律风险防控所需的公证法律服务提供公证行业的技术服务。厦门法信的宗旨是“我们不是公证处，我们只是公证的技术提供方”。2017年7月，厦门法信正式上线了基于区块链、人工智能等技术的在线公证平台“公证云”。

6. 法链

法链是上海分布信息科技（即小蚁团队成立的用于推广小蚁和丰富小蚁生态的营利性公司）、微软中国、法大大（一家“互联网+法律”概念的初创企业）联合推出的为了满足客户存证需求的区块链产品。该产品基于小蚁区块链底层协议，目标是实现区块链技术和法大大电子合同的“深度融合”，电子合同的签署时间、签署主体、文件哈希值等电子合同的数字指纹信息会广播到“法链”所有成员的各自节点上，所有信息一经存储，任何一方都无法篡改，充分满足了电子证据司法存证的要求。用户通过由世纪互联运营的Office 365编辑电子文档后，即可进入法大大相关操作界面，轻松完成合同的签署和发送。在Onchain提供的底层区块链技术的支持下，每一份电子合同的数字指纹信息将会被广播到“法链”所有成员的各个存储节点上，并将文件哈希值信息同步存储在国家权威电子数据司法鉴定中心。世纪互联运营的Microsoft Azure将为“法链”各成员提供高可用的弹性计算资源，并利用Office 365服务提升“法链”的用户体验。法链目前每天可以为超过10万份电子合同提供存证，法链希望未来能够有更多的司法鉴定机构、公证处、在线仲裁机构、律师事务所等权威第三方机构将加入“法链”，共同缔造一个集合了不可篡改、集体维护、分布式储存等多重优势于一体的全新的电子文件存储模式。

7. 保全网

保全网是一家区块链数据保全平台，利用区块链底层架构进行隐私保护、防篡改、抗攻击，技术上实现了对电子数据真实性、唯一性和完整性的还原。通过与司法鉴定中心、公证处的深度合作，保全网区块链数据保全技术获得了司法实践的认可，打通了技术与实践的通道。保全网的目标是利用区块链的分布式安全存储 + 时间戳 + 非对称加密再叠加实名认证 + 数字签名 + 云公证 + 证据鉴定，建立一个可信化的虚拟世界。2016 年 9 月，保全网与千麦司法鉴定中心联合出具了全球首份区块链电子数据司法鉴定意见书。

8. 阿里区块链邮件

中国政法大学电子证据研究中心主任王立梅认为："在大量的法律实践中，当事人在发生争议后，将电子邮件作为证据提交给法院时，由于电子邮件可篡改、易伪造等特性，对电子邮件的来源、邮件内容、收发主体的真实性均需要审查，认证难度较大。"针对这一痛点，阿里云邮箱联合法大大，推出基于区块链技术的邮箱存证产品。该产品上线后，用户即可将重要邮件的特征数据（含哈希值）同步保存至权威的第三方机构；一旦产生纠纷，用户就可以自行下载邮件全文，在发送至司法鉴定机构对原始邮件特征数据与之前存证数据进行比对后，即可生成相应的出证鉴定报告，依此报告用户就能有效地维护自身的合法权益。

04 "区块链 + 共享经济"——充分利用资源，提高社会效能

共享经济一般是指以获得一定报酬为主要目的，基于陌生人且存在物品使用权暂时转移的一种新的经济模式，其本质就是整合线下的闲散物品、劳动力、教育医疗等各种资源。在共享经济生态体系中，人们可以以不同的方式付出和受益，并且共同获得经济红利，互联网可以在这个生态体系中有效发挥媒介的作用，共享经济有助于人们更充分地享有社会资源。

传统共享经济方案的痛点

（1）信息充盈但信用匮乏。传统共享经济模式面临的一个重要问题就是作为中介

的互联网公司只能向共享经济的供需两方提供信息，但是这些中介平台很难提供信任。于是就出现了乘客不信任车主，车主不信任乘客，甚至发生过多起恶性事件，纠纷和安全事件一直伴随着共享经济的发展。

（2）不同平台之间缺乏共享。传统共享经济模式存在一个严重的弊端，即不同网络平台之间缺乏互通性，用户数据被割裂，难以得到一个全面、系统、生动的数据画像，信用数据凝固在单一平台上，无法在平台间、生态间流动，做假成本不是很高，在这种情况下很难放大共享经济的效益。

（3）中介机构赢者“通”吃。传统互联网共享经济模式有一个明显的现象就是赢者通吃，滴滴、Uber 和 Airbnd 的运行方式无一不是携资本之威通过免费策略，打击竞争对手，但是等到形成一家独大的局面之后，得到垄断地位的企业开始回报投资方。于是开始收取较高的服务费用，这种费用甚至超过了传统中介服务，共享经济的供需双方并没有得到多少实惠，最终形成中介机构通吃的局面。2016 年 8 月，滴滴收购 Uber 中国，两者的战斗落下帷幕，滴滴成为市场垄断者。2017 年，北京、上海等多地用户就明显感受到打车难、打车贵，抱怨声处处都有（见图 5.6）。实际上，这样的故事不断在各个业务领域上演。

(1) (2)

图 5.6　知乎上关于滴滴打车难、打车贵的帖子

各类创新实践

互联网为共享经济提供了“连接”，区块链为共享经济提供了“信用”。基于区块链可以制定一个公开透明的规则，并以此为基础来创建一个不需要第三方提供信用的信任网络。用户可以通过该平台共享各种服务并形成信用积累，商家也更容易、更直接地得到经济激励，基于区块链技术，共享经济将向更为广阔的服务范围延伸，用户基于区块链平台不再受限于某一种服务，区块链的维护费用则可以通过挖矿等方式解决，进而显著降低中介机构收取的费用，实现资源优化配置。

1. Airbnb——通过区块链增加生态信任

2016 年年初，Airbnb 首席技术官 Nathan Blecharczyk 在一次采访中表示，区块链技术能够增强信任机制。他透露 Airbnb 正在通过各种方式来寻找合适的技术人员，他确信区块链技术将会在 Airbnb 网站得到很好的应用。2016 年 4 月，Airbnb 宣布收购比特币支付公司 ChangeCoin。最初不少人认为，Airbnb 对利用比特币支付房租感兴趣，Blecharczyk 澄清说，P2P 租赁市场发展迅速，不过，房东和租客的顾虑犹在。例如，租客背井离乡入住陌生房东的房屋，房东冒着引狼入室的风险来款待租客，个人诚信和声誉显得分外宝贵。因此，他们看重的是运用区块链实现个人诚信电子化，为每个客户建立起可验证、持续性、跨媒介的名誉记录。

《高盛区块链报告》认为，区块链可以通过身份和“声誉管理”系统地推动加快共享经济的发展。高盛研究认为，Airbnb 可以利用区块链技术提升以下 3 个方面的用户体验：一是用区块链加强“ID 验证”增强社区信任，验证后的 ID 连接个人的 Airbnb 资料和其他重要信息，区块链可以让房主和顾客安全地整合其历史交易记录，确保所有评价都由对方使用单独电子签名验证。二是增强支付过程的安全，可以通过“智能合约”，在预设条件满足时自动执行放款操作，这对像 Airbnb 这样的 P2P 旅馆网站来说尤其有用。三是使用区块链验证改进评价体系，很多时候（比如饭店和零售业）在线用户评价经常是伪造的，有时候是企业主发动亲朋好友伪造的各种正面评价，还有些情况竞争者会试图通过抹黑对手的评价来影响消费者的购买行为，基于区块链技术则有望建立一个抗干扰的评价生态系统。

2. 智慧交通链——提升车位利用效率

2017 年年底，ITS Chain Foundation（智慧交通链基金会）团队提出基于区块链的共享车位理念，该团队希望利用区块链溯源清晰、权益明确、信息不可篡改、资产流通自由等特征，解决智慧停车场车位信息不准确、产业技术升级难和技术落地应用难等问题。基于

ITS Chain，智慧交通链车主可以远程车位查询，远程车位预定，最终实现车位的共享，有效改善停车难的困境。上述功能目标的基础条件是，车辆及车位信息准确无误，ITS Chain智慧交通链利用区块链技术，把车位与车辆信息运行在区块链上，数据真实有效且不可篡改，这是实现车位共享的必要前提。把闲置车位通过车位资产流转平台加速流转，最终实现车位的共享。共享车位是智慧城市的基础，是共享经济的重要组成部分，具有非常大的经济价值和社会价值。

3. Rentberry——便捷房屋租赁业务

旧金山初创公司 Rentberry 将目光瞄准了租房生意，在这一平台上只有出价最高、信用最好的竞标人才能通过其应用程序租到看中的房子。Rentberry 的智能合同功能让房主和租客可以一种更可靠的方式远程交流。该平台的智能合同可以处理像租金、公用事业账单、保证金等多种交易。条款都记录在区块链账本上，租赁合同更加清楚。租客还可以向其他用户众筹一点保证金，事后以加密货币带息偿还。类似初创企业还有 Stayawhile，该公司主要提供全装奢华的公寓，面向中期租户，该平台使用 STAY 代币，主攻纽约等大城市。

4. Arcade City——拼车新势力

Arcade City 公司创始人克里斯托弗·大卫（Christopher David）是一位积极分子和企业家。大卫认为："Uber 和 Lyft① 等公司的司机每天都要担心旧金山的总部会降低他们的利润率，或者担心中央政府强制干预点对点交易。从这个角度来看，分布式运行的呼声越来越高。" Arcade City 基于以太坊平台搭建，采用分布式的运行方式，能够为司机提供更多自由和利益，因此，短时间内吸引一大批司机入驻，其中包括前 Uber、Lyft 平台的司机，Arcade 为加入应用的司机按照贡献分配股权。Arcade City 的迅速崛起证明了，区块链技术有潜力给出行行业带来新的发展模式。Arcade City 认为，Uber 和 Lyft 发展的最大问题在于他们对打车价格实行分布式管理。Arcade City 将定价权交给司机和乘客，这样一来，司机有管理自己业务的自由，乘客也可以对乘车体验进行全面控制，并且可以在叫车前先浏览获知司机的信息资料。Arcade 允许司机自行决定打车价格，并在资料里标注自己的要价。据悉，目前有近一半司机在接单时表示，希望乘客"pay what you think is fair（支付您认为合理的价格）"（见图 5.7）。

---

① 美国排名第二的打车类 APP。

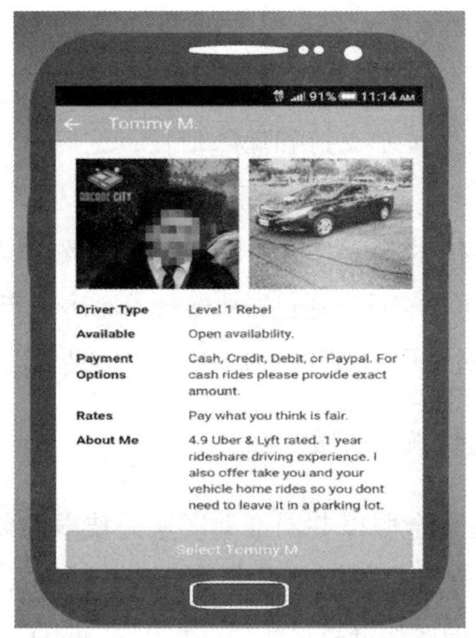

图 5.7 Arcade“支付您认为合理的价格”页面

5. La'Zooz——真的顺风车

以色列创业公司 La'Zooz 想成为一个“反 UBER”，一个分布式运行的 Uber。La'Zooz 的联合创始人，35 岁的 Mantan Field 认为，Uber 所提出的那套共享理念只是虚有其表，比如，乘客跟司机始终只能被动地接受定价规则，社会上的闲置车源实际上并没有被很好地利用起来——但是许多打着“共享”理念，却一心想赚钱的人把车开上了马路，导致交通变得更加拥堵。La'Zooz 使用专有的数字货币 Zooz，用户和司机下载 La'Zooz 应用后，即可加入乘车共享网络。人们利用 La'Zooz 找到其他人的旅行路线，然后能以 Uber 1/10 的价格享受到顺风车服务，人们通过 La'Zooz 虚拟币给顺风车司机缴付车费。因为盈利空间不大，所以杜绝了那些以赚钱为目的人们前来“污染”社区，当然这就带来另一个问题，即由于缺乏利益诱饵，La'Zooz 上注册的车辆数目前还非常有限。

6. 盈家生活——提升租住体验

盈家生活是成立于 2014 年 10 月的一站式租住服务平台。盈家生活正在搭建基于区块链技术的分布式房屋租约管理系统——盈家联盟链，以线上电子签约为起点，为房东、租客、资金等多方提供全面、安全、不可篡改的数据记录，同时实现可溯源、反欺诈、自动执行任务的智能管理服务。由资金方、盈家、房东、租客 4 个节点共同维护智能合约（包括租房合同、贷款合同等）和分布式账本（每月租金流水、还款记录等），任何节点都无法篡改合约和账本。基于电子租房合同，双方所有操作都会有签名校验，交易双方都会留下痕迹，不可抹除。因此，房东不可轻易赶走租客，从而为租住双方提供更好的保障，让租户更安心。盈家生活认为，基于区块链技术的智能租约，有望为未来发行 ABS（这是一个值得期待的业务创新）提供技术支持和保障信任，这对行业是跨越性的推动作用。此外，针对租房场景中虚假房源、租客和房东信息不透明、难以给租客匹配房源等问题，盈家生活正在尝试借助区块链技术实现对土地所有权、房契、留置权等信息的记录和追踪，并确保相关文件的准确性和可核查性。通过区块链技术对房屋产权信息的认证，实现房屋产权信息共享，避免租房交易过程中的欺诈行为，让房源信息更透明，让虚假房源无处遁形。

7. 链上雄安——打造区块链第一城

2017 年，雄安新区和蚂蚁金服以共同推动区块链技术的创新应用服务雄安发展为主题，进行了密集、务实的接触和合作。2018 年春节前夕，雄安管委会宣布建成了区块链租房应用平台，这是国内首例把区块链技术运用到租房领域。在这一政府主导的区块链统一平台上，挂牌房源信息、房东房客的身份信息和房屋租赁合同信息将得到多方验证，不得篡改。此举有望解决租房场景最核心的“真人、真房、真住”问题。中国建设银行、链家、蚂蚁金服等机构参与了这一租房模式的建设，蚂蚁金服是核心区块链技术提供方，链家和建设银行则提供房源租赁信息等服务。

05 “区块链 + 溯源防伪”——记录生产流通，促进质量效率

溯源防伪通常指通过记录有形商品或无形信息每一次流转的信息，可以实现溯源和防伪的目标，进而进一步实现提高企业运行效率、改善供应链金融服务等目标。传统的溯源防伪系统要么使用中心化账本模式，要么由各个市场参与者分散孤立记录的信息孤岛模式。前者存在账本被篡改等风险，后者则无法做到快速地追溯问责。区块链技术共计一本账的特点非常适合应用在溯源防伪场景，国内外不少食品、奢侈品等领域的相关案例，已经很好地阐释了其在供应链和公益场景的应用。

Everledger——为每颗钻石建立数字档案

Everledger 通过登记钻石身份和记录钻石流转过程，确定区块链上每颗钻石的来源。Everledger 的主要客户是承接钻石偷盗险的保险公司。保险欺诈是欧美保险公司最头疼的

问题。美国和欧洲的保险公司因为保险欺诈每年要损失 450 亿英镑，保险公司的年度反欺诈支出高达 2 亿英镑，65% 保险欺诈无法破案。这其中，每年约有 1 亿英镑的金额用于珠宝的失窃赔付。Everledger 正是瞄准了这样一个市场。通过与美国、安特卫普、以色列、印度等国家和地区的钻石鉴定机构合作，利用钻石的 4C 信息（颜色、切工、纯净度、克拉）外加 14 个特征数据，为每个钻石生成一个独立编号。通过在区块链上记录这一编号的流转过程，Everledger 可以转载钻石的归属和所在地。当钻石不幸失窃时，保险公司在 Everledger 上将该钻石标记为被盗。这个钻石无法再次投保，如果被用于抵押，也很容易被接受抵押的机构在 Everledger 上查找到，同时还为执法机构追寻赃物提供了方便，在 Everledger 存储数据信息的钻石达到百万颗。

Everledger 还与世界知名的葡萄酒专家 Maureen Downey 共同建立了一个名叫 Chai Wine Vault 的葡萄酒防伪和打假系统。该系统基于区块链技术，主要用以改善葡萄酒行业的原产地跟踪等问题。每瓶葡萄酒需要采集并记录 90 多个数据点，葡萄酒在供应链流通时，物主身份及储存记录都会及时更新。经许可的零售商、批发商、拍卖行和仓库可以查找葡萄酒的数字记录。

唯链——领先的溯源防伪平台

唯链（VeChain）是上海的知名区块链企业 BitSE 推出的一个基于区块链技术的商品 ID 管理云平台，以 BaaS（Blockchain As A Service，区块链即服务）的形式为企业级用户提供商品资产管理、追踪溯源、防伪校验、新型供应链管理等。唯链在区块链溯源领域处于领先位置（见图 5.8），已经有成熟的应用平台和成功的商业落地。2016 年唯链首个商业应用案例上线，目前唯链的合作案例已经扩展到奢侈品、汽车、农业、审计等多个行业，其中仅与上海外高桥自贸区保税区酒类追溯方面的合作金额就已经高达数百万元。

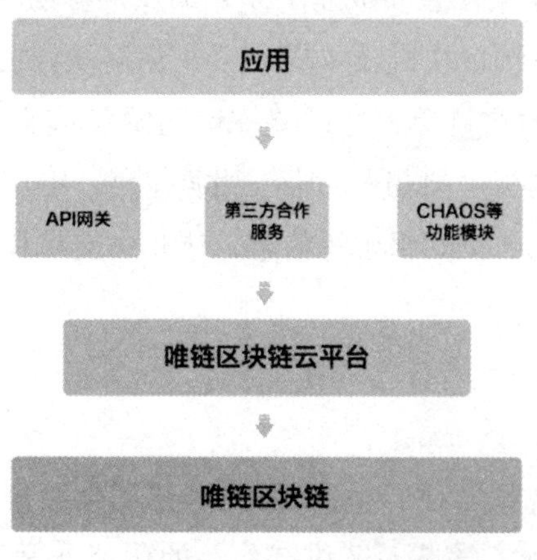

图 5.8 唯链“溯源防伪”技术架构

善粮——舌尖上的工程

“中南建设”联合“北大荒”成立农业区块链技术与平台公司——善粮味道，标志着农业区块链率先启动！善粮味道与区块链公司“智链”合作，将区块链技术应用于农产品的生产、检测、流通和销售全流程，结合物联网、大数据等技术，实现追踪溯源与品质保障。传统的溯源系统更多地依赖摄像头，但是农业作业过程通过机械式、工业化的监控方式很难监测。智链公司 CEO 董宁在采访的时候，阐述了区块链技术在“区块链大农场”项目上的 3 个价值层面：技术方面，通过区块链为农业商业化平台提供了很好的技术基础，保障了数据的真实可追溯；应用方面，智能合约在应用层面会成为帮助解决农业产业问题的杀手级应用；生态层面，区块链技术可以真正打造多中心、按劳分配、价值共享、利益公平分配的农业生产自治体系。

供应链类解决方案

美国供应链区块创业公司 Skuchain 通过在货物包装上装配二维码、NFC 芯片或 GPS 定位设备，使商品的流转能够自动记录到区块链上。在可信供应链数据的基础上，Skuchain 将银行发行的信用证数字化，使资金流和物流能够在 Skuchain 区块链平台上进行流通，支持贸易伙伴可无摩擦地进行交互。

2017 年 3 月 28 日，阿里巴巴与普华永道、新西兰邮政等在新西兰签署全球跨境食品溯源的互信框架合作协议，多方共同宣布将应用“区块链”等创新技术，在中、新两国之间继续推动透明可追溯的跨境食品供应链，为中国百姓购买新西兰进口鲜奶、生鲜提供强大保障。

2017 年 6 月 8 日，京东集团宣布成立“京东品质溯源防伪联盟”，同时携手众多生鲜领域和消费品领域品牌商运用区块链技术搭建“京东区块链防伪追溯开放平台”。未来用户只需打开京东 APP 找到购物订单，通过“一键溯源”或直接扫描产品溯源码，即可获取溯源信息。例如，通过购买牛肉获得的唯一溯源编码，用户可以看到牛的饲养信息、屠宰日期以及牛肉的检疫证明、出厂报告等信息，让非法交易和欺诈造假无处遁形。

公益类解决方案

郭美美事件激发了社会各界对于公益领域财务透明化管理的关注，针对这一痛点，蚂蚁金服、腾讯等公司都进行了尝试。区块链公益的优势非常明显，即让每笔善款清清楚楚，让每个爱心落在实处。蚂蚁将区块链定位为一个信任连接器，蚂蚁区块链团队认为，将“区块链 + 公益”给客户带来的不仅仅是区块链上的真实数据，而是给他们带来一些温暖而可信。腾讯、众托帮等公司也在公益领域进行了不少探索。

06 “区块链 + 身份”——保护用户隐私，分享平台价值

身份不是一个简单的概念，身份代表着我们是谁，拥有什么权限，需要承担什么义务等。在现实世界，确定一个人的身份主要通过姓名、长相、血缘、证件、指纹、信物、笔迹等方法。在虚拟空间，人们最初认为身份是需要高度匿名的，所有用户的身份都体现为用户的 ID（用户名）。随着互联网的快速发展，微信、支付宝、Facebook、Gmail 等第三方单位提供的账号服务逐渐被用户所接受，网络服务实名化趋势明显。账号体系成为互联网寡头竞争的焦点，账号不仅与流量、与生意有关，而且还与用户隐私紧密相关。互联网公司根据掌握在手里的数据不难分析出用户的喜好、行踪、习惯等情况，用户隐私得不到充分保障。基于区块链技术具备重新定义数字身份的能力，其运行机制如下：录入用户身份“指纹”数据，将用户基础信息（姓名、地址等）、生物特征（指纹、掌纹、长相等）信息、学术信息（教育、认证等）、就诊信息（生理特征、病史、诊疗情况）等加密后存储到区块链中，实现用户和虚拟账户的关联。用户不再需要注册各个应用程序即刻直接访问，数字身份信息成为虚拟网络空间的基础设施，各个网站或者应用不再保存用户的信息，访问用户数据需要经过用户的同意。

ShoCard——“生物识别 + 区块链”的身份认证

ShoCard 项目创新性地提出，通过生物识别技术和区块链技术结合的方式进行数字身份认证。生物识别技术可以提高个人身份认证的准确度，但传统的中心化的信息存储方式可能会造成信息被篡改或泄露。ShoCard 是一个将实体身份证件的数据指纹保存在区块链上的服务。用户用手机扫描自己的身份证件，ShoCard 应用会把证件信息加密后保存在用户本地，把数据指纹保存到区块链。区块链上的数据指纹受一个私钥控制，只有持有私钥的用户才有权修改，ShoCard 亦无权修改。同时，为了防范用户盗用他人身份证件扫描上传，ShoCard 还允许银行等机构对用户的身份进行背书，确保真实性。乘客在办理登机手续、机场安检和移民检查站时，通过扫描二维码来确认乘客身份。

OneName——“社交网络账号 + 区块链”的身份认证

OneName 项目便是通过绑定社交网络来进行真实身份认证。任何比特币的用户都可以把自己的比特币地址与自己的姓名、Twitter、Facebook 等账号绑定起来。相当于为每个社交账户提供了一个公开的比特币地址和进行数字签名的能力。World Passport（世界护照）是一个类似的数字身份服务，用户可以选择社交网络支撑身份认证。

Bitnation——建立世界公民身份证

Bitnation 项目则更为激进，用户可以在其官网上通过区块链登记成为 Bitnation 的“公民”，并获得 Bitnation“世界公民身份证”。Bitnation 的身份系统则可以为用户创建一个全新且没有从属关系的身份，用户可以在不使用任何第三方甚至不用 Bitnation 授权的情况下，就能证明自己的身份，凭此身份用户可以获得 Bitnation 自我认可的各种公民服务。

Tradle——致力于商业领域的客户识别

总部位于纽约的区块链初创公司 Tradle，正在利用区块链技术建立一个名为“客户识别（Know Your Customer）”服务，以保障银行间和银行体系外转账的安全性。Tradle 公司联合创始人基恩·维恩格利布认为，当前的技术仅仅比利用纸笔的时代稍有进步，而区块链技术则能够建设一个安全的数字化基础设施。维恩格利布表示，Tradle 系统可以保证转账交易的可验证性，系统转移的是信用而非资产。Tradle 已与荷兰银行及金融服务公司拉博银行在 3 个项目上达成合作。

uPort——打造永久身份信息

在 2016 年区块链国际周的区块链大赛中，uPort 摘取了最佳创意奖。uPort 目标是通过整合其他项目中的基于区块链身份协议，打造永久的身份信息，如果手机丢失了，可以通过身份复原找回身份信息。通过该平台可以保证身份信息的正确性，为通过以太坊公钥实现合约的签署提供更有力的支撑。华为前区块链首席科学家黄连金非常看好该项目，多次表达了对该项目的支持。

BanQu——降低金融服务门槛

数字身份验证区块链平台 BanQu 联合创始人 Ashish Gadnis 坚信，建立经济身份是打破贫困循环的基础。BanQu 将经济身份定义为“身份与商业的结合，是一种经过审查、可管理的全球化资产。”在发达国家，人们的经济身份不断受到监督，与日常生活中的交易能力密切相关。拥有良好的信用记录可以买车，申请抵押贷款，租住公寓或者办理新信用卡更加容易。然而，大量人口缺乏经济身份，据 BanQu 统计缺乏经济身份的人口数量约为 27 亿。BanQu 声称，基于该公司平台，人们可以建立经过审查、可识别的身份，这是在全球经济中获得任何形式的所有权或参与任何形式的交易的基础前提。在 BanQu 的区块链中，用户数据可以直接在用户之间共享，无须集中管理，安全且不可变。

SecureKey Technologie——保护用户隐私数据

SecureKey Technologie 是一家多伦多身份及身份验证提供商。该公司已决定弃用集中式基于代理的系统来托管身份，因为对于黑客来说就是一个巨大的标靶。用户可在支持 SecureKey 服务的公司网站上，通过 SecureKey 的账户密码关联所有银行和理财账户，避免记忆大量的复杂账户信息，而所有的账户和密码数据都储存在安全性最高的云平台中。SecureKey 创始人兼 CEO 格雷格·沃尔方德认为：“当前，可以说驾照上的信息都太多了。漂亮姑娘去个酒吧都得把自己的名字、地址和体重信息出示给守门的壮汉。真是太恐怖了。这壮汉所需知道的仅仅是她已经满了 21 岁而已。在没看到 Hyperledger 之前，怎么电子化处理这一问题，我们尚无恰当方法。”但是区块链技术改变了这一切，该公司和 IBM 联合搭建基于 Fabric 的区块链数字身份平台，用户可控制其在区块链存储的可信凭证中有哪些信息可以共享给选定的公司，公司也可以快速验证该用户身份以安排新的服务。该公司曾经得到美国国土安全局 80 万美元的拨款，加拿大主要银行包括蒙特利尔银行（BMO）、加拿大帝国商业银行（CIBC）、加拿大皇家银行（RBC）、加拿大丰业银行和道明银行（TD），都在 2016 年 10 月加入了该数字身份生态系统，并参与了该公司 2 700 万美元的 D 轮融资。

Tierion——个人医疗信息数据管理

区块链作为医疗信息存储解决方案被广泛看好。用户可以基于区块链技术安全有效地存储用户病史、诊疗情况、生理数据等隐私信息，只有用户许可的主治医生或者保险公司业务经办人经授权才能访问这些数据，用户可通过智能合约设计各种机制，避免出现UCLA Heath大规模数据泄露的情况。传统医疗设备巨头飞利浦医疗保健集团（下称“飞利浦”）最新的解决方案就通过物联网等新技术为患者提供全新的健康状态实时监测服务，如Lumify解决方案，用户只需下载安装其软件并将脚趾连接到其传感器上，就可以得到一个快速且高品质的生理特征数据，但是这些数据的安全存储保管是个难题。飞利浦相当看好区块链技术在这一领域的应用前景，飞利浦认为专注于数据收集管理的区块链初创公司Tierion提供的方案，有望实现安全存储和隐私管控的要求。两家公司正在合作推动研究区块链技术在医疗健康领域的应用。Tierion提供安全的数据存储方案被投资者广泛看好，2017年6月，Tierion通过ICO的方式筹集到2 500万美元。

“身份链”——贵阳惠民利商工程

贵阳市正在尝试基于区块链建立“身份链”，贵阳市认为，“身份链”能够解决大数据在社会治理科技应用前沿的治理痛点。为此，贵阳市启动了以下工作：一是在脱贫攻坚、农村“三变”、农产品安全溯源、干部动态管理等应用场景，把试点做出亮点、做出成效，可推广、可复制，让诚信的人拥有诚信的身份；二是加快出台联合惩戒制度，用“身份链”技术忠实记录公民、法人和其他组织在经济社会活动中的诚信行为，倒逼各部门自觉响应、主动协作；三是把“身份链”作为贵阳大数据公共服务平台的基础设施之一，加快启动全市“身份链”基础库建设，成立联合实验室，建设“治理科技”基地，全面推动“身份链”的应用。贵阳市还基于“身份链”尝试，推动诚信农民体系的建设和农商行数字钱包的应用，并对失信黑名单的个人、法人进行联合惩戒等。贵阳市将身份链定义为惠民利商工程，认为基于身份链的探索符合社会治理现代化发展的方向。

07 “区块链+物联网”——从物联网到物链网

现有的物联网解决方案是中心化的架构，中央服务器负责收集各个采集终端的数据，集中分析监测数据，控制各个终端的运行。这种架构在实践中遇到了不少问题和挑战：一是中央服务器是一个明显的、孤立的单点，物联网设备很可能处于失控或者失效的状态，不法分子可以通过攻击中央服务器得到穿戴设备记录的用户脉搏、血压等生理特征数据，通过攻击智能家居设备直接影响用户正常生活，通过攻击单位监测系统直接窥探单位的情况；二是多重设备之间存在的通信兼容问题，设备与设备之间无法进行通信，不能有效发挥设备的联动效应，难以实现物联网价值的最大化；三是传感器收集的数据仅为单一组织或者应用服务，很少出现数据共享的情况，跨多个运营商、多个对等主体之间的协作时，建立信用的成本也很高。区块链技术为解决上述问题提供了可能性。区块链技术可以为物联网提供点对点直接互联的方式解决设备间的通信问题，通过加密技术、共识机制、身份认证等技术做好用户隐私保护，充分利用分布在不同位置的数以亿计闲置设备的计算力、存储容量和带宽，以满足更大规模物联网的运维管理。物联网（Internet of Things）与区块链（Blockchain）走向物链网（Chain of Things）的前景非常令人期待。

ADEPT——设备自运转的首次尝试

2014 年，IBM 发布了基于区块链技术的物联网白皮书《设备民主，去中心化、自治的物联网》。2015 年 1 月，IBM 和三星联合推出了一个基于以太坊区块链平台的物联网概念验证项目——ADEPT，全称是“Autonomous Decentralized Peer-to-Peer Telemetry（分布式自治的点对点自动遥测系统)”。在两家公司组织的公开演示中，一台三星的洗衣机可以自主地监测到洗衣粉不足，然后，通过调用智能合约下单采购洗衣粉。三星和 IBM 两家公司都希望，可以基于区块链技术打造一个不需要人工过多干预就可以自动运转的设备，他们还希望这台设备能与附近的设备进行通信，从而提高能源的利用效率。

Filament——设备自沟通的工业应用

Filament 成立之初就非常引人瞩目，该公司 2015 年就完成了 500 万美元的 A 轮融资，投资方是 Bullpen Capital、Verizon 风投和三星（此前参与了 ADEPT 项目），这是三星在区块链行业的首笔投资。Filament 是一个基于区块链技术的分布式运行的物联网软件堆栈，能够使公共分类总账上的设备持有独特身份。Filament 的物联网设备通过智能设备，可以进行安全沟通、执行智能合同以及发送小额交易。Filament 的首席执行官艾瑞克·詹宁斯（Eric Jennings）认为其项目与 ADEPT 项目在本质上是相似的，不同的是它将针对工业市场，使石油、天然气、制造业和农业等行业的大公司实现效率上的新突破。

Tilepay——打造物联网数据交易市场

物联网之父凯文·艾什顿说过：“物联网价值不在数据采集，而在数据能否共享”，Tilepay 是这一理论的拥护者，他们相信物联网真正未被发掘的价值是传感器的数据。Tilepay 提供了一个基于比特币协议的 SPV（Simplfied Payment Verification）钱包客户端，传感器等硬件设备能够基于该钱包客户端快速加入区块链网络，所有设备都会拥有一个独一无二的令牌，能够支持人和机器或者机器和机器的支付解决方案。Tilepay 希望构建一个可以购买各种物联网数据的交易市场，设备之间按照业务需求和合约规定自动交易实时数据，并通过点对点的方式，保证数据和支付的安全传输。为实现这一目标，Tilepay 与区块链软件开发初创公司爱沙尼亚的 Ignite 展开了软件方面的合作；与 Filament、智能穿戴设备厂商 Nymi 等硬件公司展开了硬件方面的合作；携手被誉为物联网领域的谷歌 Thingful. net①合作推动 Tilepay 协议。

08 “区块链 + 基础设施”——从集中服务到分布计算

传统的互联网解决方案通常是“集中式”解决方案，门户网站的网页内容存储在专属的数据中心，用户通过集中式域名服务器解析网址，云存储、云计算、云平台的实质就是存储、计算、环境等资源由云计算服务商统一提供，用户一侧的大量资源处于闲置状态，很难被有效利用，这种集中模式很容易出现资源瓶颈、单点故障等技术问题，网络产生的效益主要被大型互联网机构占有，用户数据安全很难得到保障。基于区块链技术，则有望实现从集中式服务到分布式计算，让计算运行在各处，提供更强大的运算能力、更健壮的服务持续性。

新 HTTP 协议——IPFS

很多人认为，HTTP 超中心化的运行方式存在“可分布性和可持久性方面的缺失”“过度依赖骨干网”“网络流量效率不高”“容易被攻击、拦截或者监控”等问题，因此，开始倡导分布式网络的理念。IPFS（Inter Planetary File System，星际文件存储系统）希望能够取代 HTTP 成为新一代互联网协议。IPFS 是一个面向全球的、点对点的分布式文件系统，目标就是为了补充（或者取代）超文本传输协议（HTTP），将所有具有相同文件系统的计算设备连接在一起。IPFS 用基于内容的地址替代基于域名的地址，用户寻找的不是某个地址，而是储存在某个地址的内容，这种方式速度更快、更安全、更健壮。

---

① 一家汇集了全球无数的物联网传感器实时数据的网站，包括能源、健康、环境、风力、温度、湿度等各方面的传感器实时数据。

IPFS 基于分布式哈希表（Distributed Hash Table，DHT）和梅克尔有向无环图（Directed Acyclic Graph，DAG）的数据结构永久、分布式地保存和共享文件。如果将一个文件放到 IPFS 节点中，将会基于其内容计算出唯一的加密哈希值，即使修改 1 比特哈希值也会完全不同。当 IPFS 被请求一个文件哈希时，它会使用一个分布式哈希表找到文件所在的节点，取回文件并验证文件数据。

IPFS 的运行模式与 BitTorrent（经典的 P2P 下载软件）相似，大文件会被切分成小的分块，下载的时候可以从多个服务器同时获取。IPFS 不会要求任意一个节点都存储所有的内容，节点的所有者可以自由地选择想要维持的数据。节点在备份了自己的数据之外，自愿为其他关注的内容提供服务。IPFS 节点间的复制、存储和网站支援都很容易，只需要一个指令，剩下的工作 IPFS 就能搞定。IPFS 认为如果节点数达到一定规模，即使每个节点只存放一点点的内容，所累计的空间、带宽和可靠性也远超 HTTP 所能提供的。由于 IPFS 的网络是不固定的、分布式的，因此，可以适应内容分发网络（CDN）的要求，很好地共享图像、视频流、分布式数据库，甚至整个操作系统等各类数据。IPFS 已经成为区块链解决方案文件存储的“标配”解决方案，Mediachain、OpenBazzar、DECENT、原本等区块链解决方案都采用了 IPFS 的文件存储方式。IPFS 被资本市场和业界广泛看好，2017 年 8 月，通过 ICO 发行代币 Filecoin，很快就募集到超过 2.5 亿美元的融资。

蚁群存储方案——MaidSafe

2006 年 2 月，大卫 · 艾文（David Irvine）创立了 MaidSafe，目标是用去中心化架构来取代互联网昂贵的数据中心，建立一个全球范围内任何人都可以访问的去中心化储存平台。MaidSafe 是一个所有用户都可以安全访问的大规模独立硬盘解决方案（Maid：Massive Array of Independent Disks；Safe：Secure Access for Everyone），存储空间由 MaidSafe 的用户贡献，无须数据中心。贡献闲置的硬盘空间的电脑被称为节点，用户只需下载客户端软件然后安装就可以成为节点，无须设置及管理。

当用户需要存储数据时，这些数据会被按照一定的规则分成无数份，加密后分布存储到不同的电脑上，只有数据的所有者才可以组装和解密这些分散的数据。MaidSafe 网络内创建了激励机制，用户在提供计算资源之后，将可以获得“SafeCoin（安全币）”的加密数字货币作为补偿，该公司将这种资源贡献过程称作“耕作”。这家创业公司希望弱化大型数据中心和平台所有者掌握的权力及中心地位，重新配置当前的互联网架构，将权力重新还给用户。

MaidSafe 的灵感来自于蚁群，埃文认为每个蚂蚁只发挥单一功能，但如果你将它们视为一个整体，那么将是一个非常强大的群体。MaidSafe 的所有节点都可以被视为蚂蚁发挥单一功能，但是当这些节点相互配合，并累积到一定数量时，我们将看到一个强大而安全的网络，甚至比任何超级计算机或者数据中心都要强大。

分布式云盘——Storj

去中心化云存储方案 Storj（功能类似于 Dropbox）来自开源项目 Metadisk，目标是从根本上改变人们和设备拥有数据的方式。Storj 的白皮书指出，无论亚马逊、IBM、微软等巨头如何增加服务器，也无法与用户手里闲置的存储资源抗衡，全世界用户空闲的存储资源几十倍于谷歌、亚马逊、IBM、微软、Facebook 等大型云厂商所拥有的存储空间（见图 5.9）。

图 5.9　各大云厂商存储空间和用户闲散存储空间比较

Storj 的数据通过分布式的方式进行管理，并通过密码学和以太坊区块链技术安全存储。Storj 希望，基于区块链技术充分利用用户的闲置资源，为现有云存储提供安全、经济、高性能的替代解决方案，然后与亚马逊、谷歌和微软等云存储厂商进行竞争。如果用户上传一个文件，Storj 就会把文件进行切片并单独加密，然后保存到各个节点上，通过梅克尔树的方法保证数据不被篡改（见图 5.10）。Storj 坚信，基于区块链的去中心云存储方案，可以提供比传统云存储高出数倍的性能，而且具有更高的安全性，收费也更便宜。

云存储——Sia

Sia 的目标是提供分布式、激励性、具有一定容错能力的云储存系统，其功能类似于

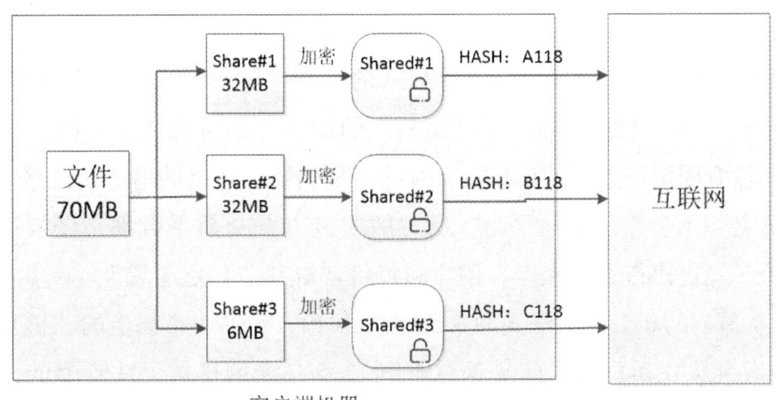

图 5.10 Storj 大文件分拆方法

亚马逊 S3 系统。Sia 希望成为一款企业级产品，因此，花了相当大的精力来优化产品设计使其能灵活地处理云储存中的多样性。Sia 与 Storj 非常相似，区别是 Sia 支持区块链内置的智能合约，合约要求托管主机储存文件后才能得到报酬。一旦合约确定，节点保证能够得到报酬，即使其租用者从来都没有取用过文件。如果节点不在线或把文件给丢失了，这个合约同样也能强制性地惩罚节点。

迅雷玩客云

2017 年，一度非常风光的中国互联网企业迅雷希望通过区块链创新“Great Again”，并做出了“All in Blockchain”的战略决策，推出了共享经济智能硬件“玩客云”。在保证用户利益的前提下，迅雷通过“玩客云”将用户分享的闲置资源收集起来，从而打造出“无限节点式内容分发”，将海量带宽资源以超低成本输送至互联网企业，其商业落地应用星域 CDN 已经是小米、爱奇艺等公司的首选服务（见图 5. 11）。

图 5.11 迅雷区块链战略主题宣传

迅雷通过这种方式将原本浪费的边缘节点计算资源利用了起来，股票一度大涨29.5%，一定程度上反映了市场对于这种模式的看好。这一模式在其他环节都没有问题，实际上迅雷早在2015年就已经推出了类似概念的产品“迅雷赚钱宝 Pro”，但是由于新推出的“链克”没有固定的兑换比例一说，加之对区块链等热点的追捧，虽然迅雷官方多次严格声明“链克”不会登录交易平台，所有的“链克”交易平台都是侵权行为，明确表示反对“炒币”等投机行为。然而，用户和投机者对其“趋之若鹜”，一步一步地推高价格，“链克”从最初的0.1元上涨到约4.52元人民币，流通中市场上的“链克”价值一共要达到54.24亿元人民币，这一体量是总市值72.5亿元的迅雷无法支撑的，迅雷已经成为一家加密货币公司。互联网金融协会深刻认识到了问题的严重性，并于2018年1月12日发布了《关于防范变相ICO活动的风险提示》，将以迅雷为代表的“以矿机为核心发行虚拟数字资产”（Initial Miner Offerings，IMO）的模式定位为一种变相的ICO，指出其模式值得警惕，存在风险隐患，随后迅雷股价暴跌接近30%。

然而，迅雷开启的这种模式被很多公司借鉴。2017年12月，一款名为“暴风播控云”的产品上线，官方宣称该产品可为暴风系列软件及第三方CDN业务提供超大文件的存储及带宽支持，播控云功能上类似于迅雷，但是激励机制不明显。此外，极路由宣布推出全球首台区块链路由器——极X，深圳证券交易所上市公司银桥股份的全资子公司壕鑫互联推出了用于提高电竞游戏贷款算力的“竞斗云”。

09 “区块链+电子商务”——降低商户成本，保护交易隐私

“丝绸之路”曾经是加密货币领域最为知名的电子商务平台，毒品等非法物品是这一臭名昭著的平台上最主要的交易品种。2013年，美国联邦调查局突袭“丝绸之路”，抓捕了“丝绸之路”[①]的创始人“恐怖海盗罗伯茨”[②]，缴获了超过3万个比特币。然而，“丝绸之路”并非基于区块链技术，而是一个在暗网上运行的中心化的电子商务平台，通过具有加密功能的Tor浏览器和比特币隐藏了参与人的身份。

中心化电子商务平台会审核商家的商品，规范商家的行为，调解买卖双方的纠纷，并

① “丝绸之路”网站虽有恶名，但在比特币发展初期起到了关键作用。乌布利希被逮捕的消息传出之后，大家开始疯狂抛售比特币，不到2个小时的时间，比特币从140美元跌至110美元，但是文克莱沃斯双胞胎兄弟却看到了商机，大量收购比特币。因为他们收到的分析数据是丝路的交易量只有比特币交易量的4%，绝非比特币的主要推动力。

② “恐怖海盗罗伯茨”为乌布利希的化名。

向买卖双方提供一定的信用，平台因此也会向商家收取一笔不菲的费用，并且还可以在交易中积累大量的用户数据，成为电子商务最大的赢家，商家和用户的利益都没有得到最大保障。有人开始思考是否可以基于区块链技术搭建一个分布式的电子商务平台，这一平台不属于任何商业机构，交易双方基于平台实现信任，直接发起交易，纠纷等事项则交由系统处理。OpenBazzar 就是这么一个分布式的商品交易市场，商户不需要支付高额的费用，用户也不需要担心平台收集个人信息致使个人信息泄露或被转卖用作其他用途。OpenBazzar 平台也需要第三方中介机构，但中介机构发挥的作用完全不同，如创始团队的 OB1 主要提供仲裁服务、卖家保护等增值服务。OpenBazzar 的创始团队表示不认可也不支持在 OpenBazzar 从事非法交易，如果平台的大趋势是成为非法用途的“温床”，那么他们就将远离这一项目。

本章小结

本章第一节讲述了区块链在知识产权领域的应用；第二节讲述在传媒场景的应用；第三节讲述在公证场景的应用；第四节讲述在共享经济场景的应用；第五节讲述在溯源防伪以及公益行业的应用；第六节讲述数字身份和医疗信息场景；第七节讲述物联网场景；第八节讲述基础设施场景；第九节讲述电子商务场景。

区块链是一种全新的资源配置模式，能够详细记录所有参与方对于“生态”的贡献，并以无缝、自动化方式进行评估和总结，从根本上减少各类活动资源配置的摩擦，支撑没有数量限制的参与方共同协作。区块链具有改变现有资源配置方式的潜力，因此，有望进一步深入应用到社会生活的各个领域，协调人类和机器的活动，以最有效、最直接、最自然的方式进行运作。区块链最让人兴奋的并非是对现有运行方式的修修补补，而是未来必将出现的是新产品、新模式和新物种。

Chapter 6
未来无所不能的数字经济

互联网将以一种不可阻挡的气势席卷世界，网络将成为水、电、高速公路一样的基础设施。新的世界奇迹不再是用沙土、石头构筑的金字塔和长城，而是用数字经济构筑的新世界。一切恰如凯文·凯利在《必然》中写的那样“互联网仍然处在开端的开端。如果我们能够乘坐时光机前往20年以后，再从那时的视角来回顾现在，我们就会意识到，在2050年，大部分运转人类生活的伟大产品，在2016年以前都还没有被发明出来。未来的人查看的会是全息投影，佩戴的会是虚拟现实隐形眼镜，呈现的会是可以下载的形象，操作的会是人工智能界面。他们回溯时会说，哦，你们那会儿还没真正拥有互联网呢（没准互联网在未来已经有了别的名字了）”。

很多人认为区块链（或价值互联网）是下一代互联网，这充分反映了人们对于区块链前景的看好，然而却夸大了区块链技术的意义（确实需要警惕区块链功能被不切实际、漫无边际的解读）。实际上，下一代互联网是在现有互联网架构的各个维度全面延伸发展，互联网的功能更强大、覆盖更全面、更智能、更具弹性，现实虚拟将逐渐消融并混为一体成为新的入口，互联网的发展将会带动社会结构发生与之相应的变化。

01 价值互联网领跑未来

价值互联网的概念是比特币带给这个世界的一个珍贵的礼物。无论比特币最终结局如何，都不能否认它是一场波澜壮阔的货币实验，比特币的设计理念有不少闪光点，这些闪光点对于构建最终的价值互联网非常具有借鉴意义。如果嗅觉足够灵敏，就能隐约感觉到价值互联网时代不会很远，数字货币将从理论走向实践，价值互联网将会惠及地球上的大多数人。

比特币等基于区块链的加密货币提供了一种全球性的接近于实时的和零摩擦的价值交换解决方案。这些加密货币具有很强的流动性和广泛的受众，具有很高的市值并且似乎还有上升空间。人们对于比特币的接受和认知开始增强，各种加密货币开始主动向比特币看齐，比特币不自觉地承担了加密货币基准的角色，辅之以加密货币评级、期货等各类业务的开展，加密货币将会更具秩序性。尽管有人认为比特币等加密货币还存在合规等方面的争议，但是这些并非不能解决，也有理由相信符合监管要求的加密货币更有可能成功。

价值互联网领跑者的影响力和辐射力将远超过信息互联网时代，这是因为价值互联网远比信息互联网具有更强的“黑洞”效应，也更具有全球化的特点。信息互联网尚有语言障碍，而价值互联网则更为简单纯粹，更能汇聚不同的国家、不同的民族共同的认知，就像无法接受《纽约时报》和《太阳报》的北京普通市民应该不会排斥美元和英镑一样。价值互联网主导权争夺将成为互联网经济下一个时代的一个热点，领跑者将会建立比肩亚马逊、谷歌、阿里、腾讯等巨头类似的竞争堡垒。

基于价值互联网，所有人都可以很方便、很便捷的进行在线实时支付，任何人都可以在互联网将自己的想法和工作变成可以接受的数字货币或者加密货币，再进一步人们可以根据需要设计更灵活、更普惠的金融产品，金融将会普及更多的人群。价值互联网不仅限于人与人之间、企业与企业之间、组织与组织之间、现实与虚拟之间，物联网将成为价值互联网应用的一个主要场景，加密货币非常适合机器与机器（M2M）这种笔数频繁、额度微小的交易场景。洗衣机可能收取服务费用，也可能自动下单购买洗衣液、缴纳电费甚至下单采购维修服务。价值互联网将成为各种设备数据交互的基础设施，助推物联网的快速发展。

02 个人与账号完美碰撞

互联网早期用户若想正常使用 BBS 等各类互联网服务首先需要按照互联网公司要求注册账号，这个过程有点烦琐，通常会有填写个人资料、设置密码等步骤。注意到这个用户痛点并意识到账户体系重要性的 FaceBook、Google、腾讯、阿里等互联网寡头企业开始提供第三方授权登录服务，用户只需点击同意授权按钮即可，就可以使用微信、微博、淘宝账号直接登录第三方的应用。腾讯、微博和阿里会将用户 ID 以及基本资料直接传送给第三方，省略了填写基本消息，提交头像图片等步骤。这种方式可以降低第三方应用客户的接入复杂度，提升用户体验。由于这几家互联网寡头企业掌握了用户邮箱、手机号码、终端型号、地理信息、网络接入点等各种资料，甚至对用户进行了实名认证，那么就可以更好地开展客户数据分析等工作。

用户传统上是通过“用户名+数字密码”或者图案密码的方式登录，但是这种情况正在悄悄地发生着变化，不少平台开始采用指纹、头像识别等生物信息对用户进行识别。苹果、Facebook 都有这方面的尝试，用户账号和真实身份建立了紧耦合的关系，用户就是账号，用户通过 Apple Pay 进行支付的时候，苹果通过指纹认证后即刻提供服务，这种方式非常便利，但是有一个明显的问题，互联网厂商掌握了用户大量的数据，包括账号数据、交易数据、社交数据、地理信息数据甚至操作习惯数据等，可以说互联网厂商在很多方面比用户还要了解用户，互联网厂商掌握了用户的隐私，并且通过不断加工用户数据获取不菲的收入。普通用户一直在贡献数据，然而不但没有分享到收入，也没有办法保护自己的隐私，互联网上“个人”的所有权属于互联网厂商，这是有潜在风险的。因为互联网寡头通过数据整合和印证，就有可能简单再现一个人生活的轨迹和全景，用户画像栩栩如生、活灵活现，隐私观念稍强的用户会感慨大数据就是“老大哥”，进而会感慨“Big BATrothers[①] are watching us。”

---

① 出自乔治·奥威尔的著名小说《1984》，原文为“Big brother is watching you（老大哥在看着你呢）”，Batrother 是 BAT（百度、阿里、腾讯）和 Brother 的合成词，拥有大量数据的 BAT 极有可能发生利用、侵犯、出卖用户隐私数据的情况，就如同大洋彼岸 Facebook 的数据丑闻一样，Facebook 因此正在接受美国政府的调查和民众的声讨。

互联网使数据更加容易产生和传播，安全隐私是大数据发展过程中非常关键的问题，互联网公司通过智能营销等名义影响用户生活，市场上有不少贩卖个人数据的灰色产业链，法律层面暂时也缺少滥用个人隐私数据的限制，用户似乎无力反抗愈演愈烈的“大数据爆权”，很多消费者开始都在互联网上质询“互联网时代人们是否还有隐私?”大数据时代的安全隐私问题越来越严重，马里兰大学法学教授弗兰克·帕斯奎尔在《黑箱社会：掌控信息和金钱的数据法则》中写道“我们每天都要面对这样的问题：个人信息越来越多地被别人掌握，而每个人本身既不能阻止这种情况的发生，也不知道产生怎样的后果”，弗兰克认为应该想方设法对付“失控数据”和“黑箱算法”的危险，而这只是过度依赖于大范围企业和政府数据搜集的危险之一。很多人预言大数据将带领我们进入一个“无隐私社会”，但是大众对于隐私实际上是非常关注的，德国著名大数据专家罗纳德·巴赫曼在《大数据时代下半场》引用了一项名为“不引人关注的数据担忧”研究项目的调研数据，调研结果显示“88%的互联网用户不愿意自己的网上行为被追踪；75%的用户希望企业不要备份用户的任何个人数据。”巴赫曼也给互联网企业提出了中肯的建议，即“在全社会变革的背景下，客户对于个人隐私保护的要求会越来越高，如信任和尊重这一类的传统价值变成了决定性的竞争因素。”

未来数据拥有者对数据资产的意识会进一步加强“数权[①]”的概念从而数据管控的要求会逐渐提高。大数据相关的法律法规以及大数据的共享和多元数据融合等问题也还需要在实践中逐步完善。基于“区块链+生物特征”的身份认证方案将有可能化解这个问题，用户数字身份等信息存储在区块链上，只有用户授权的应用方可访问这些数据，用户成为账号的真正主人，而且访问方式还可进一步定制，如按要求进行合规性检查等。账号不再是邮箱、微信号、手机号，而是数字身份用户本身。

“通过生物特征进行身份验证，通过区块链进行访问授权约束”的方式具有多方面的意义：一是实现用户和账号的统一，凭借数字身份用户可以平滑无缝登录各类业务系统，数字身份也非常适合于智能家具、智能硬件、智能汽车等物联网场景；二是实现数据所有权的统一，数字身份还有助于用户“数权”的确立，尽管互联网厂商都声称遵守各种用户隐私条款，会采取各种措施保护用户隐私，但是对于用户来说数据掌握在自己手里才是更安全、更有效的方案。

英国前首相戴维·卡梅伦认为“数权”是信息时代每一个公民都拥有的一项基本权利，并向选民承诺要在全社会普及“数权”。2011 年 4 月，英国劳工关系部、商业部落实推动了“我的数据（My Data）”的“数权”项目，该项目认为“你的数据，你可以做主”，即使是由商业机构出资收集的数据，但记录的是你的信息，那就应该有权查看、使

① 通常倾向于将“数权”分为数据拥有权、数据隐私权、数据审计权、数据分红权、数据许可权等基本权利。

用。在两个部门的主导下，谷歌、巴克莱信用卡、汇丰银行等十多家不同行业的大公司加入了该项目。数字身份解决方案有望帮助用户更好地实现这一点，将用户数据的所有权移交给用户。

03 万物互联正在蝶化

连接是互联网最为重要的概念之一，建立新的连接通常会带来巨大的机遇，计算机和计算机的连接推动了互联网基础设施建设，涌现出了思科、SUN 等第一代互联网企业；网页和网页通过连接形成了精彩纷呈的万维网，涌现出 Yahoo、谷歌以及中国三大门户等互联网内容寡头；人和人通过连接构筑了威力巨大的社交网络，出现了 Facebook、微信、Twitter、微博、Snapchat 等公司；手机和手机建立连接则开启了移动互联网时代；商家和消费者通过连接造就了繁荣的电子商务。物联网将开启新的时代，所有的物体都可能纳入互联网连接的范围，实现人与物、物与物之间的连接，连接无所不在。

万物连接的基础是部署在各种物体上的传感单元，传感单元是物联网发展的关键。传感器体积越小、质量越轻、功能越强、续航时间越长，适应传感器的场景就越多，也就意味着更多的物体接入物联网。物联网应用热潮到来之前，有两个问题亟需解决：一是物体之间的数据交换和数据共享问题，物联网之父凯文·艾什顿强调“物联网价值不在数据采集，而在数据能否共享”，数据共享的基础是建立了适合物联网的数据标准体系；二是物联网的安全问题，传感单元出现因控制系统单点故障等原因导致的失控或者失效的状态，传感单元处于瘫痪或者被控制状态，用户隐私安全面临风险，分布式控制系统和配套安全方案将成为物联网研究的重要研究方向，区块链可能是解决物联网管理问题的可行解决方案。

04 计算技术革命未来

基于虚拟化技术的云计算在最近十年应用非常广泛，云计算的核心理念是将数据中心的计算、存储、应用等各种资源通过虚拟化的方式按需提供给需要计算资源的用户，具有弹性、随时、便携访问、按需付费等优点。硬件虚拟化、网络虚拟化、存储虚拟化、软件虚拟化、桌面虚拟化、应用虚拟化等各类云计算方案最大的优点是解放了用户，用户无须关心计算资源，只需要关注任务，各种计算资源由云服务商负责配给，这实际上是一种中心化的解决思路，云计算的供给侧是集中的，通过规模化的方式降低了成本，然而这种方式并非完美。云计算的主要受益者是亚马逊、阿里、IBM、微软等云计算服务商和中国工商银行、国家电网、中国移动等大型机构，由于部署成本等原因，中小型企业很难实际应用云计算技术，只能选择租用大型服务商提供的云计算资源，尽管云计算服务厂商提供了技术保障措施和法律承诺，这些中小企业难免还是会担心数据安全等问题。另外，这种方式完全忽视了终端的计算能力，分布在世界各处的计算、存储等各种资源都处于空闲状态，这些空闲资源的计算能力几十倍甚至上百倍于大型云计算服务商所能提供的计算能力，但是都白白浪费掉了。

分布式计算则采用和云计算不同的解决思路，分布式计算通常将一个需要非常巨大的计算能力才能解决的问题细分成许多部分供对应的计算机进行处理，最后把这些计算结果综合起来得到最终结果。这种聚沙成堆的方法效果显著。1997 年 6 月，美国联邦调查局和国家安全局在国会的听证会上证明，以当时的计算机能力破解一个 56 位 DES 算法需要数百年的时间。但是 Distributed 网站在 1998 年年初通过向数千名计算机爱好者分发程序的方式破解 56 位 DES 加密算法，39 天后“Many hands make light work.”这句话被破译出来。这充分证明了分布式计算模式的可行性。

此前，分布式计算不温不火的主要原因是缺少一个可行的商业盈利模式，参与用户都是粉丝和志愿者，所有人都是义务付出，甚至还要捐款给分发程序的组织，以便能够维持运作，从而用户参与的积极性不强。迅雷、电驴等 P2P 下载是分布式计算领域少有的取得突破的成功案例，能取得成功的一个主要原因就是众多用户对于文件的下载的渴求，用户“人人为我，我为人人”的奉献精神，除此之外并没有其他激励措施。基于区块链的解决方案有望让分布式计算发挥出更大的作用，通过经济激励的方式调动用户贡献计算资源的积极性，Maidsafe 和 Storj 的尝试具有一定的借鉴意义，这种方式是计算资源供给层面的一个重大变革，具有非常重要的意义。

分布式计算并不限于用户计算机终端，可以涵盖传感器、手机等各种末端计算资源，这种方式又被称为边缘计算。边缘计算是指在靠近物或数据源头的一侧，采用网络、计算、存储、应用核心能力为一体的开放平台，就近提供最近端服务。其应用程序在边缘侧发起，产生更快的网络服务响应，满足行业在实时业务、应用智能、安全与隐私保护等方面的基本需求。边缘计算处于物理实体和工业连接之间，或处于物理实体的顶端。而云端计算，仍然可以访问边缘计算的历史数据。

未来的计算一定是云计算和边缘计算混合的模式，是集中与分布的辩证统一，充分支持从数据中心到用户、用户到数据中心、用户到用户之间、物体到物体之间的各种应用场景。所有的计算设备都既是服务消费者也是服务提供者，“你中有我，我中有你”，计算像空气一样弥漫，无所不在、无处不在、无时不在。计算就像我们时刻呼吸着的氧气一样，我们看不见却可以体验到。

05 无处不弥漫的数据

互联网的发展历程就是各种业务的数字化程度从无到有并且越来越深的过程，尤其是最近几年，随着移动互联网的快速发展，数据呈现出爆炸式增长的状况，大数据的概念开始在全球流行并被追捧，数据开始产生价值。人们将数据称为新的“石油”，并且还要强调数据资源越开采越有价值。“万维网之父”蒂姆·伯纳斯·李深深地认识到数据对于未来社会的重要性，他认为下一代互联网的本质就是“数据网（Web of Data）”。就现在而言数据还处于发展初期，数据覆盖、数据应用等方面还有相当大的想象空间。

数据大爆发才刚刚开始

互联网覆盖范围会继续扩大，网络接入会越来越便捷、便宜甚至接近于免费，互联网将会持续覆盖新的人群，最终互联网和全人类生活息息相关，用户人数的增加是数据大爆发的第一个原因。第二个原因是互联网的业务渗透能力的持续深入，各个行业数字化程度越来越高，新的部门、行业、企业会逐渐将业务从线下逐渐转移到线上，过去已经存在的非数字化形式存储的信息也会被数字化，也许很多单位会采取从边缘到核心等谨慎策略，但是趋势很难改变，数据粒度越来越细，数字化程度越来越深。第三个原因是物联网，无处不在的传感设备将实时采集心跳、血流、呼吸、运动、睡眠、热量消耗等生命特征数据，温度、湿度等环境数据，以及各种机器的运行状态等，所有感知或者感觉都可能通过数字来表示，物联网的到来才标志着数据真正的爆发。第四个原因是人类认知能力的提升，人类对事物认知每深一层，数据量就将呈现出几何增长级，尽管几千年来人类文明取得了很大成就，但是不能否认的是对于很多事物认知人类还处于非常初级的阶段，生命科学将成为大数据研究的一个重要场景，皮埃罗在《人类2.0》中写道“人类基因组包含数十亿碱基对，人类不知道这些碱基对的作用，但是，我们有80亿人生活在这个星球上，这是一个巨大的潜在数据库。”天文、地理、气象等学科也会受惠于海量数据支撑。世界万物向“知化”的方向发展，哪怕是一张桌子也可以上传销售轨迹、使用频率等数据，你一定会好奇数据的极限是什么？也许并没有什么极限，正如物理学家约翰·惠勒（John Wheeler）提出物理世界是由信息组成的，一切你所见的都是数据。

大数据应用尚需进一步探索

大数据之大并不只在于表面的“大容量”，还在于可以挖掘出的“大价值”。目前大数据最成功的应用案例是互联网公司的“推荐引擎”，互联网寡头通过分析其他消费者的购买行为向目标用户推荐商品，其他领域则相较缺乏大数据的成功案例，Facebook 前数据专家杰弗里·哈默巴赫在接受《彭博商业周刊》采访时说“我们这代人最聪明的头脑都在想着怎么可以让人点击更多的广告”，出现这种情况的原因可能是其他类型单位缺少的数据积累或者缺乏大数据思维，前者如传统行业，后者如大型商业银行等。几千年来，人们积累了丰富的数据分析和经验，然而实践证明这些方法和经验并不十分适合于大数据场景，大数据应用分析的方法还需要在实践中不断完善。

关于大数据的应用需要注意的有两点：一是大数据提供了一个强大的跨学科、跨领域、跨业务的分析工具，但是不能简单地将大数据分析结果作为结论，还需要精通业务的分析人员或者分析团队进一步的分析论证；二是大数据是政府机构和大型公司的特权，普通用户享受不到大数据带来的好处，甚至看不到自己的数据，大型公司也只是按照自己的意图收集整理数据，美国政府在奥巴马时期推动了一系列的数据开放活动，英国、加拿大、德国、法国、西班牙、意大利以及中国香港等国家和地区陆续向公众开放了不少公共数据，这些尝试被证明是非常有效果的，对于大数据的进一步应用具有重要的意义。

数据互联是深度应用的关键

伯纳斯·李认为数据网（Web of Data）就像一个全球性的数据库，不仅需要将数据放到网上，还需要在数据之间建立连接。数据一旦连接起来，计算机和人都可以对数据进行探索，通过一个数据发现另外一些相关的数据。数据网要求所有数据遵循统一的标准，每个数据都会被贴上各种计算机能理解的标准化的“标签”，即用于描述各类数据的元数据。基于元数据，每一个片段数据都可以和其他数据自动发生联系，实现数据的自动整合和跳转，互联网将向我们传送信息，而不是搜索信息，数据将会更加生动、更加有生命力。

06 “一草一木”皆有智慧

得益于大数据的发展和计算能力的提升，以机器学习为代表的人工智能技术快速发展，谷歌的AlphaGo击败围棋世界第一的柯洁成为热议话题，《未来简史》《智能时代》《智能的本质》等人工智能书籍畅销。尽管从历史上看新技术在摧毁旧工作的同时，已经创造了新工作，而且新工作比旧工作的待遇更高，环境更好，但是人们认为这次不一样，人们开始担心被人工智能抢去工作①。著名美国未来学家雷蒙德·库兹韦尔提出的奇点理论②更是引起了不少关注和恐慌，乐观主义者认为机器会将人类带入永生，悲观主义者则担心人工智能最终会将人类带向毁灭。

AlphaGo确实战胜了柯洁，但是这个过程中AlphaGo消耗了超过40万瓦特的能量，人类冠军仅消耗了20瓦特，最重要的是人工智能是多方面的，AlphaGo的胜利只是人工智能在问题空间表达搜索推理这个很细微的环节超越了人类。人工智能距离人类智能还很遥远，这挡不住人类开始思考人工智能能否超越人类智能的问题，对此不同的人有不同的看法，有趣的是即使认为人工智能会超过人类智能的人群中也存在多种观点：第一种观点是时间站在人工智能一边，人工智能通过不断地迭代、演化最终会超过人类，而人类的生理机能是有限的；第二种观点认为不是人工智能超过了人类，而是“技术让人类越来越傻了，人们不断制造着让自己变得退化、多余乃至愚蠢的工具，很多高科技的项目不是依赖更聪明的技术，而是依靠更傻或者更懒的客户”③；第三种观点认为现在是人类用数据“喂养”人工智能，但是不久的将来机器人可能会承担或帮助人类教育抚养婴儿，用机器化的思维方式“喂养”人类的幼童，孩子们的思维方式会因此趋同，机器化思维的情况增多，创造性思维则可能会逐渐弱化。

无论人们对人工智能持什么态度，但是几乎没有人对人工智能的大规模普及有太多争议，智慧家居、智慧农业、智慧工业、智慧城市、智慧地球，世界即将走向一个处处是“新智能”的时代，即“泛在智能（Ambient Intelligence）”时代。

---

① 软件业高管马丁·福特在《未来之光》写道“到了未来的某个时候，可能是从现在起几年或者几十年——机器便能完成相当大比例的‘普通人’的工作，而这些人，则再也无法找到新的工作”；著名企业家蒂姆·奥莱利则指出“人工智能革命对白领职业的影响，正如机器人技术对蓝领职业的影响”，蒂姆说的机器人主要指的是用于生产线的工业机器人，这些机器人和智能完全不相关，其智能水平类似于家用电器。

② 库兹韦尔预测2045年机器智能将会超过人类智能，并可以实现自我繁衍，这个时间点被称为“奇点”。

③ 皮埃罗·斯加鲁菲：《人类2.0　在硅谷探索科技未来》。

泛在智能是智能技术的多样化及规模化应用，是一种基于网络的万物智能，泛在智能将包括三大类智能，以互联网化为代表的数字化智能、以物联网为代表的感知化智能和以深度学习为代表的算法智能，其中数字化和感知化将是算法智能的应用基础。新智能的应用场景无处不在，鼠标、键盘等主要适应于机器的设备将逐渐被自然语言交互、脑机交互等智能化的交互方式取代，互联网将逐渐具备语义识别的能力，新一代搜索引擎可以理解用户的模糊需求并进行更为精确的查询，客服、翻译等行业的工作会逐渐被新智能承担，机器人将突破体力劳作的范畴，具备理解情绪的能力，成为人们生活的帮手、朋友甚至伴侣；汽车、冰箱、空调等设备将实现电器化到智能化的跨越，这些设备不仅是通过按钮可控的，也是可以根据要求“智能”运行的。当然并非要求所有的设备都具有“极高”的智能，设备只需具备符合业务预期的智能水平，但是所有的一切都可能具有“智慧”。这些智能设备是分布式运行的，并不完全依赖于中心服务器，所以即使在失去网络服务的情况下，设备也可以根据可以感知的外部数据或者通过区域内的设备间交换的数据做出合理决策。

07 现实虚拟交相辉映

《庄子·齐物论》记录“昔庄周梦为胡蝶，栩栩然胡蝶也，自喻适志与，不知周也。俄然觉，则蘧蘧然周也。不知周之梦为胡蝶与，胡蝶之梦为周与？”这篇短文渗透了庄子诗化哲学的精义，庄子运用浪漫的想象力和美妙的文笔，通过对“梦中变化为蝴蝶和梦醒后蝴蝶复化为己”的事件的描述与探讨，提出了人不可能确切的区分真实与虚幻的观点。凡人达不到庄子这种超然的境界，但是互联网技术带给人类一个全新的虚拟空间，人类开始尝试在现实和虚拟之间切换，而且这种切换越来越自然。

林登实验室推出的《第二人生》就是一款非常经典的虚拟游戏，《第二人生》有虚拟商场、虚拟银行等各种虚拟空间，在游戏中用户可以有社交、游戏活动，拥有林登币等虚拟资产，《第二人生》是人们在虚拟空间生活的早期尝试。虚拟现实（Virtual Reality）、增强现实（Augmented Reality）和混合现实（Mixed Reality）则可能让人们在虚拟世界的沉浸感更强。

虚拟现实是一种可以创建和体验虚拟世界的计算机仿真系统，它利用计算机生成一种模拟环境，是一种多源信息融合的、交互式的三维动态视景和实体行为的系统仿真环境，提供使用者关于视觉、听觉、触觉等感官的模拟，让使用者如同身临其境一般。主流的虚拟现实解决方案所使用的工具主要有头盔（如 Oculus）和眼镜（三星 Gear）等方式。

增强现实是一种将真实世界信息和虚拟世界信息“无缝”集成的新技术，是把原本在现实世界的一定时间空间范围内很难体验到的实体信息（视觉信息、声音、味道、触觉等），通过计算机等科学技术，模拟仿真后再叠加，将虚拟的信息应用到真实世界，被人类感官所感知，从而达到超越现实的感官体验。真实的环境和虚拟的物体实时地叠加到了同一个画面或空间。增强现实技术，不仅展现了真实世界的信息，而且将虚拟的信息同时显示出来，两种信息相互补充、叠加。在视觉化的增强现实中，用户利用头盔显示器，把真实世界与电脑图形多重合成在一起，便可以看到真实的世界围绕着他。增强现实技术包含了多媒体、三维建模、实时视频显示及控制、多传感器融合、实时跟踪及注册、场景融合等新技术与新手段。增强现实主要工具有 Google Glass、Meta Glass 等眼镜，这些眼镜目前还是初级产品。

混合现实是虚拟现实和增强现实两种技术的结合。混合现实可让用户看到现实世界（类似 AR），但又能呈现出可信的虚拟物体（类似 VR），把虚拟物体定格在真实空间当中，从而给用用户以真实感。微软将旗下的 HoloLens 定义为“混合现实”设备。

虚拟化设备被认为是用户进入虚拟世界的入口，是继电影、电视、计算机、手机之后具有革命性意义的第五屏。未来用户可能不再需要计算机、手机、PAD 等硬件，直接借助虚拟化设备即可创造出悬空的屏幕以及 3D 立体的操作界面，眼睛的边界将被打开，物理界限也将被突破。随着神经学、人工智能等学科的高速发展，将会构造出更加自然、更加具有沉浸感的虚拟场景，虚拟空间将从单场景发展到多场景，从单生态发展到互联互通的完善生态，从断续走向连贯，所有人都能体会到庄周或者电影《阿凡达》的主人翁杰克·萨利的感觉，甚至会和庄周和萨利两位一样更享受在虚拟空间的状态。强大的、有弹性的虚拟空间能向用户提供流畅的访问体验，人们可以在虚拟空间完成的工作将不仅仅是电竞游戏、社交和演出，在虚拟的空间里人们甚至可以进行分工合作，进行一种真实的突破地理限制的合作。

虚拟空间能提供各种各样的服务，来自纽约华尔街的金融才俊和北京回龙观的天才程序员的合作，可能就是从租用一个虚拟众创空间开始，两个人登陆后即刻进入虚拟的办公环境，这个办公环境中有他们需要的操作平台、会议室、电话等配套设施。虚拟化不再只是手段或者方式，很多人的工作就是在完善虚拟空间的基础设施，用户拥有了不可割舍的多种类型的虚拟资产。虚拟和现实的界限开始消融，甚至出现“数字化人类”，这个过程可能会很慢，但是我们有理由相信未来人们已经不再那么刻意去区分虚拟和现实，他们清楚虚拟绝不是虚无，并且已经习惯了虚拟空间的生活状态。

 数字经济重塑世界

尽管互联网的历史并不是很久远，但是互联网对于人类的影响是巨大的，而且这种影响还在继续，有些影响是非常明显的，有些影响才显端倪，有积极的激励人心的，也有消极的需要警惕的，但是无论如何这种趋势是不可阻挡的。

个性在削减

亚马逊、Facebook、谷歌、百度、腾讯、阿里等大型互联网公司拥有无数数据，本着未来或许有用的原则，它们跟踪我们在网络上的行踪，存储我们行为习惯的点点滴滴，掌握每一个用户的灵魂肖像。互联网公司为了更多的盈利将会在有意无意中利用它们的垄断地位来遏制观点和品味的多样化，不经意的引导我们的偏好，所有的用户事实上已经被影响，我们会关注今日头条推荐的热点事件，会阅读当当推荐的畅销书籍，会购买淘宝推荐的爆款产品，会观赏豆瓣评分较高的推荐的电影，最后去品尝大众点评推荐的美食，互联网公司不经意间引导了人们的阅读、运动、生活等习惯，用户正在同化，在美国有人发出了“硅谷正在消灭人类的个性”的疾呼，然而这种趋势似乎还在继续……

能力在改变

互联网对于人类能力的影响是潜移默化的，我们学会了打字却淡忘了笔墨纸砚，习惯了微信聊天却淡忘了待人接物的礼节，习惯了复制粘贴却忘了基本的行文谋篇，习惯了通过搜索寻找答案却忘了通过请教解决问题，习惯了互联网便利却忘记了我们本来拥有的能力，我们最需要警惕的是人们开始习惯在喧闹的互联网络空间打发时间而忘记了在现实世界格物正心修身，人们更喜欢浏览网络的各种稀奇古怪的短文或者一波不平一波又起的段子，而不再有耐心研读深邃的长文，也没有时间来做系统性考证研究，网上文章越来越短，越来越没有思想性，但是盲从者却越来越多，我们要关注网络暴力的问题更要忧思集体性迷失的情况，科学研究证明互联网时代人们注意力持续的时间在逐渐下降，批判性思考的能力越来越差，甚至太多的人正在丢掉这个能力。

全球化在推进

特朗普当选美国总统后，华盛顿似乎站在全球化的对立面，逆全球化而行，但是纽约和湾区[①]绝不会站在总统的后面停止其推动全球化的活动，无论其初心是否如此，尤其以旧金山为中心的湾区。不羁的湾区人有自己的理想、文化和信念，湾区人坚持互联网是开放的、共享的、为每个人服务的。互联网的影响是全球化的，开普敦、北京的用户通过互联网进行交流，他们访问着同样的网站因为本地的报纸早就没有了用户，在视频网站上观看着《权力的游戏》《西部世界》《国土安全》等“爆款”影视作品，互联网帮助我们普及了普通话，也推动英语超越了法语，普世价值观也在碰撞中开始逐步形成；阿里巴巴、京东、亚马逊等电子商务网站跨洲、跨国界、跨区域的供需对接非常便捷，马云讲过帮助美国农民销售车厘子的例子，这确实是阿里推动中美双边贸易的美谈，当然这只是冰山一角，互联网让世界各国的贸易变得更加方便和频繁，互联网电商让全球化的贸易层次更加丰富，本质上这只是互联网在资源市场调配过程中发挥重要作用的一个例证。比特币等虚拟货币的流通不仅仅是实现了价值的流通，不能否认的是这些虚拟货币已经或多或少影响了全球不少国家的货币政策，也推动了全球化的价值自由流动，这些虚拟货币对于全球化的互联网经济体系的最终构建具有非常积极的意义。总之，无论特朗普持什么态度，人类全球化的脚步不会停止，互联网将在这个过程中发挥重要的作用。

结构在调整

女权主义、反种族主义、朋克文化等各种文化观念借助互联网蔚然成风，当然互联网并非只是思想传播的工具。互联网领域也诞生了很多思想，硅谷的程序员虽然并不热衷政治（这点在扎克伯格身上出现变化），但是并非对社会运行没有贡献，全球互联网从业者秉承平等、共享、开放的思想，开源文化、众包文化都极大影响了社会分工方式，人人都是媒体的自编辑模式对于传媒行业的影响也是颠覆式的，自金融的探索必将激发互联网金融的进一步发展，互联网领域最新的贡献就是来源于区块链的自管理组织（Decentralized Autonomous Organization，DAO），一个在公正算法控制下的组织是自动执行的。DAO 很可能成为一种新的资源配置的方式，甚至有可能代替公司成为最重要的经济组织形式，人类社会结构在发生变化，影响要比我们想象得更加深远。

---

① 湾区即美国西海岸以旧金山为中心的区域，硅谷是湾区最著名的标志。

本章小结

本章尽可能提供一个未来数字经济的完整描述，下一代互联网不仅仅是区块链或价值互联网。下一代互联网是一个更可信、更智慧、更便捷、更有弹性的网络，是现有互联网在各个维度的迅猛发展的升级版。本章第一节主要畅想了数字货币、价值互联的前景；第二节分析了账号的重要性，个人即账号带给用户的不仅仅是应用上的便利，还涉及对个人经济利益和隐私的保护；第三节主要阐述了物与物的新连接的前景，区块链将在数据交换、安全管理等方面助力万物互联。第四节主要讲述了新的模式将带来分布式计算的突破，计算不再拘泥于形式，而成为随手可得的资源；第五节主要讲述了数据世界的场景，数据将成为驱动社会进步的新能源，数据大爆发才刚刚开始，需要加强对大数据应用的深度探索，重视数据标准、治理等基础性工作；第六节主要讲述了初见曙光的人工智能，无论人工智能是否会超越人类智能，都不影响人工智能将会运行在绝大部分工作和生活场景，人工智能将成为无处不在的精灵；第七节主要讲述了虚拟现实，虚拟现实很有可能成为现实和网络交互的新入口，现实和虚拟的硬边界在逐渐消融；第八节主要讲述了数字经济对于社会的重塑。互联网极大地改变了人类的生活，提升了信息交流的速度，改变了资源配置的方式，带来了知识和数据的爆炸，推动全球化的发展和普世价值观的传播，给人类生活带来了过去难以想象的便利，纵然如此我们还是应该注意因为互联网出现的负面影响，让网络真正成为人类的有益助手。

Chapter 7

区块链中国

2018年4月16日，美国商务部宣布未来7年将禁止美国公司向中兴通讯销售零部件、商品、软件和技术。在中美贸易战持续升级的背景下，美国政府此次制裁决定精准打击到中兴通讯的“七寸”。中兴通讯很可能因此进入休克状态，民族通信行业可能因此遭遇挫折，此举对我国处于领先地位的5G技术布局亦有明显的干扰，社会各界深刻体会到了我国互联网行业“缺芯少魂”[①]之痛，加强基础性、关键性技术的战略部署已成为民族共识。对于区块链这项有望成为新一代互联网基础设施的高新技术，中国区块链行业需要有时不待我的紧迫感，在技术兴起之初就加强技术研究创新，积极参与标准建设，牢牢抢占技术制高点，掌握行业话语权，让知识产权不再是中国互联网行业的阿喀琉斯之踵。

① “芯”是芯片，“魂”则指操作系统。

01 主要城市区块链行业分析

硅谷、新加坡、北京、杭州、深圳等国内外科技城市近二三十年的发展历程充分说明活力和创新大部分时候都产生自小型地理区域，因为这些区域通常聚集了大量极具创造力和创新力人群的区域。北京、上海、广东、浙江是中国互联网创新的核心区域，根据中国互联网协会发布的《2016 年中国互联网百强名单》，这四个城市分别有 30 家、20 家、12 家、11 家入选，营业收入更是占据了全国百强企业收入总额的 88.3% 。作为全球最前沿的高新技术发展方向之一，区块链得到了世界各个国家、地区的高度重视。国内互联网 4 大重镇北京、上海、杭州、深圳以及谋局区块链行业的贵阳等城市也都在积极推进区块链产业的发展。

北京——全方位领先优势明显

北京在人才、资源、资金等方面的区位优势非常明显，互联网创新能力一直处于全国领先的位置，这主要得因于北京已经初步形成了适合互联网创业的生态，在区块链领域北京依然处于领先位置。

1. 政府高度重视

2017 年，北京市金融工作局、北京市发展和改革委员会联合印发《北京市“十三五”时期金融业发展规划》（以下简称“规划”），规划中强调要加快云计算、大数据和区块链等金融科技在支付清算、数字货币、财富管理等领域的创新发展与应用。鼓励发展区块链技术、可信时间戳认定等互联网金融安全技术，提升互联网金融的安全性。

2. 部委央企辐射

工业和信息化部等部委以及大型央企的辐射作用明显。工业和信息化部编制了《中国区块链技术和应用发展白皮书》，制定了《区块链和分布式账本技术参考架构》，推动了可信区块链研究等工作，举办了各类区块链高峰会议等方法引导区块链行业的发展。人民银行下属数字货币研究所积极推进了数字货币、区块链及分布式账本研究工作，发表了一批富有见解的学术性论文，是国内区块链领域专利最多的单位。工行、农行、民生、光大等大型银行，中国人民财产保险公司、阳光保险等大型保险公司以及其他大型央企组织开展了大量区块链理论研究和概念验证工作。区块链初创企业有深度参与部委央企各项工作的便利条件，优秀人才也有更多的展现空间，人才聚集也更容易出现各类创新碰撞激荡的局面。

3. 人才储备雄厚

北京在人才储备方面具有先天独厚的优势，区块链的发展需要的是金融人才和科技人才储备作为基础，这恰好是北京这个城市最大的优势之一。一是北京有全国最具实力的互联网从业人群，百度、京东、搜狐、新浪、联想、小米等大型公司总部设在北京，阿里、腾讯、华为、IBM、Oracle、微软等技术巨头普遍在北京设有研究院或重要部门；二是北京金融街等地汇聚了大量金融机构，如工农中建总行、中信、中金等券商，新三板、中央结算公司等金融基础设施金融人才储备丰富；三是百度金融、京东金融、人人贷、宜人贷等互联网金融业务发展势态良好，积累一批既懂金融又懂科技的全能人才；四是知名院校源源不断的金融、经管及科技人才供应不断。

4. 孵化产业成熟

北京依托丰富的教育科技资源成为我国孵化器发展最快的城市，2015 年科技部公布了第一批国家级 136 家国家级众创空间，北京 27 家单位入选；2016 年公布的第二批 362 家国家级众创空间，北京 30 家单位入选。北京有京西创业公社、科技寺、清华 x – lab，创客总部、优客工场、洪泰创新空间、创新工场、天使汇、车库咖啡、氪空间、北大创业孵化营、亚杰商会、启迪创业等一大批知名孵化器。这些孵化器具有很强的孵化能力和经验，它们能提供的不仅仅只是办公场所，如北大创业孵化营还具有很强的教育培训和校友资源能力，孵化了豌豆荚、知乎、旷视、蜻蜓 fm、墨迹天气、美图秀秀、米未传媒等大量优质初创企业的创新工场；氪空间会充分利用媒体优势为企业提供线上线下结合的宣传；京西创业公社则力图提供了金融、培训、运营、法律顾问等综合生态孵化体系；亚杰商会善于通过以一对一、一对多、多对一和多对多的深度辅导、讲座培训和集体活动等多种方式，为年轻创业家创造面对面向导师学习的机会，从亚杰商会先后走出去的企业有完美时空、多玩游戏、德鑫泉物联网、东芯通信、神州付、聚美优品、苏州迈科、绿盟科技等在纳斯达克、纽交所、创业板及新三板成功登陆或挂牌的企业。成熟的孵化器行业有助于创业者实现梦想，北京在互联网创业配套方面更为成熟也更有经验。

5. 初创企业众多

北京的区块链初创企业在数量和质量上明显处于全国领先位置，可以从以下几组数据中初见端倪。2017 年 2 月，中关村区块链产业联盟梳理了全国 77 家稍具规模的区块链初创企业，北京有 37 家入选。2017 年 4 月，杭州市发布了《杭州市区块链产业发展报告》，报告认为“目前国内以区块链技术及相关服务为主营业务的企业（不含数字货币交易平台和挖矿等企业）共有 70 多家，北京以 31 家企业在数量上领跑。”2017 年 9 月，在可信区块链峰会上，工业和信息化部中国信息通信研究院宣布腾讯财付通（深圳）、复杂美（杭州）、布比（北京）、博晨（北京）、太一云（北京）、杭州趣链、智链（北京）、中兴（深圳）、联动优势（北京）等 9 家企业的产品通过了预评测，北京的区块链初创企业占据了半壁江山。著名初创企业数据库 IT 桔子收录了全国 246 家稍具规模的区块链初创企业信息，其中北京企业 69 家，上海企业 44 家，广东企业 26 家，浙江企业 15 家……北京地区的区块链初创企业在全国明显处于领先优势（见图 7. 1）。

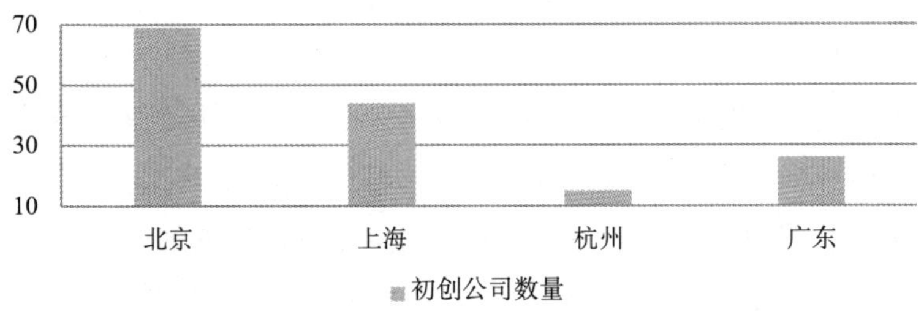

图 7. 1　京沪浙粤区块链初创公司数量

6. 天使投资活跃

虽然说资本是流动的、不受地域限制的，但是投资人的时间、注意力是非常有限的，尤其是有决策能力的投资人。靠近投资人的初创企业更容易得到投资人的青睐，而经过资本加持的初创企业更容易获取到各种资源，并且得到风投公司全方位指导，所以能快速实现验证商务可行性等目标。根据知名投资数据库清科集团发布的 2017 中国股权投资年度排名榜单，2017 年中国早期投资机构 30 强中北京企业有 15 家，真格天成、创新工厂、英诺融科、联想之星甚至包揽了前 4 名，北京区块链初创公司更加贴近风险投资，更有可能得到投资人的眷顾。实际确实如此，北京区块链初创企业同心互助得到了 3 000 万美元的 A 轮融资，库神得到了 1 000 万美元的 A 轮融资，全息智信 PDX 得到昆仲资本和联想创投 3 000万元人民币 A 轮投资，好扑得到了 2 800 万元人民币的 Pre - A 轮融资，博晨技术、网录科技得到了千万级人民币的融资，火币网、锐波科技得到了数百万美元级的投资，北京有 20 多家区块链初创企业得到了投资人的支持，这远远领先于其他城市，北京区块链初创企业太一云还是第一家登陆新三板的区块链概念企业。

上海——资本加持有望迎来突破

上海是中国的金融和商业中心，数字经济并非上海经济的主基调。因为缺乏代表性的企业，上海在数字经济方面的成就也经常被忽视。实际上，上海的互联网领域还是颇具实力的，在中国互联网百强名单中上海企业数量排名第二，但是上海的互联网企业多为垂直领域的企业，体量不是很大，体现出来的是“小而美”的特点，收入规模方面不但比不上深圳和杭州，而且也落后于南京。上海创业氛围没有北京、杭州、深圳那么浓郁热烈，第一批国家级众创空间名单中没有上海机构的影子，第二批国家级众创空间上海机构也只有20家众创机构入选。上海互联网初创企业的优势非常明显，即更容易得到资本的鼎力支持，这点在更早的互联网发展初期就有所体现，区块链时代同样如此。矩真金融在2016年9月完成的1.5亿元人民币的A轮融资曾被认为是中国区块链行业当时最大的一笔融资；分布科技（Onchain）得到了数千万元人民币的天使轮投资，该团队原班人马打造的小蚁区块链原生货币NEO是中国区块链团队打造的表现最好的加密货币；2017年年初万向成立上海万向区块链股份公司，注册资本1亿元人民币，目标是整合区块链行业资源，加速优秀项目落地。尽管上海的区块链企业数量虽然不多，但是分布科技、矩真金融、万向集团都可以称为国内区块链领域的先锋，上海或许有望迎来可以代表上海滩的数字经济标杆企业。

杭州——精耕细作着力垂直领域

江南忆，最忆是杭州。西子湖畔的杭州一直给人的是气质清雅的江南水乡印象。最近十多年，阿里巴巴给了杭州这个古老的城市新的注解。现代杭州有两个名片：一是西湖；二是阿里巴巴。杭州以阿里巴巴为核心已经形成了一个互联网技术创新创业的聚集地，阿里巴巴让杭州有了一个全新的互联网时代的思维体系和价值观。特别是阿里巴巴上市以后，一大批财务自由的阿里人开始了创业的新征程，有技术、有资本加上浙大等高校源源不断的人才，阿里巴巴所在的杭州城已成为互联网时代创业的一个热点区域。根据知名创业数据库因果树提供的数据，浙江区域（主要是杭州）的区块链初创企业虽然数量上少于北京和上海，但是这些初创企业精耕细做于某个领域，并且已经取得了一些突破，展现出了一些优势。具体如下：

1. 硬件企业

2013年成立的嘉楠耘智是一家超算芯片设计与数字区块链计算设备研发商，是清华长三角研究院根据国家“互联网+”及研究院战略发展规划唯一重点培育的集成电路设计和计算机超算芯片自主研发的国家高新企业。嘉楠耘智的主营业务为专用集成电路芯片及其衍生设备的研发、设计及销售，其研发了一度垄断比特币挖矿市场的阿瓦隆矿机等明星产品。

2. 资讯企业

2014年成立的巴比特是一家在数字货币资讯、社区与数据平台等方面具有优势的企业，可以说要了解区块链就一定要关注巴比特。

3. 平台企业

（1）趣链：2016年成立的趣链擅长于为大型金融机构提供解决方案，其为浙商银行量身定做的移动数字汇票平台是国内首个采用区块链技术实现核心银行业务的实际应用。趣链先后中标了农行、工行、光大、上交所等多家银行的区块链概念验证、研究项目。

（2）云象：2014年成立的云象区块链致力于打造企业级联盟链技术平台。2017年7月，云象区块链得到了数千万人民币的Pre－A轮融资；8月，云象区块链中标了民生银行“基于区块链的国内信用证项目”；11月，云象入围2017中国创新创业大赛总决赛总成绩第八的好成绩。

（3）公信宝：2016年成立的杭州存信数据科技有限公司研究推出了公信宝的公有链平台，并基于公信宝开发了全球首个去中心化数据交易所，该交易所适用于各行各业的数据交换，并且已经在征信数据行业得到了市场的高度认可。

（4）保全网：2016年，数秦科技成立了保全网，保全网是一个以基于数据的金融服务为主线，以区块链技术为驱动，提供电子数据保全在线服务的平台。2016年5月，保全网得到了1 000万元种子轮融资。2017年5月，保全网完成2 500万元天使轮融资。2016年9月更是与千麦司法鉴定中心联合出具了全球首份区块链电子数据司法鉴定意见书。

（5）复杂美：成立于2008年的杭州复杂美公司，2013年开始研究区块链底层协议，已经申请了30多项区块链底层和应用发明专利，公司主要项目方向是区块链票据、应收款、预付款、仓单抵押、积分、交易所等。2016年12月，复杂美在“2016中国互联网金融规范与发展高峰论坛”上当选年度优秀区块链金融平台。复杂美还参与了海航主导推动的首个基于区块链撮合系统的票据服务应用——“海票惠”项目。

深圳——行业巨头推动技术研究

深圳是中国改革开放的特区，其政策鼓励创新，其文化包容性强，咫尺中国香港的地理位置，更使深圳企业颇具国际视野，在深圳涌现出了一批具有国际视野的企业。如果说到互联网领域，那么不得不说三家企业，一是深耕数据通信领域，战略注意力和战略中心稳步上移的华为；二是围绕社交不断做强做大的腾讯；三是金融+科技实践颇具成效的平安。腾讯、华为、平安三家公司都非常重视区块链技术研究，腾讯和华为先后发布了颇具影响力的区块链白皮书，阐述了两家公司对于区块链技术的理解。平安旗下的平安科技和腾讯旗下的微商银行及微众银行还推动成立了金融区块链合作联盟（深圳），积极推动了区块链技术研究。华为在区块链技术领域非常活跃，其前任区块链首席科学家黄连金的观点在国内区块链领域具有相当的影响力。

深圳大约有区块链初创企业50多家，但是规模普遍不大，只有币看和众创园具备一定的规模。币看是一个数字货币行情资讯与交易平台，主要为用户提供国内外各大交易市场数字货币实时价格行情及新闻资讯等内容，著名挖矿设备制造商比特大陆①向币看投资了数千万元。众创园隶属于深圳前海招股金融服务有限公司（简称招股金服），是国内首家基于流动数字权益的众筹服务平台，目标是打造基于流动数字权益的众筹模式，使众筹的退出策略成为可能，该公司在2016年得到了1 500万元的天使轮融资，2017年7月正式上线。

贵阳——政府倾力打造创新新区位

贵阳市对区块链产业发展的重视程度上升到了战略高度。2016年12月31日，贵阳市人民政府新闻办公室正式发布《贵阳区块链发展和应用》白皮书（以下简称《白皮书》），《白皮书》是贵阳发展区块链的“宣言书”，更是向全社会发出的“英雄帖”。2017年，贵阳市及贵阳市高新区先后出台《贵阳国家高新区促进区块链技术创新及应用示范十条政策措施》《关于支持区块链发展和应用的若干政策措施（试行）》等支持力度很大的政策，贵阳市行动方面也很迅速，推出了一系列关于区块链的重要举动，拟在数据贵州的基础上将区块链打造为贵阳的新名片，其主要情况如下：

1. 加强政企合作创新

（1）打造区块链小镇。2017年5月，贵安综合保税区管委会与著名区块链初创公司BitSE（唯链）签署了战略合作协议，携手共建全球第一个区块链小镇。战略合作协议包括基于区块链云平台实现智慧政务、智慧农业、智慧零售等应用场景，设立面向全国区

---

① 加密货币矿机制造行业的领军企业，旗下的蚂蚁矿机系列占据了比特币矿机市场的8成份额，比特大陆参与挖矿并控制了比特币1/3强的算力，在比特币生态中具有相当的发言权。

块链初创公司的区块链政府引导母基金，共建孵化器大力培养本地区块链人才，加强区块链知识技术方面的培训和普及等一揽子安排。

（2）共建区块链孵化创新中心。贵阳市政府和众安信息技术服务有限公司（简称“众安科技”）合作成立了国内首个政企合作的区块链创新中心——贵阳—众安区块链联动创新中心。双方将合作试点农业防伪溯源等精准扶贫、个人医疗健康、货运物流、互联网金融监管、供应链管理与供应链金融等领域的区块链应用。

2. 重视应用标准编制

贵阳市政府与贵州省大数据管理局、中国电子技术标准化研究院签署合作备忘录组建了贵州省区块链应用标准工作组。工作组按照急用先行、共性先上的原则，研制发布了《区块链应用指南》《区块链系统测评和选型规范》《基于区块链的数据共享开放要求》《基于区块链的精准扶贫实施指南》《基于区块链的数字资产交易实施指南》等地方标准。

3. 组织区块链试点示范

为引领贵阳市区块链企业探索区块链技术和发展创新，贵阳市推动了区块链试点示范工作，推选并表彰了贵阳信息技术研究院（中科院软件所贵阳分部）的“支持跨链互操作和智能合约的区块链平台研究”项目、布比（贵阳）区块链技术有限公司的“布诺贸易融资网络（平台）”项目、贵阳高登世德金融科技有限公司的“基于区块链技术的资产证券化服务应用研究”项目和贵州优易合创大数据资产运营有限公司的“政府数据共享区块链应用平台”等项目。

4. 聚集了一批区块链企业

在贵阳市的大力扶植推动下，贵阳市出现了数景未来科技（贵州）有限公司、贵阳井通金融科技有限公司（数字资产、数字版权、征信、物流、公益等场景）、贵州远东诚信管理有限公司（区块链＋诚信场景）、贵阳高登世德金融科技有限公司（区块链资产证券化全生命周期服务场景）、翼帆金融（贵阳锚链科技有限公司，区块链精准扶贫项目）、航天云网、贵州鑫唐区块链技术有限公司（区块链文化产品场景）等区块链技术及关联企业，这些初创公司尽管规模并不大，但是从一个侧面说明未来贵阳市倾心打造的支持区块链创新的战略已经初见效果。

其他城市区块链初创企业情况

互联网被认为是人才、技术密集型产业。南京、成都、西安都拥有一定的人才优势，但是三个城市区块链行业的发展都处于起步阶段。南京仅有安链、华信区块链等 5 家区块链初创公司，规模普遍都很小，没有融资记录或者融资额度很低。西安则只有纸贵科技 1 家稍具规模的区块链初创公司，纸贵科技得到了天使投资人的青睐获得三百万元的投资和弘桥资本数千万元的 A 轮投资，在“区块链 + 知识产权”领域具有一定的影响力。成都唯一具备规模的是成都埃克森尔科技有限公司，这家专注于农业供应链区块链技术公司 2017 年上半年完成 A 轮千万美元融资。

02 中美区块链初创企业发展趋势分析

区块链生态还处于发展早期，初创企业是新技术生态建设丰富的主要推动力，灵活的工作机制、更强的风险偏好、更少的约束使不少初创企业更有可能取得创新上的突破，即使遭遇失败的初创企业并非没有意义，失败的经验和技术的积累可以被借鉴，富有经验的创业者会在后续的创新中表现更好。世界各个地区都成立了不少区块链初创公司，但是区块链行业初创公司最为密集的还是在互联网领域处于绝对统治地位的中美两国，以比特大陆为代表的我国区块链初创企业在矿机制造领域取得了绝对优势。需要注意的是，区块链行业的战略重心已经从硬件转向软件、协议及应用，从数字货币转向区块链平台。以美国硅谷为代表的美国互联网领域和以纽约为代表的传统金融行业非常看好区块链的前景，在区块链行业投入重金，美国区块链初创公司成立浪潮早于我国，技术研究也处于领先位置。分析美国区块链行业发展趋势，对于我国区块链初创公司具有一定的借鉴意义。中美两国区块链初创公司发展情况主要体现在以下几个方面：

融资额度差距明显

美国的区块链初创企业得到了投资资金的青睐和支持，总结美国区块链初创公司融资情况，不难发现相较于中国同行，美国区块链初创公司单轮融资屡创新高，企业多轮融资情况较多，20 千万级美元投资笔数显著增多。

2016 年 2 月，比特币 Core 开发团队创立的专注于侧链技术的 BlockStream 在得到了 5 500万美元的 A 轮融资。支付领域初创企业 Circle 和 Ripple 分别在 2016 年 6 月、9 月得到了 6 000 万美元的 B 轮融资。2018 年 1 月，旧金山区块链初创团队 Ethereum CryptoKitties（以太坊猫）得到了7 000万美元的A轮融资①。2018年度，这一数字有望突破一亿美元。

美国区块链初创企业多轮融资情况较多。数字钱包Coinbase自2012年A轮融资至2017年D轮融资，其累计融资已经达到2.17亿美元。在线支付公司Circle 2013年10月A轮融资900万美元，2014年3月B轮融资1 700万美元，2015年4月C轮融资5 000万美元，2016年6月D轮融资6 000万美元，经过4轮融资累计融资额度已经达到1.36亿美元。Blockstream通过2014年种子轮和2016年A轮，两轮融资得到了7 600万美元。比特币钱包网站及服务平台Blockchain2014年10月A轮融资3 050万美元，2017年6月B轮融资4 000万美元，累计得到7 050万美元支持。美国多家初创公司通过多轮融资的方式得到了足够的资金支持更有实力开展底层技术研究，如Coinbase希望将融资一部分用于研发基于以太坊技术的网页浏览器Toshi，为虚拟货币打通全球支付网络。

美国区块链领域千万级美元笔数显著增多。根据IT桔子提供的数据2014年有3笔，2015年有4笔，2016年有4笔，2017年情况发生了变化，千万美元级投资达到了惊人的17笔，美国已经有20多家千万级美元的区块链初创公司，充分说明了美国投资界对区块链从理论走向实践持乐观态度。

尽管区块链的概念在国内非常火爆，但总体上而言，国内区块链初创企业的融资渠道非常有限，风险投资资金更愿意投资移动互联、人工智能等传统概念。因为对区块链技术不够了解，国内风险投资行业长线投资的意愿不强。在国内，融资额度达到千万级人民币的初创企业数量非常有限，多轮融资出现的情况更是罕见，区块链初创公司普遍存在资金难题，处境相对较为艰难。出于生存考虑，企业更愿意直接采用国外开放平台，注意力多集中在能快速创造应收的应用系统建设领域，大部分企业都没有精力开展底层技术框架和协议研究。

从业人员构成不同

相对于中国同行，美国区块链初创公司有更多金融专业人士。如区块链初创公司数字资产控股公司DAH的CEO Blythe Masters，她因制定了信用违约互换（CDS）被誉为“华尔街女皇”。著名初创公司R3创始团队首席执行官David Rutter有30年华尔街从业经验，曾经掌管过著名电子经纪商ICAP；联合创始人Jesse Edwards和Todd McDonald也都是金融行业的精英。Ripple的联合创始人Chris Larsen是互联网金融领域的传奇。区块链初创公司Chain的董事长是高盛集团前管理总监Tom Jessop。Veem（原名Align Commerce）则是由西

① 本小节中引用的投资数据来源于IT桔子。

联汇款前总经理 Marwan Forzley 一手创建，Forzley 是一位支付行业资深人士，他还曾经是一家支付领域创业公司的创始人。这些金融大佬的加盟对于撬动金融领域行业客户或者合作资源具有天然优势。

中国区块链初创企业则以互联网领域的人才居多，如分布科技、布比、布萌、趣链、云象、博晨、智链、复杂美等大部分初创企业都是技术人才创立，上海钜真金融的孙立林是鲜有的一位来自于银联的金融从业者，瑞资链 CEO 刘坚曾经是瑞银集团全球不动产业务大中华区首席运营官，传统金融行业的中坚人士创立区块链初创公司的情况寥寥，这种人员配置情况导致在中国区块链和金融的化学反应比较难以充分发挥出来。

成立浪潮有先有后

美国区块链企业第一波成立浪潮是 2011—2014 年，DAH、Circle、Coinbase、Ripple、Blockstream、Veem、Protocol Labs、Blockstack 等已经初具规模的区块链企业都诞生于这个时间段，作为最早一波进行数字资产及区块链技术应用探索的企业，成功把握住了在区块链技术多个领域内创新业务模式的历史机遇，是其能够实现快速发展的前提。加密货币支付基础设施等领域很容易因为路径依赖、用户黏性等原因建立起强大的壁垒，并最终掌握标准制定权，进一步强化领先优势。国内目前稍具规模的矩真、小蚁团队成立于 2014 年，云象、布比成立于 2015 年，数秦科技保全网、趣链、纸贵科技、公信宝、太一云等成立于 2016 年，中国区块链初创企业成立浪潮为 2014—2016 年，略晚于美国同行，须有时不我待的紧迫感。

辐射能力强弱有别

美国区块链明星团队的一举一动都吸引了全球眼光，这主要源于以下三个原因：一是美国区块链初创公司具有身位领先的优势，具有更强的创新能力，实际上侧链、闪电网络等各种创新解决方案都是美国初创公司提出来的，美国区块链初创企业在存证、供应链金融、智能证券等各个行业的创新型应用也走在前列；二是美国区块链初创公司具有更多的具有影响力的领袖人物，如比特币核心开发团队、比特股的发明人 BM 等；三是英语作为世界性语言，更有利于美国区块链初创行业宣传和技术推介，当然美国同行确实具有更强的公关能力。

中国的区块链初创公司在出海竞争方面存在几个问题：一是中国区块链领域的英文能力欠佳，这一点在小蚁出海的过程中体现得淋漓尽致，小蚁吸引了不少国外粉丝，其中有粉丝抱怨小蚁英文介绍、网站设计等槽点，小蚁用小蚁币感谢这些珍贵的国外粉丝，用立刻付诸行动表达了决心，小蚁是个榜样，中国区块链技术若要走向世界，引领潮流就一定要克服语言障碍，同时加强宣传、造势和公关；二是中国区块链企业往外走的意愿并不强烈，很多从业人员认为只要做好中国市场就足以风生水起，对区块链经济生态认识不够深刻，在区块链经济时代，经济体系发生了变化，这种变化可能会突破传统地理区域或者行业的体系，形成以生态为核心的新的经济体系，价值互联网比传统互联网具有更强的黑洞效应；三是自主创新能力不够强，底层技术上满足于“Copy to China”，很多中国区块链初创企业都是基于以太坊、Hyperledger 开发应用程序，不具备开发底层应用协议的能力，技术上的瓶颈造成创新能力上的不足。

03 区块链专利申请情况

在数字经济体系中，知识产权的重要性并不需要太多的解释和强调。随着区块链技术的应用越来越多，区块链专利的价值必然会越来越高，并有可能成为国家或者企业在区块链世界竞争的有力武器。中国机构目前在区块链专利申请数量方面处于全球领先位置，若相关机构能继续加强创新和积累，潜心推动底层技术研究，积极参与市场竞争，不断提高专利的质量和覆盖面，那么我国未来有可能在区块链知识产权竞争中占据主动。

根据汤森路透报道，2017 年度全球各国提交了 406 件与区块链有关的专利申请（不含和加密货币相关的专利）。来自中国、美国和澳大利亚占据了专利排行榜单的前三名，申请数量分别为 255 件、91 件和 13 件。2016 年度中美澳三国的专利申请数量分别为 59 件、21 件、19 件。在知识产权产业媒体 IPRdaily 联合 incoPat 创新指数研究中心发布的“2017 全球区块链企业专利排行榜（前 100 名）”中，有 49 家中国机构上榜，榜单前 5 名是阿里巴巴、美洲银行、中国人民银行数字货币研究所、nChain①、瑞卓喜投。

阿里巴巴共有区块链专利申请 49 件，这些大部分出自蚂蚁金服，专利主要集中共识机制、平台架构、隐私保护和智能合约等区块链的底层技术，没有数字货币方向的专利。蚂蚁金服方面是把区块链当作信任链接设施去推进的，从数据的可信开始，然后到物的可信、资产的可信。

中国人民银行数字货币研究所是我国法定数字货币的研究单位，其专利申请数量为 33 件。此外，中国人民银行印制科学技术研究所 2017 年专利数量是 22 件，排名第 8；中钞信用卡产业发展有限公司位列第 18 名，专利数 13 件。中国人民银行系统 2017 年实际申

---

① 自称“中本聪”的澳大利亚人克雷格·莱特于 2016 年创立的专门从事区块链专利申请的公司。

请的专利数量总计68件，位居全球第1位。

瑞卓喜投（北京瑞卓喜投科技发展有限公司）是业内领先的区块链技术输出服务商，成立于2015年。瑞卓喜投联手金山云、中软融鑫共同研发的“鑫链盟”区块链平台V1.2版本是首批通过工信部标准测试的区块链系统，目标是打造一个高性能、高拓展性、流程简单、跨平台、自主可控的区块链云平台基础设施。

此外，江苏通付盾科技有限公司排名榜单第7、深圳前海达阔云端智能科技有限公司排名第9、中国联通集团排名第10、杭州趣链排名第11、云象网络排名第15、北京众享比特排名第16、北京天德科技排名第17、国家电网排名第19、中国银行排名第20。榜单前20既有杭州趣链、众享比特等高科技创业公司，也有中国联通集团、国家电网和中国银行等大型央企，这充分说明了我国大型央企和创业公司都有能力独立开展技术创新，也反映了我国各类机构都给予区块链技术高度重视。

04 国内主要区块链联盟

区块链是一个处处体现或弥漫着“组织性”和“社会性”的解决方案，所有业务按照事先约定的规则即共识机制进行运转。平台源代码应具有公开性和透明性，平台运行维护需要各方共同参与，平台数据需要标准统一、各方共管共享，智能合约则需要被审核和批准，任何一家机构都无法承担如此多的职责。所以没有任何一家机构有能力单独推动区块链技术的发展或者区块链平台的推广，这也就是在区块链发展过程中国内外不断涌现各种形式联盟的原因，国外机构倡导建立的联盟包括R3分布式总账联盟、Hyperledger项目、企业以太坊联盟（EEA）、交易后分布式账本联盟（The Post - Trade Distributed Ledger Group，PTDL）、B3i区块链研究联盟等。主要的国内区块链联盟如下：

Chinaledger联盟

2016年4月19日，中证机构间报价系统股份有限公司、中钞信用卡产业发展有限公司北京智能卡技术研究院、浙江股权交易中心、深圳招银前海金融资产交易中心、厦门国际金融资产交易中心、大连飞创信息技术有限公司、通联支付网络服务股份有限公司、上海矩真金融信息服务有限公司、深圳瀚德创客金融投资有限公司、乐视金融、万向区块链实验室等11家机构共同成立了ChinaLedger联盟。联盟4大目标分别是：聚焦区块链资产端应用，兼顾资金端探索；构建满足共性需求的基础分布式账本；精选落地场景，开发针对性解决方案；基础代码开源，解决方案在成员间共享。

金融区块链联盟（金联盟）

金联盟由安信证券、京东金融、博时基金等25家机构在深圳发起成立，旨在整合及协调金融区块链技术研究资源，形成金融区块链技术研究和应用研究的合力与协调机制，提高成员在区块链技术领域的研发能力，探索、研发、实现适用于金融机构的金融联盟区块链，以及在此基础之上的应用场景。

银行间市场区块链技术研究组

经全国金融标准化技术委员会批复，中国外汇交易中心牵头成立了银行间市场技术标准工作组区块链技术研究组，研究组成员包括中国外汇交易中心、上海黄金交易所、上海清算所、中国国债登记公司、中国银行间市场交易商协会、中国银联、工商银行、农业银行、交通银行、浦发银行、上海银行、汇丰银行、花旗银行、平安保险、中信证券、道富银行、中国金融电子化公司、复旦大学、浙江大学等19家机构，联盟的目标是建立银行间市场区块链技术标准。

中国区块链技术创新与应用联盟

中国区块链技术创新与应用联盟是由北京航空航天大学、智慧能源投资控股集团和北京大同区块链技术研究院作为主体单位，联合清华大学、人民大学、天弘基金、包商银行、远光软件、山东省社科院、钜真金融等50多个企业单位及行业组织共同发起成立的。联盟成立后，将组建“大同区块链实验室”和“大同区块链创新中心”，协同创新、协同应用、合作共赢，力争尽快形成一批典型的应用场景案例。

05 区块链标准研究情况

2017年全球顶尖智库兰德公司欧洲分部接受英国标准化协会（BSI）的委托，对区块链进行了为期6周的调研研究，最终编制了《理解区块链技术全貌——挑战、机遇和标准展望》的报告。报告深入剖析了区块链应用面临的机遇与挑战，得出的结论并不意外，兰德公司认为尽管需要“应对诸多挑战”，但区块链应用蕴藏的机遇“巨大”。报告重点讨论了标准的制定对区块链发展的推动作用，指出“制定和引入区块链标准（可能建立在现有标准之上）的时机非常关键，不宜太早也不宜太晚”。若标准介入得过早，可能会造成利益相关者受制于一种长远来看并不是最有效的解决方案中，从而在发展过程中可能会扼杀创新技术标准战略，若太晚出台又可能会错过能将技术效益最大化的机遇。

区块链标准的意义

兰德公司在认真调研分析的基础上，提炼出区块链标准建设的意义，主要如下：

（1）多个区块链平台无法互操作，可能会导致行业生态碎片化，通过建立标准可以加强多链互操作方面发挥重要作用，减少多链并行的碎片化生态系统存在的业务风险，如果区块链技术的应用进一步拓宽，那么这些系统之间可以通过一种大家都能理解的语言进行交流就非常关键了，特别是涉及公有链和联盟链间的互操作。

（2）使用标准化的术语和词汇有利于增进共识，提高对技术的了解，推动市场进步。现有区块链领域的术语和定义上的不成熟和不清晰，影响了区块链技术被广泛应用。人们对于区块链技术的不理解或理解上的不一致是区块链大规模推广应用的主要障碍之一。

（3）制定标准可以解决区块链相关的安全和灵活性问题，以及隐私和数据治理问题，帮助建立用户对技术的信任。使用区块链技术的组织需要认真考虑存储在账本上的最终用户的数据的安全性和完整性，如跨越网络上多个节点的访问和管理权限可能存在严重的安全隐患。数据治理问题被认为是链上数据易操作和完整性的关键，与数据治理相关的标准可以涵盖数据所有权和数据传输原则等事项，降低了人们对于数据隐私的关注。

（4）可以在数字身份管理上发挥作用，通过标准建设有望支持最终用户管理和核实他们交易对手方的身份，促进用户对该技术的信任。

（5）可以在溯源跟踪方面发挥重要作用，区块链有能力通过建立的数字身份和产品物理属性，提供货物跟踪信息等。

区块链标准建设情况

2016 年 9 月，国际标准组织 ISO 成立了一个关于区块链的标准技术委员会，中国是该委员会的全权成员。2017 年 4 月 3 日至 5 日，委员会举办了第一次会议，成立了术语工作组，参考架构、分类和本体研究工作组，用例研究组，安全和隐私研究组，身份认证研究组，智能合约研究组等 7 个工作组和研究组。美国向大会提交了一个区块链参考架构，中国代表团也在会上介绍了我国两项前期工作成果《中国区块链技术和应用发展白皮书》和

《区块链 参考架构》。

1. 美国版参考标准

美国版建议从业务、法律或技术视角来看待区块链技术。从业务角度来看，区块链是一个在相互认同的参与者之间，促进价值、资产或其他实体转移的交换网络。从法律角度来看，区块链账本上的交易是经过验证、不可否认且无法篡改的，它不需要中介或第三方参与。从技术角度来看，区块链是一个分布式账本技术。美国版区块链参考架构包含有基础设施（Infrastruture）、安全（Security）、数据（Data）、账本（Ledger Transations）、开发接口（Programing Interface）和分布式应用（Distributed Application）6 个层次。

（1）基础层即硬件、网络等基础设施。

（2）安全层包括身份管理（Identity Management）、权限管理（Permissions）和加密（Encryption Service）。

（3）数据层主要有可信数据读取（Secure Data Access Services）、跨链服务（Intra-Chain Services）和链上链下服务（Off－Chain Access Services，如可信外部数据源、链下操作性系统）。

（4）账本层主要有分布式账本（Distributed Ledger）和共识机制（Consensus Services）。

（5）开发层主要有开发工具（Development Tools）、合约服务（Contract Services）以及开发库（Development Libraries）。

（6）分布式应用层主要有法律合约（Legal Agreement Contracts）、数据管理合约（Data Management Contracts）和商业逻辑合约（Bussiness Logic Contracts）等。

2. 中国版参考标准

2017 年 5 月 16 日，工业和信息化部在杭州国际博览中心举办了“首届中国区块链开发大赛”暨“区块链技术和应用峰会”。此次大会上中国电子技术标准化研究院区块链研究室主任李鸣宣布中国首个区块链标准《区块链 参考架构》① 正式发布。标准构建了“四横四纵”功能视图，“四横”从下到上分别为基础层、核心层、服务层和用户层 4 个层次，基础层包含存储、对等网络、计算；核心层包含账本记录、加密、数字签名、时序服务、智能合约、共识机制摘要等；服务层包含接入管理、节点管理、账本应用；用户层，包括用户功能、业务功能、管理功能等。“四纵”从左往右则有开发、运营、安全、监管和审计四个层次的跨层功能，开发包括集成开发环境、测试管理、构建管理等；运营

① 该标准是“中国区块链技术和产业发展论坛标准”，非国家标准。

包括服务目录、策略管理、异常和问题管理、交付管理、跨链服务管理等；安全包括认证和身份管理、授权和安全策略管理、隐私保护等；监管和审计有监管支持和审计实现等。具体见图 7.2。

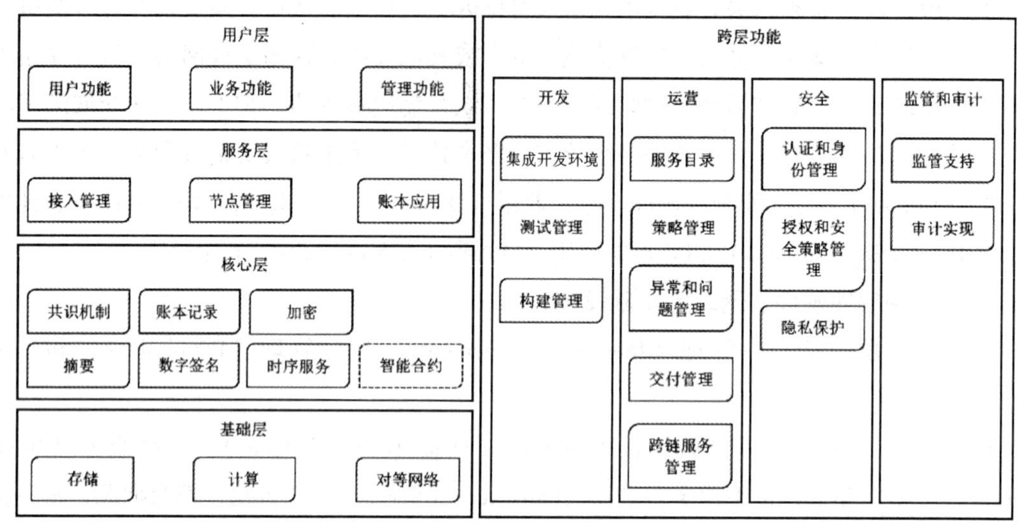

图 7.2　中国版参考标准

中国版参考架构属于论坛性质的标准，距离行业标准和国家标准还有相当一段路程需要走。当然总体来说，各国区块链标准仍处于探索阶段，标准的制定需要实践的不断积累和技术的迭代演化。最后还是援引一下兰德公司的观点，兰德公司认为现在考虑区块链相关的技术标准尚早，他们认为过早制定和采用技术方面的标准可能会限制将来应用程序的开发。

 06　区块链治理模式探索

区块链治理模式是区块链解决方案推广过程中迫切需要重点解决的问题。区块链运行的核心是成员共识，任何规则的制定和改变，都需要在全体参与成员之间达成共识，否则区块链信任体系随即被打破。由于公有链、联盟链、私有链信用体系的基础不同，所以这三类区块链平台对于治理的要求也不一样，公有链成员之间不存在信任关系，所以公有链治理主要是通过社区进行协商，然后通过算力等方法进行表决。联盟链成员加入需要资质审核，联盟成员之间有现实联系，共识主要依赖于联盟成员链下的协商；私有链的治理则

完全属于单位内部事宜。为了更好地推动区块链技术在现实商业世界中的落地应用，区块链从业者从来没有停止对治理模式的实践和探索。

公有链治理模式的实践探索

比特币、以太坊等公有链平台标榜“去中心化”理念，倡导基于共识机制实现治理目标。对于难以调和的争执最终只能通过分叉来解决，比特钞、以太经典都是典型的案例，万向控股有限公司副董事长肖风认为“区块链的共识机制处理分歧的最根本方法就是分叉。当公有链达不成共识的时候只能用分叉的方法，这也是最好的方法。以太坊发展到今天越发健壮的原因离不开它经历过几次分叉。”

并非所有人都认为分叉是最佳方案，比特股的创始人 BM 在采访的时候指出“社区由于缺乏一致的理解，不能对社区进行强有力的治理，也不能解决分歧，造成了社区的分裂。像 the DAO 被黑，比特币分叉这些事情更证明了一个没有宪法的社区，无法处理那些在区块链技术范围之外的共识问题。”BM 在 EOS 的设计中引入了区块链宪法的概念，用于治理社区，此外还引入了仲裁的概念，这些新颖的概念着实吸引了不少注意力，但是具体如何还需要通过实践检验，BM 此前屡次出局的经历也说明了社区的维护非常艰难。

联盟链治理模式的实践探索

随着区块链技术从理论研究走向概念验证以及实际应用，国内外很多商业机构基于联盟链构建了各类应用，但是这些应用普遍以技术可行性验证为主，早期多采用一家独大的方式，很少考虑区块链的治理问题，但是这些机构已经意识到“一个人走得快，但是一群人走得远”，认识到区块链治理问题的重要性，并且开始探索行业联盟或者合资企业等联盟链治理模式。

1. 中心机构主导的模式

中心机构将其客户或合作机构发展为区块链参与节点，典型如京东的 ABS 区块链平台、中国邮政储蓄银行的资产托管平台等，中心机构负责制定各类标准和规则，其他单位按照中心机构制定的标准规则运行，优点是能快速搭建区块链平台，高效制定区块链平台业务规则，然而区块链扩展能力受限于中心机构的影响力，往往只能满足应用相对单一的业务场景。

2. 行业联盟模式

参与机构组成联盟，在明确的合作框架下推动区块链平台建设，联盟可以考虑建立联席会议、理事会等多种议事决策机制，也可充分利用现有监管机构、行业协会或者自律组织等机构发挥协调作用，业内专家普遍看好“一超多强”的联盟治理模式。浙商银行信息科技部副总经理杨国正建议监管机构及商业银行可组成具备“一超多强”特性的联盟区块链，即在一个联盟链生态体系内设置一个超级管理员（如人民银行、银监会）负责权限控制，商业银行及业务相关方作为参与节点负责账务记载，由业务规则和监管法规约束参与节点的行为，构成一定程度上去中心化、分布式的区块链生态体系。从国际经验来看，可参考新加坡金融管理局牵头与8家商业银行研发并试运行的区块链银行同业支付系统；中国香港交易所将于2018年牵头推出的用于股票登记、转让和信息披露的区块链共享服务平台也可关注、借鉴。上海证券交易所前总工程师白硕则直言构建一个一强多弱、一大N小的生态，在联盟链里成功率是最高的。他认为多强格局是最难搞定的。

3. 合资企业模式

区块链参与机构出资组成合资公司，以股权投资的方式，通过企业章程对参与机构的责权利进行明确界定。这种形式目前还比较少见，R3CEV公司也可以被视作这种模式的一个代表，R3联盟大部分联盟会员都是R3CEV公司的股东，但是如果联盟链真的运转起来，更靠谱的方法还是大佬们说了算，诸多股东达成一致后，R3CEV主要负责做好具体规则编制和执行等事宜。

07 区块链监管模式探索情况

世界各国对于区块链技术的监管主要有严格、放松、限制三种模式，第一种模式是较为传统与保守的监管理念和审慎监管的态度；第二种模式则是采取比较包容和开放、积极参与的态度，这种模式需要警惕对风险防范的不足；第三种模式强调给创新留有空间，避免过度监管，监管机构可以考虑采用“沙盒”等各种机制，在一定范围内放松管制来鼓励科技创新，经过充分试点方准予推广，监管机构可以采用黑名单的方式划出一条风险底线，避免企业走歪路，减少风险事件的发生。人民大学杨东教授一直非常推崇第三种模式，他认为第三种模式“一方面可以鼓励科技创新，不阻碍新技术的发展和应用，给新技术试错空间；另一方面又可以将风险置于可控范围之内，保障消费者的合法利益，避免发生系统性风险，体现了此种监管模式的优越性和可操作性。”

本章小结

本章第一节主要介绍了北京、上海、杭州、深圳、贵阳等国内城市的区块链初创企业的情况；第二节主要阐述区块链初创企业发展趋势，区块链领域的热点已经从硬件转向软件、协议及应用，从数字货币转向区块链平台，投资者相对看好区块链从理论走向实践；第三节主要介绍国内区块链专利申请情况；第四节主要介绍国内主要区块链联盟；第五节介绍区块链标准进展情况，区块链标准的完善还需要进一步的实践；第六节主要讲述了公有链和联盟链的治理方式；第七节介绍了区块链不同的监管模式。

中美两国的区块链行业的冲浪者都已经扬帆起航，北京、上海、杭州、深圳等互联网重镇的区块链初创企业的表现值得期待。中国的区块链从业者要高度重视底层技术研究和创新，敢于争取知识产权和技术标准领域的主动权，善于推动治理、监管、法律等配置制度框架的完善，积极调动发挥政府、行业协会、社区的良性作用，各方面形成合力最终引导和支持中国区块链生态和产业在不断的实践中变得更加强大。

参考文献

1. Andreas. Antonopoulo. The Internet of Money. Merkle Bloom LLC，2016.

2. Satoshi Nakamoto（中本聪）. Bitcoin：A Peer – to – Peer Electronic Cash System（比特币白皮书）. https：//bitcoin. org/en/bitcoin – paper，2008.

3. Vitalik. Buterin. Ethereum White Paper：A Next – Generation Smart Contract and Decentralized Application Platform（以太坊白皮书）. https：//github. com/ethereum/wiki/wiki/White – Paper，2013.

4. Andreas. Antonopoulos. Mastering Bitcoin：Unlocking Digital Cryptocurrencies. O'Reilly Media，2017.

5. Mike. Hearn. Corda：A distributed ledger（Corda 白皮书）. https：//r3cev. com/blog/2016/8/24/the – corda – non – technical – whitepaper，2016.

6. 保罗·魏格纳．加密货币：虚拟货币如何挑战全球经济秩序．人民邮电出版社，2015.

7. 何建湘、蔡骏杰、冷元红．争议比特币．中信出版社，2014.

8. 李钧、长铗等．比特币：一个虚幻而真实的金融世界．中信出版社，2014.

9. 野口悠纪雄．虚拟货币革命：比特币只是开始．北方文艺出版社，2017.

10. 龚鸣．区块链社会．中信出版社，2016.

11. 梅兰妮·斯万．区块链新经济蓝图及导读．新星出版社，2016.

12. 布莱恩·凯利．数字货币时代：区块链技术的应用与未来．中国人民大学出版社，2017.

13. 杨保华、陈昌．区块链原理、设计与应用．机械工业出版社，2017.

14. 唐塔普斯科特、亚力克斯·塔普斯科特．区块链革命：比特币底层技术如何改变货币、商业和世界．中信出版集团，2016.

15. 罗纳德·巴赫曼、吉多·肯珀、托马斯·格尔策．大数据时代的下半场：数据治理、驱动与变现．北京联合出版有限公司，2017.

16. 高航、俞可劢、王毛路．区块链与新经济：数字货币 2.0 时代．电子工业出版社，2016.

17. 克里斯·斯金纳．FinTech，金融科技时代的来临．中信出版集团，2016.

18. 李钧、孔华威．数字货币的崎岖进化史．电子工业出版社，2014.

19. 杨东．链金有法：区块链商业实践与法律指南．北京航空航天大学出版社，2017.

20. 保险区块链项目组．保险区块链研究．中国金融出版社，2017.

21. 特尼博姆．分布式系统原理与范型．清华大学出版社，2008.

22. 刘锋．互联网进化论．清华大学出版社，2012.

23. 徐恪、王勇、李沁．赛博新经济：“互联网 ”的新经济时代．清华大学出版社，2016.

24. 李成钢．互联网经济的理论创新和实践．对外经贸大学出版社，2016.

26. 李耀东、李钧．互联网金融：框架与实践．电子工业出版社，2014.

27. 简练．资本的真相：互联网时代的资本市场．中信出版集团，2016.

28. 杨岩、滕少华、毛挺．风向：互联网时代的创业和投资图谱．机械工业出版社，2016.

29. 徐曦．机器 70 年：互联网、大数据、人工智能带来的人类变革．人民邮电出版社，2017.

30. 乔希·勒纳．梦断硅谷．中信出版社，2012.

31. 徐明星、刘勇、段新星、郭大治．区块链：重塑经济与世界．中信出版社，2016.

32. 克里斯托弗·克斯．硅谷模式：来自世界互联网中心的启示．人民邮电出版社，2017.

33. 李赫、何广锋．区块链技术：金融应用实践．北京航空航天大学出版社，2017.

34. 威廉·穆贾雅．商业区块链：开启加密经济新时代．中信出版集团，2016.

35. 阿尔文德·纳拉亚南、约什·贝努等．区块链技术驱动金融：数字货币与智能合约技术．中信出版社，2016.

36. 苏珊娜·奇斯蒂、亚诺什·巴伯斯．Fintech：全球金融科技权威指南．中国人民大学出版社，2017.

37. 埃里克·布林约尔松，安德鲁·麦卡菲．与机器赛跑．电子工业出版社，2014.

38. 李伟、朱烨东．中国区块链发展报告（2017）．社会科学文献出版社，2017.

39. 长铗、韩锋等．区块链：从数字货币到信用社会．中信出版集团，2016.

40. 张健．区块链：定义未来金融与经济新格局．机械工业出版社，2016.

41. 吴军．智能时代：大数据与智能革命重新定义未来．中信出版集团，2016.

42. 段钢．加密与解密．电子工业出版社，2008.

致 谢

本书最初缘起于2017年5月，笔者在咨询二三好友并征得家人同意后下决心动笔，但是真的下笔方知工作之繁重，从此便没有了惬意、轻松的夜晚和周末，常滞留于角门东站星巴克，感谢家人的谅解和支持。本书能成稿要感谢包香明秘书长助理对我们积极深入开展金融科技研究工作的殷切鼓励和大力支持以及对我研究思路、方法等方面给予的悉心教导；感谢王晓光助理主任对我学习和工作耐心细致的指导；感谢刘艳妮、张雅楠、彭博等部门同事在日常工作生活中的关心和帮助。本书部分章节写作过程中得到了诸多同事、好友给予的帮助，在此一并表示感谢。感谢中国财政经济出版社积极而热情的支持，郑保华、付克华、王佳欣三位编辑对本书倾注了极大的精力，再次向三位表示真心的感谢。本书写作过程中参考了大量白皮书或文章，也引用了不少案例，在这里向所有区块链领域的先行者表示敬意。